当代马克思主义哲学研究文库
主编 杨 耕

Back to the Original Marx's Philosophy:
The Contemporary Interpretation of
Marx's Economic Philosophy

宫敬才 著

回到原生态

马克思经济哲学的当代阐释

中国人民大学出版社
·北京·

总序　理论的深度与思想的容量

　　历史常常出现这样一种现象，即一个伟大哲学家的某个理论以至整个学说往往在其身后，在经历了较长时期的历史运动之后，才充分显示出它的本真精神和内在价值，重新引起人们的关注，促使人们"重读"。可以说，"重读"是哲学史乃至整个思想史上的常见的现象，黑格尔重读柏拉图、皮尔士（又译皮尔斯）重读康德、歌德重读拉菲尔……在一定意义上说，一部哲学史就是后人不断"重读"前人的历史。所以，哲学史被不断地"重写"。

　　马克思哲学的历史命运也是如此。20世纪的历史运动以及当代哲学的发展困境，使马克思哲学的本真精神、内在价值和当代意义凸显出来了，当代哲学家不由自主地把目光再次转向马克思，重读马克思。历史和现实都告诉我们，每当世界发生重大历史事件、产生重大社会问题时，人们都不由自主地把目光转向马克思，重读马克思。在一定意义上说，在伦敦海格特公墓安息的马克思，比在伦敦大英博物馆埋头著述的马克思，更加吸引世界的目光。当代著名哲学家德里达甚至发出这样的感叹："不去阅读且反复阅读和讨论马克思……而且是超越学者式的'阅读'和'讨论'，将永远都是一个错误，而且越来越成为一个错误，一个理论的、哲学的和政治的责任方面的错误。"

　　呈现在读者面前的《当代马克思主义哲学研究文库》，就是当代中国学者重读马克思的理论成果。正是以当代实践、科学以及哲学本身的发展为基础重读马克思，我们深深地体会到，马克思主义哲学的确是我们这个时代不可超越的哲学。在当代，无论是用实证主义哲学、结构主义哲学、新托马斯主义哲学，还是用存在主义哲学、解构主义哲学、弗洛伊德主义哲学乃至现代新儒学，来对抗马克思主义哲学，都注定是苍白无力的。在我看来，这种对抗犹如当年的庞贝城与维苏威火山岩浆的对抗。

我断然拒绝这样一种观点，即马克思主义哲学产生于"维多利亚时代"，距今170多年，因而已经过时。这是一种"傲慢与偏见"。我们不能依据某种学说创立的时间来判断它是不是过时，是不是真理。实际上，"新"的未必就是真的，"老"的未必就是假的；既有最新的、时髦的谬论，也有古老的、千年的真理。阿基米德定理创立的时间尽管很久远了，但今天的造船业无论多么发达，也不能违背这一定理。如违背这一定理，那么，造出的船无论多么"现代"化，多么"人性"化，也无法航行；如航行，也必沉无疑。真理只能发展，不可能被推翻；而科学之所以是真理，就是因为它发现和把握了某种规律。正是由于发现并深刻地把握了人类社会发展的一般规律、资本主义生产方式的运动规律，正是由于发现并深刻地把握了人与世界的总体关系，正是由于所关注并力图解答的问题深度契合着当代世界的重大问题，所以，产生于19世纪中叶的马克思主义哲学又超越了19世纪这个特定的时代，依然是我们这个时代的真理和良心，依然占据着真理和道义的制高点。正如美国著名思想家海尔布隆纳所说，"我们求助于马克思，不是因为他毫无错误之处，而是因为我们无法回避他。每个想从事马克思所开创的研究的人都会发现，马克思永远在他前面"。

我不能同意这样一种观点，即在当代中国，随着市场经济体制的确立，马克思主义哲学研究越来越趋于"冷寂"以至衰落。这种观点看到了某种合理的事实，但又把这种合理的事实融于不合理的理解之中。我不否认哲学研究目前在社会生活中较为冷清，一些人对马克思主义哲学持一种冷漠、疏远的态度。但是，我又不能不指出，这种所谓的马克思主义哲学研究的"冷寂"，实际上是人们对马克思主义哲学本身的一种深刻反思，是对马克思主义哲学"本性"的一种回归。具体地说，国内哲学界通过对现代西方哲学的批判反思，通过对中国传统哲学的批判反思，通过马克思主义哲学的自我批判反思，以及通过对哲学的重新定位，完成了这种回归。在我看来，正是这三个"批判反思"以及"重新定位",促使中国的马克思主义哲学研究走向成熟。换言之,目前,马克思主义哲学研究的"冷寂"并不意味着马克思主义哲学研究在中国的衰落,相反,它标志着中国马克思主义哲学研究的成熟。

实际上,市场经济与马克思主义哲学的关系并非如同冰炭,不能相溶。没有市场经济也就没有马克思主义哲学,马克思主义哲学本身就是在市场经济的背景下产生的。无论是对资本主义市场经济历史性的肯定,还是对资本主义市场经济局限性的批判,马克思主义哲学都为社会主义市场经济的实践提供了理论支撑。随着社会主义市场经济实践的不断深化和拓展,我们真正理解了市场经济不仅是资源配置的现代形式,而且是人的生存的现代方式;真正理解了市场经济是以"物的依赖性"为基础的"人的独立性"的时代,从而深刻地理解了在市场经济中人与人的关系何以转化为物与物的关系;真正理解了市场经济是从"人的依赖性"向"人的自由个性"过渡的时代,从而深刻地理解了"以所有人的富裕为目的"(马克思)、实现每个人的全面而自由发展的重要性;真正理解了社会主义公有制以及"重建个人所有制"(马克思)的重要性,从而深刻地理解了人"成为自己的社会结合的主人""成为自然界的主人""成为自身的主人——自由的人"(恩格斯)的真实含义……随着社会主义市场经济实践的不断深化和拓展,一个"鲜活"的马克思正在向我们走来,马克思主义哲学不是离我们越来越远,而是越来越近了。马克思仍然"活"着,并与我们同行。

当然,马克思主义哲学没有也不可能包含关于当代中国问题的现成答案。自诩为包含一切问题答案的学说,只能是神学,而不可能是科学或哲学。历史已经证明,凡是以包罗万象、无所不知、无所不能自诩的思想体系,如同希图万世一系的封建王朝一样,无一不走向没落。"马克思主义是我们这个时代'必要的'哲学。它为我们生活的历史和社会难题提供了至关重要的见解。这并不意味着,马克思主义为我们的历史难题提供了全能的解释,就跟柏拉图无法回答存在和认识的所有问题,以及弗洛伊德无法解释潜意识思维所有过程一样。能够带来启发但并不是无所不能,它只不过是看得更长远一些,理解得更深刻一些而已。这正是马克思及其后继的马克思主义学者们的著作能帮助我们的事情。"海尔布隆纳的这一观点正确而深刻。我们应当明白,马克思是普罗米修斯,而不是"上帝";马克思主义是科学,而不是启示录;马克思主义哲学是方法，而不是教义。正如恩格斯所说："马克思的整个世界观不是教义，而是方法。它提供的不是现成的教条，而是进一步研究的出发点和供这种研究使用的方法。"卢卡奇甚至认为，即使"放弃马克思的所有全部论点"，但只要坚持、"发展、扩大和深化"了马克思主义的方法，就仍然是"正统"的马克思主义者，因为"马克思主义问题中的正统仅仅是指方法"。马克思主义哲学是科学的世界观和方法论的高度统一。我们只能按照马克思主义哲学的"本性"期待它做它所能做的事，而不能要求它做它不能做或做不到的事。

实际上，早在马克思主义哲学创立之初，马克思就以其远见卓识"告诫"后辈马克思主义者：马克思主义哲学"是从对人类历史发展的考察中抽象出来的最一般的结果的概括。这些抽象本身离开了现实的历史就没有任何价值。它们只能对整理历史资料提供某些方便，指出历史资料的各个层次的顺序。但是这些抽象与哲学不同，它们绝不提供可以适用于各个历史时代的药方或公式。相反，只是在人们着手考察和整理资料——不管是有关过去时代的还是有关当代的资料——的时候，在实际阐述资料的时候，困难才开始出现。这些困难的排除受到种种前提的制约，这些前提在这里是根本不可能提供出来的，而只能从对每个时代的个人的现实生活过程和活动的研究中产生"。因此，我们必须立足当代的"现实生活过程和活动"坚持和发展马克思主义哲学。这种坚持和发展包括学理上的坚持和发展。

正因为如此，受中国人民大学出版社的委托，我主编了《当代马克思主义哲学研究文库》。首批列入《当代马克思主义哲学研究文库》的20部著作分别从哲学观、哲学史、理论前提、理论形态、存在论、唯物主义形态、辩证法基础，以及经济哲学、政治哲学、道德哲学、历史哲学、社会发展理论等方面深入而较为全面地研究了马克思主义哲学，向我们展示了一幅色彩斑斓的思想史画面。

从这些著作的作者来看，他们分别来自北京大学、中国人民大学、北京师范大学、南开大学、吉林大学、复旦大学、同济大学、南京大学、华中科技大学、武汉大学、浙江大学、山东大学等。这是一个特殊的学术群体。其中，一部分作者出生在20世纪50年代，他们经历了共和国的风风雨雨，尔后在70年代末那个"解冻"的年代走进大学校园，其学术生涯几乎是与改革开放同步的；之前，他们曾被驱赶到生活的底层，其身受磨难的程度、精神煎熬的强度、自我反省的深度，是任何一代大学生都未曾经历过的。正是这段特殊的经历，使这些作者对马克思主义哲学有了深刻的体认。另一部分作者出生在 20 世纪 60—70 年代，成长于改革开放时期，正是改革开放，使这一部分作者的学术生涯一开始就"睁眼看世界"，形成了宽广的理论视野、合理的知识结构，从而对马克思主义哲学有了独特的体认。

从这些著作的内容来看，它们分别涉及马克思主义哲学的本体论、辩证法、历史观、实践论、认识论以及马克思主义哲学史，包括西方马克思主义。这些著作或者对已经成为"常识"的马克思主义哲学的基本观点讲出新内容，从而赋予其深刻的当代含义；或者深入挖掘本来是马克思主义哲学的基本观点，但由于种种原因，未被现行的哲学教科书涉及或重视的观点，从而"发现"马克思；或者深入分析、系统论证马克思有所论述，但又未充分展开、详尽论证，同时又深度契合着当代重大问题的观点，使其上升为马克思主义哲学的基本观点，从而"发展"马克思。

马克思主义哲学是由马克思创立的，但马克思主义哲学并非仅仅属于马克思。实际上，马克思主义哲学是由马克思所创立、为他的后继者所发展的关于无产阶级和人类解放的学说。所以，列宁提出了"马克思的哲学"和"马克思主义哲学"这两个概念。我们不能以教条主义的态度对待马克思主义哲学，认为只有马克思所阐述的哲学思想才是马克思主义哲学。按照这种标准，马克思主义哲学就必然终止于 1883 年；同时，我们又不能以虚无主义的态度对待作为马克思主义哲学主要创始人马克思的哲学思想，奉行没有马克思的马克思主义哲学。"马克思主义是马克思的观点和学说的体系"。列宁的这一定义表明，离开了马克思主义的马克思，是虚构的马克思；离开了马克思的马克思主义，同样是虚构的马克思主义。坚持和发展马克思主义哲学，首先就要准确理解和把握马克思主义哲学主要创始人马克思的哲学思想。

在我看来，这些著作既无压倒千古大师的虚骄之气，也无自我否定的卑贱之心，相反，这些著作是作者们上下求索、深刻反思的结果，是他们哲学研究的心灵写照和诚实记录，展示出一种广博的科学知识和高超的哲学智慧，有着惊人的理论深度和足够的思想容量。从中，我们可以看到，中国的马克思主义哲学研究是"在希望的田野上"。

我并不认为这些著作完全恢复了马克思主义哲学的"本来面目",这些解释完全符合马克思主义哲学的文本,因为我深知解释学的合理性,深知这些著作受到作者本人的人生经历、知识结构、哲学修养以及价值观念,即"理解的前结构"的制约。中国有句古诗:"春潮带雨晚来急,野渡无人舟自横"(韦应物),表面上说的是"无人",实际上是"有人",至少春潮、急雨、野渡、孤舟的画面体现了人对物、主体对客体的感受。因此,《当代马克思主义哲学研究文库》中的著作既反映了作者对马克思主义哲学文本的忠实,又体现出作者研究马克思主义哲学的不同视域和不同方法,并凝聚着作者的特定感受和思维个性。

当然,我注意到,人们对马克思主义哲学的认识并非一致,而且存在着较大的分歧和争论。从历史上看,一个伟大的哲学家逝世之后,对他的学说产生分歧和争论,并不罕见。但是,像马克思主义哲学这样在世界范围内进行如此持久的研究,产生如此重大的分歧,却是罕见的。而且,马克思离我们的时代越远,对他的认识的分歧也就越大,就像行人远去,越远越难以辨认一样。美国社会学家米尔斯由此认为,"正如大多数复杂的思想家一样,马克思并没有得到人们统一的认识。我们根据他在不同发展阶段写出的书籍、小册子、论文和书信对他的著述做出什么样的说明,取决于我们自己的观点,因此,这些说明中的任何一种都不能代表'真正的马克思'"。

米尔斯所描述的问题是真实的,但他对问题的回答却是错误的,即不存在一个客观意义上的、真正的马克思,存在的只是不同的人所理解的不同的马克思。有人据此把马克思与哈姆雷特进行类比,认为犹如一千个观众的眼中有一千个哈姆雷特一样,一千个读者心中有一千个马克思,不存在一个"本来如此"的马克思主义。在我看来,这是一个似是而非、"不靠谱"的类比和说法。问题的关键就在于,哈姆雷特是莎士比亚塑造的艺术形象,马克思主义是由马克思创立的科学理论;艺术形象可以有不同的解读,而科学理论揭示的是客观规律,这种认识正确与否要靠实践检验,而不是依赖认识主体的解读。实际上,即使是艺术形象,也不能过度解读。合理的解读总是有"底线"的。例如,同一首萨拉萨蒂创作的小提琴曲《流浪者之歌》,德国小提琴演奏家穆特把它诠释成悲伤、悲凉、悲戚,美国小提琴演奏家弗雷德里曼把它诠释成悲愤、悲壮、悲怆，但无论是悲伤、悲凉、悲戚，还是悲愤、悲壮、悲怆，都具有"悲"的内涵，而没有"喜"的意蕴。

从认识论的角度看，对马克思主义哲学认识的分歧，是由认识者生活的历史环境和"理解的前结构"决定的。人们总是生活在特定的历史环境中，并在特定的意识形态氛围中进行认识活动的。问题就在于，历史环境的不可复制性，历史进程的不可逆转性，历史事件的不可重复性，使认识者不可能完全"回到"被认识者生活的特定的历史环境，不可能完全"设身处地"地从被认识者的角度去理解他的文本，因而也就不可能完全恢复和再现被认识者思想的"本来面目"。特定的历史环境和"理解的前结构"支配着理解的维度、深度和广度，即使是最没"定见"的认识者也不可能"毫无偏见"。人的认识永远是具体的、历史的，不可能超出认识者的历史环境，必然受到认识者的"理解的前结构"的制约。

但是，我们又能够通过"自我批判"达到对事物的"客观的理解"。"基督教只有在它的自我批判在一定程度上，可说是在可能范围内完成时，才有助于对早期神话作客观的理解。同样，资产阶级经济学只有在资产阶级社会的自我批判已经开始时，才能理解封建的、古代的和东方的经济。"马克思的这一观点具有普遍意义，同样适合哲学史、马克思主义哲学史研究。具体地说，我们能够站在当代实践、科学和哲学本身发展的基础上，通过"自我批判"，通过对马克思主义哲学产生的历史背景的考察，通过对马克思主义哲学文本的分析，通过对马克思主义哲学历史的梳理，使作为认识者的我们的视域和作为被认识者的马克思的视域融合起来，不断走向马克思，走进马克思哲学的深处，从而对马克思的哲学做出"客观的理解"，即准确理解和把握"真正的马克思"，准确理解和把握马克思主义哲学的本真精神、本质特征和理论体系，准确理解和把握"本来如此"的马克思主义哲学。这正是《当代马克思主义哲学研究文库》所追求的理论目标和理论境界。

我注意到，收入《当代马克思主义哲学研究文库》的这些著作的观点并非一致，甚至存在着这样或那样的错误。问题在于，"不犯错误的人没有"（邓小平）。科学研究更是如此。"科学的历史，正如所有人类的观念史一样，是一部不可靠的猜测的历史，是一部错误的历史。"（波普尔）因此，我们应当"从错误中学习"。只有当我们从对错误的"错误"理解中摆脱出来，只有当错误不再成为我们的思想包袱的时候，我们才能少犯错误，才能在求索真理的过程中发现更多的真理。在今后的研究中，我们将不断地修正错误，从而使《当代马克思主义哲学研究文库》不断完善。但是，我们永远也不可能达到完善。在我看来，追求完善，这是学者应有的品格；要求完善，则是对学者的刻薄。实际上，这是一种形而上学的要求。"一切发展中的事物都是不完善的，而发展只有在死亡时才结束。"（马克思）因此，向学者以至任何人要求完善，实际上是向他索取生命。

杨耕
2021 年 7 月于北京世纪城

前　言

《回到原生态——马克思经济哲学的当代阐释》一书共由七部分构成，试图从不同角度和层面论说马克思经济哲学这一提法指称的具体性内容。内容展示过程试图证明，马克思经济哲学具有相对独立和固定的研究对象，完全可以作为边缘性、交叉性学科而存在。它与马克思哲学和马克思政治经济学之间具有内在必然的联系，是它们的内生变量，又以独具特色的内容表示自己的存在。

导论为第一部分，试图在边缘性、交叉性学科意义上界说马克思经济哲学这一提法。界说过程主要解决定义、研究对象和研究方法何谓这三个问题，此为一个学科确立自身的前提条件。与此同时，界说过程中触及一系列与马克思主义一级学科指称内容相关联的理论问题，目的是说明马克思经济哲学研究在文献、理论和历史三个方面存在的必要性和重要性。

第二部分由第一、二章构成，试图在文献实证意义上说明马克思哲学与马克思政治经济学之间密不可分的内在联系，揭示马克思哲学和马克思政治经济学互为内生变量的本质性特点，以此证明马克思经济哲学提法及其内容的经典文献根据。

第三部分由第三、四章构成，是第二部分内容的深化和具体化，试图展示马克思经济哲学这一提法具体层面的内容。这样的内容源自马克思文献特别是政治经济学文献，以分散形式存在于马克思文献特别是政治经济学文献之中，用传统哲学的元哲学分析框架加以梳理，马克思经济哲学的学科性内容就能够以体系的形式出现于我们面前。这样的形式表明，作为边缘性、交叉性学科的马克思经济哲学完全可以教科书化。

第四部分由第五、六、七章构成，意在揭示马克思哲学和马克思经济哲学两种语境的巨大差别及其理论表现。在人们习以为常的马克思哲学语境中，马克思政治经济学文献中的大量哲学性内容没有得到表示存在的机会，马克思对资产阶级经济学哲学基础具有独特理论价值的批判、对劳动范畴广博而深邃的理解和对劳动历史唯物主义的体系性构建可为例证。以历史唯物主义为例证就能够说明问题。方法论历史唯物主义即教科书历史唯物主义确实源自马克思文献，但它不是马克思历史唯物主义思想的全部内容。在马克思经济哲学语境中，更丰富的内容就会出现在我们面前。它们源自马克思哲学文献，也源自马克思政治经济学文献，二者综合起来是劳动历史唯物主义。方法论历史唯物主义是马克思劳动历史唯物主义的有机组成部分，二者是部分和整体之间的关系。

第五部分由第八、九章构成。像第四部分一样，这一部分也具有例证性质。资本和资本家范畴像劳动范畴一样，在马克思文献特别是政治经济学文献中处于核心或枢纽的地位。它们具有深广的哲学性内涵，突出表现是经济辩证法和社会历史辩证法，但在人们习以为常的马克思哲学和马克思主义政治经济学语境中，这样的辩证法失去了表示存在的机会。这样的理论情势是一种警示，我们在研究马克思哲学时应顾及马克思政治经济学文献，其中的政治经济学范畴、命题和理论是研究对象，以便领悟和提炼其中极为丰富且具有巨大理论张力的经济哲学思想。

第六部分由第十章至第十三章构成。该部分侧重于马克思经济哲学中元经济哲学的方法论内容，试图以马克思政治经济学文献实证的形式证明，马克思经济哲学中的方法论内容极为丰富，人们习以为常的马克思哲学忽略了其中的大部分，如理解方法、经验主义方法和让当事人出场说话的方法，而对逻辑与历史有机统一方法的界定和说明，或是错误，或是不准确。这样的内容为马克思政治经济学研究和叙述所必需，又极具哲学方法论意义。这样的意义告诉我们，马克思政治经济学研究中运用的方法是马克思哲学及其研究不可或缺的思想资源。

第七部分由第十四、十五章构成。在马克思经济哲学语境中有一个重要问题需要专门研究和讨论，这就是马克思和恩格斯的思想关系问题，这一问题在马克思经济哲学思想演化历史中既突出又明显。青年时期的恩格斯是马克思经济哲学思想的启蒙者和领路人，《1844年经济学哲学手稿》中众多且重要的恩格斯思想痕迹可为证据；中年后的恩格斯是马克思思想最权威的解释者和系统化者。《反杜林论》《自然辩证法》《路德维希·费尔巴哈和德国古典哲学的终结》三者可为证据。恩格斯构筑的马克思主义哲学是马克思主义整体的有机组成部分，展示于人者是辩证唯物主义和历史唯物主义，马克思经济哲学在这种马克思主义哲学语境中没有表示存在的理论逻辑空间。为什么会出现这种理论状况？马克思恩格斯二人的哲学分析框架不一样是最根本的原因。马克思的哲学分析框架是主体、客体及二者之间的辩证关系，恩格斯的哲学分析框架是主观、客观及二者之间的关系。两种哲学分析框架之间存在重大差别，这种差别在理论演化历史和理论逻辑展开两个方面都能被揭示出来，因为这是客观存在的理论事实。

综上所述，该书试图把马克思经济哲学这一提法指称的内容以文献实证的形式具体化。具体化后的结果明显可见，马克思经济哲学研究是马克思主义研究创新的学术生长点之一，马克思经济哲学是与马克思哲学和马克思政治经济学有本质联系的边缘性、交叉性学科。这一学科是对现有马克思哲学研究缺憾的弥补，此为回到原生态之谓。

目 录

导论 马克思经济哲学的定义、研究对象和研究方法 …………… 1
  一、问题的提出及其说明 ……………………………………… 1
  二、定义 ………………………………………………………… 3
  三、研究对象 …………………………………………………… 7
  四、研究方法 ………………………………………………… 11
  五、结论 ……………………………………………………… 17

第一章 马克思哲学文献中的政治经济学"基因" ……………… 18
    ——以《德意志意识形态》为例证
  一、问题的提出及其说明 …………………………………… 18
  二、批判费尔巴哈哲学的"秘密武器" ……………………… 20
  三、方法论中的政治经济学"基因" ………………………… 28
  四、结论 ……………………………………………………… 35

第二章 马克思政治经济学文献中的哲学结晶 ………………… 37
    ——以《政治经济学批判》(第1分册)"序言"为例证
  一、问题的提出及其说明 …………………………………… 37
  二、节点一:政治经济学与哲学的关系 …………………… 38
  三、节点二:方法论历史唯物主义与劳动历史唯物主义的
      关系 ……………………………………………………… 39
  四、节点三:原生态哲学文献载体的变迁 ………………… 42
  五、节点四:理解路径是关键 ……………………………… 44
  六、节点五:传统理解路径的奠基者 ……………………… 45
  七、结论 ……………………………………………………… 48

第三章 马克思政治经济学的哲学性质 ……………………… 49
一、问题的提出及其说明 …………………………………… 49
二、政治经济学的哲学性质 ………………………………… 50
三、马克思政治经济学是哲学经济学 ……………………… 52
四、马克思政治经济学中哲学性内容的存在形式 ………… 56
五、马克思政治经济学的元经济哲学一：逻辑前提论 …… 58
六、马克思政治经济学的元经济哲学二：经济哲学
本体论 ……………………………………………………… 59
七、马克思政治经济学的元经济哲学三：经济哲学
价值论 ……………………………………………………… 62
八、马克思政治经济学的元经济哲学四：经济哲学
历史观 ……………………………………………………… 64
九、马克思政治经济学的元经济哲学五：经济哲学
方法论 ……………………………………………………… 67
十、结论 ……………………………………………………… 69

第四章 马克思对资产阶级经济学哲学基础的批判 ……… 70
一、问题的提出及其说明 …………………………………… 70
二、制度前提批判 …………………………………………… 70
三、人学前提批判 …………………………………………… 73
四、阶级立场批判 …………………………………………… 75
五、方法论批判 ……………………………………………… 79
六、结论 ……………………………………………………… 84

第五章 马克思经济哲学语境中劳动的性质 ……………… 86
一、问题的提出及其说明 …………………………………… 86
二、劳动的原型性质 ………………………………………… 88
三、劳动的历史性质 ………………………………………… 89
四、劳动的预设性质 ………………………………………… 90
五、劳动的创造性质 ………………………………………… 91
六、劳动的受动性质 ………………………………………… 93
七、劳动的技术性质 ………………………………………… 94
八、劳动的组织性质 ………………………………………… 95
九、劳动的法权性质 ………………………………………… 98

十、劳动的基础性质……………………………………………… 100
　　十一、结论……………………………………………………… 101

第六章　马克思经济哲学语境中的劳动历史唯物主义………… 103
　　一、问题的提出及其说明……………………………………… 103
　　二、命名问题…………………………………………………… 104
　　三、方法论历史唯物主义……………………………………… 110
　　四、劳动哲学本体论…………………………………………… 114
　　五、人学历史唯物主义………………………………………… 119
　　六、工艺学历史唯物主义……………………………………… 125
　　七、结论………………………………………………………… 134

第七章　马克思经济哲学语境中的社会历史线性演化逻辑…… 138
　　一、问题的提出及其说明……………………………………… 138
　　二、原生态语境………………………………………………… 139
　　三、一般性理论语境…………………………………………… 144
　　四、东方特定社会历史情势语境……………………………… 150
　　五、俄国特定社会历史情势语境……………………………… 157
　　六、结论………………………………………………………… 166

第八章　马克思经济哲学语境中的资本家范畴………………… 173
　　一、问题的提出及其说明……………………………………… 173
　　二、看待资本家的角度………………………………………… 173
　　三、资本家的职能……………………………………………… 175
　　四、需要研究的问题…………………………………………… 179
　　五、思想来源…………………………………………………… 184
　　六、结论………………………………………………………… 186

第九章　马克思经济哲学语境中资本的矛盾性质……………… 188
　　一、问题的提出及其说明……………………………………… 188
　　二、表现形式与实际内容之间的矛盾………………………… 189
　　三、商品生产与价值实现之间的矛盾………………………… 191
　　四、财富生产与其内在本质之间的矛盾……………………… 194
　　五、消费中节约与浪费之间的矛盾…………………………… 197
　　六、目标追逐与社会历史性后果之间的矛盾………………… 200
　　七、结论………………………………………………………… 204

第十章　马克思经济哲学语境中的逻辑与历史有机统一方法 ……… 205
 一、问题的提出及其说明 ……………………………………… 205
 二、逻辑与历史有机统一方法释义 …………………………… 209
 三、逻辑与历史有机统一方法中的"逻辑" ………………… 213
 四、逻辑与历史有机统一方法中的"历史" ………………… 219
 五、需要说明的问题 …………………………………………… 226
 六、结论 ………………………………………………………… 229

第十一章　马克思经济哲学语境中的理解方法及其性质 ………… 231
 一、问题的提出及其说明 ……………………………………… 231
 二、马克思对理解方法的界说 ………………………………… 232
 三、理解方法的性质 …………………………………………… 234
 四、结论 ………………………………………………………… 240

第十二章　马克思经济哲学语境中独具特色的经验主义哲学方法 ……………………………………………………………… 241
 一、问题的提出及其说明 ……………………………………… 241
 二、形成过程 …………………………………………………… 242
 三、充分地占有材料 …………………………………………… 246
 四、分析演化过程 ……………………………………………… 248
 五、探寻内在联系 ……………………………………………… 252
 六、关注细节 …………………………………………………… 255
 七、结论 ………………………………………………………… 259

第十三章　马克思经济哲学语境中让当事人出场说话的方法 …… 261
 一、问题的提出及其说明 ……………………………………… 261
 二、让当事人出场说话是方法的根据 ………………………… 262
 三、运用让当事人出场说话方法的社会和学术背景 ………… 264
 四、运用让当事人出场说话的例证 …………………………… 267
 五、结论 ………………………………………………………… 275

第十四章　恩格斯与马克思经济哲学体系 ………………………… 276
 一、问题的提出及其说明 ……………………………………… 276
 二、何谓马克思经济哲学体系 ………………………………… 278
 三、青年恩格斯是马克思经济哲学思想的启蒙者和领路人 ………………………………………………………… 283

四、中年及以后的恩格斯是马克思经济哲学体系的

　　　　忽略者⋯⋯⋯⋯⋯⋯⋯⋯⋯⋯⋯⋯⋯⋯⋯⋯⋯⋯⋯　287

　　五、结论⋯⋯⋯⋯⋯⋯⋯⋯⋯⋯⋯⋯⋯⋯⋯⋯⋯⋯⋯⋯　294

第十五章　比较视域中的恩格斯哲学分析框架与马克思哲学

　　　　　分析框架⋯⋯⋯⋯⋯⋯⋯⋯⋯⋯⋯⋯⋯⋯⋯⋯⋯　296

　　一、问题的提出及其说明⋯⋯⋯⋯⋯⋯⋯⋯⋯⋯⋯⋯⋯　296

　　二、恩格斯的哲学分析框架及其特点⋯⋯⋯⋯⋯⋯⋯⋯　297

　　三、马克思的哲学分析框架及其特点⋯⋯⋯⋯⋯⋯⋯⋯　301

　　四、两种哲学分析框架之间的理论逻辑关系⋯⋯⋯⋯⋯　308

　　五、结论⋯⋯⋯⋯⋯⋯⋯⋯⋯⋯⋯⋯⋯⋯⋯⋯⋯⋯⋯⋯　309

参考文献⋯⋯⋯⋯⋯⋯⋯⋯⋯⋯⋯⋯⋯⋯⋯⋯⋯⋯⋯⋯⋯　311

导论　马克思经济哲学的定义、研究对象和研究方法

一、问题的提出及其说明

在中国，改革开放是重大社会历史性事件。事件的源头和标志是大政方针的改变，"以阶级斗争为纲"被以经济建设为中心代替。这种改变促生了社会生活不同领域及其相互关系的变化，发展经济，改善民生，成为主旋律。改革开放之初曾流行这样的说法："十亿人民九亿商，还有一亿待开张。"这种说法虽不无夸张，但能反映改革开放后社会历史情势的根本特点。

大政方针的改变和随之而来的社会生活变化，成为人文社会科学各学科关注的焦点，各以不同方式回应和助力这一变化，以特有形式表示自己变化的存在，马克思主义哲学可谓典型。这一领域在20世纪80年代早期曾流行一种提法，"改革的哲学，哲学的改革"。前者是一种呼唤，以经济建设为中心的改革开放需要自己的哲学，应该有自己的哲学；后者是一种要求，以经济建设为中心的改革开放是硬性约束，马克思主义哲学不能固守"以阶级斗争为纲"传统，而是要跟随时代脚步，提出适应改革开放需要且能为其服务的新哲学，为以经济建设为中心的改革开放做出应有的贡献。

马克思主义哲学工作者为实现这一目标做出了很大努力且贡献卓

著，如真理标准大讨论，在哲学基础理论层面引入和讨论价值问题，马克思主义哲学教学体系改革的各种尝试，引进和批判性地研究西方马克思主义，扩展马克思主义经典著作的研究范围，典型例证是《1844年经济学哲学手稿》成为研究和争论的热点，等等。其中有一种变化需要特别关注和研究，即"马克思经济哲学"提法的出现和随后研究热潮的逐渐兴起。

相对于我国马克思经济哲学研究的历史而言，两个标志性事件需要专门提及。一是朱川1985年发表的《开展经济哲学的研究》一文[1]，其中"经济哲学"和"马克思主义经济哲学"是马克思主义哲学研究领域以前未曾出现过的新提法。虽然该文对两种新提法的界说现在看来已落后于时代，但提出新提法就是学术贡献。二是俞吾金1999年发表的《经济哲学的三个概念》论文[2]，其中"马克思经济哲学"的提法及其界说让人眼前一亮。此后，经济哲学研究领域的概念使用情势不断变化，由经济哲学的提法占据主导地位逐渐向"马克思主义经济哲学"提法为主的方向转变，最后人们使用的概念相对集中地以"马克思经济哲学"为准。

进入新世纪后，直接以马克思经济哲学为研究对象的成果大量涌现，其中居多者是学术论文，还有大部头的学术专著[3]。这说明，马克思经济哲学研究已成为马克思主义哲学研究领域中的新趋势。新趋势表现于两个方面：一是直接以马克思经济哲学为论说对象，撰写学术论文和学位论文；二是不冠以马克思经济哲学之名但以马克思政治经济学文献为研究对象，挖掘其中的经济哲学思想，如对《资本论》中资本逻辑的研究。这种学术情势是好事，对人们拓宽马克思主义哲学研究的学术视野，增加理解马克思主义哲学的新角度，吸引更多人关注和研究马克思经济哲学，等等，都产生了有益的推动作用。

但是，应当看到问题的另一面。研究者仅仅局限于马克思经济哲学提法的层面发表学术观点，以回答什么是马克思经济哲学的问题为论说核心，特点是感悟多于研究，想法胜于论证，学理性、系统性尚显不足。略微夸张地说，有多少人发表看法，就会有多少种对何谓马克思经

---

[1] 财经问题研究，1985 (3).
[2] 中国社会科学，1999 (2).
[3] 宫敬才. 马克思经济哲学研究. 北京：人民出版社，2014.

济哲学问题的理解。这种状况的出现实属正常，但有待深化和改进。就前者说，每种新研究对象、研究视角和研究范式的出现都会经历这一阶段；就后者说，需要在自觉意识层面提出更具体和更深层次的问题，在吸收已有研究成果基础上对问题做出回答，以便推动马克思经济哲学研究事业的深化和发展。第一，与马克思哲学、马克思主义哲学、马克思政治经济学和马克思主义政治经济学等提法并列存在的马克思经济哲学，在概念层面具有什么样的本质规定？第二，马克思经济哲学与马克思哲学和马克思政治经济学是什么关系？第三，在边缘性、交叉性学科意义上，马克思经济哲学相对固定且边界清晰的研究对象是什么？第四，马克思经济哲学的研究方法是什么？这里尝试回答这些问题，目的是勾画作为边缘性、交叉性学科的马克思经济哲学的基本轮廓。

二、定义

马克思经济哲学的提法是概念，概念的展开是判断，判断就是定义。在马克思经济哲学的研究成果中，有众多研究成果围绕马克思经济哲学的定义而展开，这里只举三个例证。例证一，马克思经济哲学是"哲学对经济学的批判。而'批判'意味着澄清前提和划定界限"[①]。例证二，"马克思经济哲学，既是一门研究'财富'的学问，更是一门研究'人'的学问"[②]。例证三，"理论探索的唯一正确的进路是把马克思哲学理解为经济哲学"。"作为经济哲学，马克思哲学的核心概念系列是：生产——商品——价值——时间——自由。"[③] 三个例证已能够说明问题。定义一的重点是指明马克思政治经济学的特点，强调马克思经济哲学与政治经济学的内在联系，缺点是并未涉及更未回答马克思经济哲学到底是什么的问题。定义二的不足之处是内在逻辑错乱且张冠李戴。马克思经济哲学确实是从特定思想层面研究人的学问，但不是研究

[①] 吴晓明. 马克思经济哲学之要义及其当代意义. 湖南师范大学社会科学学报，2002(1).

[②] 陈宇宙. 财富异化及其扬弃：马克思经济哲学的人学向度. 马克思主义研究，2011(3).

[③] 俞吾金. 作为经济哲学的马克思哲学：兼论马克思哲学革命的实质和命运//中国社会科学院哲学研究所《中国哲学年鉴》编辑部. 中国哲学年鉴，2011.

财富的学问，完成该任务是政治经济学的天职[①]，马克思经济哲学的任务是研究财富理论中的哲学问题。尤为重要者，这个定义不是马克思的原话，也不是马克思的思想，而是晚于马克思、把新古典主义经济学教科书化的剑桥大学教授马歇尔的思想。他说："经济学是一门研究财富的学问，同时也是一门研究人的学问。"[②] 定义三的问题同样严重。第一，把马克思经济哲学与马克思哲学视为可以互换使用的概念，二者之间的区别难得展现，逻辑错位在所难免。马克思哲学包括经济哲学，经济哲学是马克思哲学的有机组成部分，二者非处于同一逻辑层面。第二，"核心概念系列"包括马克思政治经济学中五个重要和基本的概念，但不妥之处明显可见。没有雇佣劳动和资本两个概念，马克思政治经济学就不能成其为自身。第三，"核心概念系列"的五个概念加"雇佣劳动"和"资本"是七个概念，但它们的指称对象是马克思政治经济学的研究对象，不是马克思经济哲学的研究对象。

到底什么是马克思经济哲学？基于内容而来的定义如下：马克思经济哲学是马克思文献特别是政治经济学文献中哲学的一种，为马克思政治经济学的内生变量，以多种形式表示存在。检视角度不同，呈现出来的内容有别，多种内容有机统一，构成博大精深的马克思经济哲学理论体系。

这个定义需要细加说明。

首先，定义中"一种"的数量限定表明，马克思文献特别是政治经济学文献中不仅存在经济哲学，还有其他哲学。任何人都会承认，马克思文献特别是政治经济学文献中除经济哲学外还客观地存在历史哲学、政治哲学、工艺哲学、伦理哲学和法哲学等。把马克思经济哲学等同于马克思哲学的观点不符合马克思原生态思想实际。

其次，既然马克思文献特别是政治经济学文献中多种哲学同时并存，那么，马克思哲学的存在形式问题必然会浮出水面。马克思哲学的存在形式是什么？作为马克思哲学有机组成部分的经济哲学是否为马克思哲学的存在形式之一？检视马克思文献特别是政治经济学文献就可得出结论，马克思哲学的具体存在形式是领域性哲学，正在论说的经济哲

[①] 被马克思在《资本论》第一卷中设置专节批判的牛津大学教授西尼尔说："作为政治经济学家，我们所关怀的是财富而不是幸福。"（西尼尔. 政治经济学大纲. 蔡受百，译. 北京：商务印书馆，1977：229）

[②] 马歇尔. 经济学原理：上卷. 朱志泰，译. 北京：商务印书馆，1964：23.

学和前已述及的历史哲学、政治哲学和工艺哲学等皆可为例证。这样的例证能够说明，马克思哲学在存在形式意义上与传统的一般性哲学之间有本质区别[①]。

最后，话说至此，另一个问题不得不提出和回答，这就是马克思的哲学革命问题。从 20 世纪 80 年代提出马克思哲学革命问题到现在，我国马克思主义哲学研究领域总在讨论这一问题，成果形式有学术论文，也有学位论文甚至博士学位论文，但人们没有意识到也没有触及的问题是，马克思哲学革命中是否包括存在形式革命？对问题做出肯定性回答才符合实际。马克思哲学革命内在地包括存在形式革命。不顾及存在形式革命问题，马克思哲学革命及其意义就不能被实事求是地揭示出来。

定义中的另一个问题同样需要专门说明，这就是马克思经济哲学与马克思政治经济学的关系。马克思经济哲学与政治经济学的关系既必然又内在，用经济学术语说，马克思经济哲学是马克思政治经济学的内生变量。首先，马克思经济哲学存在和发挥独特作用于马克思政治经济学的形成过程之中，1859 年《政治经济学批判》（第一分册）"序言"中的回顾性叙说充分地证明了这一点。其次，马克思经济哲学存在于马克思政治经济学文献中，典型例证是《政治经济学批判大纲》《资本论》。就前者说，可举经济哲学方法论为例证。《政治经济学批判大纲》是马克思《资本论》的第一部手稿，其中提出了"从抽象上升到具体"的方法论原则[②]。就后者说，可举工艺学历史唯物主义为例证。在《资本

---

① 马克思以前的哲学是一般性哲学，或许只有黑格尔是例外。哲学家们就哲学论哲学，并没有想到和尝试以领域性哲学形式表达与体现自己的一般性哲学。马克思与此相反，把一般性哲学用领域性哲学形式表现出来。马克思哲学有两种存在形式：一种是以领域性哲学形式表示存在的具体性哲学，另一种是存在于领域性哲学之中又具有相对独立性的一般性哲学。如下六个方面的内容就是证据：其一，主、客体之间辩证关系的哲学分析框架；其二，劳动哲学本体论；其三，社会历史线性演化逻辑；其四，人化自然辩证法；其五，主体历史观；其六，社会历史深层客观基础论。

② 马克思恩格斯全集：第 30 卷. 北京：人民出版社，1995：42. 此后，马克思政治经济学的理论叙述始终运用这一方法，典型例证是《资本论》。这一方法中经恩格斯"历史从哪里开始，思想进程也应当从哪里开始"的说明（马克思恩格斯文集：第 2 卷. 北京：人民出版社，2009：603)，被后继理解者进一步概括为逻辑与历史的有机统一。国外和国内有不少学者持不同意见，认为这不是马克思的观点。此为误解。与此同时，有不少学者认可这一方法，但理解出现差错，如把逻辑与历史有机统一理解为历史与逻辑有机统一。对种种误解和错解的梳理与纠正，对马克思这一方法结合政治经济学文献的展开性说明和论证，见宫敬才. 马克思逻辑与历史有机统一方法真相还原. 现代哲学，2018（4）。

论》第一卷中，马克思把工艺学历史唯物主义原理工整地表述出来："工艺学揭示出人对自然的能动关系，人的生活的直接生产过程，从而人的社会生活关系和由此产生的精神观念的直接生产过程。"① 最后，马克思经济哲学作为内生变量存在于马克思政治经济学理论体系中，最明显的例证是政治经济学的人学前提即"完整的人"理论②。

从已有的研究成果看，马克思经济哲学作为内生变量与马克思政治经济学的关系未曾受到关注且进行专门研究，马克思主义哲学及其历史和马克思主义政治经济学及其历史的研究成果几乎从不在自觉意识层面关注与研究这一关系的事实可以证明这一点。造成这种状况的原因何在？主要是受到了恩格斯和列宁的影响。在恩格斯的知识分类思想中没有马克思经济哲学表示存在的理论逻辑空间，《反杜林论》中首次形成的马克思主义一总三分格局把这种状况固定下来③。列宁的影响体现于两篇论文即《马克思主义的三个来源和三个组成部分》《卡尔·马克思》。在这里，马克思经济哲学同样没有表示存在的理论逻辑空间。

如上对马克思经济哲学定义的说明重点有二：一是马克思经济哲学与马克思哲学的关系；二是马克思经济哲学与马克思政治经济学的关系。马克思经济哲学存在于马克思哲学之中，是马克思哲学的有机组成部分；马克思经济哲学存在于马克思政治经济学之中，是马克思政治经济学的内生变量。作为一个学科的马克思经济哲学具有边缘性质和交叉性质。就边缘性质说，它不是马克思哲学和政治经济学，又与其处于不可分割的关系中；就交叉性质说，"有机组成部分"和"内生变量"的判断告诉我们，排除马克思经济哲学的马克思哲学不是马克思原生态哲学；不顾及马克思经济哲学的马克思政治经济学，既不完整也不是马克

---

① 马克思恩格斯文集：第5卷. 北京：人民出版社，2009：429.
② 马克思恩格斯文集：第1卷. 北京：人民出版社，2009：189. 虽然马克思主义政治经济学教科书无视这一理论的客观存在，但像任何其他经济学理论一样，马克思政治经济学也需要自己的人学前提，否则便不能成为一个学科。马克思主义政治经济学基于马克思政治经济学而来，应当给予马克思政治经济学人学前提理论表示存在的机会，与此相反的做法是理论硬伤。对这一理论的展开性说明和论证，见宫敬才. 论马克思政治经济学的人学前提. 学术研究，2015（9）.
③ 恩格斯与马克思经济哲学的关系有一个复杂的演化过程，青年时期是马克思经济哲学的启蒙者和领路人，中年后在以马克思之名体系化自己理解的马克思主义哲学思想时，则是忽略了马克思经济哲学的客观存在。关于这一演化过程的系统梳理和展开性说明，见宫敬才. 恩格斯与马克思经济哲学体系. 北京师范大学学报，2019（3）.

思原生态政治经济学。

三、研究对象

一个学科建立和存在的理由在于专属的研究对象,这种研究对象必须具有边界清晰且固定的性质。检视研究马克思经济哲学的文献就可发现,人们在何谓马克思经济哲学的研究对象问题上尚未达到自觉意识高度,以定义形式表现出来的研究对象意见极不一致。这样的理论情势决定了在自觉意识层面提出和回答何谓马克思经济哲学研究对象的问题,具有基础理论意义[①]。"研究对象"的提法指称两项内容:一是马克思经济哲学研究的面对性对象,二是马克思经济哲学研究的目标性对象。前者解决到哪里寻找马克思经济哲学的问题,后者解决要找到什么样的马克思经济哲学的问题。

到哪里寻找马克思经济哲学?对问题的直接回答是到马克思政治经济学文献中寻找马克思经济哲学。如此回答问题有根据,马克思经济哲学是马克思政治经济学中的哲学,而马克思政治经济学存在于马克思政治经济学文献中。这种对问题的回答基本符合实际但不全面,马克思经济哲学同样存在于非政治经济学文献中。例如,马克思为国际工人协会成立而写作的《宣言》,无论从哪个角度看都不是政治经济学文献而是政治哲学文献。恰恰在这篇政治哲学文献中,马克思称自己的政治经济学为"劳动的政治经济学",资产阶级经济学则是"资本的政治经济学"[②]。马克思的概括指明了两种政治经济学的哲学本质及其对立性质,也标明了两种政治经济学截然有别的阶级立场。说这样的概括具有经济哲学性质,名正言顺。又如,在人们的习惯性理解中,《德意志意识形态》是纯正的哲学文献,以较为第一次集中地论述方法论历史唯物主义

[①] 这里涉及对经济哲学概念的理解问题。在我国,对何谓经济哲学问题的理解有两种:一种是把经济哲学理解为经济生活中的哲学,即用哲学方法研究和揭示经济生活中的本质与规律。另一种是把经济哲学理解为经济学中的哲学,即用哲学方法研究和回答经济学中的哲学问题。前者的缺陷是忽视哲学的反思本性,在研究对象问题上难以与经济学划清界限,且易于招致经济学的不满。后者的研究对象不存在与经济学研究对象混淆不清的问题,且对经济学的帮助作用明显可见,为经济学成为自身所必需。这里依从第二种理解。

[②] 马克思恩格斯文集:第3卷.北京:人民出版社,2009:12.

而著称于世，但人们没有注意到的是，这一文献与马克思政治经济学研究及其成果具有内在联系。其一，该文献中的方法论历史唯物主义是政治经济学研究的结果，直接证据是研究政治经济学的《巴黎笔记》《布鲁塞尔笔记》《曼彻斯特笔记》。马克思在政治经济学研究基础上提出方法论历史唯物主义。其二，这种方法论历史唯物主义用大量政治经济学范畴表征和论证，是政治经济学范畴和理论的哲学化，准确说法是经济哲学化①。客观事实明证可鉴，马克思经济哲学当然存在于政治经济学文献中，但不应忽略的是，马克思非政治经济学文献中同样存在经济哲学内容。

要找到什么样的马克思经济哲学？这与看问题的角度有直接关系，有什么样的角度就能找到什么样的马克思经济哲学。情况之所以如此的原因不难发现，马克思经济哲学的具体内容太丰富了。就目前研究状况看，马克思经济哲学研究者尚未在自觉意识层面提出和研究看待马克思经济哲学的角度问题，此为该研究进展缓慢的原因之一。基于马克思文献特别是政治经济学文献来说，起码可以从五个角度看待和研究马克思经济哲学。从不同角度出发研究马克思经济哲学得到的结果神态各异，它们的联结交织，是马克思经济哲学的整体性内容，这就是我们要找到的边缘性、交叉性学科意义的马克思经济哲学。

第一，自成体系角度。自成体系角度中的马克思经济哲学是劳动历史唯物主义，由五个方面的内容构成：其一是主、客体之间辩证关系的哲学分析框架；其二是劳动哲学本体论；其三是社会历史线性演化逻辑或方法论历史唯物主义；其四是主体历史观或人学历史唯物主义；其五是社会历史深层客观基础论或工艺学历史唯物主义。劳动历史唯物主义不同内容之间具有本质必然的逻辑联系，源自主、客体之间辩证关系的哲学分析框架，基于对劳动本体的多重认知而来，历史演化是其内在灵魂，相互之间连接交织构成体系性的统一体。在理解劳动历史唯物主义时应顾及三个方面的客观事实：其一，如上内容客观地存在于马克思文献特别是政治经济学文献之中；其二，它们与马克思政治经济学密不可分地交织在一起，是这一政治经济学的内生变量；其三，与教科书历史

---

① 对《德意志意识形态》与马克思政治经济学研究之间关系的系统梳理和说明，见宫敬才.《德意志意识形态》的政治经济学"基因"问题. 中国社会科学（内部文稿），2017（1）。

唯物主义相比，劳动历史唯物主义的概摄范围更广泛，内容更丰富①。

第二，元哲学角度。元哲学角度中的马克思经济哲学是元经济哲学，由六个方面的内容构成。其一是政治经济学逻辑前提论②；其二是经济哲学本体论；其三是经济哲学认识论；其四是经济哲学方法论；其五是经济哲学价值论；其六是经济哲学历史论。两千多年的哲学历史跌宕起伏，学派林立，百家争鸣，大家辈出；相互之间则是你方唱罢我登场，各执一端，论辩激烈，情势壮观，场面热闹。现象背后是本质，各人各派所论及者，无非是如下几个问题，自古不变：哲学本体论问题、哲学认识论问题、哲学方法论问题、哲学价值论问题和哲学历史观问题。我们称这样的问题为元哲学问题。从元哲学角度看待马克思经济哲学，便能找到如上列出的马克思元经济哲学内容。与传统的元哲学相比，马克思元经济哲学多出了政治经济学逻辑前提论，这由经济哲学的学科性质所决定。元哲学角度中的马克思经济哲学独树一帜，标示出马克思发动并完成了哲学史意义的哲学革命。这种革命既表现于具体内容，又表现于存在形式。

第三，微观角度。微观角度中的马克思经济哲学有四种存在形式：对资产阶级经济学哲学基础的批判、政治经济学范畴中的哲学、政治经

---

① 从马克思劳动历史唯物主义到教科书历史唯物主义的演化是一个过程，节点有二：一是恩格斯率先依据《政治经济学批判》（第一分册）"序言"概括马克思历史唯物主义为"唯物主义历史观"，此后恩格斯总在这一角度和内容范围内界说马克思历史唯物主义。二是后人理解马克思历史唯物主义既依赖恩格斯的阐释路径，又能在"序言"中找到文献根据。马克思历史唯物主义理解过程中的双重路径依赖造成了严重的理论后果，人们逐渐忽略马克思政治经济学文献中的其他历史唯物主义内容，劳动历史唯物主义演化为后继理解者的教科书历史唯物主义成为客观事实。这里需要特别提及的是，直到现在，马克思哲学和马克思经济哲学研究中的路径依赖问题既没有被研究者自觉意识到，也没有被提出并加以研究，此为亟待改变的状况。不囿于既有理解路径地回归马克思文献特别是政治经济学文献，我们就能够找到原生态性质的马克思劳动历史唯物主义理论。有关马克思劳动历史唯物主义理论的展开性说明和论证，见宫敬才. 论马克思的劳动历史唯物主义理论. 北京师范大学学报，2018（3）。

② 马克思政治经济学的逻辑前提有三个：人学前提是"完整的"人理论，以与资产阶级经济学的人学前提即"经济人"理论相抗衡；法哲学前提是劳动与所有权同一论，以与资产阶级经济学的法哲学前提即私有财产神圣不可侵犯论相抗衡；政治哲学前提是劳动者主权论，以与资产阶级经济学的政治哲学前提即天赋人权论相抗衡。逻辑前提中深厚的哲学底蕴使马克思政治经济学理论体系博大精深且独树一帜，与资产阶级经济学处于双峰并峙的对抗态势。虽然资产阶级经济学秉有官方和阶级优势以及意识形态霸权，但始终不能在学术和政治上压垮马克思政治经济学理论体系，哲学底蕴深厚是重要原因之一。

济学命题中的哲学和政治经济学理论中的哲学①。微观角度中的马克思经济哲学具有经验实证性质，是其他角度中马克思经济哲学的学术基础。它以直观形式告诉我们，研究马克思经济哲学的前提是阅读马克思文献特别是政治经济学文献，而马克思经济哲学的微观存在形式客观地存在于文献中，且会随时随地出现在我们面前。这样的客观事实说明，微观角度中的马克思经济哲学是马克思经济哲学整体文献实证意义的学术基础。在这里，关键问题是自觉意识。具有马克思经济哲学的微观存在形式意识，就能够发现以微观形式表达出来的无穷无尽的经济哲学思想；没有这样的自觉意识，以微观形式存在的马克思经济哲学思想会在研究者面前消失殆尽。

第四，话题角度。马克思经济学哲学研究的面对性对象是一个，即马克思文献特别是政治经济学文献，但研究者云集，各具特点。知识背景、个人志趣、理解角度和研究目的等方面的原因使然，不同研究者会发现大量经济哲学话题，如下例证足能说明这一点：人化自然论，诚信经济规律论，社会历史物质生产决定论，工艺决定论，生产方式三段论，人学三段论，政治经济学分析框架论，哲学分析框架论，所有权辩证转化论，经济合理存在论，资本主体本质论，资本文明作用论，资本过程论，资本矛盾论，资本生产关系论，自由时间论，英国典型论，等等。如上例证仅仅是例证，但能够证明客观事实，马克思文献特别是政治经济学文献中确实存在极为丰富的经济哲学话题。在这些话题中，有的为大家所熟悉，如社会历史物质生产决定论、人学三段论和自由时间论，但其中居多者未被研究者自觉意识到且进行相应研究。可以预料，只要在马克思经济哲学语境中潜心研究，我们就能够在马克思文献特别是政治经济学文献中发现海量极具理论张力的经济哲学话题。

第五，历史角度。从历史角度看待马克思经济哲学，就能得到如下内容：其一，马克思经济哲学语境的起源；其二，马克思经济哲学形成史；其三，马克思经济哲学发展史；其四，马克思经济哲学文献载体史；其五，马克思经济哲学理解史。就马克思经济哲学的研究现状说，人们尚未在自觉意识层面关注和研究如上五个方面的历史，研究成果还几乎是一片空白。这样的研究状况亟待改变。这里是真正的学术处女

---

① 对马克思经济哲学的微观性研究和展开性论述，请见宫敬才. 马克思经济哲学微观研究. 北京：人民出版社，2021。

导论　马克思经济哲学的定义、研究对象和研究方法

地，有志者一试身手，就能发现无穷无尽的学术宝藏。

如上研究马克思经济哲学五个角度的说明或许会给人造成印象，马克思文献特别是政治经济学文献中存在五种经济哲学，非也。它们论说的是同一种经济哲学，相互之间的区别表现于切入点不同和具体内容的各有侧重。自成体系角度中的马克思经济哲学侧重于马克思对以经济演进为客观基础的人类社会历史的宏观把握，说其为聚焦点不一的经济史观符合实际。元经济哲学角度中的马克思经济哲学侧重于与传统哲学的比较，以示马克思经济哲学的存在形式特点及其哲学史意义的革命性质。微观角度中的马克思经济哲学意在表明，马克思经济哲学存在于文献写作的字里行间，进一步说明马克思经济哲学确实客观存在且与政治经济学之间是内生变量关系。话题角度中的马克思经济哲学带有随机性质，意在表明这一哲学理论逻辑空间的开放性质，进一步说明马克思经济哲学具体内容的丰富性。历史角度中的马克思经济哲学围绕历史而展开，意在表明马克思经济哲学的三种动态性质：一是这种哲学自身的起源及其演化过程；二是这种哲学文献载体的演变过程；三是他人理解这种哲学的演进过程。历史角度中的内容表明，马克思经济哲学不仅是理论逻辑及其展开，同时也是动态历史的演化过程。

四、研究方法

从2005年到现在，笔者始终倡导和践行"回到原生态"研究方法①。"原生态"是比喻性提法，意指研究马克思经济哲学得到的理论结果应是马克思经济哲学原来的样子，本然的存在状态，确实如此的神韵。要达到这样的理想性目标就需要找到切实可行的方法。要找到这样的方法，首先要做的工作是对相关问题进行辨析。

谁要回到"原生态"？只有研究者。研究者面对的是研究对象，这使研究者与研究对象之间必然地发生关系，否则研究将无法进行。研究者与研究对象之间是什么性质的哲学关系？这是研究者往往意识不到但实为根本性质的问题。根本之处在于它对研究结果的获得、认知和评

---

① 宫敬才. 回到原生态马克思主义哲学. 河北学刊, 2005 (1).

价发挥生命攸关性质的作用。这就是任何研究方法中都隐而不显又客观存在的哲学分析框架问题。对这一问题可以做出两种回答：一种是主、客观之间的关系，另一种是主、客体之间的关系。到底哪种哲学分析框架适合于人文社会科学研究？这是需要分析和论证才能回答的问题。

任何自然科学学科都一样，运用主、客观关系的哲学分析框架。在这样的哲学分析框架中，自然科学研究者获得的有关研究对象的主观意识是反映的结果，基于研究对象而来，以符合研究对象的客观实际为判断标准。进一步说，在有关研究对象的反映结果中，没有研究者主观性成分表示存在的理论逻辑空间。结果中的主观性成分被排除得越干净，真理性成分就越高，真的排除干净了，反映结果便成为客观真理。

在人文社会科学研究中，确实有极力主张且大力运用主、客观关系的哲学分析框架者，资产阶级经济学是典型例证。这种经济学总在坚持学科性质的科学性认知，并断定经济学是像自然科学一样的硬科学。例如，美国经济学家曼昆所写的近些年在英语世界极为流行的教科书《经济学原理》指出："经济学家努力以科学的态度来探讨他们的主题。他们研究经济的方法与物理学家研究物质和生物学研究生命的方法一样：他们提出理论、收集资料，并分析这些资料以努力证明或否定他们的理论。""这种研究方法适用于研究一国经济，就像适用于研究地心引力或生物进化一样。"① 这样的学科性认知决定了它必然使用主、客观关系的哲学分析框架。细究之，这其中有上不得台面的意识形态考量在发挥作用，还与一个国家基于经济发育程度的客观需要而来的策略性主张有关，更与学科性质认知错误有直接关系。运用这种哲学分析框架得到的结果只具有科学性外观，实际内容与独特、复杂且变动不居的研究对象之间是不搭界的关系。例如，像19世纪的英国一样，20世纪后期的美国是自由主义科学经济学的大本营，诺贝尔经济学奖中的大部分被这类经济学家获得。当2008年的金融危机祸及美国更殃及全世界时，人们终于发现，自由主义科学经济学只不过是华尔街"金融天才"诓骗他人

---

① 曼昆. 经济学原理：上册. 梁小民，译. 北京：三联书店，北京大学出版社，1999：19.

导论 马克思经济哲学的定义、研究对象和研究方法

钱财的"利益规划书"①。

理论逻辑的内在要求使然，人文社会科学研究中只能运用主、客体关系的哲学分析框架。主体何谓？当然是研究者。在马克思经济哲学研究领域，主体是马克思经济哲学研究者。这里的客体有二：一是面对性对象即马克思文献特别是政治经济学文献；二是目标性对象即上已述及的五个角度中的内容。不同研究主体会在研究过程中得到独具特色的研究结果。结果性质表明，主、客体关系的哲学分析框架与主、客观关系的哲学分析框架之间有本质区别。

同样的面对性对象和目标性对象，研究过程结束时作为结果出现的具体内容为什么会有个体性差异？根本原因是主体性的客观存在和发挥作用。运用主、客观关系的哲学分析框架得到的结果中，主体性既不能出场，也不能表示存在，虽然它们在研究过程中仍然存在且发挥作用。在运用主、客体关系的哲学分析框架获得的结果中，主体性既要出场，也要表示存在，同时还要发挥作用。人文社会科学研究成果中各不相同的个体性特点能够证明这一点。基于此得出结论不能被认为是唐突之举，在人文社会科学研究中，主体性的客观存在、公开出场和发挥作用不可避免地带有必然性。

从差别角度看，主体性发挥作用产生的研究结果的各不相同由如下原因造成。第一是时间因素。研究者与马克思并非生活在同一时代，时过境

---

① 剑桥大学经济学教授琼·罗宾逊夫人在讲到19世纪英国自由主义科学经济学时说，"自由贸易学说本身，实际上就是一份英国国家利益的规划书。"（琼·罗宾逊. 经济哲学. 安佳，译. 北京：商务印书馆，2011：138）更能说明问题的是如下例证。因金融理论创新于1997年获得诺贝尔经济学奖的罗伯特·C. 莫顿被其老师、第二届诺贝尔经济学奖得主萨缪尔森称赞为"现代金融理论界的牛顿"。他在与人合写的教材中说："金融创新背后的基本经济动力与一般创新的动力是一致的。正如本章引用的亚当·斯密《国富论》中所说的那样，通过追求个人自己的利益，他不断地提高社会的利益，而且比他真的力图这样去做时的效率还高。"（兹维·博迪，罗伯特·C. 莫顿. 金融学. 伊志宏，金李，译校. 欧阳颖，等译. 北京：中国人民大学出版社，2000：30）这是公然篡改亚当·斯密的经济自由学说，科学诚实的态度荡然无存。亚当·斯密针对银行业的主张是，银行业的天职是服务实体经济，政府必须严加监管，不能任其自由。（亚当·斯密. 国民财富的性质和原因的研究：上卷. 郭大力，王亚南，译. 北京：商务印书馆，1972：296，299）正是这个莫顿，参与到对冲基金公司的经营活动中去，"空手套白狼"式的把戏玩到公司面临崩垮，数额巨大，美联储不得不出手为其解套。（弗里德里克·S. 米什金. 货币金融学. 刘毅，等译. 北京：中国人民大学出版社，2005：308）这样的例证表明，自由主义科学经济学的"科学"之名只不过是标签，与科学之实毫无关系。

迁，物是人非，时间距离会使研究者得到或许与马克思不完全一样的认知结果。第二，仅就研究者说，主体性的各不相同同样是客观事实。其一是研究者个人的知识储备情况不同；其二是研究者个人的志趣不同；其三是研究者个人的研究目的不同。这样的不同会造成不同研究结果之间的差异。第三，研究者研究马克思经济哲学的时代情势不同，也会产生认知结果之间的差异。例如，资本的文明作用（也可理解为市场经济的文明作用）是马克思经济哲学的重要内容之一。马克思主义者在计划经济时代对这一作用的理解与在社会主义市场经济条件下的理解之间，会有不小的差异。

主体性的客观存在、必然出场和发挥作用带来了必须要解决的问题："回到原生态"地理解马克思经济哲学的具体途径是什么？或者说，如何得到马克思经济哲学"原生态"性质的结果？如下五个方面的要求做到了，研究者就能如愿以偿。

第一，阅读马克思文献特别是政治经济学文献，研究马克思经济哲学，要顾及当时社会历史背景来理解问题。能够说明这一点的典型例证有两个：一是西欧资本原始积累的历史过程，二是以英国为典型的工业革命的起源、演变及社会历史性后果。马克思在讲到资本原始积累的历史过程时说："资本来到世间，从头到脚，每个毛孔都滴着血和肮脏的东西。"支撑这一论断的是如下事实："美洲金银产地的发现，土著居民的被剿灭、被奴役和被埋葬于矿井，对东印度开始进行的征服和掠夺，非洲变成商业性地猎获黑人的场地——这一切标志着资本主义生产时代的曙光。这些田园诗式的过程是原始积累的主要因素。"[1] 在英国国内，则是事实描述意义的"羊吃人"[2]。这些"因素"是马克思揭露和批判资本主义经济制度社会历史性质的客观基础和根据，同时也是后人准确全面理解资本主义经济制度，特别是如今仍在运行的市场经济体制无可替代的历史参照物。作为成就的英国工业革命高歌猛进，光鲜亮丽，功绩卓著，影响巨大，是资产阶级学者为资本主义经济制度辩护无可替代的样本。马克思的过人之处是在肯定和赞扬的同时还看到并指出它的另一面："劳动资料扼杀工人"[3]，"铁人反对有血有肉的人"[4]。两个例证

---

[1] 马克思恩格斯文集：第5卷. 北京：人民出版社，2009：871，860-861.
[2] 同[1]838-839.
[3] 同[1]497.
[4] 马克思恩格斯文集：第8卷. 北京：人民出版社，2009：354.

导论　马克思经济哲学的定义、研究对象和研究方法

表明，无数劳动者（包括不到10岁的童工）鲜活的生命被吞噬，苟活者处于被异化的状态。离开这样的社会历史背景理解问题，必然会把马克思经济哲学思想纯理论化，使马克思经济哲学与其产生的社会历史背景之间的内在联系消失不见。这样的纯理论仍然会以马克思的名义出场说话，社会历史性内容和内在精神气质却与马克思原生态思想拉开了距离。目前我国学术界热度不减的马克思资本逻辑研究状况就是如此。

第二，阅读马克思文献特别是政治经济学文献，研究马克思经济哲学，要顾及马克思写作时所依凭的学术背景。马克思在资产阶级学术背景中开始自己的政治经济学和经济哲学研究，研究对象是资本主义生产方式的起源、演变、本质和有可能的社会历史性前景。马克思为什么要提出与资产阶级学术观点正相反对的政治经济学理论体系？透过这一理论体系，我们能感受到马克思什么样的价值情怀、学术功力和理论成就？在这一学术场域的背后，马克思政治诉求的合理性是什么？顾及马克思政治经济学和经济哲学提出、论证和确立的资产阶级学术背景，上述问题自会有答案。例如，马克思在《资本论》第一卷专辟一节批判写有《政治经济学大纲》的牛津大学教授西尼尔。对照性地阅读《政治经济学大纲》和《资本论》第一卷，资产阶级经济学的真实面目立马显现，马克思拼搏一生创立政治经济学理论体系的胸怀、成就和对科学与劳动人民的贡献，会历历在目[①]。基于此我们说，不顾及马克思写作时的资产阶级学术背景，难以真正理解马克思经济哲学。

第三，阅读马克思文献特别是政治经济学文献，研究马克思经济哲学，要顾及马克思写作时的宏观和微观语境。能够说明这一点的例证有两个：一是"劳动的政治经济学"的宏观语境，二是两个"辩证地转化"的微观语境。就宏观语境说，马克思的整个思想体系，其中的政治经济学理论，作为政治经济学理论内生变量的经济哲学，三者的哲学本体皆为劳动。离开劳动来理解马克思经济哲学，会产生不切实际的理论

[①] 相对于为资本主义经济制度辩护的学术需要而言，西尼尔是典型的三栖人。他是占据学术要津的著名学者，是经常出席官方如议会经济政策论辩会的专家，同时还是资本家信得过的朋友。如下话语是他学术底色的显现："经济学家把地主、资本家和劳动者说成是成果的共享者的那种通常说法，只是出于杜撰。差不多一切所生产的，首先是资本家的所有物。"（西尼尔. 政治经济学大纲. 蔡受百，译. 北京：商务印书馆，1977：145）

结果，不顾及雇佣劳动来谈论资本逻辑的形式化就是如此。就微观语境说，马克思在《1844年经济学哲学手稿》中对资产阶级私有财产制度提出质疑①，但政治经济学研究和经济哲学感悟还未达到一定程度，所以此时并没有真正地解决问题。到《政治经济学批判大纲》中，马克思严格区分资产阶级私有财产制度的经济合理性与法律合理性②，用剩余价值客观存在的经济不合理性论证资产阶级私有财产制度的法律不合理性③，政治经济学、经济哲学、历史学和法哲学等有机统一地揭示出资产阶级学术弄虚作假的内在机制，这就是两个"辩证地转化"学说。不顾及微观学术语境，资产阶级学术弄虚作假的内在机制就会被忽略，结果是无法准确地理解马克思经济哲学思想的演进历程及其理论成果。

第四，阅读马克思文献特别是政治经济学文献，研究马克思经济哲学，要顾及马克思写作的政治诉求，仅在学术层面理解马克思经济哲学是误解。确实，马克思在写作过程中利用了八种语言，运用了十九门学科的知识④，称他为当时欧洲最有学问的人并不为过。但是，马克思既不想成为也不是学院化学者。马克思经济哲学的政治诉求和整个思想体系的政治诉求皆然，具有实践性质，具体指向是推翻资本主义制度，实现共产主义制度。政治诉求基于学术研究成果而来，是学术诉求的终极目标。如果研究马克思经济哲学时忽略这一点，出发点就错了，最终与马克思原生态思想不一致是必然结局。

第五，阅读马克思文献特别是政治经济学文献，研究马克思经济哲学，要顾及现当代的理论诉求。我们生活于市场经济时代，市场经济区分为资本主义市场经济和社会主义市场经济。但是，二者之间有共同之处，市场实际是资本配置资源占据主导地位。资本的本性是追逐利润，为了利润敢于践踏一切底线。马克思在《资本论》第一卷引证了当时刊物上的一段话，形象生动地刻画了资本贪婪残酷的本性："资本逃避动乱和纷争，它的本性是胆怯的。这是真的，但还不是全部真理。资本害

---

① 马克思恩格斯文集：第1卷. 北京：人民出版社，2009：155.
② 马克思恩格斯全集：第30卷. 北京：人民出版社，1995：292.
③ 同②449-450.
④ 马塞罗·默斯托，主编. 马克思的《大纲》：《政治经济学批判大纲》150年. 闫月梅，等译. 闫月梅，校. 北京：中国人民大学出版社，2011：26.

怕没有利润或利润太少，就像自然界害怕真空一样。一旦有适当的利润，资本就胆大起来。如果有10%的利润，它就保证到处被使用；有20%的利润，它就活跃起来；有50%的利润，它就铤而走险；为了100%的利润，它就敢践踏一切人间法律；有300%的利润，它就敢犯任何罪行，甚至冒绞首的危险。如果动乱和纷争能带来利润，它就会鼓励动乱和纷争。走私和贩卖奴隶就是证明。"[①]古今中外的历史性事实能够证明，在贪婪残酷这一点上，资本没有地域之分、民族与国家之别和社会制度差异，只要自以为条件允许，就会一试身手。资本的唯一祖国是利润，地域祖国、文化祖国和政体祖国则处于次要地位，以利润祖国的客观需要为转移。鉴于此，马克思经济哲学对资本逻辑哲学与政治经济学、理论与实践和历史与现实有机统一的批判，是我们透视当下社会生活中资本逻辑弊端不可替代的思想资源。像人不可能不得病因而需要看医生一样，市场经济社会亦然。在这一意义上说，马克思经济哲学在我们生活于其中的社会主义市场经济时代能够发挥"社会医生"的作用。

五、结论

自1999年俞吾金提出"马克思经济哲学"算起，我国马克思经济哲学研究已有20多年的历史。在这一过程中，有大量学术论文、学位论文和学术专著相继问世，但瓶颈性问题凸显出来。作为边缘性、交叉性学科的马克思经济哲学，自身的问题亟待厘清和研究。这样的问题有三个：马克思经济哲学的定义问题、马克思经济哲学的研究对象问题和马克思经济哲学的研究方法问题。厘清的前提是在自觉意识层面进行研究。与此直接相关，处于同样重要地位且亟待研究的是如下问题：马克思经济哲学与马克思哲学的关系和马克思经济哲学与马克思政治经济学的关系。这两个问题不搞清楚和不说明白，作为边缘性、交叉性学科的马克思经济哲学，其相对独立性就无法显现出来。基于如上立场发表如上看法，目的是提出和尝试性回答问题，起到抛砖引玉的作用。

---

① 马克思恩格斯文集：第5卷．北京：人民出版社，2009：871．

第一章　马克思哲学文献中的政治经济学"基因"
——以《德意志意识形态》为例证

一、问题的提出及其说明

马克思主义哲学史教科书认定,《德意志意识形态》(以下简称《形态》)是马克思主义哲学形成的标志。该立场有大量事实根据,一类是《形态》表述出来的历史唯物主义理论,此为内在根据;另一类是国内外学术界的认可,此为外在根据。持这种立场的学者包括:研究和编辑《形态》原始手稿的专家,如德国的陶伯特和苏联的巴加图利亚等人,还有几乎一生矢志研究《形态》且以此为志业的日本学者广松涉,更有我国的大量学者。证明这一点的研究成果洋洋大观。散见文献巨量存在,笔者过目的汇编性文献就有四部:作为大型丛书《马克思主义研究资料》第一卷的《〈德意志意识形态〉研究》[1],《〈德意志意识形态〉的世界》[2],《文献学语境中的〈德意志意识形态〉》[3],《新版〈德意志意识形态〉研究》[4]。专题性研究不可小视,聂锦芳的巨

---

[1] 林进平,主编. 北京:中央编译出版社,2014.
[2] 岩佐茂,等编著. 栗海峰,王广,译. 北京:北京师范大学出版社,2014.
[3] 广松涉,编注. 彭曦,译. 张一兵,审订. 南京:南京大学出版社,2005.
[4] 韩立新,主编. 北京:中国人民大学出版社,2008.

第一章　马克思哲学文献中的政治经济学"基因"

著《批判与建构：〈德意志意识形态〉的文本学研究》对文本脉络的精梳细爬可为例证[1]。上述文献在《形态》原始手稿样貌复原、具体内容梳理阐释和在马克思主义哲学史中的地位酌定诸方面功不可没，甚至可以说做出了巨大贡献。

但是，在上述及其他有关《形态》的研究成果中有一个根本性问题，未能在自觉意识层面被提出并被实证性地研究和回答：马克思政治经济学研究及其成果对《形态》的写作和内容有否影响？有什么样的影响？影响到什么程度？笔者把这一问题命名为《形态》的政治经济学"基因"问题。

例外有两个，一个是德国马克思文献研究和编辑专家陶伯特，另一个是我国的张一兵。陶伯特在讲到《形态》原稿时说："对唯物史观的新的见解主要不是取决于黑格尔以后的哲学的发展和当代人围绕这个哲学进行的分析研究。最重要的基础是在分析市民社会时——马克思在政治经济学中寻求解剖市民社会的方法——已经达到的认识水平……直到《形态》为止，政治经济学更多的是唯物史观的前提而不是它的运用。"[2] 张一兵说得更直白："不研究1845年的《布鲁塞尔笔记》与《曼彻斯特笔记》，就不可能真正读懂《关于费尔巴哈的提纲》、《形态》和《马克思致安年柯夫》，也就根本谈不上理解马克思恩格斯的第二次伟大思想转变，即马克思哲学革命的本质。"[3] 两位具有洞察智慧的《形态》解读者确实意识到了"基因"问题的客观存在，此为视野拓展性贡献。美中不足是没有继续追问和回答如下问题：马克思政治经济学研究及其成果对《形态》的写作和内容产生了什么样的具体性影响？如何实证性地探讨和回答"基因"问题？未见下文的结果令人遗憾。

仅从宏观情况看就可以确认，《形态》的政治经济学"基因"问题确实客观存在，因而是应该研究的问题。《形态》写作始于1845年11月，此为马克思系统研究政治经济学两年之后。两年的政治经济学研究涉及71种广义政治经济学文献，留存后世者是著名的三大政治经济学

---

[1] 该著作于2012年由人民出版社出版。
[2] 林进平，主编. 马克思主义研究资料：第1卷. 北京：中央编译出版社，2014：42.
[3] 张一兵. 回到马克思：经济学语境中的哲学话语. 南京：江苏人民出版社，1999：15.

笔记即《巴黎笔记》《布鲁塞尔笔记》《曼彻斯特笔记》。71种文献的论述主题是13类内容：政治经济学理论，政治经济学研究的历史及其相关问题，工艺学问题，工厂运行特点及其经济性质问题，人口问题，经济和贸易政策问题，货币和金融问题，财政理论和实践问题，商业管理问题，贫困及工人阶级贫困问题，工人阶级历史及其命运问题，未来社会理想问题，财富问题。13类内容对《形态》产生了什么影响？直接证明难以做到，间接证明同样能说明问题。《形态》写作目的有三：彻底批判青年黑格尔派哲学，清算自己的"哲学信仰"，为革命锻造理论武器。写作目的是硬性约束，迫使《形态》作者把已获得的政治经济学研究成果加工提炼为历史唯物主义理论。《形态》作者不仅有意愿而且有能力做到这一点。其一，马克思是哲学博士；其二，马克思是黑格尔哲学研究的顶级专家；其三，马克思对青年黑格尔派哲学了如指掌；其四，《形态》写作之前，马克思已有四次在哲学高度加工提炼政治经济学研究成果的经历，文献证据是《1844年经济学哲学手稿》、《评弗里德里希·李斯特的著作〈政治经济学的国民体系〉》、《神圣家族》和《关于费尔巴哈的提纲》。

明证可鉴的事实告诉我们，《形态》中确实存在政治经济学"基因"，它们与《形态》中的历史唯物主义内容具有密不可分的关系。循着陶伯特和张一兵挑明的思路，实证性地把这一关系揭示出来是本章尝试完成的任务。

二、批判费尔巴哈哲学的"秘密武器"

马克思在《资本论》第一卷"第二版跋"中说："在德国，直到现在（1873年。——引者注），政治经济学一直是外来的科学……德国的政治经济学教授一直是学生。别国的现实在理论上的表现，在他们手中变成了教条集成，被他们用包围着他们的小资产阶级世界的精神去解释，就是说，被曲解了。"[①] 马克思的叙述表明，德国的政治经济学教授并不真正懂得作为外来学科的政治经济学。德国哲学家的情况如何？

---

① 马克思恩格斯文集：第5卷. 北京：人民出版社，2009：15.

第一章 马克思哲学文献中的政治经济学"基因"

黑格尔是仅有的例外①，其他人则是更加不懂政治经济学。这种情况与当时德国社会和经济发育程度低有直接关系。能够证明这一点的有趣例证是如下事实。一个贵族在发表对德国修筑铁路的看法时说："我不希望在我的国家有任何铁路。我不希望任何一个鞋匠和裁缝乘车走得像我那么快。"② 研究政治经济学是理解社会历史和现实的便捷途径，失却这一途径，难以得到基于社会历史和现实的哲学性认识，费尔巴哈是典型例证。

在反叛黑格尔思辨哲学和促使这一哲学解体的事业中，费尔巴哈居功至伟。他击中了黑格尔哲学的唯心主义实质，让人看到了走出黑格尔哲学迷雾的一线希望。但是，费尔巴哈在批判黑格尔哲学时采用了与社会历史和现实毫无关系的研究路径。"只要将思辨哲学颠倒过来，就能得到毫无掩饰的、纯粹的、显明的真理。""思维和存在的关系只是这样的：存在是主体，思维是宾词。""作为存在的存在的本质，就是自然的本质。""观察自然，观察人吧！你在这里可以看到哲学的秘密。"如何观察自然和人？"只有那通过感性直观而确定自身，而修正自身的思维，才是真实的，反映客观的思维——具有客观真理性的思维。"③ 例证中的表白清晰可辨。虽然费尔巴哈运用了自然、感性、人和真理等概念，其认识貌似离黑格尔的抽象、思辨和空洞而去，实际是以另一种形式显示出自己的苍白、空洞和抽象。

鉴于费尔巴哈反叛黑格尔思辨哲学的功绩和自身哲学的根本性缺

---

① 青年黑格尔曾大力研究政治经济学，理论成果主要体现于20世纪初才公布于世的两部著作《伦理体系》（1802年）、《耶拿实在哲学》（1802—1805年）中，晚期著作也有直接反映如《法哲学原理》中的"市民社会"章。这些理论成果具有明确的经济哲学性质。法国学者罗桑瓦隆指出，政治经济学在黑格尔的智慧形成中发挥了"核心作用"，"他是在这个领域中树立其思想的首位哲学家"（皮埃尔·罗桑瓦隆. 乌托邦资本主义：市场观念史. 杨祖功，等译. 北京：社会科学文献出版社，2004：190）。贺麟先生同样指出，黑格尔对亚当·斯密的政治经济学"进行了唯心辩证法的加工"（贺麟. 黑格尔哲学讲演集. 上海：上海人民出版社，2011：41）。理论事实明证可鉴，黑格尔非常了解政治经济学，其哲学体系中存在明显可见的经济哲学"基因"，这样的"基因"对马克思经济哲学的提出和确立产生了直接影响。关于黑格尔经济哲学对马克思经济哲学的影响情况，见宫敬才. 谫论黑格尔的经济哲学及其对马克思经济哲学的影响. 马克思主义与现实，2016（3）。
② 阿·伊·马雷什. 马克思主义政治经济学的形成. 刘品大，等译. 成都：四川人民出版社，1983：17.
③ 费尔巴哈哲学著作选集：上卷. 荣震华，李金山，等译. 北京：商务印书馆，1984：102，115，115，178.

陷,《形态》首先彻底批判费尔巴哈哲学。用什么工具批判这一哲学?《形态》利用了除黑格尔外的德国哲学家所不了解的"秘密武器",它便是政治经济学研究及其成果。检视《形态》批判费尔巴哈哲学和确立历史唯物主义理论的论述就可发现,其中的政治经济学概念发挥主导性作用。这样的概念有:交换,分配,工厂,机器,所有制,土地所有制,现代所有制,私有制,部落所有制,封建所有制,农业劳动,工业劳动,商业劳动,体力劳动,脑力劳动,手工劳动,资本,商人资本,商业资本,等级资本,工业资本,现代资本,劳动资料,劳动工具,劳动产品,劳动力,劳动组织形式,工业,家庭工业,小工业,手工业,工场手工业,大工业,织布业,贸易,市场,世界市场,商业,商业交往,商业史,工业史,市民社会史,生产,物质生产,物质生活资料生产,物质生活条件,生产力,生产方式,生产关系,信用制度,关税政策,自由竞争,等等。放大视野后的客观事实同样惊人,《形态》直接提到的经济学家多达30位左右。如此密集、大量和专业的政治经济学信息向我们透露了什么样的内在玄机?这才是真正需要关注和研究的问题。《形态》利用政治经济学研究及其成果批判费尔巴哈哲学,同时论证和确立自己的哲学,结果是历史唯物主义理论。

在费尔巴哈哲学中,感性世界、自然和现实等概念出现频率很高,发挥哲学本体的作用。这些概念的指称对象是什么?《形态》的界定与费尔巴哈的理解之间有本质区别。

> 费尔巴哈对感性世界的"理解"一方面仅仅局限于对这一世界的单纯的直观,另一方面仅仅局限于单纯的感觉……他没有看到,他周围的感性世界决不是某种开天辟地以来就直接存在的、始终如一的东西,而是工业和社会状况的产物,是历史的产物,是世世代代活动的结果,其中每一代都立足于前一代所奠定的基础上,继续发展前一代的工业和交往,并随着需要的改变而改变他们的社会制度。甚至连最简单的"感性确定性"的对象也只是由于社会发展、由于工业和商业交往才提供给他的。①

主要用政治经济学语言描述出来的感性世界具有自己的本质规定性。费尔巴哈视感性世界为静态且与人及其活动无关的实体,荒谬之处立马显

---

① 马克思恩格斯文集:第1卷.北京:人民出版社,2009:527-528.

现出来。第一，从构成要素角度看，感性世界并非仅仅是实体，而是实体、活动、关系和历史的有机统一。第二，从具体结果角度看，感性世界不仅与人有关，而且是"人化的自然界"，恰如马克思在《1844年经济学哲学手稿》中指出的，与人无关的自然界并不存在①。第三，从哲学分析框架角度看，感性世界绝非如费尔巴哈主张的那样是仅靠直观就能得到的结果，因为直观运用的哲学分析框架是主观、客观及二者之间的关系，而是运用主体、客体及二者之间辩证关系这一哲学分析框架的结果。此为《形态》的哲学与费尔巴哈哲学之间的本质区别之一。第四，从归源角度看，主体、客体及二者之间的辩证关系发生和存在于活动之中，具体说是发生和存在于劳动之中。第五，从感性世界存在状态角度看，它不是自产生后就一成不变的静态性存在，而是不断变化发展的过程，这个过程是理解人类社会历史的钥匙。第六，从哲学本体论思想史角度看，把感性世界视为并非单一实体而是实体、活动、关系和历史的有机统一，无疑是一场革命，反观费尔巴哈对哲学本体的理解，则是仍然在旧哲学的框架内讨生活。

《形态》发动哲学本体论革命的举动带来了应当说明的问题。既然哲学的本体是"人化的自然界"，那么，它的客观基础是什么？《形态》仍然用政治经济学语言回答问题：

> 工业和商业、生活必需品的生产和交换，一方面制约着分配、不同社会阶级的划分，同时它们在自己的运动形式上又受着后者的制约……费尔巴哈特别谈到自然科学的直观，提到一些只有物理学家和化学家的眼睛才能识破的秘密，但是如果没有工业和商业，哪里会有自然科学呢？甚至这个"纯粹的"自然科学也只是由于商业和工业，由于人们的感性活动才达到自己的目的和获得自己的材料的。这种活动、这种连续不断的感性劳动和创造、这种生产，正是整个现存的感性世界的基础，它哪怕只中断一年，费尔巴哈就会看到，不仅在自然界将发生巨大的变化，而且整个人类世界以及他自己的直观能力，甚至他本身的存在也会很快就没有了。②

费尔巴哈的观点由于与经济历史变迁的客观事实相冲突而被证明为错

---

① 马克思恩格斯文集：第1卷. 北京：人民出版社，2009：191，220.
② 同①529.

误,而《形态》对感性世界客观基础的理解则是正确的。就感性世界论感性世界,不可能真正地理解感性世界。感性世界的客观基础是工业和商业,准确地说是劳动。

找到和说明感性世界的客观基础是伟大举措,更伟大的举措还在后头。就在同一自然段,《形态》又说出了如下曾引起争论的话:"当然,在这种情况下,外部自然界的优先地位仍然会保持着,而整个这一点当然不适用于原始的、通过自然发生的途径产生的人们。但是,这种区别只有在人被看做是某种与自然界不同的东西时才有意义。此外,先于人类历史而存在的那个自然界,不是费尔巴哈生活于其中的自然界;这是除去在澳洲新出现的一些珊瑚岛以外今天在任何地方都不再存在的、因而对于费尔巴哈来说也是不存在的自然界。"① 这是以尖锐形式提出的哲学分析框架问题。我们可以从中提炼出如下命题。

命题一:在由劳动构成的主、客体关系中,外部自然界的优先地位仍然会保持着。外部自然界是劳动对象,没有劳动对象的劳动不可想象,它既不能发生,也不会存在。

命题二:所谓外部自然界的优先地位之说,只有在人与自然界相区别时才有意义。主体是主体,客体是客体,客体具有相对独立性,这种情况下我们才能说作为客体的外部自然界相对于主体而言具有优先地位。

命题三:只有人才能成为主体,处于主、客体关系之外的自然界是不存在的自然界;同理,先于人类历史的自然界对于人来说是不存在的自然界。

命题四:相对于人而言,真正有意义且能说明白的自然界是"人化的自然界"。

四个命题是运用主体、客体及二者之间辩证关系这一哲学分析框架的必然结果。如果用主观、客观及二者之间关系的哲学分析框架看待上述命题,凡有一点哲学教科书常识的人自己就会得出结论,它们与唯物主义立场相冲突。外部自然界存在于人及其意识之外,先有外部自然界,后有人及其意识。不管人及其意识存在与否,外部自然界的客观存在始终不以人的主观意识为转移。在这样的语境中,"外部自然界的优

---

① 马克思恩格斯文集:第1卷. 北京:人民出版社,2009:529-530.

先地位仍然会保持着"这一提法似乎能说得通，但这种理解与后三个命题相冲突。

论述至此，我们已陷入不得不回答三个问题的困境之中：其一，《形态》的哲学分析框架到底是什么？其二，两种哲学分析框架中的哪一种适合于研究人类社会历史问题？其三，上述话语包含的思想到底出自马克思还是恩格斯？

就第一个问题而言，可以举出大量文献证据。除《形态》外，较典型者是《1844年经济学哲学手稿》、《关于费尔巴哈的提纲》和《政治经济学批判大纲（1857—1858年手稿）》。马克思始终运用主体、客体及二者之间辩证关系的哲学分析框架，从来没有离开这一哲学分析框架而另寻他路。它是马克思哲学甚至思想整体的有机组成部分，处于理论基础的地位，发挥不可替代的作用。

第二个问题较为复杂。人们习惯性地接受了哲学教科书的哲学分析框架，认为主观、客观及二者之间关系的哲学分析框架适用于分析任何领域中的研究对象。实际情况远非如此简单。这一哲学分析框架确实是自然科学研究唯一正确的选择，它的基本要求恰好与自然科学的目标一致。研究对象在研究者之外客观地存在着，研究者观照式地反映对象。作为反映结果的主观意识中，主观性成分越少，客观化程度越高，越可信因而越有价值。在这里，研究者的时代性、地域性、民族性、阶级性和个人性等的主体性因素不能有任何表示存在的机会，否则，就会危及结果的科学性质。简单分析表明，主观、客观及二者之间关系的哲学分析框架不适用于研究非自然科学所面对的对象，起码人文社会科学的情况是如此。

问题三更复杂。《形态》第一章的思想归属是国际性争论的问题之一。其中有一种观点既大胆又直白。日本学者广松涉认为："在对《形态》的手稿从文献学的角度进行研究的时候，可以发现此遗稿主要是出自恩格斯之手。""直截了当地说，可以清楚地看出马克思明显落后于恩格斯，历史唯物主义主要是出自恩格斯的独创性见解。"① 话语不多，但思想的冲击力犹如重磅炸弹。这样的观点不仅大有颠覆长期以来学术界的公认结论之势，而且还公然置恩格斯的多次相关表白于不顾。但

---

① 广松涉，编注. 文献学语境中的《德意志意识形态》. 彭曦，译. 张一兵，审订. 南京：南京大学出版社，2005：358，366.

是，支撑上述结论的证据过于苍白。《形态》原稿手迹属于恩格斯与《形态》第一章的思想属于恩格斯是性质不同的两码事。《形态》写作手迹属于恩格斯，并不意味着其中的思想一定属于恩格斯。为了送交出版社印刷出版，由恩格斯把笔迹潦草的《形态》手稿誊抄一遍是再自然不过的事情。有充分的根据得出结论，《形态》第一章的思想主要归属于马克思，而主体、客体及二者之间辩证关系的哲学分析框架，则完全归属马克思。

上已述及，马克思终其一生都在坚持和运用主体、客体及二者之间辩证关系的哲学分析框架，恩格斯的情况正好与此相反。从1844年到1886年计42年的时间，恩格斯其间写作了大量哲学性文献。我们从其中选取三个时间节点，以期证明恩格斯终其一生所使用的哲学分析框架到底是什么。

节点一。1844年1月至2月，恩格斯写作了《英国状况》系列论文中的《十八世纪》。这篇论文列举天文学、光学、数学、物理学、博物学、地理学和地质学等学科的发展状况证明，"18世纪科学的最高峰是唯物主义，它是第一个自然哲学体系，是上述各门自然科学完成过程的结果"①。此处"唯物主义"概念的含义是什么？恩格斯并未做出明确界定，主要以自然科学学科为例证的做法表明，他意谓的"唯物主义"在含义上与后来的理解一致。

节点二。1873年至1882年，恩格斯写作了著名的《自然辩证法》手稿。其中说："唯物主义自然观只是按照自然界的本来面目质朴地理解自然界，不添加任何外来的东西。""辩证法的规律是从自然界的历史和人类社会的历史中抽象出来的。"② 两句话表明，恩格斯认为唯物主义反映论既适用于对自然界的研究，也适用于对人类社会历史的研究。

节点三。1886年，恩格斯写作了同样著名的《路德维希·费尔巴哈和德国古典哲学的终结》。这里的哲学分析框架已非常完整，后来成为哲学教科书的立论基础。恩格斯说："全部哲学，特别是近代哲学的重大的基本问题，是思维和存在的关系问题。"唯物主义只不过是"人们决心在理解现实世界（自然界和历史）时按照它本身在每一个不以先入为主的唯心主义怪想来对待它的人面前所呈现的那样来理解……除此

---

① 马克思恩格斯文集：第1卷. 北京：人民出版社，2009：88.
② 马克思恩格斯文集：第9卷. 北京：人民出版社，2009：458，463.

以外，唯物主义并没有别的意义"①。

三个时间节点的论述证明，恩格斯运用的哲学分析框架是主观、客观及二者之间的关系。这样的事实对广松涉非常不利。如果广松涉的观点客观地反映了历史事实，那么，恩格斯《形态》时期的哲学分析框架与其一生的哲学分析框架之间是自相矛盾关系；如果恩格斯的哲学分析框架中不存在自相矛盾，那么，《形态》运用的主体、客体及二者之间辩证关系的哲学分析框架属于马克思而非恩格斯；如果这一哲学分析框架属于马克思，那么，"历史唯物主义主要是出自恩格斯的独创性见解"之说便毫无根据。

《形态》的历史唯物主义理论与主体、客体及二者之间辩证关系的哲学分析框架是什么关系？没有主体、客体及二者之间辩证关系的哲学分析框架，就不会有《形态》的历史唯物主义理论。反观主观、客观及二者之间关系的哲学分析框架，确为恩格斯一生所主张和运用，但在这种哲学分析框架中不可能产生出历史唯物主义理论，因为其中没有主体性的容身之地。没有主体性的容身之地，就不会有劳动哲学本体论、人学历史唯物主义理论和工艺学历史唯物主义理论②。广松涉虽然长期研究《形态》，但他并没有真正理解《形态》，进而既没有真正理解马克思哲学，也没有真正理解恩格斯哲学。

综合起来看，《形态》对费尔巴哈哲学的批判既彻底又有说服力。在这一过程中确立起来的劳动哲学本体论意义重大，我们完全有理由说，此为哲学本体论思想史上的伟大革命。《形态》为什么能取得如此巨大的成就？可以找出许多原因回答这一问题，但根本原因是《形态》利用了"秘密武器"，即政治经济学研究及其成果。以往人们理解《形态》时总是以哲学教科书中的历史唯物主义理论为判断标准，主观地裁定《形态》的思想发育程度。这种做法导致了一系列有害后果。其一，《形态》与政治经济学研究及其成果之间的密切联系遁失于人们的视野之外。其二，《形态》哲学与政治经济学相融合的独特理论气质消失不

---

① 马克思恩格斯文集：第4卷. 北京：人民出版社，2009：277，297.
② 笔者经过文献特别是政治经济学文献的梳理发现，马克思主义哲学教科书表述的历史唯物主义理论，准确命名应是方法论历史唯物主义理论。它是马克思历史唯物主义理论的有机组成部分，但不是全部。完整的马克思历史唯物主义理论准确命名应是劳动历史唯物主义理论，由四部分内容组成：方法论历史唯物主义理论、劳动哲学本体论、人学历史唯物主义理论和工艺学历史唯物主义理论。四者有机统一才是马克思原生态的历史唯物主义理论。

见。其三，马克思主体、客体及二者之间辩证关系的哲学分析框架被恩格斯主观、客观及二者之间关系的哲学分析框架代替。其四，劳动哲学本体论思想被虚无化。其五，出现了广松涉错误得离谱的所谓"恩格斯独创性见解"论。回到《形态》的原生态语境，细心研究《形态》中历史唯物主义理论与政治经济学研究及其成果之间的联系，就能够感悟出《形态》中更多伟大的哲学思想。

三、方法论中的政治经济学"基因"

第一，方法论主张。

《形态》中的方法论主张很高调，带有宣言性质。

> 必须站在德国以外的立场上来考察一下这些喧嚣吵嚷。
> 这些哲学家没有一个想到要提出关于德国哲学和德国现实之间的联系问题，关于他们所作的批判和他们自身的物质环境之间的联系问题。[1]

两处论述的批判目标是正处于解体过程中的青年黑格尔派，他们的根本错误是就哲学论哲学，完全不顾及自己的哲学与"德国现实"之间的联系。"德国以外的立场"是什么？《形态》以强烈对比的形式宣示自己的主张："德国哲学从天国降到人间；和它完全相反，这里我们是从人间升到天国。""在思辨终止的地方，在现实生活面前，正是描述人们实践活动和实际发展过程的真正的实证科学开始的地方。"[2] "天国"与"人间"和"思辨"与"实证"的鲜明对比凸显出《形态》方法论主张的特点。要认识和说明现实，在说明中概括出正确理论，然后从理论中提炼出革命结论，哲学视野就必须有一个根本性转向。转向何处？《形态》对问题的回答旗帜鲜明："这是一些现实的个人，是他们的活动和他们的物质生活条件，包括他们已有的和由他们自己的活动创造出来的物质生活条件。因此，这些前提可以用纯粹经验的方法来确认。"[3] 请注意

---

[1] 马克思恩格斯文集：第1卷. 北京：人民出版社，2009：513，516.
[2] 同[1]525，526.
[3] 同[1]519.

论述中的三个关键词:"现实的个人"、"物质生活条件"和"纯粹经验的方法"。它们表明,《形态》的方法论主张已远离"天国"和"思辨"而去,所要做到者是到"人间"去看"现实的个人"以及他或她与"物质生活条件"之间的关系。这里是"纯粹经验的方法"的用武之地,而青年黑格尔派(包括费尔巴哈)的方法,则是既不着边际,也不合时宜,必须彻底批判和抛弃。

第二,经验方法的指向。

《形态》诉诸"纯粹经验的方法"。"纯粹经验"的指称对象是什么?所谓经验方法的指向是什么?回到《形态》的原生态语境就能发现,"经验"的指称对象起码有三个,三者之间的比较表明,《形态》中经验方法的指向具有独特理论气质,运用这一方法的成果也最为丰富。

经验的指称对象一。费尔巴哈在《形态》写作的前两年说:"爱就是情欲,只有情欲才是存在的标记。只有情欲的对象——不管它是现实的还是可能的——才是存在的。""新哲学建立在爱的真理上,感觉的真理上。"[①] 费尔巴哈同样诉诸经验方法,同样主张通过经验方法认识和把握"存在",但他的经验指称对象是纯个人的感觉、情欲,具体说是"爱"。这样的经验指称对象与社会历史和现实有直接关系吗?运用这种经验方法能正确认识社会历史和现实吗?答案只能是否定的。与此形成显明对比的是,《形态》中的经验意谓社会历史性事实,特别是其中的物质生活条件。

经验的指称对象二。马克思早在写《形态》以前就已表现出对思辨方法的强烈不满,主张用经验方法认识和干预德国现实。由于刚刚开始研究政治经济学,这时对经验的理解与《形态》对经验的理解之间几乎是天差地别的关系。

> 真理的彼岸世界消逝以后,历史的任务就是确立此岸世界的真理。人的自我异化的神圣形象被揭穿以后,揭露具有非神圣形象的自我异化,就成了为历史服务的哲学的迫切任务。于是,对天国的批判变成对尘世的批判,对宗教的批判变成对法的批判,对神学的批判变成对政治的批判。[②]

---

① 费尔巴哈哲学著作选集:上卷. 荣震华,李今山,等译. 北京:商务印书馆,1984:167,168.

② 马克思恩格斯文集:第1卷. 北京:人民出版社,2009:4.

这里的经验指称对象是"尘世"、"法"和"政治"。这样的经验只是派生物，是"副本"而非"原本"。"原本"何谓？此时马克思已意识到是"市民社会"，但"市民社会"又是什么？这样的问题只有研究政治经济学后才能回答。

经验的指称对象三。研究政治经济学两年之后，《形态》对经验方法的理解已发生了根本性变化，一是经验概念的指称对象是"原本"而非"副本"，二是运用这一方法的成果是方法论历史唯物主义理论。关于前者，《形态》的论述立场坚定，主题明确：

> 我们首先应当确定一切人类生存的第一个前提，也就是一切历史的第一个前提，这个前提是：人们为了能够"创造历史"，必须能够生活。但是为了生活，首先就需要吃喝住穿以及其他一些东西。因此第一个历史活动就是生产这些满足需要的资料，即生产物质生活本身，而且，这是人们从几千年前直到今天单是为了维持生活就必须每日每时从事的历史活动，是一切历史的基本条件。①

论述中"原本"的指称对象是物质生活资料的生产。这才是《形态》"纯粹经验的方法"提法中"经验"一词的真正指称对象。基于物质生活资料生产无可替代的重要性，《形态》又专门告诫人们："任何历史观的第一件事情就是必须注意上述基本事实的全部意义和全部范围，并给予应有的重视。"②

"注意"和"重视"物质生活资料生产之"全部意义和全部范围"的结果是高出于历史学和政治经济学一个层次的哲学历史观。

> 这种历史观就在于：从直接生活的物质生产出发阐述现实的生产过程，把同这种生产方式相联系的、它所产生的交往形式即各个不同阶段上的市民社会理解为整个历史的基础，从市民社会作为国家的活动描述市民社会，同时从市民社会出发阐明意识的所有各种不同的理论产物和形式，如宗教、哲学、道德等等，而且追溯它们的产生过程。③

这是马克思主义哲学史上第一次试图把历史唯物主义理论系统化，核心

---

① 马克思恩格斯文集：第1卷. 北京：人民出版社，2009：531.
② 同①.
③ 同①544.

内容是社会历史物质生产决定论。

社会历史物质生产决定论是宏观性提法,把这一提法具体化后的问题接踵而至:物质生产能够决定什么?稍作提炼,我们便能发现《形态》为我们列举出四个层面的例证。

其一,物质生产决定本体论意义的人是什么。"可以根据意识、宗教或随便别的什么来区别人和动物。一当人开始生产自己的生活资料,即迈出由他们的肉体组织所决定的这一步的时候,人本身就开始把自己和动物区别开来。人们生产自己的生活资料,同时间接地生产着自己的物质生活本身。"[①] 有无数哲学家为人这个万物之灵下定义,《形态》在众多定义之下又加了一种新定义:人是劳动的动物或劳动是人的本质。这种人学本体论意义的定义非同小可,它与前已述及的劳动哲学本体论有密切关系,与政治经济学中的劳动价值论和剩余价值论有密切关系,与政治哲学中的劳动者主权论有密切关系,总之,它与马克思主义的各个组成部分都有密切关系。这一切,端赖于利用"纯粹经验的方法"对社会历史物质生产决定论的发现和锁定。

其二,物质生产决定人与人之间关系意义的人是什么。"人们用以生产自己的生活资料的方式,首先取决于他们已有的和需要再生产的生活资料本身的特性。这种生产方式不应当只从它是个人肉体存在的再生产这方面加以考察。更确切地说,它是这些个人的一定的活动方式,是他们表现自己生命的一定方式、他们的一定的生活方式。个人怎样表现自己的生命,他们自己就是怎样。因此,他们是什么样的,这同他们的生产是一致的——既和他们生产什么一致,又和他们怎样生产一致。因而,个人是什么样的,这取决于他们进行生产的物质条件。"[②] 在人类社会历史的不同时代,人与人之间表现出根本性区别,原始社会的人与现代人之间的比较可以证明这一点。在同一时代的社会生活中,人与人之间也有根本性区别,资本家与工人之间的比较可以证明这一点。两种比较的判断标准是什么?《形态》为我们提供了答案。物质生产方式不同,决定了人处于不同的社会历史类型之中,由此决定了个人各不相同的社会历史类型。原始人之所以是原始人,根本原因在于他们的物质生产方式处于原始状态。同理,在同一社会历史时期内,各不相同的个人

---

① 马克思恩格斯文集:第1卷. 北京:人民出版社,2009:519.
② 同①519—520.

与同一物质生产方式的关系各不相同,因而决定了个人在物质生产中的地位,进而决定了个人在社会生活中的地位。

其三,物质生产决定各社会历史时期的社会结构和政治结构。"经验的观察在任何情况下都应当根据经验来揭示社会结构和政治结构同生产的联系,而不应当带有任何神秘和思辨的色彩。社会结构和国家总是从一定的个人的生活过程中产生的。但是,这里所说的个人不是他们自己或别人想象中的那种个人,而是现实中的个人,也就是说,这些个人是从事活动的,进行物质生产的,因而是在一定的物质的、不受他们任意支配的界限、前提和条件下活动着的。"① 论述中的主要概念是"个人"、"物质生产"、"社会结构"和"政治结构",核心问题则是物质生产与社会结构和政治结构的关系。概括论述中的基本立场,我们得到的是具有十足历史唯物主义性质的结论:物质生产决定社会结构和政治结构。论述中的"政治结构"与"国家"同义,物质生产决定政治结构与物质生产决定国家的表述之间没有本质性区别。此处的"社会结构"何谓?它指称以特定物质生产方式为基础的市民社会的结构。

其四,物质生产决定意识。意识"没有历史,没有发展,而发展着自己的物质生产和物质交往的人们,在改变自己的这个现实的同时,也改变着自己的思维和思维的产物。不是意识决定生活,而是生活决定意识"②。准确地说,"物质生产"和"生活"并不能画等号,但在微观语境中,《形态》确实对"物质生产"和"生活"这两个概念做了含义等同的处理,生活决定意识就是物质生产决定意识。

第三,经验方法中的政治经济学"基因"。

社会历史物质生产决定论来自何处?我们用排除法回答问题。来自青年黑格尔派哲学?这是不可能的,"德国的批判,直至它最近所作的种种努力,都没有离开过哲学的基地"③。来自费尔巴哈哲学?同样不可能,从《关于费尔巴哈的提纲》到《形态》对费尔巴哈哲学的彻底批判能够证明这一点。来自英法两国的经验论唯物主义哲学?《神圣家族》对两国经验论唯物主义思想线索的梳理表明,此"经验"与《形态》中的经验没有必然联系,它仍然不是《形态》中社会历史物质生产决定论

---

① 马克思恩格斯文集:第1卷. 北京:人民出版社,2009:524.
② 同①525.
③ 同①514.

第一章　马克思哲学文献中的政治经济学"基因"

的来源。它到底来自何处？考虑到《形态》作者接触的思想资源情况，我们只能说它来自政治经济学研究及其成果。如果顾涉《形态》作者从1843年10月起到《形态》写作开始时的政治经济学研究状况，尤其是著名的《巴黎笔记》《布鲁塞尔笔记》《曼彻斯特笔记》，就会对这一点深信不疑。请看如下例证。

例证一。"现代国家由于税收而逐渐被私有者所操纵，由于国债而完全归他们掌握；现代国家的存在既然受到交易所内国家证券行市涨落的调节，所以它完全依赖于私有者即资产者提供给它的商业信贷……实际上国家不外是资产者为了在国内外相互保障各自的财产和利益所必然要采取的一种组织形式。"① 这段话的核心思想由两个层面的内容组成。在一般性层面，市民社会决定国家，经济基础决定政治上层建筑；在具体性层面，现代国家的阶级本质是资产阶级主宰一切，造成这种结果的原因是资产阶级私有制的存在。如上内容是历史唯物主义常识，但需要我们关注者是如下一点：用什么样的客观事实支撑上述理论内容？《形态》运用的"税收"、"国债"、"交易所"、"证券行市"和"商业信贷"等概念表明，支撑上述理论内容的客观事实是经济史。没有对广义政治经济学的研究，就不可能了解经济史，不了解经济史的结果是无法提出经济基础决定政治上层建筑的历史唯物主义原理。

例证二。"当工业和商业——起初在意大利，随后在其他国家——进一步发展了私有制的时候，详细拟定的罗马私法便又立即得到恢复并取得威信。后来，资产阶级力量壮大起来，君主们开始照顾它的利益，以便借助资产阶级来摧毁封建贵族，这时候法便在所有国家中——法国是在16世纪——开始真正地发展起来了，除了英国以外，这种发展在所有国家中都是以罗马法典为基础的。"② 这段论述的核心内容是经济发展与法律变化之间的关系史。经济发展了，法律随之做出相应调整，以期适应变化了的经济生活。《形态》用这样的内容论证和确立历史唯物主义原理：经济基础决定作为政治上层建筑的法律。它对这一点的概括是："每当工业和商业的发展创造出新的交往形式，例如保险公司等等，法便不得不承认它们都是获得财产的方式。"③

---

① 马克思恩格斯文集：第1卷. 北京：人民出版社，2009：583-584.
② 同①584-585.
③ 同①586.

例证三。"在17世纪,商业和工场手工业不可阻挡地集中于一个国家——英国。这种集中逐渐地给这个国家创造了相对的世界市场,因而也造成了对这个国家的工场手工业产品的需求,这种需求是旧的工业生产力所不能满足的。这种超过了生产力的需求正是引起中世纪以来私有制发展的第三个时期的动力,它产生了大工业——把自然力用于工业目的,采用机器生产以及实行最广泛的分工。这一新阶段的其他条件——国内的自由竞争,理论力学的发展(牛顿所完成的力学在18世纪的法国和英国都是最普及的科学)等等——在英国都已具备了……竞争很快就迫使每一个不愿丧失自己的历史作用的国家为保护自己的工场手工业而采取新的关税措施(旧的关税已无力抵制大工业了),并随即在保护关税之下兴办大工业……它首次开创了世界历史,因为它使每个文明国家以及这些国家中的每一个人的需要的满足都依赖于整个世界,因为它消灭了各国以往自然形成的闭关自守的状态……"①这一尚未引证完的大段论述是英国17世纪及其以后经济发展历史的概览和透视,具有十足的广义政治经济学性质,从中我们感受到了《形态》写作之前42天的曼彻斯特政治经济学研究之旅对作者强烈且巨大的影响。这种影响在两个层面表现出来。在方法论意义上,把英国作为典型解剖的方法由此确立下来,在自觉意识层面直接表达出来则是在《资本论》第一卷中②。在思想演进史意义上,此处的思想以一般意义而非英国意义重又出现在马克思主义史上最具代表性的两部著作即《共产党宣言》《资本论》中③,由此可见英国经济发展史梳理对《形态》作者的影响强烈和重要到什么程度。实际上,它是资本主义生产方式起源及其演进的历史。

在这一历史概述中,我们见到了极为丰富的社会历史物质生产决定论内容。一是物质生产方式及其变迁决定政治上层建筑性质的经济政策及其变迁,《形态》给出的例证是贸易保护政策变为自由竞争政策。二是物质生产方式及其变迁决定交往范围的不断扩大,《形态》给出的例证是大工业"首次开创了世界历史"。三是物质生产方式及其变迁决定

---

① 马克思恩格斯文集:第1卷. 北京:人民出版社,2009:565-566.
② 马克思恩格斯文集:第5卷. 北京:人民出版社,2009:8.
③ 可参见《共产党宣言》的第一章"资产者和无产者"和《资本论》第一卷的第四篇"相对剩余价值的生产"。

个人的生存状态及其变迁,《形态》给出的例证是大工业迫使所有个人的全部精力处于高度紧张状态。四是物质生产方式及其变迁决定意识形态内容的存废及其形式,《形态》给出的例证是"宗教、道德等等"。五是物质生产方式及其变迁使知识具有特定的经济职能性质,《形态》给出的例证是"自然科学从属于资本"。六是物质生产方式及其变迁使人们的生活场景发生根本性变化,《形态》给出的例证是"城市最终战胜了乡村"。七是物质生产方式及其变迁使人际关系简单化,《形态》给出的例证是"把所有自然形成的关系变成货币的关系"。如此丰富的社会历史物质生产决定论内容密集地出现于概述英国经济发展史的段落中,实在让人惊叹和深思;哲学与政治经济学相融合的紧密程度,由此可见一斑。

综上所述,《形态》方法论中存在政治经济学"基因"是客观事实。这样的事实是对我们的警示。以往就哲学论哲学地谈论《形态》,不顾及它与政治经济学研究及其成果的密切关系,得到的结果自以为是《形态》原生态的思想,实际情况是二者之间距离很大。《1844年经济学哲学手稿》之后的马克思思想,政治经济学与哲学已密不可分地交织在一起,试图人为地从中剥离出纯而又纯的政治经济学或哲学,都是离马克思原生态思想而去的行为[①]。要研究和理解《形态》,就必须关注马克思的政治经济学研究及其成果。

四、结论

上述行文中的证据林林总总,基于此得出《形态》中存在政治经济学"基因"的结论,言之成理且持之有故。这样的结论是对现有《形态》理解模式的冲击,也是理解视野的原生态回归。《形态》的政治经济学"基因"客观地存在着,视野的人为狭窄化使理解者视而不见。视

---

① 我国现代政治经济学教育的奠基人之一陈岱孙先生早在20世纪80年代初就指出:"马克思的政治经济学和他的哲学思想是分不开的。他的政治经济学建立在他的哲学的原理上面,而他的哲学,在他的政治经济学中,又获得了进一步的发展与完成。他对于每一个经济问题是既当作政治经济学中某一特殊问题,又当作整个哲学问题来解决的。"(陈岱孙. 从古典经济学派到马克思. 北京:商务印书馆,1981:32)

而不见的结果可想而知，人为狭窄化视野中的不存在，变成了客观事实意义的不存在，即把真正的客观事实虚无化。此为《形态》理解史上的惊人一幕，大部分理解者身陷其中却意识不到问题的症结所在。这样的理解情势要求我们，必须改变传统的理解模式，回到《形态》的原生态语境，使我们能够真正地理解和把握《形态》的真实思想。

马克思在《1844 年经济学哲学手稿》中初试身手，《形态》及其以后的哲学具有了全新特质，即哲学、政治经济学和历史学的有机统一。新质哲学意味着消灭了旧哲学，也意味着拯救了旧哲学，《形态》完成的劳动哲学本体论革命可以证明这一点。马克思哲学的产生和发展是哲学、政治经济学和历史学相互内在化的过程。这样的过程形成了全新格局：哲学是经济哲学，政治经济学是哲学经济学，历史学则内在化于两个学科之中，构成了两个学科的客观基础。在马克思那里，多学科融合和具体内容密不可分是客观存在的事实。

在已有的马克思主义哲学形成史研究成果中，占主流地位的观点认为世界观和阶级立场转变是马克思主义哲学形成的标志。这种观点带有片面性，因为忽略了作为马克思主义哲学形成标志的重要内容。上文已经证明，《形态》中对经验方法的强调和运用产生了重大且是标志性的理论成果，集中体现是方法论历史唯物主义理论。我们可以称这种对经验方法的强调和运用为方法论转向。马克思思想演进历史的事实告诉我们，在马克思主义哲学形成的意义上说，方法论转向占有与世界观和阶级立场转变同样重要的地位，因为它发挥了同样重要的作用。《形态》为什么能够成功地进行方法论转向？根本原因在于马克思的政治经济学研究。这样的事实昭示我们，进行《形态》中的政治经济学"基因"问题研究具有重要的理论意义。

第二章　马克思政治经济学文献中的哲学结晶

——以《政治经济学批判》(第1分册)"序言"为例证

一、问题的提出及其说明

马克思《政治经济学批判》(第一分册)"序言"(以下简称"序言")正式发表已160周年,这是特别值得纪念的年份。"序言"的核心话题是马克思自己的政治经济学研究经过及其结果。在展开话题过程中,马克思直接或间接地透露了大量信息,这些信息成为他人理解马克思原生态哲学及其历史的关键。从马克思原生态哲学理解史角度看,后继理解者(包括恩格斯)忽略了这些信息,偏离马克思原生态哲学演进轨迹来理解马克思原生态哲学,结果是与马克思原生态哲学区别很大的马克思主义哲学。三个例证足能说明问题,哲学分析框架、哲学本体论和哲学存在形态。存在形态的提法指称两项内容:其一,理论上与政治经济学是互为内生变量的关系;其二,文献载体由哲学性文献向政治经济学文献转变。如何认知这种现象?如何找到马克思原生态哲学?关注和消化"序言"透露的信息,把这些信息与马克思原生态哲学演进轨迹相结合来理解问题,就能得到符合马克思原生态思想实际的结果。

对于全面准确理解马克思原生态哲学及其历史来说,"序言"透露的信息是节点,涉及三个方面的情况:其一,"序言"与此前马克思哲学思想演进轨迹的关系；其二，"序言"与此后马克思哲学思想演进轨迹的关系；其三，"序言"与马克思主义哲学演进轨迹的关系。把三个方面的情况搞清楚、说明白，马克思原生态哲学就会出现在我们面前。

二、节点一：政治经济学与哲学的关系

"序言"的核心思想是向读者说明马克思一生中"黄金时代"15年（1843年10月至1859年6月）的政治经济学研究成果[①]。与习惯性理解不同的是，"序言"表述出来的成果不是政治经济学理论而是哲学性质的方法论历史唯物主义。这就产生了需要研究的问题，马克思政治经济学与哲学是什么关系？

马克思政治经济学与哲学的关系问题被后继者忽略。这种忽略始于恩格斯，后继者沿袭这种做法至今[②]，但它对全面准确理解马克思原生态哲学而言生死攸关。在马克思语境中，政治经济学与哲学的关系主要包括三个方面的内容。第一，马克思自己如何看待这一关系。"序言"表明，马克思认为二者之间是结为一体、互为支撑因而密不可分的关系。他对自己政治经济学研究起因、过程、结果和代表性文献的介绍证明了这一点。第二，马克思政治经济学与哲学的研究关系。"序言"表明，马克思政治经济学研究的过程同时是哲学研究的过程，马克思举出的例证主要是《德意志意识形态》《共产党宣言》《哲学的贫困》。这几种文献具有哲学性质，但它们与政治经济学研究的《巴黎笔记》《布鲁塞尔笔记》《曼彻斯特笔记》有直接关系，是三大笔记中政治经济学研究成果的哲学性提炼和概括。如果提及"序言"未能顾涉但政治经济学

[①] 马克思恩格斯文集：第10卷.北京：人民出版社，2009：167.
[②] 恩格斯在为马克思《政治经济学批判》（第一分册）写的书评中指出，马克思政治经济学建立在唯物主义历史观基础之上（马克思恩格斯文集：第2卷.北京：人民出版社，2009：597），但没有说明政治经济学研究对唯物主义历史观形成的决定性影响。我国的相关教科书在讲到马克思哲学或马克思主义形成问题时，同样不顾及马克思政治经济学研究与马克思哲学或马克思主义形成之间的内在联系，似乎马克思哲学或马克思主义形成与政治经济学研究之间没有本质和必然的联系。例证如下：肖前主编：《马克思主义哲学原理》（合订本），中国人民大学出版社1998年第2版，第32—37页；本书编写组：《马克思主义基本原理概论》，高等教育出版社2015年第6版，第4—6页。这种做法与马克思哲学或马克思主义形成的基本事实不一致。

研究与哲学研究齐头并进且互为支撑的《1844年经济学哲学手稿》，我们便能够更明确地感悟到这一点。第三，马克思政治经济学与哲学的理论关系。这二者是互为内生变量的关系，政治经济学是哲学的内生变量，哲学是政治经济学的内生变量，二者之间是相互包含因而无法分割的关系。始自恩格斯《反杜林论》的学科性人为分割是出于批判杜林的需要而不得不如此的做法，不能作为正面正式的提法加以接受。从开始研究政治经济学到逝世，马克思政治经济学与哲学的关系性质始终如此。

"序言"是例证，也是标志。马克思原生态哲学区别于哲学史上的任何一种哲学形态，表明这一点的证据是哲学与政治经济学的内在联系。这种内在联系表现于研究契机、研究过程、研究结果和研究目的等诸多方面。鉴于此，理解马克思原生态哲学的前提是在自觉意识层面顾涉上述情况，"序言"已为我们做出明示。

三、节点二：方法论历史唯物主义与劳动历史唯物主义的关系

与政治经济学紧密交织的马克思原生态哲学到底是什么？"序言"透露的信息是历史唯物主义，此为马克思政治经济学研究的标志性成果之一。另一成果是政治经济学理论体系的初步形成，证据是劳动二重性的发现、劳动价值论的准确化精确化和剩余价值理论的提出。马克思为什么在政治经济学著作序言中重点且专门地谈论历史唯物主义？如何理解这里的历史唯物主义？"序言"开篇第一句话可以回答我们的问题。政治经济学的研究对象是"资产阶级经济制度"[①]，这种制度并非从天而降，也非永恒存在，它产生和存在于特定社会历史阶段和社会历史生活环境中，与其他社会生活领域密不可分地交织在一起。客观事实要求

---

① 马克思对政治经济学的研究对象有不同的表述。在《1844年经济学哲学手稿》中的表述是私有财产制度（马克思恩格斯文集：第1卷. 北京：人民出版社，2009：177），《政治经济学批判大纲》中的表述是"资产阶级生产"（马克思恩格斯全集：第30卷. 北京：人民出版社，1995：26），而在《资本论》中，马克思的表述则是"资本主义生产方式以及和它相适应的生产关系和交换关系"（马克思恩格斯文集：第5卷. 北京：人民出版社，2009：8）。表述不同只是外在表现，指称的内容都是一个即资本主义经济制度或资本主义生产方式。

马克思解决两个哲学问题：其一，确定资产阶级经济制度的社会历史方位，即这一经济制度在人类经济制度演进轨迹中所处的位置，"序言"已为我们指明了这种位置，它脱胎于封建社会，又为未来社会形态创造条件①。其二，"经济制度"、"物质生活"和"市民社会"在"序言"中是同等程度的用语，指称对象是一个。它在当下社会生活中占有什么地位？发挥什么作用？与其他社会生活领域之间的关系具有什么性质？马克思对此做了说明："物质生活的生产方式制约着整个社会生活、政治生活和精神生活的过程。"② 两项哲学性任务的完成决定了"序言"表述出来的历史唯物主义具有方法论性质，我们据此把它命名为方法论历史唯物主义。

稍后于"序言"的发表，恩格斯称方法论历史唯物主义为"唯物主义历史观"，再到后来，恩格斯把其定名为一般意义的历史唯物主义。现在，这种历史唯物主义就是马克思历史唯物主义的判断已成定论。"序言"正式发表160年后的今天是契机，适宜提出和研究如下问题。仅就1859年的思想发育程度而言，马克思文献中的历史唯物主义仅是"序言"显性表述出来的方法论历史唯物主义？对问题做出肯定性回答是对马克思的不尊重，更不是实事求是的态度。

到《政治经济学批判》（第一分册）正式出版为止，马克思文献中的历史唯物主义是劳动历史唯物主义。这种称谓非马克思提出，但符合马克思原生态思想实际。劳动历史唯物主义除"序言"显性表述出来的方法论历史唯物主义外至少还包括四项内容，尤为重要者，它们与马克思政治经济学理论体系是互为内生变量关系，剥离开其中的一方，另一方就会发生性质变化而成为他者。

第一，哲学分析框架。哲学分析框架是哲学思想的源头，有什么样的哲学分析框架就会有什么样的哲学思想。马克思的哲学分析框架源自博士论文，但为它注入社会历史性生活内容特别是经济生活内容的起步之处是《1844年经济学哲学手稿》，"非对象性的存在物是非存在物"③的命题是典型例证。这个哲学分析框架是主体、客体及二者之间的辩证关系。从一般哲学角度论证和确立这一哲学分析框架的文献是《关于费

---

① 马克思恩格斯文集：第2卷. 北京：人民出版社，2009：592.
② 同①591.
③ 马克思恩格斯文集：第1卷. 北京：人民出版社，2009：210.

第二章　马克思政治经济学文献中的哲学结晶

尔巴哈的提纲》，尤其是其中的第一条。政治经济学与哲学有机统一地运用这一哲学分析框架，文献典型是《政治经济学批判大纲》。没有主体、客体及二者之间辩证关系的哲学分析框架及其运用，就不会有对资本主义生产方式的过程性分析，而没有这一分析，就不可能发现剩余价值，因此就不可能提出剩余价值理论。没有剩余价值理论的政治经济学还是马克思政治经济学吗？由此可见马克思原生态哲学与政治经济学之间具有多么密不可分的关系①。

第二，劳动哲学本体论。把主体、客体及二者之间辩证关系的哲学分析框架运用于人类社会历史，最终结果是劳动哲学本体论。《1844年经济学哲学手稿》提出这种哲学本体论②，《德意志意识形态》则是展开性地论证这种哲学本体论③。劳动哲学本体论是马克思政治经济学的哲学基础，也是马克思整个思想体系的哲学基础，使这一思想体系具有内在理论统一性④。

第三，人学历史唯物主义。"序言"侧重社会历史方法论意义地提出和论述历史唯物主义，但此前写作的文献中还有人学历史唯物主义，这种人学历史唯物主义是马克思政治经济学和整个思想体系的内在灵魂。人学历史唯物主义被人们习惯地称为人学公式或人学三段论⑤，有时被作为带有费尔巴哈哲学痕迹的唯心主义公式加以批判，此为误解。以劳动中主、客体关系社会历史性质为判定标准地看待人及其历史，得出人学历史唯物主义结论顺理成章。人学历史唯物主义是批判资产阶级经济学和整个学术体系的有力武器，也是马克思价值立场的具体体现⑥。

第四，工艺学历史唯物主义。"序言"中说，经济变革可以用自然

---

① 对这一问题的详细展开和论证，请见宫敬才. 论马克思《政治经济学批判大纲》中的哲学分析框架. 河北大学学报，2016（4/5）。

② 马克思恩格斯文集：第1卷. 北京：人民出版社，2009：196.

③ 同②528-529，549-550.

④ 对这一问题的详细展开和论证，请见宫敬才. 谫论马克思的劳动哲学本体论. 河北学刊，2012（5/6）。

⑤ 马克思恩格斯文集：第1卷. 北京：人民出版社，2009：185-186；马克思恩格斯全集：第30卷. 北京：人民出版社，1995：107-108.

⑥ 对这一问题的详细展开和论证，请见宫敬才. 论马克思政治经济学的人学前提. 学术研究，2015（9）。

科学的精确性加以指明①。不明就里的人或许以为马克思说了过头话，实则不然。这是马克思工艺学历史唯物主义在特定语境中偶尔提及，在《资本论》第一卷中被标准地表述为工艺学历史唯物主义原理："工艺学揭示出人对自然的能动关系，人的生活的直接生产过程，从而人的社会生活关系和由此产生的精神观念的直接生产过程。"② 此前的马克思多次提及和论述工艺学历史唯物主义思想。《哲学的贫困》中，"手推磨产生的是封建主的社会，蒸汽磨产生的是工业资本家的社会"的命题是工艺学历史唯物主义的典型表述③，在《德意志意识形态》《共产党宣言》中对大工业革命性的论述④，是工艺学历史唯物主义的具体体现。在《政治经济学批判大纲》中，马克思把工艺学历史唯物主义运用于对资本主义经济运行过程中特定生产要素的分析，从中揭示出资本主义生产方式的科学技术特点即发明成为一种职业⑤。工艺学历史唯物主义是马克思劳动历史唯物主义进而整个思想体系的有机组成部分，也是对传统生产力理论的发展，理论功能是揭示出人类社会历史的深层客观基础。基于此说，工艺学历史唯物主义是人类社会历史的深层客观基础论。

方法论历史唯物主义，主体、客体及二者之间辩证关系的哲学分析框架，劳动哲学本体论，人学历史唯物主义和工艺学历史唯物主义有机统一，构成马克思的劳动历史唯物主义，这就是马克思的原生态哲学。这种哲学客观存在于1859年以前的文献中，与政治经济学密不可分地交织在一起，"序言"则是以经典表述形式展示了其中一部分内容。

四、节点三：原生态哲学文献载体的变迁

虽然马克思1843年10月开始研究政治经济学，也签订过出版政治经济学著作的合同（1845年2月1日），但1859年以前马克思没有正式出版过独成系统的政治经济学著作，后人见到的多是哲学性文献，马克

---

① 马克思恩格斯文集：第2卷. 北京：人民出版社，2009：592.
② 马克思恩格斯文集：第5卷. 北京：人民出版社，2009：429.
③ 马克思恩格斯文集：第1卷. 北京：人民出版社，2009：602.
④ 同③565-567；马克思恩格斯文集：第2卷. 北京：人民出版社，2009：34-35.
⑤ 马克思恩格斯全集：第31卷. 北京：人民出版社，1998：99.

第二章 马克思政治经济学文献中的哲学结晶

思思想演进轨迹的文献载体是哲学"唱主角",政治经济学处于隐而不显状态。隐而不显以存在为前提,它内化于马克思原生态哲学思想中,成为马克思原生态哲学必不可少又独具特色的"政治经济学基因"[①]。这种"基因"决定了马克思原生态哲学的经济哲学性质,起码是具有经济哲学内容。"序言"对方法论历史唯物主义的经典表述是节点,马克思原生态哲学由哲学性文献载体"唱主角",政治经济学隐而不显的时代已告结束。1859年后,马克思写有大量政治经济学手稿,最终成果是《资本论》,此外是政治学著作如《法兰西内战》《哥达纲领批判》,最后是篇幅巨大的《人类学笔记》《历史笔记》,唯独哲学性著作没有出现。哲学性著作没有出现的事实绝不是说马克思此后没有哲学思想了,只能说明,像1859年以前的政治经济学一样,这里的哲学内化于政治经济学之中,文献和思想两个方面的情况皆然。

1859年后马克思文献中哲学隐而不显的存在状态给后人理解马克思原生态哲学造成了困难,同时也是机会。人们可以按照自己的理解和偏好阐释马克思原生态哲学,后来的马克思主义哲学发展史证明了这一点。我们以列宁为例证说明问题。他看到了《资本论》中的"逻辑"和这种"逻辑"与黑格尔《逻辑学》中形式辩证法的关系[②],但更具原创性的哲学思想被忽略。两个例证就能说明这一点。其一是上已述及的工艺学历史唯物主义,其二是人化自然辩证法思想。直到现在,马克思人化自然辩证法思想仍未被关注和研究,实在是可惜的事情[③]。

总之,"序言"作为节点实际是分界点,之前是哲学文献"唱主

[①] 马克思哲学文献中的"政治经济学基因"是客观存在的事实,这可以《德意志意识形态》为例证。对这一问题的详细展开和论证,请见宫敬才.《德意志意识形态》的政治经济学"基因"问题. 中国社会科学(内部文稿),2017 (1).

[②] 列宁专题文集 论辩证唯物主义和历史唯物主义. 北京:人民出版社,2009:145.

[③] 马克思恩格斯文集:第1卷. 北京:人民出版社,2009:191;马克思恩格斯文集:第5卷. 北京:人民出版社,2009:589;马克思恩格斯文集:第7卷. 北京:人民出版社,2009:928. 马克思人化自然辩证法是伟大思想。它是科学发展观的哲学基础,也是现时很流行的生态学的哲学基础。二者起码说明了一点,马克思拥有常人无法比肩的洞察力。工业革命过程中,科学技术因素渗入人类对自然界的干预和改造活动,人与自然界的关系性质和深度发生了巨大变化。变化的结果好坏皆具,乐观主义者赞颂其中的伟大成就,马克思则是在承认这一点的同时指出其另一面,即由人的活动诱发的"自然必然性"对人的约束甚至伤害。关于马克思人化自然辩证法思想的详细展开和论证,请见宫敬才. 谫论马克思的人化自然辩证法. 河北学刊,2014 (1).

角",政治经济学隐而不显;之后情势发生了根本性变化,政治经济学文献"唱主角",哲学隐而不显。马克思原生态哲学文献载体的重大变化并不表明马克思原生态哲学消失了,而是在给后人理解造成困难的同时,也给个人性理解和阐释提供了机会。机会中潜伏变数,转变方向式理解?望文生义式理解?原生态式理解?皆有可能。

五、节点四:理解路径是关键

"序言"对方法论历史唯物主义的论述很经典,但对于此前文献中劳动历史唯物主义整体而言的展示并不全面。上面已述及的是五个方面的内容,这里则是只论述了一个方面的内容。这种结果的出现有客观原因。序言本身的理论逻辑空间狭小是硬性约束,马克思不可能把基于政治经济学研究得到的哲学性成果全部表达出来,"一经得到就用于指导我的研究工作的总的结果"一语中"总的结果"的提法能够说明这一点[1]。如果把"序言"中表述出来的方法论历史唯物主义转换为如何理解人类社会历史的问题,基于文献回答问题,马克思未及表达的劳动历史唯物主义其他内容就能显现出来。

从一般层面看,"序言"中的方法论历史唯物主义很好地回答了如何理解人类社会历史的问题,所以才成为人类学术史上最具标志性的理论成果。从具体层面看,马克思未及表达但内含的是如下内容。用什么哲学分析框架理解人类社会历史?马克思在文献中对问题的回答是主体、客体及二者之间的辩证关系。用这种哲学分析框架理解人类社会历史发现的客观基础(即哲学本体)是什么?马克思文献中对问题的回答是劳动,对劳动的哲学性说明是劳动哲学本体论。在人类社会历史特别是在资本主义社会,劳动的技术基础和组织基础是什么?马克思在文献中对问题的回答是工艺学,对工艺学的哲学性说明是工艺学历史唯物主义。作为主体的人,特别是劳动者,在人类社会历史演进过程中处于什么线性状态?马克思在文献中用两种方式回答问题,《1844年经济学哲学手稿》是人—非人—人的复归[2];《政治经济学批判大纲》是人的依

---
[1] 马克思恩格斯文集:第2卷. 北京:人民出版社,2009:591.
[2] 马克思恩格斯文集:第1卷. 北京:人民出版社,2009:185-186.

赖时期、物质的依赖时期和自由全面发展时期①。

作为劳动历史唯物主义理论题中之义的内容被忽略令人遗憾，为了改变这种片面性理解状况，找到原因是当务之急。这里产生了后继理解者没有自觉意识到但影响巨大的路径依赖问题。人们理解马克思原生态哲学，径直地以"序言"显性表述的方法论历史唯物主义为范围，为标准，阅读马克思相关文献的目的是证明方法论历史唯物主义的科学性质和伟大意义，而非以此为指引线索，全面准确地理解马克思文献中的劳动历史唯物主义。另一方面的原因进一步促成了这种路径依赖式理解习惯的形成。1859年后，马克思相对独立的哲学文献让位于政治经济学文献，人们要理解马克思原生态哲学，首先想到的是"序言"，作为根据的也是"序言"。"序言"表述上的优点变成了后人理解过程中的缺点，此后的理解者除"序言"显性表述的方法论历史唯物主义外，不再思考和研究马克思文献特别是政治经济学文献中是否还存在其他历史唯物主义内容的问题。这里必须说明一点，劳动历史唯物主义中大部分内容的佚失，"序言"的表述经典精彩只能说是外因，更重要的原因是各不相同解读主体的路径依赖式理解。负主要责任的应是各不相同的解读主体而非马克思。

六、节点五：传统理解路径的奠基者

《政治经济学批判》（第一分册）出版后，恩格斯受马克思之托接连发表两篇书评。马克思主义哲学史研究者不太关注这两篇书评，但其中的内容特别是其中潜在的倾向，对后人理解马克思原生态哲学进而对马克思主义哲学的发展方向，都产生了决定性影响。最终结果是我们再熟悉不过的马克思主义哲学原理，马克思原生态哲学则是消失于人们的视野之外。

在马克思主义哲学史上，恩格斯书评创造了四个第一。第一个高度评价马克思政治经济学在德国政治经济学历史上的地位；第一个把马克思"序言"中表述出来的方法论历史唯物主义概括为"唯物主义历史观"②；第

---

① 马克思恩格斯全集：第30卷．北京：人民出版社，1995：107-108．
② 马克思恩格斯文集：第2卷．北京：人民出版社，2009：597．

一个把后来教科书中逻辑与历史有机统一方法概括为"历史从哪里开始,思想进程也应当从哪里开始"[①];第一个从一般哲学高度看待马克思原生态哲学,特别是政治经济学中的哲学。不管对恩格斯还是对马克思,最后一个"第一"都关系重大。对恩格斯来说,这里只是提出构建马克思主义哲学体系的设想,1870年后恩格斯把设想变成了哲学著作,有代表性的是三部:《自然辩证法》《反杜林论》《路德维希·费尔巴哈和德国古典哲学的终结》。这三部著作提出了后来马克思主义哲学教科书中主要和基本的观点,恩格斯理解的马克思主义哲学体系已初具轮廓。对马克思来说同样关系重大,自己与政治经济学密不可分的原生态哲学被恩格斯放到一般哲学(主要是17、18世纪英法两国的唯物主义哲学和19世纪德国古典哲学)架构内加以诠释,哲学特质被忽略,有的哲学思想被做了虚无化处理,经济哲学是明显例证。

上述结果的起始之处是恩格斯的两篇书评,其中的三个观点在后来的哲学文献中一再出现并详加论证,成为马克思主义哲学教科书内容的主要组成部分。

第一个观点涉及马克思与黑格尔的哲学思想关系。恩格斯认为马克思是唯一能改造黑格尔哲学以便从中剥离出合理内核的人。合理内核的集中之地是《逻辑学》,内容是辩证法。后来这个观点成为《路德维希·费尔巴哈和德国古典哲学的终结》第一章的主要论证对象,而辩证法的基本内容则在《自然辩证法》中做了概括即三大规律[②]。虽然恩格斯以马克思之名提出和论述哲学,但明摆着的事实却不是如此。马克思看重的黑格尔著作是《精神现象学》,说它是黑格尔哲学的诞生地和秘密,黑格尔哲学中的合理内核是劳动辩证法[③]。

第二个观点涉及哲学体系性构想。恩格斯认为马克思有一个"新的科学的世界观",今后的努力方向是"发展一种比从前所有世界观都更加唯物的世界观"[④]。现在停留于构想阶段的唯物主义世界观是什么?恩格斯在后来的哲学著作中逐步揭示出其轮廓性内容。《路德维希·费尔巴哈和德国古典哲学的终结》为这种唯物主义世界观提供了哲学分析

---

① 马克思恩格斯文集:第2卷.北京:人民出版社,2009:603.
② 马克思恩格斯文集:第9卷.北京:人民出版社,2009:463.
③ 马克思恩格斯文集:第1卷.北京:人民出版社,2009:201,205.
④ 同①599,601.

框架即哲学基本问题①。《反杜林论》为这种唯物主义世界观提供了哲学本体,即"世界的真正的统一性在于它的物质性"②。而《自然辩证法》则是概括性地指出物质世界的辩证性质③。马克思主义哲学教科书中的这些主干性内容是恩格斯以马克思哲学之名贡献出来的,但马克思的相关思想与此有别。马克思的观点是,人再生产整个自然界,自然界只能是社会中的自然界,人的现实的自然界是人类社会形成过程中生成的,这一切的客观基础是劳动。哲学本体不是物质,而是劳动④。恩格斯哲学本体论与马克思哲学本体论之间的区别用一句话就能说清楚,前者从物质世界出发看人,后者从人出发看物质世界。

第三个观点涉及知识分类思想。恩格斯书评中的知识分类思想还不太完整清晰,但已露出未来知识分类思想的苗头,如下一句话就可证明这一点,"凡不是自然科学的科学都是历史科学"⑤。后来,恩格斯知识分类思想的轮廓清晰起来。知识分两类,一类是哲学,另一类是实证科学,实证科学又分为自然科学和历史科学,这两种科学都以实证为前提。政治经济学是历史科学,是经验科学,政治经济学研究中诉诸道德与法律无助于这一科学的进步⑥,哲学呢?恩格斯认为只是形式逻辑和辩证法⑦。这个知识分类思想符合当时欧洲人的流行看法,但如果用这样的知识分类思想诠释马克思文献,特别是其中的哲学,结果会与马克思原生态思想实际相冲突。恩格斯对政治经济学的看法可为例证,既然政治经济学是实证科学,就不会有经济哲学的容身之地,而马克思政治经济学中经济哲学客观存在的事实恰恰与此相反。

恩格斯书评中的三个观点明证可鉴,路径依赖式地用一般哲学,具体说是17、18世纪英法两国的唯物主义哲学和19世纪德国古典哲学的路径理解马克思原生态哲学,评价马克思原生态哲学,发展马克思原生态哲学,会导致多么严重的哲学后果。后来,列宁依赖恩格斯路径理解

---

① 马克思恩格斯文集:第4卷. 北京:人民出版社,2009:277-278.
② 马克思恩格斯文集:第9卷. 北京:人民出版社,2009:47.
③ 同②463.
④ 马克思恩格斯文集:第1卷. 北京:人民出版社,2009:162,187,193,528-529,549.
⑤ 马克思恩格斯文集:第2卷. 北京:人民出版社,2009:597.
⑥ 同②156.
⑦ 同①312.

马克思原生态哲学，再到后来，人们依赖恩格斯和列宁路径理解马克思原生态哲学，最终成果是马克思主义哲学教科书。这个理解马克思原生态哲学路径依赖的三级跳是客观事实，我们沉浸其中却不自知。

七、结论

　　马克思"序言"的节点意义已如上述。意义揭示过程是提出和回答如下问题的过程：什么是马克思原生态哲学？马克思原生态哲学与政治经济学是什么关系？如何认知和理解马克思原生态哲学存在形态的变化与特点？马克思原生态哲学与恩格斯发展出来的马克思主义哲学是什么关系？如何认识和评价马克思原生态哲学理解史上的路径依赖问题？过程的结束是马克思原生态哲学理解方式变革的完成，马克思原生态哲学研究和马克思主义哲学史研究的新语境已出现在我们面前。这其中的内在逻辑是，准确全面理解马克思原生态哲学的前提是语境转换，语境转换的前提是理解方式变革，理解方式变革的前提是改变路径依赖式理解习惯。这是结论，同时也是需要继续思考和研究的问题，因为结论只具有一家之言性质。

第三章 马克思政治经济学的哲学性质

一、问题的提出及其说明

马克思政治经济学是博大精深的理论体系,自产生到现在始终受到资产阶级学者的攻击和批判,却让一代又一代有良知的学者心向往之,佩服有加。资本主义经济体系一旦遭遇重创如经济危机,人们自然会想起马克思,想起《资本论》,以《资本论》为代表的政治经济学成为谈论和研究的热点,2008年肇始于美国后又殃及世界的经济危机时期可为例证。马克思政治经济学为什么会有如此顽强旺盛的生命力和学术魅力?其中的原因有很多,如科学揭示资本主义经济运行规律,忠实反映劳动者的生存境遇,批判资产阶级经济学切中要害,等等。但是,有一个原因既重要又往往被忽略,这就是它的哲学性质。哲学性质指称的内容是时代精神的精华,时代不变,它就会顽强地表示存在,发挥不可替代的理论功能。

马克思政治经济学的哲学性质是一个提法,确立这一提法的前提是研究和回答如下问题:第一,政治经济学中必然包括哲学性内容吗?第二,马克思政治经济学中存在哲学性内容吗?第三,马克思政治经济学中的哲学性内容是什么?第四,马克思政治经济学与其中的哲学性内容是什么关系？

二、政治经济学的哲学性质

政治经济学中包括哲学性内容是这一学科的必然命运，经济学家的个人意志不起任何作用，区别仅在于是这种哲学还是那种哲学。政治经济学作为一个学科的存在起始于亚当·斯密。在亚当·斯密古典政治经济学理论体系中，哲学与政治经济学密不可分地交织在一起，三类情况可资证明。

一是直接的哲学性命题，如"奢侈都是公众的敌人，节俭都是社会的恩人"[1]。命题的伦理哲学性质明眼人一看便知，其中的教化倾向适应了当时英国工业革命刚开始起步因而急需资本积累的客观情势。凯恩斯在其代表作《就业、利息和货币通论》中借马尔萨斯和霍布森之口批判亚当·斯密的这一哲学思想是不识时务[2]。

二是哲学隐喻。亚当·斯密"看不见的手"的比喻著名到尽人皆知[3]，它确实把市场经济运行的内在机制形象逼真地揭示出来了。说"看不见的手"是哲学隐喻的证据有两个：其一，这一哲学隐喻先是出现于亚当·斯密的哲学著作《道德情操论》中[4]，随后才出现在政治经济学著作《国民财富的性质和原因的研究》中。其二，黑格尔在哲学著作中阐释这一思想，《精神现象学》和《法哲学原理》就是如此[5]。纯哲学研究者往往不太关注亚当·斯密的哲学隐喻，殊不知，它是哲学两千多年发展历史中的亮点。以往的哲学家在处理利己与利他关系问题时总是各执一端，但最终结果是零和，即一方赢意味着另一方输，反之亦

---

[1] 亚当·斯密. 国民财富的性质和原因的研究：上卷. 郭大力，王亚南，译. 北京：商务印书馆，1972：314.

[2] 约翰·梅纳德·凯恩斯. 就业、利息和货币通论. 高鸿业，译. 北京：商务印书馆，1999：376，381.

[3] 亚当·斯密. 国民财富的性质和原因的研究：下卷. 郭大力，王亚南，译. 北京：商务印书馆，1974：27.

[4] 亚当·斯密. 道德情操论. 蒋自强，译. 北京：商务印书馆，1997：230.

[5] 黑格尔. 精神现象学：下卷. 贺麟，王玖兴，译. 北京：商务印书馆，1979：47；黑格尔：法哲学原理. 范扬，张企泰，译. 北京：商务印书馆，1961：197，210-211.

第三章　马克思政治经济学的哲学性质

然，区别只在于站在利己还是利他立场上发表看法。亚当·斯密另辟蹊径地解决问题，结果是双赢。亚当·斯密观点已为有几百年历史的市场经济实践所证实。

三是用日常生活语言提出和论证政治经济学的人学前提："人类几乎随时随地都需要同胞的协助，要想仅仅依赖他人的恩惠，那是一定不行的。他如果能够刺激他们的利己心，使有利于他，并告诉他们，给他做事，是对他们自己有利的，他要达到目的就容易得多了。不论是谁，如果他要与旁人做买卖，他首先就要这样提议。请给我以我所要的东西吧，同时，你也可以获得你所要的东西：这句话是交易的通义。我们所需要的相互帮忙，大部分是依照这个方法取得的。我们每天所需要的食料和饮料，不是出自屠户、酿酒家或烙面师的恩惠，而是出自他们自利的打算。我们不说唤起他们利他心的话，而说唤起他们利己心的话。我们不说自己有需要，而说对他们有利。"[①] 这是资产阶级经济学的逻辑前提之一——人性自私论的原生态表述。后来的资产阶级经济学不断变换这一逻辑前提的概念表达，由人性自私论变为经济人，由经济人变为理性经济人，最后是有限理性经济人，但实质没有丝毫改变。相对于资产阶级经济学而言，人性自私论的重要程度可用"生命攸关"一词形容。没有人性自私论就没有人学前提，没有人学前提的资产阶级经济学就无法建立起来。如此深刻复杂的哲学性内容被亚当·斯密用日常生活语言表达出来，可见他的哲学功力有多么深厚。

三类情况表明，哲学性内容客观存在于亚当·斯密古典政治经济学中，发挥内生变量的作用。

就政治经济学与哲学密不可分的内在联系而言，亚当·斯密的学术子孙都是离经叛道之辈。他们以继承和发展亚当·斯密政治经济学为由头，实际做法是背道而驰。离经叛道表现于刻意强调政治经济学的科学性质，对哲学性质则唯恐避之不及。率先如此行为的是马克思在《资本论》第一卷设置专节批判的牛津大学政治经济学教授西尼尔。这位资本家的铁杆代言人在代表作《政治经济学大纲》中说，经济学家"所从事的是科学，其间如果有了错误或是有了疏忽，就会产生极其严重、极其广泛的恶劣影响；因此，他就像个陪审员一样，必须如实地根据证据发

[①] 亚当·斯密. 国民财富的性质和原因的研究：上卷. 郭大力，王亚南，译. 北京：商务印书馆，1972：13-14.

表意见,既不容许同情贫困,也不容许嫉视富裕或贪婪,既不容许崇拜现有制度,也不容憎恶现有的弊害,既不容许酷爱虚名,投合时好,也不容许标新立异或固执不变,以致使他不敢明白说出他所相信的事实,或者是不敢根据这些事实提出他看来是合理的结论"①。"科学"的高调宣示和六个"不容许"的禁令有机统一,使政治经济学的所谓"科学"性质彰显出来,被扼杀的是政治经济学中客观存在且须臾不可分离的哲学。

科学性主张在现代西方主流经济学中被忠实地继承下来。美国经济学家曼昆在极为流行的《经济学原理》教科书中说:"经济学家努力以科学的态度来探讨他们的主题。他们研究经济的方法与物理学家研究物质和生物学家研究生命的方法一样:他们提出理论、收集资料,并分析这些资料以努力证明或否定他们的理论……这种研究方法适用于研究一国经济,就像适用于研究地心引力或生物进化一样。"② 曼昆的用意不是直接表达出来,而是让人们去猜。既然经济学是像自然科学一样的"硬"科学,那么,哲学还有什么存在理由呢?

亚当·斯密以后资产阶级经济学拔高科学和拒斥哲学的高调宣示是一回事,实际情况是另一回事。就说这一经济学的逻辑前提吧。如果把资产阶级经济学中的人性自私论、天赋人权论和私有财产神圣不可侵犯论这三个哲学味十足的逻辑前提剔除掉,那么,剩下的是两样东西:杂乱无章且无灵魂的经验性材料和经济学家个人的主观性意见。问题在于,仅凭这两样东西,资产阶级经济学能成为一个学科吗?答案只有一个:不能。资产阶级经济学像其他经济学一样,哲学是内生变量,离开哲学它一天也不能存活。

三、马克思政治经济学是哲学经济学

只要对马克思政治经济学文献有所顾涉就能够发现,其中哲学与政治经济学的联系太密切了。为了证明这一点,跟随马克思政治经济学的

---

① 西尼尔. 政治经济学大纲. 蔡受百,译. 北京:商务印书馆,1977:12.
② 曼昆. 经济学原理:上册. 梁小民,译. 北京:三联书店,北京大学出版社,1999:19.

研究历程，我们举三个例证。

例证一。马克思 1843 年 10 月开始研究政治经济学。在政治经济学领域初试身手的马克思除写有大量阅读政治经济学文献的读书笔记外，还有两种政治经济学文献留存后世：《1844 年经济学哲学手稿》《詹姆斯·穆勒〈政治经济学原理〉一书摘要》。在市场经济条件下，劳动是每个人的"天职"，不劳动便无生活来源和保障。客观情势不可违抗，市场经济生活中的人是职业人，具体说是"劳动人""商品人"①。市场经济条件下的劳动具有什么性质？在资产阶级经济学中，这种劳动的性质被概括和表述为独立、自由与平等，而在马克思笔下，这种劳动的异化性质被揭示出来，资本主义经济条件下的劳动使劳动者变成了"精神上和肉体上畸形的人"②。马克思论述的核心是政治经济学的人学出发点问题。资产阶级经济学的代表人物之一马歇尔说过，经济学是研究人的学问③，但这里的"人"指称什么？实际是马克思所说的"劳动人""商品人"。这种人学观点是对资本主义市场经济制度的论证和辩护，马克思揭露和批判的正是这种人学观点。与资产阶级经济学的人学观点正相反对，马克思提出"完整的人"作为政治经济学的人学出发点："人以一种全面的方式，就是说，作为一个完整的人，占有自己的全面的本质。"④ 这种人学观点是揭露和批判资产阶级经济学与资本主义经济制度弊端的理论武器，也符合劳动者的切身利益。

例证二。潜心研究政治经济学十几年之后的 1857—1858 年，马克思写作了《政治经济学批判大纲》。此为《资本论》的第一个手稿，也是众多《资本论》手稿中哲学意味最浓烈的手稿。马克思认为："准确地阐明资本概念是必要的，因为它是现代经济学的基本概念，正如资本本身——它的抽象反映就是它的概念——是资产阶级社会的基础一样。"⑤ 如何"准确地阐明资本概念"？马克思的做法比资产阶级经济学高明得多。从亚当·斯密开始，资产阶级经济学便把资本理解为物，是用于投资且必须获得回报的财富。西尼尔别出心裁，对资本做了道德化

---

① 马克思恩格斯文集：第 1 卷. 北京：人民出版社，2009：172, 170.
② 马克思恩格斯全集：第 42 卷. 北京：人民出版社，1979：29.
③ 马歇尔：经济学原理：上卷. 朱志泰，译. 北京：商务印书馆，1964：23.
④ 同①189.
⑤ 马克思恩格斯全集：第 30 卷. 北京：人民出版社，1995：293.

的解释:"资本是一项财富,是在财富生产或财富分配中人类作出的努力的结果。"① 既然作为资本的财富是人类努力的结果,那么,搞清楚"人类"一词的指称对象便显得既重要又必要。在西尼尔政治经济学语境中,此处的"人类"指称资本家。"经济学家把地主、资本家和劳动者说成是成果的共享者的那种通常说法,只是出于杜撰。差不多一切所生产的,首先是资本家的所有物。"② 资本是资本家努力的结果,其他人如雇佣劳动者之所以没有资本,原因是他不努力。西尼尔的观点中隐藏对雇佣劳动者的道德攻击,其思维逻辑意在为资本家的剥削行径辩护,但离"准确阐明资本概念"的目标更远了。

马克思并不否认资本是物,是财富,但他也看到了资产阶级经济学家没有看到的东西。

> 资本作为被否定的孤立劳动者的孤立劳动,从而也作为被否定的孤立劳动者的财产,既代表劳动,也代表劳动的产品。所以,资本是社会劳动的存在,是劳动既作为主体又作为客体的结合,但这一存在是同劳动的现实要素相对立的独立存在,因而它本身作为特殊的存在而与这些要素并存。因此,资本从自己方面看来,表现为扩张着的主体和他人劳动的所有者,而资本的关系本身就像雇佣劳动的关系一样,是完全矛盾的关系。③

马克思对资本概念哲学味十足的解释中,有大量极其重要而资产阶级经济学没有顾及的内容。第一,资本是历史的产物,是结合劳动对孤立劳动的否定。这种劳动组织形式意义的生产方式是历史运动的结果。第二,资本是劳动的存在,是雇佣劳动的前提,也是雇佣劳动的结果。第三,资本是生产关系,是阶级关系,核心是生产资料私有制和资本家与雇佣劳动者的阶级对立。第四,资本是主、客体之间的关系,是雇佣劳动者与劳动对象之间的主、客体关系,也是资本家与劳动者之间互为主、客体的关系。第五,资本是矛盾,是活生生的矛盾,是自身内部的矛盾,是人与自然之间的矛盾,还是社会历史意义上现在与未来之间的矛盾。马克思对资本概念含义的揭示存在于政治经济学语境之中,但其

---

① 西尼尔. 政治经济学大纲. 蔡受百,译. 北京:商务印书馆,1977:138.
② 同①145.
③ 马克思恩格斯全集:第30卷. 北京:人民出版社,1995:464.

第三章 马克思政治经济学的哲学性质

中的哲学意味让人拍案叫绝。

例证三。任何社会,人类要生存就必须劳动。要劳动,就一定会面临如何处理如下四者之间关系的难题:必要劳动、剩余劳动、剩余劳动时间和剩余劳动生产率。其中,必要劳动由自然必然性决定,满足生存需要是强制性要求。剩余劳动生产率在一定程度上反映人类与外在自然进行物质变换的自由程度。这是只有哲学智慧才能梳理清楚和叙说明白的话题。马克思在《资本论》第三卷对这一话题进行了如下分析:

> 在一定时间内,从而在一定的剩余劳动时间内,究竟能生产多少使用价值,取决于劳动生产率。也就是说,社会的现实财富和社会再生产过程不断扩大的可能性,并不是取决于剩余劳动时间的长短,而是取决于剩余劳动的生产率和进行这种剩余劳动的生产条件的优劣程度。事实上,自由王国只是在必要性和外在目的规定要做的劳动终止的地方才开始;而按照事物的本性来说,它存在于真正物质生产领域的彼岸。像野蛮人为了满足自己的需要,为了维持和再生产自己的生命,必须与自然搏斗一样,文明人也必须这样做;而且在一切社会形式中,在一切可能的生产方式中,他都必须这样做。这个自然必然性的王国会随着人的发展而扩大,因为需要会扩大;但是,满足这种需要的生产力同时也会扩大。这个领域内的自由只能是:社会化的人,联合起来的生产者,将合理地调节他们和自然之间的物质变换,把它置于他们的共同控制之下,而不让它作为一种盲目的力量来统治自己;靠消耗最小的力量,在最无愧于和最适合于他们的人类本性的条件下来进行这种物质变换。①

在这段理论张力极强的论述中,我们首先见到的是政治经济学立场,以这一立场为基础,哲学性内容被展示出来。哲学性内容的核心是人类自由与自然必然性二者之间的辩证关系,这一关系的历史是人类自由不断延伸和扩展的历史。必要劳动是人类宿命,只要人类存在,这种情况就会延续。但是,人类能力的发展同样是不可更动的大趋势。要发展,前提条件是扩大剩余劳动量,而扩大剩余劳动量的关键是提高剩余劳动生产率。剩余劳动生产率是人类自由王国与自然必然性王国矛盾和斗争的结果,也是人类自由的标志和限度。剩余劳动生产率不断提高,说明人

---

① 马克思恩格斯文集:第7卷. 北京:人民出版社,2009:928-929.

类自由程度在提高，但与此相伴而行的是自然必然性王国的持续存在且范围在不断扩大。这个矛盾与人类历史同始终，是人类不断超越自我的用武之地。人类自由的制度判断标准是"最无愧于和最适合于""人类本性"，舍此而逐他，便是迷失方向的作为。

三个例证出自马克思一生政治经济学研究的三个关键期，其中共性的东西是哲学与政治经济学的紧密交织。这样的理论情势能够证明一般性结论，马克思政治经济学中客观地存在哲学性内容且是内生变量。基于此我们说，马克思政治经济学是哲学经济学。

四、马克思政治经济学中哲学性内容的存在形式

马克思政治经济学中存在哲学性内容的结论为我们确立了进一步研究的理论前提。现在需要研究和回答的问题是：这一哲学性内容的具体性指称对象是什么？由于马克思政治经济学中的哲学性内容极其丰富，从不同角度出发把握这一内容的指称对象就会有不同的结果。不同结果表明，马克思政治经济学中的哲学性内容具有多种存在形式。

第一，随机角度。从这一角度出发理解问题就能够发现，马克思政治经济学文献中存在巨量与政治经济学紧密交织又哲学味十足的观点，例如，劳动异化论，人学三段论，生产方式三段论，社会历史物质生产决定论，诚信经济规律论[1]，工艺学决定论[2]，自由时间论，资本矛盾论[3]，等等。这些观点散见于各不相同的文献，但每一个都具有强大的

---

[1] 在我国，诚信问题被局限于伦理学层面展开和研究，殊不知，它首先是经济哲学问题。在马克思恩格斯政治经济学语境中，诚信具有经济规律性质。具体内容的展开和论证，请见宫敬才．诚信的经济规律性质．求是，2002（15）。

[2] 在我国马克思主义政治经济学领域，人们基于马克思"政治经济学不是工艺学"的断语而忽略对马克思政治经济学文献中工艺学问题的研究及其成果。马克思主义哲学领域的情况更不容乐观，研究者没有意识到马克思工艺学思想的客观存在。实际情况是，没有马克思工艺学研究成果的马克思主义政治经济学和马克思主义哲学都具有不完整性质。具体情况的说明和内容论证，请见宫敬才．对马克思工艺学思想的误解应予纠正．马克思主义与现实，2013（5）。

[3] 对资本矛盾性质的说明和论证，请见宫敬才．马克思论资本的矛盾性质．社会科学论坛，2018（3）。

哲学分析力量,是哲学工作者乐此不疲的研究对象。研究过程及其结果对苏联模式的马克思主义政治经济学和马克思主义哲学都是巨大冲击。现在,基于马克思政治经济学文献而来的马克思哲学已进入人们的研究视野,形成了新的学术生长点,目前方兴未艾的马克思经济哲学研究热潮就可证明这一点。

第二,自成体系角度。马克思政治经济学中的哲学性内容存在于政治经济学文献中,即便是存在于哲学文献如《德意志意识形态》中,也与政治经济学研究及其成果密不可分,即是说,标志马克思主义哲学形成的著作中,客观地存在政治经济学"基因"①。其中既与政治经济学紧密交织又具有相对独立性的体系性哲学是劳动历史唯物主义理论,具体内容由方法论历史唯物主义理论、劳动哲学本体论、人学历史唯物主义理论和工艺学历史唯物主义理论组成②。这个理论体系是马克思政治经济学中哲学性内容的精华,可惜者,马克思主义政治经济学和马克思主义哲学两个学科都没有给予它表示存在的机会。

第三,微观角度。微观角度看待马克思政治经济学中的哲学性内容,理论轮廓清晰可辨:对资产阶级经济学哲学基础的批判③、政治经济学范畴中的哲学、政治经济命题中的哲学和政治经济学理论中的哲学。人们还没有意识到在这个角度里马克思政治经济学中的哲学性内容有多么丰富和重要,实际情况是稍作梳理和系统化,一个边缘性、交叉性学科就会出现于研究者面前,笔者把它命名为微观意义的马克思经济哲学。

第四,元经济哲学角度。两千多年的哲学史跌宕起伏,大家辈出,学派林立,思想各异,但在元哲学层面看,表象背后的内容并不复杂,哲学家总在探讨的无非是如下几个问题:哲学认识论问题、哲学本体论问题、哲学价值论问题、哲学历史观问题、哲学方法论问题。从这种角

---

① 长期以来,人们研究《德意志意识形态》的热情持续高涨,但总是忽略其中的政治经济学"基因"问题。有一点可以肯定,不关注和研究《德意志意识形态》中的政治经济学"基因"问题,就无法准确理解该著作。具体情况的说明和内容论证,请见宫敬才.《德意志意识形态》的政治经济学"基因"问题. 中国社会科学(内部文稿),2017(1)。

② 具体内容的展开和论证,请见宫敬才. 论马克思的劳动历史唯物主义理论. 北京师范大学学报,2018(3)。

③ 具体内容的展开和论证,请见宫敬才. 马克思对资产阶级经济学哲学基础的批判. 马克思主义与现实,2018(1)。

度看待马克思政治经济学中的元经济哲学内容，结果就会出现在我们面前：政治经济学逻辑前提论、经济哲学本体论、经济哲学价值论、经济哲学历史观、经济哲学方法论。把马克思政治经济学中的元经济哲学问题具体化，就可见到如下内容。

五、马克思政治经济学的元经济哲学一：逻辑前提论

上已述及，任何经济学都一样，哲学性逻辑前提是学科得以确立和存在的必要条件，没有逻辑前提的经济学不存在。马克思政治经济学的逻辑前提是"完整的人"理论①、劳动者创造世界论和劳动与所有权同一论。

"完整的人"理论和劳动者创造世界论是马克思主义哲学中的常识，但劳动与所有权同一论往往被研究者忽略。我们就以这一理论为例证，借以展示马克思政治学逻辑前提中的法哲学前提。在《1844年经济学哲学手稿》中，马克思就已经指出资产阶级经济学中私有财产神圣不可侵犯论的虚假性："国民经济学从私有财产的事实出发。它没有给我们说明这个事实。它把私有财产在现实中所经历的物质过程，放进一般的、抽象的公式，然后把这些公式当作规律。"② 由于政治经济学和经济史研究还没有达到相应程度，马克思试图揭开这一秘密的努力未能如愿。在经过十几年政治经济学研究之后写成的《政治经济学批判大纲》中，马克思的认识已大有进步。他从过程和领域两个角度看问题，指出私有财产的创造在生产领域，实现则是在流通领域：

> 我们已经看到，在简单流通本身中（即处于运动中的交换价值中），个人相互间的行为，按其内容来说，只是彼此关心满足自身的需要，按其形式来说，只是交换，设定为等同物（等价物），所以在这里，所有权还只是表现为通过劳动占有劳动产品，以及通过自己的劳动占有他人劳动的产品，只要自己劳动的产品被他人的劳动购买便是如此。对他人劳动的所有权是以自己劳动的等价物为中

---

① 具体内容的展开和论证，请见宫敬才. 论马克思政治经济学的人学前提. 学术研究，2015（9）.

② 马克思恩格斯文集：第1卷. 北京：人民出版社，2009：155.

介而取得的。所有权的这种形式——正像自由和平等一样——就是建立在这种简单关系上的。在交换价值的进一步的发展中,这种情况就会发生变化,并且最终表明,对自己劳动产品的私人所有权也就是劳动和所有权的分离;而这样一来,劳动=创造他人的所有权,所有权将支配他人的劳动。①

马克思论述告诉我们,劳动与所有权的关系经历了两个过程。第一个过程是劳动与所有权同一,即劳动及其产品属于劳动者所有,马克思称其为所有权的第一条规律②。劳动与所有权关系的第二个过程是劳动与所有权分离,即"劳动=创造他人的所有权"。

这种情况是如何发生的?为什么会发生?秘密掩藏于资本的生产过程之中。马克思告诉我们,在劳动力市场上,资本家与劳动力所有者进行了符合等价交换原则的交换,资本家得到了劳动力使用权,劳动者出让了劳动力使用权。在劳动力使用即劳动者的劳动过程中,产品被生产出来,新产品中包含了劳动力市场上尚未见踪影的新因素,即超出于劳动力价值的剩余价值。按照马克思的说法,这里发生了"辩证法转变",但"并不触犯商品生产的一般规律"③。"辩证法转变"是对"劳动与所有权同一"的根本性逆转。

马克思把"劳动与所有权的同一"作为政治经济学的法哲学。前提相比于资产阶级经济学的法哲学前提即"私有财产神圣不可侵犯"论,劳动与所有权同一论更符合社会历史实际,为剩余价值理论的提出和确立提供了法哲学意义的逻辑前提。

六、马克思政治经济学的元经济哲学二:经济哲学本体论

顾名思义,政治经济学是研究经济事实的学问。经济事实何谓?任何政治经济学的首要任务是回答这一问题。比较各不相同的回答就可发现,其间的观点分歧很大。亚当·斯密把经济事实理解为个人和国家富

---

① 马克思恩格斯全集:第30卷.北京:人民出版社,1995:192.
② 同①463.
③ 马克思恩格斯文集:第5卷.北京:人民出版社,2009:673-675.

裕，政治经济学研究个人和国家的致富之道①。后来的资产阶级经济学家仅把经济事实理解为资本家的发财致富，所以马克思把资产阶级经济学称为"资本的政治经济学"②。这说明，资产阶级经济学中的哲学本体是资本。马克思曾经多次指出这一点，如"资本是资产阶级社会的基础"；"资本是资产阶级社会支配一切的经济权力"；"资本是全部资产阶级污垢的核心"③。

如果说资产阶级经济学的哲学本体是资本，那么，马克思政治经济学的哲学本体是劳动。在《1844年经济学哲学手稿》中，马克思对资产阶级经济学"没有给劳动提供任何东西，而是给私有财产提供了一切"的做法持激烈批判态度④，在后来写作的《国际工人协会成立宣言》中，马克思则把自己的政治经济学概括为"劳动的政治经济学"⑤。马克思与资产阶级经济学的做法正相反对，要给劳动提供一切。由此说，劳动是马克思政治经济学的哲学本体。

马克思对劳动的本体意义、社会历史地位和逻辑基础地位进行了详尽说明。

首先，劳动的本体意义。"劳动首先是人和自然之间的过程，是人以自身的活动来中介、调整和控制人和自然之间的物质变换的过程。人自身作为一种自然力与自然物质相对立。为了在对自身生活有用的形式上占有自然物质，人就使他身上的自然力——臂和腿、头和手运动起来。当他通过这种运动作用于他身外的自然并改变自然时，也就同时改变他自身的自然。他使自己的自然中蕴藏着的潜力发挥出来，并使这种力的活动受他自己控制。"⑥ 劳动的本体意义基于人类生存意义的基本事实而来，"像野蛮人为了满足自己的需要，为了维持和再生产自己的生命，必须与自然搏斗一样，文明人也必须这样做；而且在一切社会形

---

① 亚当·斯密. 国民财富的性质和原因的研究：下卷. 郭大力，王亚南，译. 北京：商务印书馆，1974：1.
② 马克思恩格斯文集：第5卷. 北京：人民出版社，2009：17.
③ 马克思恩格斯全集：第30卷. 北京：人民出版社，1995：293，49；马克思恩格斯文集：第10卷. 北京：人民出版社，2009：178.
④ 马克思恩格斯文集：第1卷. 北京：人民出版社，2009：166.
⑤ 马克思恩格斯文集：第3卷. 北京：人民出版社，2009：12.
⑥ 同②207-208.

式中，在一切可能的生产方式中，他都必须这样做"①。

其次，劳动在社会及其历史中的基础地位。"劳动过程，就我们在上面把它描述为它的简单的、抽象的要素来说，是制造使用价值的有目的的活动，是为了人类的需要而对自然物的占有，是人和自然之间的物质变换的一般条件，是人类生活的永恒的自然条件，因此，它不以人类生活的任何形式为转移，倒不如说，它为人类生活的一切社会形式所共有。"② 作为"人类生活的永恒的自然条件"的劳动是客观存在，要说明人类的经济生活，认识和重视劳动的社会历史性基础地位是自然而然的事情。

最后，劳动范畴的逻辑基础地位。1858年4月2日，马克思致信恩格斯详细谈论自己政治经济学著作的分册计划：

> 这一堆讨厌的东西将分为六个分册：1. 资本；2. 土地所有制；3. 雇佣劳动；4. 国家；5. 国际贸易；6. 世界市场……从资本向土地所有制的过渡同时又是历史的过渡，因为现代形式的土地所有制是资本对封建土地所有制和其他土地所有制发生影响的产物。同样，从土地所有制向雇佣劳动的过渡不仅是辩证的过渡，而且也是历史的过渡，因为现代土地所有制的最后产物就是雇佣劳动的普遍确立，而这种雇佣劳动就是这一堆讨厌的东西的基础。③

信中"一堆讨厌的东西"的说辞具有好朋友之间通信不拘礼节的性质，但内容对我们理解马克思政治经济学的哲学本体论具有提示意义。在政治经济学逻辑构建的意义上说，雇佣劳动占有基础地位，是理论逻辑的内在需要，基于客观社会历史事实而来，由此说马克思政治经济学是逻辑与历史的有机统一。

三个方面的事实确立起来的观点明证可鉴，马克思政治经济学的哲学本体非劳动莫属。由这样的观点继续延伸我们就会明白，马克思的哲学理论和社会历史理论，其哲学本体也为劳动④。正是由于这一点，马克思理论体系显示出不同于任何其他理论体系的特色，具有其他理论体

---

① 马克思恩格斯文集：第7卷. 北京：人民出版社，2009：928.
② 马克思恩格斯文集：第5卷. 北京：人民出版社，2009：215.
③ 马克思恩格斯文集：第10卷. 北京：人民出版社，2009：157-158.
④ 在一般哲学意义上，马克思哲学的本体同样是劳动。具体内容的展开和论证，请见宫敬才. 谫论马克思的劳动哲学本体论. 河北学刊，2012（5/6）.

系皆不具备的内在灵魂和理论特质。

七、马克思政治经济学的元经济哲学三：经济哲学价值论

经济哲学价值论中的"价值"取哲学而非政治经济学意义，具体说是价值立场意义的价值。资产阶级经济学在追逐自然科学意义的"硬"科学的高调喧嚣中拒斥价值立场的客观存在，不是别有用心，便是类如堂吉诃德与大风车搏斗的可笑之举。人非草木，孰能无情？"情"为价值立场。除非资产阶级经济学家在进行政治经济学研究时承认自己不是人，否则，为"情"所"累"是必然的结局[①]。如此强劲有力的理论逻辑无法反驳，资产阶级经济学家不断做出反驳的努力，却总是以失败告终。

马克思政治经济学中的价值立场在三个层面表现出来。

首先是人类意义的价值立场。马克思说："既然人是从感性世界和感性世界中的经验中获得一切知识、感觉等等的，那就必须这样安排经验的世界，使人在其中能体验到真正合乎人性的东西，使他常常体验到自己是人。"[②] 这是从应然意义上理解和界定人与经验世界的关系。经济生活是经验世界的基础，经济生活必须符合人性原则，否则，便是应被改变的世界。在《资本论》第一卷开始印刷的第二天，马克思在致友人的信中说："我为什么不给您回信呢？因为我一直在坟墓的边缘徘徊。因此，我不得不利用我还能工作的每时每刻来完成我的著作，为了它，我已经牺牲了我的健康、幸福和家庭。我希望，这样解释就够了。我嘲笑那些所谓'实际的'人和他们的聪明。如果一个人愿意变成一头牛，那他当然可以不管人类的痛苦，而只顾自己身上的皮。但是，如果我没有全部完成我的这部书（至少是写成草稿）就死去的话，那我的确会认

[①] 如上说法似有不敬，也显刚性，但资产阶级经济学相关观点的内在逻辑矛盾确实如此。具体内容的展开和论证，请见宫敬才. 西方主流经济学的伦理性质. 西南民族大学学报，2011（11）.

[②] 马克思恩格斯文集：第1卷. 北京：人民出版社，2009：334-335.

第三章　马克思政治经济学的哲学性质

为自己是不实际的。"① 上述解释感人至深。在现实生活世界中，马克思为了减轻"人类的痛苦"而忘我地工作，就是牺牲自己的"健康、幸福和家庭"也在所不惜。

其次是劳动者的价值立场。马克思在《黑格尔法哲学批判》中说："丧失财产的人们和直接劳动的即具体劳动的等级，与其说是市民社会中的一个等级，还不如说是市民社会集团赖以安身和活动的基础。"②把劳动者置于市民社会"赖以安身和活动"客观基础的地位上，实际是把劳动者看作社会各集团中最基础和最重要的社会集团。这是客观事实的描述，同时也是价值立场。这样的价值立场预示了马克思后来的思想轨迹，持续一生地为劳动者伸张正义。在稍后写作的《1844年经济学哲学手稿》中，马克思对劳动者的赞扬跃然纸上："当共产主义的手工业者联合起来的时候，他们首先把学说、宣传等等视为目的……人与人之间的兄弟情谊在他们那里不是空话，而是真情，并且他们那由于劳动而变得坚实的形象向我们放射出人类崇高精神之光。"③ 这样的赞扬是价值立场宣示的特定形式，它直白地告诉我们，马克思真心地站在劳动者立场上为劳动者说话。

最后是产业无产阶级的价值立场。马克思恩格斯在《共产党宣言》的结尾处说："共产党人不屑于隐瞒自己的观点和意图。他们公开宣布：他们的目的只有用暴力推翻全部现存的社会制度才能达到。让统治阶级在共产主义革命面前发抖吧。无产者在这个革命中失去的只是锁链。他们获得的将是整个世界。"④ 此为社会历史发展趋势的预测，也是资本主义社会的"死刑判决书"。如果没有无产阶级立场，这样的预测就不会出现。

马克思政治经济学中的价值立场是客观存在的事实。事实中隐含必须回答的问题：价值立场是否会冲击政治经济学的科学性质？马克思的理论实践告诉我们：不会。在19世纪早期和中期，以无产阶级为代表的劳动者处于苦难深重境地。后人用专有名词表征这种状况即"曼彻斯特资本主义"。把他们苦难深重的事实搞清楚和说明白，既是科学，又

---

① 马克思恩格斯文集：第10卷. 北京：人民出版社，2009：253.
② 马克思恩格斯全集：第3卷. 北京：人民出版社，2002：100-101.
③ 马克思恩格斯文集：第1卷. 北京：人民出版社，2009：232.
④ 马克思恩格斯文集：第2卷. 北京：人民出版社，2009：66.

是道义责任的担当。劳动者苦难深重的事实是如何造成的？资本家的贪婪和官府的偏袒是主要原因。由于资本家和官府掌握舆论和文化霸权，又有资产阶级经济学家以理论形式为其辩护，让事实暴露于光天化日之下难上加难。冲破这一天罗地网，把劳动者苦难深重的事实及其原因暴露于光天化日之下，其理论结晶当然具有科学性质。但是，如果没有为以无产阶级为代表的劳动者伸张正义的道义担当，这样的理论结晶就无法取得。马克思政治经济学做到了科学性与价值立场的完美统一。

八、马克思政治经济学的元经济哲学四：经济哲学历史观

人们对教科书历史唯物主义耳熟能详，却往往忽略它与马克思政治经济学研究的内在联系。这种忽略与马克思自己的表白不一致。1859年，马克思出版了《政治经济学批判》第一分册。他称这部书"是15年的即我一生中的黄金时代的研究成果"[1]。在这部著作的序言中马克思说：

> 我在巴黎开始研究政治经济学，后来因基佐先生下令驱逐而移居布鲁塞尔，在那里继续进行研究。我所得到的，并且一经得到就用于指导我的研究工作的总的结果，可以简要地表述如下：人们在自己生活的社会生产中发生一定的、必然的、不以他们的意志为转移的关系，即同他们的物质生产力的一定发展阶段相适合的生产关系。这些生产关系的总和构成社会的经济结构，即有法律的和政治的上层建筑竖立其上并有一定的社会意识形式与之相适应的现实基础。物质生活的生产方式制约着整个社会生活、政治生活和精神生活的过程。不是人们的意识决定人们的存在，相反，是人们的社会存在决定人们的意识。社会的物质生产力发展到一定阶段，便同它们一直在其中运动的现存生产关系或财产关系（这只是生产关系的法律用语）发生矛盾。于是这些关系便由生产力的发展形式变成生产力的桎梏。那时社会革命的时代就到来了。随着经济基础的变

---

[1] 马克思恩格斯文集：第10卷. 北京：人民出版社，2009：167.

更，全部庞大的上层建筑也或慢或快地发生变革。①

这是马克思对方法论历史唯物主义理论的最经典表述，向我们透露了如下信息：其一，这是马克思 15 年政治经济学研究的心智结晶；其二，这样的心智结晶虽然具有哲学性质，但它存在于政治经济学文献中，是政治经济学研究的结果。基于如上事实得出如下结论顺理成章，方法论历史唯物主义理论是马克思政治经济学的有机组成部分，缺少方法论历史唯物主义理论的马克思政治经济学具有不完整性质。

方法论历史唯物主义理论的另一种称谓是社会历史观，社会历史观是"观"社会历史的过程及其结果，结果具有方法论性质是自然而然的事情。就方法论意义说，它告诉人们如何看待社会历史以及社会历史中经济生活领域与其他生活领域决定与被决定的关系。这样的关系性质提示人们，政治经济学确实研究经济生活，但像资产阶级经济学那样就经济论经济，不可能真正地说清楚经济生活。二者比较就可发现，马克思政治经济学的哲学性质在社会历史观问题中已明显地表现出来。

在马克思经济哲学历史观中，还有一种内容客观地存在于政治经济学之中，这就是主体历史观。请看如下论述：

> 共产主义是对私有财产即人的自我异化的积极的扬弃，因而是通过人并且为了人而对人的本质的真正占有；因此，它是人向自身、也就是向社会的即合乎人性的人的复归，这种复归是完全的复归，是自觉实现并在以往发展的全部财富的范围内实现的复归。这种共产主义，作为完成了的自然主义，等于人道主义，而作为完成了的人道主义，等于自然主义，它是人和自然界之间、人和人之间的矛盾的真正解决，是存在和本质、对象化和自我确证、自由和必然、个体和类之间的斗争的真正解决。它是历史之谜的解答，而且知道自己就是这种解答。②

从 1932 年《1844 年经济学哲学手稿》正式发表到现在，这段论述始终是人们争论的焦点之一。争论各方都把它理解为马克思的人学理论，并把它简化为人学公式：人—非人—人的复归。西欧社会民主党人视它为马克思思想发展的顶峰，后来则是走向思想衰退的过程。苏

---

① 马克思恩格斯文集：第 2 卷. 北京：人民出版社，2009：591-592.
② 马克思恩格斯文集：第 1 卷. 北京：人民出版社，2009：185-186.

联人面对西欧社会民主党人的理论攻势仓促应战,视马克思这一思想为青年时期的不成熟表现,一旦思想成熟,这样的观点便被马克思克服和超越。20世纪60年代中期,法国结构主义马克思主义的创始人阿尔都塞横空出世,以《保卫马克思》和《读〈资本论〉》两部著作而暴得大名。他把马克思上述思想定性为资产阶级意识形态,1845年马克思思想发生"认识论断裂"后这种观点便被科学的阶级斗争至上论代替[①]。

如上三种马克思人学理论的解释者各执一词,给人以得理不饶人的感觉。实际情况是上述理解皆为误解。马克思确实在谈论人,但这里的人不是空洞抽象的人,而是社会历史的人,是以劳动为本质的人[②],真正的指称对象是作为主体的劳动者。从这一角度看问题,马克思提出和谈论的是主体历史观。检视马克思语境便知,这里针对的目标是资本主义条件下的劳动异化。马克思为我们揭示出雇佣劳动者在劳动过程中的四种异化表现,即雇佣劳动者与劳动对象、劳动资料、劳动过程和劳动产品的关系性质发生了异化。从哲学层面看,劳动是主、客体之间的关系及其过程,其中劳动者是主体,劳动对象是客体,劳动资料是中介,劳动产品是劳动者劳动的成果。用这一理论框架看待作为主体的劳动者及其历史,就能发现这一历史呈现为三种形态。在原始社会,生产资料所有制是公有制,劳动者与劳动对象、劳动资料、劳动过程和劳动产品四者有机统一,说这时的劳动者是"完整的人",顺理成章。在以私有制为经济制度的社会中,主要是在资本主义社会中,作为主体的劳动者与劳动对象、劳动资料、劳动活动和劳动产品发生分离,它们不属于劳动者而是属于资本家。说这时的主体发生了异化,人与自己的本质分离因而是"非人",符合社会历史实际。在未来的共产主义社会,生产资料所有制是公有制,此时作为主体的劳动者与劳动对象、劳动资料、劳动活动和劳动产品重新结合为一,说这时的劳动者重新获得自己的本质

[①] 阿尔都塞哲学思想在我国马克思主义哲学领域影响很大,但人们往往忽略这样一个重要且基本的事实:他的哲学思想在很大程度上是精神病的产物,对马克思哲学思想的解读刚性偏执,以至于到了不着边际的地步。关于这一情况的具体说明和论证,请见宫敬才."阿尔都塞问题"与"人学公式"的误读. 马克思主义与现实, 2011(2);路易·阿尔都塞:其人·其事·其思. 中华读书报, 2014-03-19;是"以西解马"还是"回到原生态"?. 南国学术, 2017(2)。

[②] 马克思恩格斯文集:第1卷. 北京:人民出版社, 2009:205, 519.

因而是人的复归,没有理短的地方。

　　主体历史观与马克思政治经济学是什么关系?或者说,主体历史观在马克思政治经济学中占有什么地位?发挥什么作用?首先,它使马克思政治经济学成为有人经济学,规范性说法是人学经济学。其次,马克思人学经济学恰好比照出资产阶级学是无人经济学,是否定人和敌视人的经济学,正如马克思所说,资产阶级经济学"表面上承认人,其实是彻底实现对人的否定"[①]。资产阶级经济学中的人是经济人,经济人的核心不是人而是经济,经济是特定的职能,即为资本家创造剩余价值,离开这一职能便见不到人。像社会历史观使马克思政治经济学具有社会历史维度一样,主体历史观使马克思政治经济学具有人及其历史维度,概括地说,马克思政治经济学是人学经济学。

九、马克思政治经济学的元经济哲学五:经济哲学方法论

　　马克思始终特别重视方法问题,长期探讨政治经济学方法,稍加梳理是如下情况。第一,在《1844年经济学哲学手稿》中,马克思明确提出自己的政治经济学方法论主张,要用经验的方法研究政治经济学[②]。第二,马克思为"政治经济学批判大纲"写有长篇导言,其中的第三节篇幅最长,题目便是"政治经济学的方法"。第三,《政治经济学批判大纲》中有不少插入语,其中为数不少的部分针对方法论问题,此为马克思政治经济学方法论独特的思想资源。第四,在为《资本论》第一卷德文第二版写的"跋"中,马克思畅谈政治经济学中的方法论问题,一是区分研究方法与叙述方法,二是说明自己的方法与黑格尔方法之间的关系。第五,在个人通信中,马克思多次涉及和谈论政治经济学方法论问题,例如:"只有抛开相互矛盾的教条,而去观察构成这些教条的隐蔽背景的各种互相矛盾的事实和实际的对立,才能把政治经济学变成一种实证科学。"又如:"完全由于偶然的机会……我又把黑格尔的

[①] 马克思恩格斯文集:第1卷. 北京:人民出版社,2009:179.
[②] 同①111.

《逻辑学》浏览了一遍,这在材料加工的方法上帮了我很大的忙。"① 五个方面的情况向我们证明了事实的客观存在,马克思确实是长期且是不拘形式地探讨和论述政治经济学方法问题。

马克思对政治经济学方法问题的探讨和论述是一笔宝贵的精神财富,其内容的丰富程度鲜有人能与之比肩。如此丰富的内容向后继研究者提出了挑战:这些内容如何命名?展开后的具体内容有哪些?凡是对马克思政治经济学文献下过一番功夫的研究者,几乎每一个人都会有自己的理解,且能引经据典地找到根据,如下概括性说法可为例证:马克思政治经济学方法是辩证法,是唯物主义辩证法,是逻辑与历史有机统一,是从抽象上升到具体,是分析和综合,是归纳和演绎,等等。例证表明,在马克思政治经济学方法的命名和具体内容认定上,观点较为分散,难以形成大家基本认可的一致性意见。基于马克思政治经济学文献,我们在上述诸多提法之后再添一种新提法,以便概括和表征马克思的政治经济学方法论主张:解剖典型。马克思政治经济学中存在和运用的是解剖典型方法②。

在马克思政治经济学语境中,解剖典型既是研究方法,又是叙述方法。在研究方法意义上,马克思运用理解③、充分地占有材料、关注细节、分析历史演化、探寻内在联系和让当事人出场说话等经验哲学方法解剖工业革命及其前后时期的英国,借此概括和抽象出资本主义生产方式的本质④。在叙述方法意义上,马克思把解剖英国资本主义生产方式得到的理论结果逻辑与历史有机统一地叙述出来。叙述的对象不再是特定国家,虽然主要以英国为例证,而是资本主义生产方式内在本质的理论模型。

---

① 马克思恩格斯文集:第10卷. 北京:人民出版社,2009:292,143.
② 马克思解剖典型方法的形成过程及主要内容介绍,请见宫敬才. 论马克思解剖典型方法的形成. 河北大学学报,2018(1)。
③ 对马克思理解方法的说明和论证,请见宫敬才. 马克思政治经济学的理解方法及其性质. 北京行政学院学报,2018(2)。
④ 在马克思主义政治经济学和马克思主义哲学两个领域中有一种现象应予纠正:无视马克思政治经济学中相对系统又独具特色的经验哲学方法的客观存在。详细内容的展开和论证,请见宫敬才. 论马克思独具特色的经验哲学方法. 河北学刊,2018(3);论马克思《资本论》中让当事人出场说话的方法. 人文杂志,2018(4)。

十、结论

如上所述已证明了事实的客观存在：马克思政治经济学具有独树一帜的哲学性质。元经济哲学意义的政治经济学逻辑前提论、经济哲学本体论、经济哲学价值论、经济哲学历史观和经济哲学方法论是对这一性质说明的例证性深化，以便使结论建立于更具体层面事实的基础之上。未及展开的随机、自成体系和微观三个角度同样是马克思经济哲学研究的切入点，限于本章理论逻辑空间的约束而不能展开，但这并不说明这三个角度不重要。实际情况是，只要基于文献且踏实地研究马克思经济哲学，如上角度作为切入点都可获得井喷式的研究成果。

需要指出的是，马克思政治经济学中元经济哲学五个方面内容的际遇各不相同。经济哲学历史观被持续地关注和研究，形成了相对独立的历史唯物主义理论和人学理论，但问题明显可见，它们与马克思政治经济学的内在联系被削弱甚至被虚无化，给人造成的印象是，它们是与马克思政治经济学无关的纯哲学。逻辑前提论只是近些年才在马克思主义政治经济学研究领域被人们提及和研究，但在马克思主义政治经济学教科书中已被虚无化。经济哲学本体论和经济哲学价值论的遭遇也好不到哪里去，研究者没有投入足够时间和精力进行专门性研究，以便揭示出它们与马克思政治经济学的内在联系。马克思政治经济学方法算是例外，被关注和研究的历史很长，人们投入的时间和精力最多，但各家观点之间的分歧最大，取得大家认可的一致性结论还有待时日。

尤应指出的，解剖典型是否为马克思政治经济学方法、其指称内容是什么以及它在马克思政治经济学方法论体系中占有什么地位和发挥什么作用等问题，鲜有人提及和研究。这是不应再继续下去的现象。

第四章　马克思对资产阶级经济学哲学基础的批判

一、问题的提出及其说明

马克思在资产阶级经济学语境中开始自己的政治经济学研究,其核心范畴、基本问题和背后起支配作用的哲学思想是他必须面对的对象。要使自己的政治经济学理论体系确立起来,任务之一是在资产阶级政治经济学语境中进行"突围",直接批判资产阶级经济学。这种批判包括对资产阶级经济学哲学基础的批判,即制度前提批判、人学前提批判、阶级立场批判和方法论批判。这种批判是对资产阶级经济学整体性批判的有机组成部分,发挥直击本质的理论作用,结果是使资产阶级经济学的哲学本质显露在我们面前。

二、制度前提批判

资产阶级政治法律制度以私有财产神圣不可侵犯的规定为前提。资产阶级经济学从这一前提出发且尽最大努力地加以论证,用马克思的话说,资产阶级经济学没有给劳动提供任何东西,却给私有财产提供了一切[1]。

---

[1] 马克思恩格斯文集:第1卷. 北京:人民出版社,2009:166.

第四章 马克思对资产阶级经济学哲学基础的批判

马克思又指出,资产阶级经济学从私有财产的制度前提出发,令人奇怪的是没有对这一前提本身做出说明①。表面看,马克思两处论述自相矛盾,一方面说资产阶级经济学为这一制度前提提供了一切,另一方面又说资产阶级经济学没有对这一制度前提做出说明,实际是马克思的伟大发现。资产阶级经济学极力论证的是私有财产制度的所谓天然合理和天经地义,马克思揭露出被资产阶级经济学刻意掩盖起来的内容,即私有财产制度的历史本质、经济学本质和哲学本质。

在资产阶级经济学语境中,作为资本的私有财产的历史起源是美丽动人的道德故事。从前有两种人,一种人勤劳节俭,结果是积攒下作为资本的私有财产;另一种人懒惰挥霍,只能成为雇佣劳动者②。马克思通过实证性历史研究得出的结论与此相反,"资本来到世间,从头到脚,每个毛孔都滴着血和肮脏的东西"。"对直接生产者的剥夺,是用最残酷无情的野蛮手段,在最下流、最龌龊、最卑鄙和最可恶的贪欲下完成的。"③ 上述结论言辞激烈,但以历史事实为依据。直到现在,还没有哪一个资产阶级学者斗胆直面历史事实向马克思讨说法。

在资产阶级经济学语境中,作为资本的私有财产是平等交换的结果,其中包括劳动力市场上货币资本与劳动能力的交换。交换主体的平等、独立和自由具有法权保障,私有财产具有公平正义性质。马克思在《资本论》第一卷用文学笔法揭露资产阶级经济学关于货币资本与劳动力交换观点的虚伪性④,理论贡献是揭破资产阶级经济学的秘密,找到作为资本的私有财产的起源之地。私有财产的起源之地不是交换领域,而是生产领域,生产结果是交换的前提。正是在生产领域,劳动力使用价值的发挥创造出两个价值:一是交换领域中与劳动力等值的价值,二是资本家不花费分文就得到的剩余价值。马克思从三个角度论证剩余价值的客观存在:一是价值形成和价值增殖的区分;二是必要劳动时间和剩余劳动时间的区分;三是产品的价值构成区分⑤。三个角度的论证解答了如下问题:人之所需的财富来自何处? 在法权意义上归谁所有? 财

---

① 马克思恩格斯文集:第1卷. 北京:人民出版社,2009:155.
② 马克思恩格斯文集:第5卷. 北京:人民出版社,2009:820-821.
③ 同②871,873.
④ 同②204-205.
⑤ 同②227,226,242,257.

富所有权的真正拥有者是谁？财富源自雇佣劳动者的劳动，他或她是财富真正意义的创造者。悖理之处在于，资本家是财富的法定拥有者，成为他受政治和法律制度保护的私有财产。资本家可以用这样的私有财产挥霍无度，更可以用作继续剥削雇佣劳动者的前提条件即变为资本。

马克思最为独特的理论贡献是发现和揭示出私有财产制度的哲学本质。私有财产物质形态的起源过程是主、客体之间的辩证互动过程，主体是劳动者，客体是劳动对象，中介物是劳动资料。马克思曾准确定义这一过程：

> 劳动首先是人和自然之间的过程，是人以自身的活动来中介、调整和控制人和自然之间的物质变换的过程。人自身作为一种自然力与自然物质相对立。为了在对自身生活有用的形式上占有自然物质，人就使他身上的自然力——臂和腿、头和手运动起来。当他通过这种运动作用于他身外的自然并改变自然时，也就同时改变他自身的自然。[①]

通俗简单的界定涉及七个因素：第一，人与自然界的物质变换过程是主、客体之间的辩证互动过程。第二，劳动的主体是劳动者。第三，劳动对象是作为客体的自然。第四，劳动主体作用于劳动客体的中介物是劳动资料。第五，劳动的目的是改变自然的物质形态，以使"对自身生活有用"。第六，这是劳动者的脑和手、臂和腿协调并用的"运动"即活动。第七，外在自然的改变，同时是劳动者自身的改变，因为改变的事实确证了劳动者的主体地位。这样的界定是分析私有财产哲学本质的逻辑起点，也是比照标准。

作为私有财产物质形态起源的劳动具有上述一般性质，只要有劳动发生，上述性质就会出现。但是，劳动更具有社会历史性质。马克思的主要分析对象是资本主义社会的劳动。劳动是私有财产的主体本质，变为资本的私有财产是对他人劳动及其产品的支配权[②]。说到底，私有财产的哲学本质是劳动异化。首先是在《1844年经济学哲学手稿》中，随后是在《政治经济学批判大纲》和《资本论》第一卷等文献中，马克思对作为私有财产哲学本质的劳动异化进行揭露和批判，形成了相对系

[①] 马克思恩格斯文集：第5卷. 北京：人民出版社，2009：207-208.
[②] 马克思恩格斯文集：第1卷. 北京：人民出版社，2009：178, 130.

统的劳动异化理论。第一，人的本质是劳动①。第二，在以私有财产制度为前提的资本主义社会，作为主体的劳动者是雇佣劳动者。第三，雇佣劳动的社会历史性质证明，此时的劳动对象、劳动资料、劳动活动和劳动产品与劳动者发生分离，归资本家所有。第四，劳动的目的不是对雇佣劳动者"自身生活有用"，而是满足资本家发财致富的贪欲。第五，雇佣劳动者的劳动不是自觉自愿而是整个过程被资本驱使，资本发挥"监督、指挥和管理的职能"。第六，外在自然确实被改变，但劳动者作为主体不是被确证，而是只能适应资本主义生产的需要。基于如上理由，说雇佣劳动是异化劳动证据确凿，说私有财产制度的哲学本质是劳动异化名正言顺。

三、人学前提批判

经济学研究与人的存在和发展生命攸关的经济生活。这样的学科性质决定了任何经济学开始自己的理论行程之前就要先设定人学前提。这是十足哲学性问题的究问和回答，从这里可以看到经济学与哲学打断骨头连着筋的血肉联系，哲学是经济学的"内生变量"。人学前提不是在实然描述意义上回答人是什么的问题，而是要发挥特定的理论功能。把人假定为什么，往下的论证过程及其结论貌似对"人是什么"的问题的回答，实则是用这种假定及基于此而来的理论说明特定社会历史性质的经济现象。

资产阶级经济学的根本任务是对资本主义经济生活做出说明，完成这一任务的先决条件之一是确立人学前提。从资产阶级经济学的奠基人亚当·斯密开始，经济人始终是人学前提。这期间有提法的变化，从人性自私论变为经济人，继而变为理性经济人和有限理性经济人，但实质性含义不外是亚当·斯密确立下来的人性自私论②。

马克思要创立自己的政治经济学，做到这一点的基础性工作是清理场地，其中包括对资产阶级经济学人学前提的批判。马克思指出：

---

① 马克思恩格斯文集：第5卷.北京：人民出版社，2009：162.
② 亚当·斯密.国民财富的性质和原因的研究：上卷.郭大力，王亚南，译.北京：商务印书馆，1972：13-14.

> 国民经济学把无产者即既无资本又无地租,全靠劳动而且是靠片面的、抽象的劳动为生的人,仅仅当作工人来考察。因此,它可以提出这样一个论点:工人完全像每一匹马一样,只应得到维持劳动所必需的东西。
>
> 在国民经济学看来,工人的需要不过是维持工人在劳动期间的生活的需要,而且只限于保持工人后代不致死绝。因此,工资就与其他任何生产工具的保养和维修,与资本连同利息的再生产所需要的一般资本的消费,与为了保持车轮运转而加的润滑油,具有完全相同的意义。①

不了解资产阶级经济学语境者或许以为,马克思的指斥有过分之处,实际是一点也没有冤枉资产阶级经济学。在《资本论》第一卷中被马克思设置专节批判的西尼尔说:"作为政治经济学家,我们所关怀的是财富而不是幸福。"② 此处的"财富"当然指称资本家和地主的财富,雇佣劳动者如果有"财富"便不会从事奴隶般的雇佣劳动。此处"幸福"的主体是全称,既可以是资本家和地主,也可以是劳动者。但是,雇佣劳动者不拥有生命所系的财富即资本,不为资本家劳动,自己及家人的生命难以为继。由此看,作为资产阶级经济学人学前提的经济人不是所有的人,而是资本家和地主,"财富"一词的指称主体足以说明这一点。另外,这里的"人"是虚置,"人"背后的"物"即财富才是实质。资产阶级经济学人学前提的内在逻辑是见"物"不见人。

对资产阶级经济学来说,剑桥大学的马歇尔厥功至伟。一是他让经济学成为自立门户的独立性专业(1902 年),二是他把新古典经济学教科书化,教育英语世界的人们长达半个多世纪(1890—1948 年)。他在教科书中说:"一个人所有的食物供给与他可用的力气之间有密切的关系,而在体力操作方面尤其如此。如果工作是间歇的,像有些码头工人的工作那样,则廉价而有营养的谷类食物就够了。但是,对于非常繁重的连续紧张的工作,像炼钢工人和最艰苦的铁路工人的工作所包含的紧张那样,则需要即使在身体疲劳时也能消化和吸收的食物。高级劳动者工作包含很大的精神紧张,他的食物就更需要具有这种质量,虽然他们

---

① 马克思恩格斯文集:第 1 卷. 北京:人民出版社,2009:124,171.
② 西尼尔. 政治经济学大纲. 蔡受百,译. 北京:商务印书馆,1977:229.

第四章 马克思对资产阶级经济学哲学基础的批判

所需要的食物数量一般是少的。"否则，劳动者的"效率之将受到损害，正像一匹马饲养不良或一架蒸汽机没有充足的煤的供给一样"①。请注意马歇尔论述问题的着眼点和例证。着眼点是劳动者饮食结构与劳动效率的关系，前者对后者有直接影响。为了确立自己的观点，马歇尔以马和蒸汽机为例证。劳动者、马和蒸汽机被归为同类，即都是资本家发财致富的生产要素。

例证表明，资产阶级经济学的人学前提具有虚伪性和欺骗性。"经济人"中的人是资本家和地主，但肯定不是雇佣劳动者，因为他或她没有财富且被资产阶级经济学视为像马和蒸汽机一样的生产要素。在真实意义上，劳动者是"工人"中的"工"，"商品人"中的"商品"和"劳动人"中的"劳动"②。基于此，马克思愤怒地批判道："以劳动为原则的国民经济学表面上承认人，其实是彻底实现对人的否定"，"实际上是敌视人的"③。马克思的批判切中要害，对我们认识资产阶级经济学的人学本质具有无可替代的启发意义。

为了与资产阶级经济学的人学前提相抗衡，马克思提出自己政治经济学的人学前提："人以一种全面的方式，就是说，作为一个完整的人，占有自己的全面的本质。"④ 这样的人学前提名副其实，人首先是人，其次才是人的本质的外在表现；工人的前提是人，"工"只不过是职业性的外在规定。用职业性的外在规定取代人之所以为人的本质规定是本末倒置，资产阶级经济学的人学前提犯下的正是这种错误。

四、阶级立场批判

马克思在《资本论》第一卷第二版跋中写了一段让资产阶级经济学家不舒服但又无力辩解的话："资产阶级在英国和法国夺得了政权。从那时起，阶级斗争在实践方面和理论方面采取了日益鲜明的和带有威胁性的形式。它敲响了科学的资产阶级经济学的丧钟。现在的问题不再是

---

① 马歇尔. 经济学原理：上卷. 朱志泰，译. 北京：商务印书馆，1964：215，89.
② 马克思恩格斯文集：第1卷. 北京：人民出版社，2009：124，170，172.
③ 同②179.
④ 同②189.

这个或那个原理是否正确，而是它对资本有利还是有害，方便还是不方便，违背警章还是不违背警章。无私的研究让位于豢养的文丐的争斗，不偏不倚的科学探讨让位于辩护士的坏心恶意。"① 马克思用极为概略的笔触揭示出两种社会历史性变化。经过政治革命，以英法两国资产阶级为代表的西欧资产阶级由在野的造反派变成了在朝的掌权者。与此相伴随，资产阶级经济学由包含科学性成分演变为专事辩护的庸俗经济学，即资产阶级经济学说史标称的新古典主义经济学。马克思揭露和批判资产阶级经济学阶级立场的根本性变化，在某种程度上由反映劳动者部分性利益诉求蜕变为只替资本家说话。比较曾经深刻地影响了马克思的亚当·斯密经济学与屡被马克思痛批的西尼尔经济学，就可看出其中的演化轨迹及其实质所在。

亚当·斯密是资产阶级古典政治经济学的奠基者，其观点反映和代表资本家的利益是情理之中的事情。这种反映和代表主要不是体现于言词，而是体现于对资本主义市场经济体制雄辩有力的论证，只要指出"看不见的手"的著名比喻，人们马上就会明白这一点。没有资本主义市场经济体制就不会有资本家，这一体制得不到论证，资本家的存在缺乏理由。但是，根本性的阶级立场并没有使亚当·斯密丧失理性判断能力，对资本家和劳动者的态度能够证明这一点。

亚当·斯密对资本家的态度并不是一味辩护和吹捧，请看他的如下论述："我国的商人和制造者，对于高工资抬高物价、从而减少国内外销路的恶果，大发牢骚；但对于高利润的恶果，他们却只字不谈。关于由自己得利而产生的恶果，他们保持沉默。他们只对由他人得利而产生的恶果，大喊大叫。"② "大发牢骚"与"只字不谈"和"保持沉默"与"大喊大叫"的强烈对比让人一目了然，亚当·斯密对资本家的批评态度跃然纸上。

亚当·斯密对劳动者的态度如何？请看如下论述："下层阶级生活状况的改善，是对社会有利呢，或是对社会不利呢？一看就知道，这个问题的答案极为明显。各种佣人、劳动者和职工，在任何大政治社会中，都占最大部分。社会最大部分成员境遇的改善，决不能视为对社会

---

① 马克思恩格斯文集：第5卷. 北京：人民出版社，2009：17.
② 亚当·斯密. 国民财富的性质和原因的研究：上卷. 郭大力，王亚南，译. 北京：商务印书馆，1972：91.

第四章　马克思对资产阶级经济学哲学基础的批判

全体不利。有大部分成员陷于贫困悲惨状态的社会,决不能说是繁荣幸福的社会。而且,供给社会全体以衣食住的人,在自身劳动生产物中,分享一部分,使自己得到过得去的衣食住条件,才算是公正。"① 细心品味亚当·斯密的话就可感受到他为劳动者声辩的经济情操,其中有与马克思思想的相通之处。第一,亚当·斯密在争辩语境中发表自己的看法,这与当时英国学术界围绕如何看待劳动者的激烈争论有直接关系。稍后出现的马尔萨斯人口论是较有代表性的一派观点,其对劳动者不近人情的冷酷刻薄是资产阶级经济学无法否认的"原罪"。亚当·斯密论述是对这一派观点的驳斥。第二,亚当·斯密论述意在确定基本事实,社会全体衣食住的前提条件由劳动者创造和提供。第三,从劳动者劳动的事实出发,公正、繁荣和幸福社会的判定标准就会出现在人们面前——只有劳动者生活过得去的社会才是公正、繁荣和幸福的社会。

亚当·斯密去世几十年后的英国社会发生了根本性变化,工业革命由刚开始起步到处于高潮,社会矛盾特别是阶级矛盾成为影响社会生活方方面面的客观事实,集中表现是雇佣劳动者与资本家之间的矛盾。变化后的社会历史情势促生了新类型的学术人物,即既活跃于学术界又游走于政界且与资本家关系密切的三栖人。这种学术人物的典型是牛津大学历史上第一位政治经济学教授西尼尔。他占据政治经济学的学术要津,是英国议会经济政策听证会上的专家,同时还是曼彻斯特资本家信得过的朋友。这位资本家的朋友在经济学阶级立场问题上"贡献"巨大,因为他发表了对后来经济学学科性质认知影响深远的如下"高论":经济学家"所从事的是科学,其间如果有了错误或是有了疏忽,就会产生极其严重、极其广泛的恶劣影响;因此,他就像个陪审员一样,必须如实地根据证据发表意见,既不容许同情贫困,也不容许嫉视富裕或贪婪,既不容许崇拜现有制度,也不容许憎恶现有的弊害,既不容许酷爱虚名,投合时好,也不容许标新立异或固执不变,以致使他不敢明白说出他所相信的事实,或者是不敢根据这些事实提出在他看来是合理的结论"②。

---

① 亚当·斯密. 国民财富的性质和原因的研究:上卷. 郭大力,王亚南,译. 北京:商务印书馆,1972:72.
② 西尼尔. 政治经济学大纲. 蔡受百,译. 北京:商务印书馆,1977:12.

六个"不容许"的要求可谓严苛，目的是找到经济生活中像自然科学规律一样的客观规律。这种学科性认知对资产阶级经济学的后来发展产生了决定性影响，但暗含且是必然性的结论没有直书纸面：科学经济学中没有阶级立场存在的理论逻辑空间，否则便不是科学。这样的结论现在已成为西方主流经济学的金科玉律，但其实际内容尽显"科学经济学"的毫无科学性质之处。第一，"经济学帝国主义"式地扩张学科性利益，排斥与自己有本质区别尤其是替劳动者说话的研究范式，如马克思政治经济学的研究范式，与其他研究范式抢夺学术资源。可悲的是，改革开放以来的中国经济学领域重演了这一排斥和抢夺过程[①]。第二，冒充科学，借自然科学的威势以自重，实际是拉大旗作虎皮，科学经济学与自然科学不沾边。第三，用所谓科学的形式为资本服务，与亚当·斯密相比，是更彻底、更片面因而更具有欺骗性的资本经济学。

西尼尔的"高论"让资产阶级经济学受益，可惜的是与客观事实严重冲突。首先，当曼彻斯特资本家由于对雇佣劳动者丧失人性的残酷剥削而承受舆论和立法双重压力时，正是科学经济学家西尼尔放低学者身段，跑到曼彻斯特搞所谓的"调研"，炮制所谓的理论，极力为资本家说话。其次，其他资产阶级经济学家都承认，商品价值构成中资本、土地和劳动都做出了贡献，只有西尼尔主张，这些说法都是"杜撰"，劳动成果所有权完全归于资本家[②]。最后，英国的工业革命推动了生产力发展的高歌猛进，但其他社会历史性后果，特别是对包括妇女儿童在内的雇佣劳动者的有害性影响，同样是客观事实。鉴于此，马克思的指斥是，"铁人反对有血有肉的人"，"劳动资料扼杀工人"，"世界历史上再也没有比英国手工业织布工人缓慢的毁灭过程更为可怕的景象了"[③]。这种事实在西尼尔的嘴里说出来完全变了味，机器的使用"有百利而无一弊"[④]。三个方面的情况表明，西尼尔出于所谓科学的目的立下六个"不容许"的硬性规定是立姿态给他人看，自己的阶级立场在理论和实践两个层面露骨地表达出来，是铁杆的资本家代言人。

[①] 关于这一排斥和抢夺过程的具体情况，请见史蒂夫·科恩. 西方新古典经济学如何主导了中国经济学教育. 中国社会科学（内部文稿），2016（1）.

[②] 西尼尔. 政治经济学大纲. 蔡受百，译. 北京：商务印书馆，1977：145，288.

[③] 马克思恩格斯文集. 第8卷. 北京：人民出版社，2009：354；马克思恩格斯文集：第5卷. 北京：人民出版社，2009：497，496.

[④] 同②249.

西尼尔是资产阶级经济学庸俗化的代表性人物。这种人在一般意义上谈论人即经济人，科学化是招牌，理论实质是无视严酷事实的客观存在，无所顾忌地为资本家恶行和资本主义经济制度弊端甚至罪恶进行掩饰和辩护。马克思的揭露一语中的："庸俗经济学无非是对实际的生产当事人的日常观念进行教学式的、或多或少教义式的翻译，把这些观念安排在某种有条理的秩序中。"①

五、方法论批判

方法论批判是马克思资产阶级经济学哲学基础批判的有机组成部分，主要是鲁滨逊·克鲁索方法批判、过度抽象方法批判和归类方法批判。

鲁滨逊·克鲁索方法批判。鲁滨逊·克鲁索起初仅是文学典型。英国作家笛福的《鲁滨逊·克鲁索漂流记》是小说，主人公鲁滨逊·克鲁索在船只失事漂流到孤岛身陷绝境时，靠聪明才智和意志品质生存下来。从文学形象到经济学方法有一个历史演化过程。在亚当·斯密和李嘉图等人那里，发挥鲁滨逊·克鲁索方法作用的是猎人和渔夫的比喻，二人的作为及其关系是说明经济学观点如劳动价值论、分工效率论和交换制度起源论等的工具②。到19世纪中叶，笛福小说的主人公鲁滨逊·克鲁索开始成为经济学方法，不少经济学家为之着迷，其中较有代表性者是美国经济学家凯里。在他那里，猎人和渔夫的比喻所发挥的方法论功能由鲁滨逊·克鲁索方法代替③。

鲁滨逊·克鲁索方法的实质是人类学方法。由文学形象演化而来的鲁滨逊·克鲁索是理性经济人的化身，可以包打天下，但没有任何时间、地域、民族、文化甚至性别标志，唯一存在者是充分利用意志品质和聪明才智孜孜逐利。马克思在构筑自己的政治经济学理论体系时首先

---

① 马克思恩格斯文集：第7卷. 北京：人民出版社，2009：941.
② 亚当·斯密. 国民财富的性质和原因的研究：上卷. 郭大力，王亚南，译. 北京：商务印书馆，1972：14, 42；彼罗·斯拉法，主编. 李嘉图著作和通信集：第1卷. 郭大力，王亚南，译. 北京：商务印书馆，1962：17-18, 20.
③ 季陶达，主编. 资产阶级庸俗政治经济学选辑. 北京：商务印书馆，1963：226, 227, 227-228.

批判的就是这种方法，指出其荒谬之处是"非历史和反历史"。把鲁滨逊·克鲁索还原到真实历史中，原形显现出来，他是18世纪的人，"这种18世纪的个人，一方面是封建社会形式解体的产物，另一方面是16世纪以来新兴生产力的产物"①。时代还原之后是国别还原，"我们这位从破船上抢救出表、账簿、墨水和笔的鲁滨逊，马上就作为一个道地的英国人开始记起账来"②。双重还原之后的鲁滨逊·克鲁索方法难以让人接受，因为它只不过是"缺乏想象力的虚构"和"美学上的假象"。

过度抽象方法批判。理论是现实的抽象，表现为两种形式：一是排除差异和聚焦共同点，此为归纳式抽象；二是假定式抽象，即根据理论需要做出假定，把与自己的理论不一致尤其相冲突的经验事实以假定方式排除掉。两种抽象是理论研究的必经之路，否则就不能摆脱杂多纷乱性经济事实的纠缠。但是，抽象始终面临两种风险：一是抽象度不够，二是抽象过度，二者都与实事求是的科学要求相背离。资产阶级经济学的错误是抽象过度，李嘉图是典型例证。他的代表作《政治经济学及赋税原理》中的精华是第一章"论价值"，马克思曾把其中的劳动价值论高度评价为"具有科学的合理性和历史价值"③。李嘉图确立这一观点的论证方法让人吃惊。在32开纸的35页篇幅内，几乎通篇皆由"假定……那么……"和"如果……就……"的句式构成，笔者的手工统计是103个。可以想见，把假定式抽象方法运用到如此病态的地步，社会历史性经济生活内容还有多少没有被抽象掉。资产阶级经济学历史上的"独行大侠"熊彼特实在无法忍受这种离谱的做法而创制了专有名词"李嘉图恶习"④。"李嘉图恶习"在资产阶级经济学教科书中受到高度赞扬："李嘉图经济学的至高无上地位"在于，"李嘉图严密推理的分析体系显示了一种方法论的严密性，这种严密性是他的前辈或他的同代经济学家所不及的，而且这对于羽毛未丰的科学的成功发展也是至关重要的"⑤。

---

① 马克思恩格斯全集：第30卷. 北京：人民出版社，1995：11，12-25.
② 马克思恩格斯文集：第5卷. 北京：人民出版社，2009：94.
③ 马克思. 剩余价值理论：第2册. 中共中央马克思恩格斯列宁斯大林著作编译局，译. 北京：人民出版社，1975：183.
④ 约瑟夫·熊彼特. 经济分析史：第2卷. 杨敬年，译. 朱泱，校. 北京：商务印书馆，1992：146-147.
⑤ 小罗伯特·B. 埃克伦德，罗伯特·F. 赫伯特. 经济理论和方法史. 构玉生，张凤林，等译. 张凤林，校. 北京：中国人民大学出版社，2001：138，139.

第四章　马克思对资产阶级经济学哲学基础的批判

"李嘉图恶习"受到高度赞扬的原因不是过度抽象方法本身，而是由这种方法确立的经济学观点。比如他认为，劳动者的工资标准是劳动者能够活下去并养育下一代劳动者，对处于生存危机中的劳动者施以援手的济贫法有百害而无一利。在李嘉图的表达中，经济生活的"伊甸园"依如下经济自由制度而来："在商业完全自由的制度下，各国都必然把它的资本和劳动用在最有利于本国的用途上。这种个体利益的追求很好地和整体的普遍幸福结合在一起。由于鼓励勤勉、奖励智巧，并最有效地利用自然所赋与的各种特殊力量，它使劳动得到最有效和最经济的分配；同时，由于增加生产总额，它使人们都得到好处，并以利害关系和互相交往的纽带把文明世界各民族结合成一个统一的社会。"[1] 按照著名经济学家琼·罗宾逊夫人的说法，这不是经济科学，而是"经济学的形而上学"[2]。

马克思在创立自己的政治经济学方法过程中批判资产阶级经济学的过度抽象方法，同时建立起与这种过度抽象方法相抗衡的政治经济学方法论原则。

第一，确立政治经济学方法论的本体原则：

> 经济学家的材料是人的生动活泼的生活。[3]

马克思在批判蒲鲁东时提出上述原则，但也适用于批判李嘉图和其他相似的经济学家。离开"人的生动活泼的生活"，按照自己的想象假定经济生活，如此形成的理论与现实生活不搭界，经济学必然会变成"经济学的形而上学"。

第二，提出抽象类型学的原则。资产阶级经济学之所以犯抽象过度的错误，原因在于违背抽象有度的原则。为了防止抽象过度现象出现，马克思以对生产一般的抽象为例证提出抽象类型学原则：

> 生产一般是一个抽象，但是只要它真正把共同点提出来，定下来，免得我们重复，它就是一个合理的抽象。不过，这个一般，或者说，经过比较而抽出来的共同点，本身就是有许多组成部分的、

---

[1] 彼罗·斯拉法，主编. 李嘉图著作和通信集：第1卷. 郭大力，王亚南，译. 北京：商务印书馆，1962：77，88，113.
[2] 琼·罗宾逊. 经济哲学. 安佳，译. 北京：商务印书馆，2011：24.
[3] 马克思恩格斯文集：第1卷. 北京：人民出版社，2009：599.

分为不同规定的东西。其中有些属于一切时代，另一些是几个时代共有的。［有些］规定是最新时代和最古时代共有的。没有它们，任何生产都无法设想……①

在马克思的抽象类型学中，抽象有三个层次。仅仅关注和承认属于一切时代的规定而忽略区别很大的其他规定，甚至像蒲鲁东和李嘉图所做的那样，把某一时代不具有的规定强加于某一时代，如把原始社会不存在的"普遍理性"和"经济自由"硬要强加于原始社会，是资产阶级经济学方法犯下的致命性错误。

第三，抽象适度的保障性原则是进行历史还原。马克思批判蒲鲁东"绝对理性"观念时说的话，也适用于批判李嘉图的所谓"经济自由"观念：

> 每个原理都有其出现的世纪。例如，权威原理出现在 11 世纪，个人主义原理出现在 18 世纪。因而不是原理属于世纪，而是世纪属于原理。换句话说，不是历史创造原理，而是原理创造历史。但是，为了顾全原理和历史我们再进一步自问一下，为什么该原理出现在 11 世纪或 18 世纪，而不是出现在其他某一世纪，我们就必然要仔细研究一下：11 世纪的人们是怎样的，18 世纪的人们是怎样的，他们各自的需要、他们的生产力、生产方式以及生产中使用的原料是怎样的；最后，由这一切生存条件所产生的人与人之间的关系是怎样的。难道探讨这一切问题不就是研究每个世纪中人们的现实的、世俗的历史，不就是把这些人既当成他们本身的历史剧的剧作者又当成剧中的人物吗？②

马克思的话有破有立。"破"的要害是在经济哲学本体论层面指出资产阶级经济学抽象过度方法的错误根源；"立"的精妙之处在于，指出如何抽象、抽象什么和抽象到什么程度，其可操作性让人拍案叫绝。

归类方法批判。从亚当·斯密开始，资产阶级经济学始终把社会经济制度或其他现象进行简单随意的归类：一种是自然的，另一种是人为的。自然意味着自然而然，天经地义；人为的意谓是没有根据，没有根据就是错误。这种方法具有批判与攻击和辩护与确立的双重功能。自己

---

① 马克思恩格斯全集：第 30 卷. 北京：人民出版社，1995：26.
② 马克思恩格斯文集：第 1 卷. 北京：人民出版社，2009：607-608.

第四章 马克思对资产阶级经济学哲学基础的批判

意欲确立者是辩护对象，反对者是批判与攻击对象。这种方法可攻可守，可进可退，是资产阶级经济学家得心应手的工具。

亚当·斯密在他那部为资产阶级经济学奠基的著作中说："一切特惠或限制制度，一经完全废除，最明白最单纯的自然自由的制度就会树立起来。每一个人，在他不违犯正义的法律时，都应听其完全自由，让他采用自己的方法，追求自己的利益，以其劳动及资本和任何其他人或其他阶级相竞争。这样，君主们就被完全解除了监督私人产业、指导私人产业、使之最适合于社会利益的义务。要履行这种义务，君主们极易于犯错误；要履行之得当，恐不是人间智慧或知识所能作到的。"[①] 亚当·斯密没有用"人为"的提法，但论述语境表明与"自然自由制度"相对应的是"人为制度"。确立和运用自然与人为二分法的目的是批判封建主义性质的人为干预制度，为之辩护并要确立的是资本主义性质的所谓"自然自由制度"。

资产阶级经济学进入庸俗阶段后这一方法仍然被使用。辩护的对象还是资本主义经济制度，但攻击和批判的对象发生了变化，古典经济学中的封建主义制度变成了新古典主义经济学中的社会主义制度。屡被马克思痛批的巴师夏是典型[②]。他在代表作《经济和谐论》一书中说："资本里面存在着一切伟大的自然规律的无可怀疑的音调和标志——和谐。"为了确立自己的观点，巴师夏以"自然规律"的名义美化资本：资本可以使欲望高尚化，使努力轻便化，使享乐纯洁化，使自然界为我们服务，使道德变成习惯，可以发展社会性，可以促进平等，可以让生活自由，可以用最巧妙的办法实现公平[③]。巴师夏想象前提下随意归类的结论实在离谱。资本与"自然规律"沾不上边，在任何时候都会以竞争姿态表示存在，有时是你死我活的角逐，"和谐"的资本不可能是资本。

自然与人为二分法的现代资产阶级经济学衣钵传承人是诺贝尔经济学奖获得者哈耶克。他用几十年时间把这一归类方法精致化，用"人为设计"的提法攻击社会主义制度，而亚当·斯密的"自然自由制度"则

---

① 亚当·斯密.国民财富的性质和原因的研究：下卷.郭大力，王亚南，译.北京：商务印书馆，1974：252.

② 马克思恩格斯全集：第30卷.北京：人民出版社，1995：11；马克思.剩余价值理论：第3册.中共中央马克思恩格斯列宁斯大林著作编译局，译.北京：人民出版社，1975：557.

③ 季陶达，主编.资产阶级庸俗政治经济学选辑.北京：商务印书馆，1963：221-222.

用"自生自发秩序"提法代替。细检哈耶克文献便知,"自生自发秩序"与亚当·斯密的"自然自由制度"无异,论证资本主义经济制度自然而然和天经地义是二者的共有本质。

马克思在批判资产阶级经济学哲学基础的过程中注意到这一方法的巨大作用,运用历史唯物主义方法,批判其悖谬基本的社会历史事实,揭露其为资本主义制度辩护的内在实质:"经济学家们的论证方式是非常奇怪的。他们认为只有两种制度:一种是人为的,一种是天然的。封建制度是人为的,资产阶级制度是天然的……经济学家所以说现存的关系(资产阶级生产关系)是天然的,是想以此说明,这些关系正是使生产财富和发展生产力得以按照自然规律进行的那些关系。因此,这些关系是不受时间影响的自然规律。这是应当永远支配社会的永恒规律。于是,以前是有历史的,现在再也没有历史了。"① 马克思的揭露和批判没有提到一个资产阶级经济学家的名字,但击中了该方法的要害。无视社会历史性事实的客观存在,让想象肆意发挥作用,得到的结果具有科学的外观,实际是离科学要求越来越远。原因很简单,社会历史性事实经过这种归类方法处理后已变得面目全非,巴师夏的行为能够证明这一点。资产阶级经济学家为什么要这样做?原因也很简单。资产阶级的社会历史性存在赋予资产阶级经济学两项任务:一是为资产阶级的存在和发展扫清障碍,这种要求使资产阶级经济学批判各种对资产阶级生存和发展构成威胁的思想;二是为资产阶级生存和发展进行合理性论证,这种要求使资产阶级经济学借用各种思想资源,如自然法理论和自然科学的思维方式,对资本主义经济制度进行力所能及的论证,"自然"一词的选用证明了这一点。"自然"可以随意地与自然科学相比附,也可以取"自然法"语境中的天经地义、自然而然和至高无上因而非人力所能左右之意。万变不离其宗,论证资本主义经济制度的天然合理是这种归类方法的唯一目的。

六、结论

马克思要建立自己的政治经济学理论体系就必须对资产阶级经济学

---

① 马克思恩格斯文集:第1卷. 北京:人民出版社,2009:612.

第四章　马克思对资产阶级经济学哲学基础的批判

进行批判，原因很简单，建立理论大厦的前提条件之一是"清理场地"。这种批判包括四个方面的内容：现实批判、理论批判、理论史批判和哲学基础批判。已有的研究成果明证可鉴，研究者倾力研究马克思对资产阶级经济学的现实批判、理论批判和理论史批判，哲学基础批判往往被研究者忽略。这是应当改变的状况，因为马克思对资产阶级哲学基础的批判具有无可替代的理论意义。就批判的实质意义说，马克思对资产阶级经济学的现实批判、理论批判和理论史批判只具有外在形式批判的意义，哲学基础批判则是直击资产阶级经济学的内在本质。

第五章　马克思经济哲学语境中劳动的性质

一、问题的提出及其说明

马克思政治经济学中范畴众多，只能用范畴"森林"的提法表征这种状况。例如，商品，货币，资本，价值，使用价值，交换价值，剩余价值，绝对剩余价值，相对剩余价值，等等。如果把问题具体化，看看马克思对劳动范畴的使用情况，我们就会对这一点更加深信不疑。马克思多学科、多层面和多角度地理解劳动，众多加限定词的劳动范畴出现在我们面前，例如，具体劳动和抽象劳动，私人劳动和社会劳动，简单劳动和复杂劳动，一般劳动和特殊劳动，手工劳动和机器劳动，总体劳动和局部劳动，自主劳动和从属劳动，徭役劳动和雇佣劳动，奴隶劳动和农奴劳动，妇女劳动和儿童劳动，等等。

如何理解马克思政治经济学中劳动范畴的含义？它们是否只具有政治经济学含义？貌似过分的究问不过分，对于真实再现马克思政治经济学中劳动范畴的丰富内容而言，探讨和回答这两个问题重要到生命攸关的程度。

在马克思主义政治经济学教科书中，劳动范畴出现于叙论商品二重性环节，旨在说明商品二重性源于劳动二重性即具体劳动和抽象劳动。

第五章　马克思经济哲学语境中劳动的性质

这种处理问题的方式暗示读者，马克思的劳动范畴只具有政治经济学含义。在马克思主义哲学教科书中，劳动范畴出现于叙论物质生产力环节，旨在说明生产力的要素构成即劳动对象、劳动资料和劳动者。这种处理问题的方式暗示读者，马克思的劳动范畴具有哲学含义，但它被包容于生产力范畴之中且从属于生产力范畴。检视马克思文献特别是政治经济学文献便知，这种处理问题的方式颠倒了劳动与生产力之间的逻辑关系。在马克思原生态语境中，生产力包容于劳动范畴之中且从属于劳动范畴，是劳动的内涵之一。学术专著中的情况也不容乐观，例如洛维特在他那部著名的《从黑格尔到尼采》中说："马克思始终仅仅在经济学上把握劳动问题。"① 这样的判断与马克思文献中有关劳动的真实思想南辕北辙。上述例证是"盲人摸象"行为，马克思劳动范畴丰富内容的大部分被这种行为丢掉了。

劳动范畴的丰富含义和重要地位促使马克思多次做出定义性说明，《资本论》第一卷中的界定最为著名："劳动首先是人和自然之间的过程，是人以自身的活动来中介、调整和控制人和自然之间的物质变换的过程。人自身作为一种自然力与自然物质相对立。为了在对自身生活有用的形式上占有自然物质，人就使他身上的自然力——臂和腿、头和手运动起来。当他通过这种运动作用于他身外的自然并改变自然时，也就同时改变他自身的自然。他使自身的自然中蕴藏着的潜力发挥出来，并且使这种力的活动受他自己控制。"② 结合其他地方的论述③，我们能从马克思对劳动的界定中归纳出如下内容。第一，劳动是人与自然之间的物质变换过程。第二，劳动是生产关系的生产和再生产过程。第三，劳动是"从社会经济结构方面来看的社会"。第四，劳动是"合乎目的的活动过程"。第五，劳动是劳动者"体力和智力发生作用的过程"。第六，劳动"赋予对象以形式"即改变对象的物质存在形态。第七，劳动资料作为导体发挥作用。第八，劳动从活动形式变为存在形式。第九，劳动在改变对象的同时也在改变自身。第十，劳动过程是主体与客体之间辩证的互动过程，同时也是主体的自我确证过程。如此丰富的内容客

---

①　卡尔·洛维特. 从黑格尔到尼采. 李秋零，译. 北京：三联书店，2014：381.
②　马克思恩格斯文集：第5卷. 北京：人民出版社，2009：207-208.
③　马克思恩格斯文集：第7卷. 北京：人民出版社，2009：927；马克思恩格斯全集：第32卷. 北京：人民出版社，2002：64-65.

观存在于马克思劳动范畴中。稍加思考便能发现,这些内容当然具有政治经济学含义,但除此外它还包含哲学、历史学、法学、工艺学和社会学等学科性含义。

完整再现马克思劳动范畴中的丰富内容是一项浩大艰巨的工程,一篇学术论文的理论逻辑空间难容其阔。变通的办法是梳理马克思对劳动性质的揭示,以其证明马克思政治经济学范畴中劳动范畴内容的丰富程度。

二、劳动的原型性质

马克思在不同时期和文献中不断地界说劳动的一般性质,我们把这种性质命名为原型性质。典型论述出现于《资本论》第一卷:

> 劳动过程,就我们在上面把它描述为它的简单的、抽象的要素来说,是制造使用价值的有目的的活动,是为了人类的需要而对自然物的占有,是人和自然之间的物质变换的一般条件,是人类生活的永恒的自然条件,因此,它不以人类生活的任何形式为转移,倒不如说,它为人类生活的一切社会形式所共有。[①]

结合其他文献中的论述[②],我们发现马克思对劳动原型性质的规定蕴含八个方面的内容。第一,劳动是人类劳动力的耗费。第二,劳动是制造使用价值的活动。第三,劳动是为满足人类需要而对自然的占有。第四,劳动是人与自然之间物质变换的一般条件。第五,劳动是人类生活的永恒的自然条件。第六,劳动为人类社会生活的一切形式所共有。第七,劳动是人之生命的表现和证实。第八,劳动作为人之生命的表现具有超越社会历史时间和空间的性质。劳动原型性质八个方面的内容可谓丰富。它们是马克思看待劳动问题的逻辑起点和比照标准,也是马克思看待社会历史问题的逻辑起点和比照标准,基于此,才能判断出劳动的其他性质。如上内容当然具有政治经济学性质,它们客观地存在于马克

[①] 马克思恩格斯文集:第5卷.北京:人民出版社,2009:215.
[②] 同①56,57;马克思恩格斯文集:第7卷.北京:人民出版社,2009:923;马克思恩格斯文集:第8卷.北京:人民出版社,2009:477.

思的政治经济学理论之中，例如劳动价值论的逻辑起点。但是，它们更具有哲学性质，这种性质无法被生产力构成要素论的理论逻辑空间容纳。这说明，劳动范畴具有更加丰富的哲学意义，社会历史劳动决定论是这一意义的集中表现，它是马克思方法论历史唯物主义中核心性和基础性的命题。

三、劳动的历史性质

个体劳动是过程，人类整体劳动也是过程。过程与过程的前后相继形成历史，既形成个体劳动的历史，又形成人类整体劳动的历史，劳动具有历史性质是自然而然的事情。劳动的历史性质是一般性提法，把这种提法具体化，指称对象就会显现出来。劳动的历史性质指称三项内容。一是劳动要素的历史性质，即劳动对象、劳动资料和劳动者各自的历史性质。二是劳动社会形式的历史性质，即劳动的技术形式、组织形式和法权形式的历史性质。三是劳动观念的历史性质，即劳动者自己感知劳动和他人与社会评价劳动的历史性质。马克思非常重视劳动的历史性质问题，研究和论说更是不遗余力。例如，《资本论》第一卷中的第四篇是"相对剩余价值的生产"，集中考察雇佣劳动的技术形式、组织形式和法权形式的历史性质，所用篇幅是全书总篇幅的四分之一左右。劳动具有历史性质的原因不难理解。马克思在致安年科夫的信中说："人们永远不会放弃他们已经获得的东西，然而这不是说，他们永远不会放弃他们在其中获得一定生产力的那种社会形式。恰恰相反。为了不致丧失已经取得的果实，为了不致失掉文明的果实，人们在他们的交往[commerce]方式不再适合既得的生产力时，就不得不改变他们继承下来的一切社会形式。"另外，"随着新的生产力的获得，人们便改变自己的生产方式，而随着生产方式的改变，他们便改变所有不过是这一特定生产方式的必然关系的经济关系"[①]。生产力的核心是劳动力，这里的力既指称能力，也指称作为结果的效率。稍加解释的马克思思路意在告诉安年科夫，为了保住已经获得的劳动成果，为了获得更多和更大的劳

---

① 马克思恩格斯文集：第10卷. 北京：人民出版社，2009：43-44，44.

动成果，人们必然会不断地改变劳动的社会形式，以便适应劳动发展的需要，这就形成了劳动社会形式的历史。又如，生产力进而作为生产力核心的劳动力为什么会发展？马克思依据任何时代都存在的经验事实回答问题："因为需要会扩大。"①

马克思关注和研究劳动的历史性质问题，既有一般性的理论需要，也有特殊的理论需要。就前者说，劳动的历史性质是客观存在的事实，搞清楚和说明白这一事实，是建立"劳动的政治经济学"的前提②。就后者说，搞清楚进而说明白劳动的历史性质是为了满足批判资产阶级经济学的需要。资产阶级经济学为了掩藏剥削事实，采取的手段之一是混淆一般劳动即原型性劳动与雇佣劳动的区别，要达到的目的有二，一是使剥削的源头消失不见，二是为资本家和地主对雇佣劳动者的剥削做合理性辩护。马克思对资产阶级经济学做法的揭露如下：

> 很清楚，资本是以作为雇佣劳动的劳动为前提的。但是，同样很清楚，如果作为雇佣劳动的劳动是出发点，以致劳动一般和雇佣劳动合而为一好像是不言而喻的事情，那么资本和被垄断的土地，也就必然会表现为劳动条件的自然形式，而与劳动一般相对立。现在，资本表现为劳动资料的自然形式，从而表现为纯粹物的性质和由劳动资料在一般劳动过程中的职能所产生的性质。因此，资本和生产出来的生产资料就变成了同义词。同样，土地和被私有权垄断的土地也变成了同义词。因此，天然就是资本的劳动资料本身也就成了利润的源泉，土地本身则成了地租的源泉。③

马克思的揭露也是发现，这一发现使人们摆脱了资产阶级经济学的障眼法，直击资本家和地主剥削的根源之处，而发现的实现是区分劳动历史性质的功劳。

四、劳动的预设性质

马克思在详尽界定劳动范畴时说出了如下话语，因其意味深长而值

---

① 马克思恩格斯文集：第7卷．北京：人民出版社，2009：928．
② 马克思恩格斯文集：第3卷．北京：人民出版社，2009：12．
③ 同①934．

第五章　马克思经济哲学语境中劳动的性质

得全部引用："蜘蛛的活动与织工的活动相似，蜜蜂建筑蜂房的本领使人间的许多建筑师感到惭愧。但是，最蹩脚的建筑师从一开始就比最灵巧的蜜蜂高明的地方，是他在用蜂蜡建筑蜂房以前，已经在自己的头脑中把它建成了。劳动过程结束时得到的结果，在这个过程开始时就已经在劳动者的表象中存在着，即已经观念地存在着。他不仅使自然物质发生形式变化，同时他还在自然物中实现自己的目的，这个目的是他所知道的，是作为规律决定着他的活动的方式和方法的，他必须使他的意志服从这个目的。"① 马克思论述的核心内容是劳动的预设性质，即在劳动过程开始之前对劳动过程及其结果的筹划和预判。表面看，它产生和存在于劳动过程开始之前，实际情况是预设行为是劳动过程的有机组成部分，没有预设行为的劳动过程不可想象。从一个角度看，劳动的预设性质使人之劳动与动物的本能性活动区别开来，是人之本质的表现之一；从另一个角度看，劳动的预设性质源于和依赖于劳动主体的能力和价值偏好，是劳动主体之主体性的外在表现之一。

限于语境逻辑的约束，马克思未能充分展示劳动预设性质中包含的哲学性内容，他只是告诉我们，劳动中存在预设性质及这种性质与劳动活动的关系。稍加思考我们就能发现马克思对劳动预设性质的论述中存在如下哲学问题：主体与设定客体的关系问题，合目的性与合规律性的关系问题，观念性存在（预设）与现实性存在（预设将要变成的现实）的关系问题，现在与未来的关系问题，目的与实现目的的手段之间的关系问题，自由选择与条件约束的关系问题，过程性存在与结果性存在的关系问题，预设与确证的关系问题，想象与科学的关系问题，等等。探讨并回答这些问题，我们就能更加深刻和具体地领悟马克思劳动预设性质思想中的哲学性内容。

五、劳动的创造性质

马克思论述劳动创造性质的文献有很多，主要是两种文献，一是《1844年经济学哲学手稿》，二是《政治经济学批判大纲》。在前者中，

---

① 马克思恩格斯文集：第5卷. 北京：人民出版社，2009：208.

回到原生态——马克思经济哲学的当代阐释

马克思论述所使用的概念和命题密集且来得突然,思辨色彩浓重并夹杂借用于费尔巴哈的哲学范畴。但是,它思想深刻,启人心智:

> 通过实践创造对象世界,改造无机界,人证明自己是有意识的类存在物,就是说是这样一种存在物,它把类看做自己的本质,或者说把自己看作类存在物。诚然,动物也生产。动物为自己营造巢穴或住所,如蜜蜂、海狸、蚂蚁等。但是,动物只生产它自己或它的幼仔所直接需要的东西;动物的生产是片面的,而人的生产是全面的;动物只是在直接的肉体需要的支配下生产,而人甚至不受肉体需要的影响也进行生产,并且只有不受这种需要的影响才进行真正的生产;动物只生产自身,而人再生产整个自然界;动物的产品直接属于它的肉体,而人则自由地面对自己的产品。动物只是按照它所属的那个种的尺度和需要来构造,而人却懂理按照任何一个种的尺度来进行生产,并且懂得处处都把固有的尺度运用于对象;因此,人也按照美的规律来构造。①

马克思在人与动物比较的语境中论述劳动创造性质的思想,虽然用"实践"和"生产"概念表达劳动的含义,但思想内容的丰富和深刻是无可争辩的事实。在《政治经济学批判大纲》中,马克思在论述劳动创造性质的问题时用语准确且形象生动,如下提法足以证明这一点:"劳动是活的、造形的火","物通过活的时间而被赋予形式","造形活动","塑形活动","客体的塑形","从活动变成存在","创造形式的活动"②,等等。把这些提法还原到马克思的论述语境中,就可发现劳动具有创造性质的思想具有震撼人心的力量。不仅如此,马克思的如下论述更加雄辩有力:

> 自然界没有造出任何机器,没有造出机车、铁路、电报、自动走锭精纺机等等。它们是人的产业劳动的产物……是人的手创造出来的人脑的器官;是对象化的知识力量。③

综合马克思的提法和论述得出如下结论不能被认为是唐突之举。其一,

---

① 马克思恩格斯文集:第1卷. 北京:人民出版社,2009:162-163.
② 马克思恩格斯全集:第30卷. 北京:人民出版社,1995:329,258,259,256,258.
③ 马克思恩格斯文集:第8卷. 北京:人民出版社,2009:197-198.

劳动的创造性质是与劳动密不可分地交织在一起的客观事实。其二，马克思非常重视劳动的创造性质问题并有精深研究，研究结果的表述有根有据且全面深刻。其三，马克思关于劳动创造性质的思想具有创造性，人类思想史中还没有哪一个思想家像马克思这样，对劳动的创造性质问题论述得这么全面、深刻且形象生动。

六、劳动的受动性质

如果人之劳动只具有创造性质当然是好事，但这种好事并不存在于历史和现实中，与劳动创造性质同时并存的还有劳动的受动性质即受制约的性质。马克思以劳动的历史和现实为客观基础看待劳动性质问题，关注并论述劳动的受动性质是自然而然的事情。劳动的受动性质表现于三个层面。

第一，一般意义的劳动的受动性质。马克思指出："人作为自然的、肉体的、感性的、对象性的存在物，同动植物一样，是受动的、受制约的和受限制的存在物，就是说，它的欲望的对象是作为不依赖于他的对象而存在于他之外的；但是，这些对象是他的需要的对象；是表现和确证他的本质力量所不可缺少的、重要的对象。"① 在主体与客体之间辩证关系的高度看待劳动的受动性质，对象对主体的约束性质便表现出来。客体是需要的对象，但需要与需要的满足是一对矛盾，矛盾性质决定了主体不能自行其是，作为主体的劳动者必须对客体的情况了然于胸并见诸行动才能达到自己的目的。对于主体而言，这是任务，也是挑战。

第二，劳动在社会形式中表现出来的受动性质。人之劳动并非在纯自然状态或真空中进行，劳动者也不是纯自然人，这就决定了劳动是社会历史的人在特定社会形式中进行的劳动。这样的劳动受到各种条件的制约是必然的。就劳动主体而言，会受到主体能力、主体的价值偏好和意志品质等方面的制约；就劳动的社会形式而言，劳动会受到劳动的技术形式、组织形式和法权形式的制约。马克思在讲到资本主义社会中的机器劳动时说："机器劳动极度地损害了神经系统，同时它又压抑肌肉

---

① 马克思恩格斯文集：第1卷. 北京：人民出版社，2009：209.

的多方面的运动,夺去了身体上和精神上的一切自由活动。甚至减轻劳动也成了折磨人的手段,因为机器不是使工人摆脱劳动,而是使工人的劳动毫无内容。"① 马克思论述中劳动的技术形式和组织形式对劳动的约束只不过是例证,它以无可辩驳的事实表明,劳动社会形式对劳动的约束客观存在。

第三,劳动受偶然事件的约束。任何生产力都是劳动的生产力,与劳动无关的生产力不存在。劳动与生产力之间的必然联系使劳动受生产力制约成为客观事实。但是,生产力不是静态存在而是动态存在。动态存在之中就包括偶然情况的出现,使客观存在的生产力变为不存在,而与此有必然联系的劳动便会受到这种动态性质存在的制约。马克思在讲到这一情况时说:"某一个地方创造出来的生产力,特别是发明,在往后的发展中是否会失传,完全取决于交往扩展的情况。当交往只限于毗邻地区的时候,每一种发明在每一个地域都必须单独进行,一些纯粹偶然的事件,例如蛮族的入侵,甚至是通常的战争,都足以使一个具有发达生产力和有高度需求的国家陷入一切都必须从头开始的境地。"②

三个层面的理由是客观存在的事实,基于此做出结论顺理成章:劳动确实具有受动性质。

七、劳动的技术性质

劳动的技术性质是劳动过程中劳动者秉有的经验和知识水平,劳动资料内含的科学技术水平。水平可以有高有低,总体趋势是由低级向高级发展。任何劳动都具有特定的技术性质是能被确定下来的事实。这样的事实向经济哲学提出了必须回答的问题:劳动技术性质的哲学内涵是什么?马克思说:"劳动资料是劳动者置于自己和劳动对象之间、用来把自己的活动传导到劳动对象上去的物或物的综合体。"③ 对劳动资料的定义性界定表明,马克思运用的是主体、客体及二者之间辩证关系的哲学分析框架。要害之处在于,劳动资料是主、客体之间的中介,劳动

---

① 马克思恩格斯文集:第5卷.北京:人民出版社,2009:486-487.
② 马克思恩格斯文集:第1卷.北京:人民出版社,2009:559-560.
③ 同①209.

的技术性质存在于此，发挥作用于此，重要性也在于此。凡是劳动都是主、客体之间的关系及过程，凡是劳动都是有中介的主、客体之间的关系及过程，劳动者是主体，劳动对象是客体，劳动资料是中介，由此形成了三种关系。劳动者与劳动对象之间的关系，这一关系具体化为劳动者与劳动资料之间的关系和劳动资料与劳动对象之间的关系。劳动者使用劳动资料，劳动资料为劳动者服务；劳动资料帮助劳动者改造劳动对象使其具有使用价值，与此同时，确证劳动者劳动之前的预设正确与否和劳动过程中的主体地位。这种主、客体之间关系的硬性约束是否有效率及效率的高低，劳动者素质和劳动资料内含的科学技术水平对劳动者摆脱这种硬性约束具有根本性作用。基于此，马克思对劳动资料内含的和由科学技术水平决定的劳动的技术性质给予充分肯定：劳动资料对认识已经绝迹的"经济的社会形态有重要意义"，由此可以说，劳动资料是人类劳动力发展的"测量器"和劳动借以进行的社会关系的"指示器"[1]。上述分析及其结论基于一般性的假定而来：劳动者与劳动资料没有发生法权性分离，二者之间是结为一体的关系。让我们回到客观的社会历史及现实如资本主义社会中。在以资本主义社会为典型的私有制社会，劳动者与包括劳动资料在内的生产资料发生彻底分离，在法权意义上劳动者自由到一无所有的地步，劳动者必须依赖于资本才能生存。在这种情况下，作为劳动技术性质典型代表的"机器直接成了缩短必要劳动的手段。同时机器成了资本的形式，成了资本驾驭劳动的权力，成了资本镇压劳动追求独立的一切要求的手段。在这里，机器就它本身的使命来说，也成了与劳动相敌对的资本形式"[2]。这说明，劳动的技术性质一旦被资本利用就会发生作用向度的根本性变化，由为劳动者服务和确证劳动者的主体地位变为资本家压迫剥削劳动者的帮凶，成为劳动异化的推动力量。

八、劳动的组织性质

像劳动的技术性质一样，劳动的组织性质同样内在于劳动，其历史

---

[1] 马克思恩格斯文集：第5卷. 北京：人民出版社，2009：210.
[2] 马克思恩格斯文集：第8卷. 北京：人民出版社，2009：300.

与劳动同始终。马克思在《〈政治经济学批判〉导言》中指出，我们越往前追溯历史，进行生产的个人越不独立，起初以家庭为经济组织单位，然后是各种形式的公社①。奴隶制社会中的生产活动同样具有组织性质，想一想遗留下来的世界文明奇迹即各种大型工程，这一点就好理解了。封建社会中的劳动个体性较为明显，但真实情况是家庭既是社会生活单位，又是经济活动单位，而农奴劳动的分工协作性质是客观事实。马克思论述劳动组织性质问题时的主要分析对象是以机器体系为劳动资料的工厂，我们从这里更能够领略马克思有关劳动组织性质的经济哲学思想。马克思说：

> 资本主义生产实际上是在同一个资本同时雇用人数较多的工人，因而劳动过程扩大了自己的规模并提供了较大量的产品的时候才开始的。人数较多的工人在同一时间、同一空间（或者说同一劳动场所）为了生产同种商品，在同一资本家的指挥下工作，这在历史上和概念上都是资本主义生产的起点。②

注意马克思的用词，"同一个资本同时雇用"，"同一时间、同一空间"，"生产同种商品"，"同一资本家的指挥"，与此形成鲜明对比的是，"人数较多的工人"，"劳动过程扩大了自己的规模"，"提供了较大量的产品"。这些用词的相互连接，资本主义条件下劳动的组织性质形象生动地出现在我们面前。这种劳动组织性质追求的目标有两个。其一，在生产组织内部追求产品生产活动的连续性、划一性、规则性、秩序性和劳动强度，此为企业效率。其二，在生产组织的社会市场性意义上，追求以利润形式为扭曲性表现的剩余价值③。在马克思看来，如上涉及的诸多因素及其相互之间的关系是资本主义条件下劳动组织性质的历史性和逻辑性起点，做到了逻辑与历史的有机统一。

资本主义性质的劳动组织有一个历史演进过程，这就是由手工作坊到手工工场再到工厂。马克思集中笔墨分析的是后两种组织形式。这两种劳动组织之间有本质区别，马克思为我们指出了这种区别："在工场手工业和手工业中，是工人利用工具，在工厂中，是工人服侍机器。在

---

① 马克思恩格斯全集：第30卷. 北京：人民出版社，1995：25.
② 马克思恩格斯文集：第5卷. 北京：人民出版社，2009：374.
③ 同②400，384.

第五章 马克思经济哲学语境中劳动的性质

前一种场合，劳动资料的运动从工人出发，在后一种场合，则是工人跟随劳动资料的运动。在工场手工业中，工人是一个活机构的肢体。在工厂中，死机构独立于工人而存在，工人被当做活的附属物并入死机构。"① 两种劳动组织形式对比的核心内容是劳动者的地位，劳动者与劳动资料和劳动组织的关系发生了根本变化，在物质形态的意义上说，劳动者由主动变被动，由机构的有机组成部分变成了死机构的附属物。前后对比表明，资本主义劳动发展到工厂这种组织形式是历史的进步，它以"资本的文明"形式表现这种进步，用马克思的话说：

> 它榨取这种剩余劳动的方式和条件，同以前的奴隶制、农奴制等形式相比，都更有利于生产力的发展，有利于社会关系的发展，有利于更高级的新形态的各种要素的创造。②

马克思更关注因而着墨更多的是工厂这种劳动组织形式给劳动者带来的致命性伤害。稍作梳理和归纳，伤害的客观性内容出现在我们面前。第一，工厂制度过严过细的分工把工人变成了除服务于资本的需要外毫无适应能力因而毫无生存能力的"畸形物"。第二，机器的运用使劳动变得容易，妇女儿童进入工厂劳动使男性工人的价值贬值。第三，妇女进入工厂劳动使哺乳期的婴儿无人照看，致使婴儿死亡率上升。第四，儿童进入工厂劳动便阻断了智力发育过程，人为地造成了儿童智力的荒废。第五，妇女儿童进入工厂劳动使男性工人对资本专制的反抗力度减弱。第六，工厂使用机器以便提高劳动效率，使大量工人失业，造成了过剩的劳动人口。第七，机器运转的快节奏使劳动者的劳动强度提高。第八，工厂劳动形成了兵营式的纪律，劳动者受到的约束难以忍受。第九，工厂劳动的工作环境污染更加严重③。相对于劳动者而言，劳动组织须臾不可分离，但劳动组织的性质如何，对劳动者的命运具有生命攸关的影响。为劳动者而来且与他或她相匹配的劳动组织是他或她的生命依托和主体地位的确证，如原始社会的劳动组织；视劳动者为工具且与他或她的主观想法背道而驰的劳动组织，如资本主义性质的工厂，则意味着他或她生存在牢笼之中且主体性不断地被泯灭。

---

① 马克思恩格斯文集：第5卷. 北京：人民出版社，2009：486.
② 马克思恩格斯文集：第7卷. 北京：人民出版社，2009：927-928.
③ 同①417，453，457-458，460，463，472，488，490.

九、劳动的法权性质

劳动的法权性质历来被研究者忽略，这与马克思始终关注和研究这一问题适成鲜明对照。可作为文献证据的有：《1844年经济学哲学手稿》《政治经济学批判大纲》和《资本论》。劳动法权性质的要害是劳动者与劳动对象、劳动资料、劳动过程和劳动产品的法权关系，这种关系对劳动者及其劳动具有根本性影响。

在原始社会，劳动者与所有权绝对统一。在奴隶制社会，作为奴隶的劳动者人身是奴隶主的财产，是会说话的工具，所以作为奴隶的劳动者与所有权彻底分离。封建社会情况变得复杂起来，农奴为领主劳动时便与所有权分离，而当他为自己劳动时，劳动与所有权便相对地统一起来。手工作坊的师傅劳动能做到劳动与所有权统一，但手工作坊中的学徒和帮工则不能这样说。资本主义社会劳动的法权性质变得更为复杂，虚假性和欺骗性掺杂其间，马克思集中时间和精力分析的正是这种劳动的法权性质。在《1844年经济学哲学手稿》中，马克思发现了资产阶级经济学的致命性缺陷：从私有财产的事实出发，但从来不对这一事实做出说明[①]。马克思还发现，私有财产的主体本质是劳动，作为资本的私有财产是对劳动及其产品的支配权[②]。劳动与作为资本的私有财产之间到底是什么关系？作为资本的私有财产对劳动的支配是如何发生的？这种支配是如何被资产阶级经济学用合理合法的外衣掩盖起来的？写作《1844年经济学哲学手稿》时，马克思在政治经济学领域初试身手，研究功力还不足以逻辑与历史有机统一地解决问题，变通的办法是逻辑推理[③]，实际情况是问题还在那里客观地存在着。在《政治经济学批判大纲》和《资本论》中，这样的问题得到了彻底解决。

在《政治经济学批判大纲》的"货币章"结尾处，马克思说了一段延续《1844年经济学哲学手稿》发现的问题的探讨但主题更明确、更深刻的话：

[①] 马克思恩格斯文集：第1卷. 北京：人民出版社，2009：155.
[②] 同①178，130.
[③] 同①177.

第五章　马克思经济哲学语境中劳动的性质

我们已经看到，在简单流通本身中（即处于运动中的交换价值中），个人相互间的行为，按其内容来说，只是彼此关心满足自身的需要，按其形式来说，只是交换，设定为等同物（等价物），所以在这里，所有权还只是表现为通过劳动占有劳动产品，以及通过自己的劳动占有他人劳动的产品，只要自己的劳动产品被他人的劳动购买便是如此。对他人劳动的所有权是以自己劳动的等价物为中介而取得的。所有权的这种形式——正像自由和平等一样——就是建立在这种简单关系上的。在交换价值进一步的发展中，这种情况就会发生变化，并且最终表明，对自己劳动产品的私人所有权也就是劳动和所有权的分离；而这样一来，劳动＝创造他人的所有权，所有权将支配他人的劳动。①

马克思把流通区分为两种。一是简单流通，在这里劳动与所有权直接统一。二是"在交换价值进一步的发展中"形成的流通。正是在这种流通中，情况发生了惊天逆转，劳动与所有权出现了彻底性分离。这样的分离不是发生于简单流通领域，而是发生于简单流通之后的生产领域，用马克思的话说："货币单纯地转化为生产过程的物质因素，转化为生产资料，就使生产资料转化为占有他人劳动和剩余劳动的合法权和强制权。"② 货币资本转化为生产资料在简单流通领域中完成，但生产资料转化为占有他人劳动的权力则是在生产领域中变为现实。在生产领域中，劳动力使用价值使用过程的神奇作用发挥出来，作为资本的私有财产以剩余价值形式被创造出来③。基于此，马克思一针见血地指出，资本家的利润和地主的地租"是法律上的合理存在，而不是经济上的合理存在"④。工资的情况如何？马克思的论述彻底揭穿了资产阶级经济学的虚假之处和辩护本质。"工资的形式消灭了工作日分为必要劳动和剩余劳动、分为有酬劳动和无酬劳动的一切痕迹。全部劳动都表现为有酬劳动。""因此可以懂得，为什么劳动力的价值和价格转化为工资形式，即转化为劳动本身的价值和价格，具有决定性的重要意义。这种表现形式掩盖了现实关系，正好显示出它的反面。工人和资本家的一

---

① 马克思恩格斯全集：第30卷. 北京：人民出版社，1995：192.
② 马克思恩格斯文集：第5卷. 北京：人民出版社，2009：360.
③ 同②257.
④ 同①292.

切法的观念,资本主义生产方式的一切神秘性,这一生产方式所产生的一切自由幻觉,庸俗经济学的一切辩护遁词,都是以这个表现形式为依据的。"①

如上的引述和分析表明,劳动绝不仅仅是劳动者的事,也不是如简单流通领域中劳动产品与劳动产品交换那么简单,它是社会性进而是政治性和法律性的事情。进入文明社会后,任何劳动都是社会发育特定程度的产物,满足社会存在和发展的需要,更是政治制度和法律制度规定范围内的劳动。由此说,法权性质内在于劳动之中,是劳动的内生变量,与法权性质无关的劳动或超然于法权性质之外的劳动并不存在。认识到劳动具有法权性质是正确认识劳动的前提条件之一。

十、劳动的基础性质

在马克思对劳动基础性质的论述中包含极其丰富的内容。相对集中论述这一内容的文献有:《德意志意识形态》、《马克思致帕维尔·瓦西里耶维奇·安年科夫》和1859年的《〈政治经济学批判〉序言》。马克思在批判费尔巴哈时说:"物质生活的生产即劳动。""这种活动、这种连续不断的感性劳动和创造,这种生产,正是整个现存的感情世界的基础。"② 这里的概念含义和概念之间的关系已交代清楚。劳动即物质生活资料的生产,它是"整个感性世界的基础"。"基础"是关系性概念,与非基础相对应。用马克思的话说,"基础"与非基础的关系是"物质生活的生产方式制约着整个社会生活、政治生活和精神生活的过程"③。人们把上述思想简单化为经济决定论的公式随意使用甚至滥用,马克思气愤地说:"有一点可以肯定,我不是马克思主义者"④。稍好一点的概括是生产力决定论,但这种概括也非马克思本意。没有劳动或生产,生产力就无从谈起。真正符合马克思本意的是劳动决定论,规范性说法是社会历史劳动决定论。

---

① 马克思恩格斯文集:第5卷.北京:人民出版社,2009:619.
② 马克思恩格斯文集:第1卷.北京:人民出版社,2009:580,529.
③ 马克思恩格斯文集:第2卷.北京:人民出版社,2009:591.
④ 马克思恩格斯文集:第10卷.北京:人民出版社,2009:487.

第五章　马克思经济哲学语境中劳动的性质

思想进程演化至此向我们提出了新问题：劳动决定论的指称对象是什么？这是马克思着意回答的问题。特定性质的劳动决定个人、社会、历史和意识是什么样的。我们以马克思对个人的论述证明这一点："个人怎样表现自己的生命，他们自己就是怎样。因此，他们是什么样的，这同他们的生产是一致的——既和他们生产什么一致，又和他们怎样生产一致。"[①] 劳动具有如此的基础性决定作用不难理解。看似简单的劳动内含极其丰富的关系，把这样的关系揭示出来就可发现，个人、社会、历史和意识的真正源头是劳动，在起源、存在和发展三种意义上都可以这样说。例如，劳动包括人与自然之间的关系，这是作为主体的劳动者与作为客体的自然之间的改造与被改造关系；劳动包括人与他人之间的关系，这是劳动过程中劳动者之间的分工协作关系，基于这种关系而来的是市民社会与国家；劳动包括人与历史之间的关系，劳动者凭借历史遗存劳动，劳动延续历史，推动历史的发展，推动历史发展的过程是创造历史的过程；劳动包括人与自我意识之间的关系，通过劳动可以确证劳动者的主体性地位，也可以验明劳动者劳动的社会历史性质，等等。

综观马克思关于劳动基础性质的论述可以得出如下结论。第一，这是社会历史性客观事实的描述和概括，经验性证据随处可见，俯拾皆是。第二，这既是如何看待社会历史的方法论，也是如何看待个人的方法论。把马克思基于劳动基础性质论述的历史唯物主义命名为方法论历史唯物主义，言之成理，持之有故。第三，基于和理解马克思关于劳动基础性质的论述，其他重要思想，如劳动哲学本体论，劳动者主权论，人学历史唯物主义，主、客体之间的辩证关系是唯一适用的哲学分析框架，等等，才能被真正地理解。

十一、结论

以上的引证、分析和论证表明，劳动范畴中存在极其丰富的内容，绝非政治经济学含义所能容纳和代表。仅作为生产力构成要素的哲学性

[①] 马克思恩格斯文集：第1卷. 北京：人民出版社，2009：520.

理解并非马克思劳动思想的全部，大量重要内容被抛入视野黑洞之中。回归马克思原生态语境，依据马克思文献特别是政治经济学文献来理解劳动范畴，丰富程度令人吃惊的含义就会出现在我们面前。这一点做到了，马克思思想体系的存在形态就能够显现出来，其内核是劳动思想，其他内容则是基于对劳动的理解而来。

第六章 马克思经济哲学语境中的劳动历史唯物主义

一、问题的提出及其说明

马克思历史唯物主义理论尽人皆知。它的具体内容是什么？公认答案是教科书表述出来的历史唯物主义理论。稍受专业训练的人还知道，它的主要文献来源是《关于费尔巴哈的提纲》、《德意志意识形态》、《马克思致帕维尔·瓦西里耶维奇·安年科夫》、《哲学的贫困》、《共产党宣言》和《〈政治经济学批判〉序言》。这种认知符合马克思思想实际吗？对问题的回答既是肯定的，也是否定的。就肯定性回答说，马克思确实如此地想问题并诉诸文字，上已列及的文献可为证据。此为方法论历史唯物主义理论。就否定性回答说，方法论历史唯物主义理论确为马克思历史唯物主义理论，但它不是也不能等同于马克思历史唯物主义理论整体。除方法论历史唯物主义理论外，还有极为丰富的历史唯物主义理论在马克思文献特别是政治经济学文献中客观地存在着，只是人们没有意识到它们客观存在，才导致我们现在见到的结果。

马克思历史唯物主义理论的残缺性存在是不正常现象。这种现象表明，我们没有实事求是地对待马克思文献特别是政治经济学文献，结果是无视大量宝贵思想资源的客观存在。本章试图概略再现马克思原生态历史唯物主义理论。所谓原生态，即依据马克思文献特别是政治经济学文献而来之谓。

文献事实明证可鉴，马克思原生态历史唯物主义理论是劳动历史唯物主义理论，核心范畴是劳动。马克思对劳动的理解朝社会历史研究方法论方向发展，哲学性成果是方法论历史唯物主义理论；朝哲学本体论方向发展，哲学性成果是劳动哲学本体论；朝人及其历史方向发展，哲学性成果是人学历史唯物主义理论；朝技术基础和组织基础方向发展，哲学性成果是工艺学历史唯物主义理论。四种历史唯物主义理论有机统一，构成马克思劳动历史唯物主义理论。

二、命名问题

马克思没有使用劳动历史唯物主义的提法，但有针对劳动现象的海量哲学性论述。由这些论述便可领悟，把马克思原生态历史唯物主义理论称为劳动历史唯物主义理论名副其实。劳动历史唯物主义理论以三个因素为客观基础，即人、劳动和社会历史。前两个因素是社会历史的客观基础，而客观基础中的客观基础是劳动。从这样的观点出发，便可发现三种关系是马克思着意论说的内容。这些内容的展现使我们明了，在马克思那里客观地存在劳动历史唯物主义理论。

其一，人与劳动的关系。历史是人的历史，说明历史的前提是说明人，而说明人的前提是对人的本质做出规定。在《1844年经济学哲学手稿》中，马克思以评价黑格尔哲学的形式表达人之本质何谓的观点："黑格尔的《现象学》及其最后成果——辩证法，作为推动原则和创造原则的否定性——的伟大之处首先在于，黑格尔把人的自我产生看作一个过程，把对象化看作非对象化，看作外化和这种外化的扬弃；可见，他抓住了劳动的本质，把对象性的人、现实的因而是真正的人理解为人自己的劳动的结果。"[①] 黑格尔和马克思的观点不难理解，由于劳动，人才成其为人，人的本质是劳动。用阿尔都塞标准衡量，此时马克思思想正处于不成熟状态，其观点在性质上属于资产阶级意识形态。让阿尔

---

① 马克思恩格斯文集：第1卷. 北京：人民出版社，2009：205.

第六章 马克思经济哲学语境中的劳动历史唯物主义

都塞及持有类似观点的人无法解释的是,思想成熟的马克思仍然如此地看问题:"可以根据意识、宗教或随便别的什么来区别人和动物。一当人开始生产自己的生活资料,即迈出由他们的肉体组织所决定的这一步的时候,人本身就开始把自己和动物区别开来。"① 在人与劳动的关系中,没有劳动,人就不能产生和存在,当然也不会得到说明。

其二,社会历史与劳动的关系。恩格斯指出,马克思和自己形成的"新派别""在劳动发展史中找到了理解全部社会史的锁钥"②。马克思说:"整个所谓世界历史不外是人通过人的劳动而诞生的过程"③。"我们首先应当确定一切人类生存的第一个前提,也就是一切历史的第一个前提,这个前提是:人们为了能够'创造历史',必须能够生活。但是为了生活,首先就需要吃喝住穿以及其他一些东西。因此第一个历史活动就是生产满足这些需要的资料,即生产物质生活本身,而且,这是人们从几千年前直到今天单是为了生活就必须每日每时从事的历史活动,是一切历史的基本条件。"④ 两位经典作家论述的主题是一个,劳动确为社会历史的核心和基础,舍此而逐它,便无法理解社会历史。

其三,未来社会与劳动。未来社会具有什么样的本质性规定?马克思对这一问题有过不同的回答。基于劳动的回答往往被忽略,但同样重要,同样具有启发意义。1872年9月,马克思在荷兰的阿姆斯特丹群众大会上发表讲话,论及未来社会时他说:"工人总有一天必须夺取政权,以便建立一个新的劳动组织;他们如果不愿意像轻视和摒弃政治的早期基督徒那样,永远失去自己在尘世的天国,就应该推翻维护旧制度的旧政治。"只有这样,才能"最终地建立劳动的统治"⑤。在《资本论》第三卷中,马克思从另一角度论述未来社会劳动的本质性规定:"社会化的人,联合起来的生产者,将合理地调节他们和自然之间的物质变换,把它置于他们的共同控制之下,而不让它作为一种盲目的力量来统治自己;靠消耗最小的力量,在最无愧于和最适合于他们的人类本性的条件下来进行这种物质变换。"⑥ 两处论述侧重点各异,但都以劳

---

① 马克思恩格斯文集:第1卷. 北京:人民出版社,2009:519.
② 马克思恩格斯文集:第4卷. 北京:人民出版社,2009:313.
③ 同①196.
④ 同①531.
⑤ 马克思恩格斯全集:第18卷. 北京:人民出版社,1964:179.
⑥ 马克思恩格斯文集:第7卷. 北京:人民出版社,2009:928-929.

动为核心。"建立劳动的统治"的提法意在说明，未来社会中劳动实际是劳动者处于决定一切和指挥一切的地位，与资本主义社会中资本实际是资本家所处地位适成鲜明对照。后一论述意在告诉人们，未来社会劳动的特点是"最无愧于和最适合于""人类本性"。这种劳动性质与资本主义社会劳动的异化性质之间有本质区别。

其四，需要说明的问题。人与劳动、社会历史与劳动和未来社会与劳动之间关系的内容已能够证明，马克思劳动历史唯物主义理论的本体是劳动。这种观点带来了需要说明的问题。第一，马克思在不少地方强调实践的地位和作用，人们据此提出马克思哲学本体论是实践本体论的观点。它能成立吗？第二，哲学教科书始终坚持物质本体论。它能成立吗？第三，从劳动历史唯物主义理论到方法论历史唯物主义理论的演化是一个过程，这是什么性质的过程？它是如何演化的？

马克思确实强调实践，但劳动历史唯物主义理论的哲学本体不能是实践，只能是劳动。根据有二，一是文献根据，本章第四节将专门展示；二是实践范畴不符合构建哲学本体论的基本原则，即历史在先原则。按照毛泽东在《实践论》中的界定，实践范畴指称三项内容：生产斗争、阶级斗争和科学实验。将三项内容还原到社会历史中就可发现，越往前追溯历史，客观事实就越是清晰明确，只有劳动才真正符合历史在先原则。恩格斯的研究成果表明："劳动是整个人类生活的第一个基本条件，而且达到这样的程度，以致我们在某种意义上不得不说：劳动创造了人本身。"[①] 既然劳动创造了人本身，结论自然会出现，劳动创造了社会及其历史。阶级斗争是阶级社会才有的现象，它离社会历史初始阶段已经很远。至于科学实验，即马克思所说的发明成为一种职业[②]，更是晚近得多的现象，到英国工业革命基本完成后的19世纪中后期才成为客观事实。分析表明，实践不具有历史在先性质，不符合历史在先原则。真正符合者，非劳动莫属。

物质本体论中隐含唯心主义成分。物质本体论中物质的唯一特性是客观实在性，这种客观实在性对于人才有实际意义。人如何确证物质的客观实在？途径有二，一是实践，二是科学性认识。问题在于，被实践和科学性认识中介的物质发生了性质变化：成为客体，是有限性存在。

[①] 马克思恩格斯文集：第9卷. 北京：人民出版社，2009：550.
[②] 马克思恩格斯文集：第8卷. 北京：人民出版社，2009：195.

第六章 马克思经济哲学语境中的劳动历史唯物主义

根据哲学教科书的哲学分析框架即精神与物质之间的关系判定，作为哲学本体的物质与作为客体的物质不仅含义不同，更重要的是指称对象的范围有本质区别。作为客体的物质通过实践和科学性认识的中介被确证为客观实在，但它没有穷尽作为哲学本体的物质范畴指称的全部内容。人如何确证客体指称对象之外所谓物质的客观实在？既然这种所谓的物质没有被实践和科学性认识中介，有什么根据说它是客观实在？这是物质本体论无法克服的内在矛盾，外在表现是本体论承诺与认识论结果不一致。用什么内容填充作为本体的物质与作为客体的物质指称对象之间的空白地带？唯一解决问题的办法是想象。逻辑分析的结果无法更改，隐含唯心主义成分是物质本体论的必然命运。它难以自圆其说，因而不能成立[①]。

从劳动历史唯物主义理论到方法论历史唯物主义理论，其间有一个历史演化过程，这一过程大体经历了三个阶段。

第一个阶段在马克思仍生活于人世时就开始了。19 世纪 70 年代，德国柏林大学的非公聘讲师杜林在几年时间内接连出版三部著作，内容涉及哲学、政治经济学和社会主义理论三大领域。杜林在书中大力攻击马克思主义，这种攻击严重影响了德国社会民主党，以至于党的重要理论家之一伯恩施坦说："我认为社会主义运动的范围完全可以同时容纳下一个马克思和一个杜林。"[②] 恩格斯临危受命，担当起系统批判杜林的重任。要系统批判就不得不跟着杜林的体系走，结果是《反杜林论》哲学、政治经济学和社会主义理论的分编体系。需要关注的是如下一点。在该书序言中恩格斯提醒说，"希望读者不要忽略我所提出的各种见解之间的内在联系"，即"对马克思和我所主张的辩证方法和共产主义世界观的比较连贯的阐述"[③]。基于如上事实，联系其他地方的论述，就可发现恩格斯在劳动历史唯物主义理论方法论化的演化过程中发挥了关键作用。第一，恩格斯是马克思思想整体理解模式的奠基者，即把它划分为哲学、政治经济学和社会主义理论三个学科性领域。第二，对这一思想整体中的哲学进行方法论性界定："马克思的整个世界观不是教

---

① 对物质本体论难以自圆其说因而不能成立的详细论证，见宫敬才. 物质本体论面对的五大难题. 社会科学论坛，2001（1）.
② 爱德华·伯恩施坦. 伯恩施坦文选. 殷叙彝，编. 北京：人民出版社，2008：493.
③ 马克思恩格斯文集：第 9 卷. 北京：人民出版社，2009：8, 11.

条,而是方法。"① 第三,错置马克思劳动历史唯物主义理论的哲学分析框架,把主体、客体及二者之间的辩证关系错置为主观、客观及二者之间的关系,使马克思劳动历史唯物主义理论的哲学分析框架即主体、客体及二者之间的辩证关系消失不见。这是相对于马克思哲学理解史而言的重大事件。后人无视这一重大事件的客观存在及其作用,结果是马克思哲学进而马克思思想整体中其他内容与哲学基础的内在联系一再被误解。第四,对劳动历史唯物主义理论做出定义性说明,它"表达一种关于历史过程的观点","这种观点认为,一切重要历史事件的终极原因和伟大动力是社会的经济发展,是生产方式和交换方式的改变,是由此产生的社会之划分为不同的阶级,是这些阶级彼此之间的斗争"②。没有人怀疑恩格斯对马克思原生态思想整体和其中劳动历史唯物主义理论解释的真心实意,但这是否意味着马克思原生态思想整体和恩格斯解释之间是完全一致的关系?马克思劳动历史唯物主义理论的内容远比恩格斯解释出来的丰富。

第二个阶段始于列宁。在马克思劳动历史唯物主义理论方法论化的演化过程中,列宁发挥了重要作用。第一,他写有名为《马克思主义的三个来源和三个组成部分》的短文,"三个组成部分"的提法表明,他认可恩格斯由于批判杜林的需要而不得不如此的做法。尤为重要者,列宁把不得不如此的做法变成相对固定的提法。提法是一种认可,给人造成这样的印象:马克思思想整体确实由哲学、政治经济学和社会主义理论三部分内容组成。三种内容的分立性存在使其相互间的内在联系被忽略,劳动哲学本体论与政治经济学和科学社会主义理论的内在联系被忽略可为例证。第二,列宁在文中提出了对斯大林影响很大的"推广论":"马克思加深和发展了哲学唯物主义,而且把它贯彻到底,把它对自然的认识推广到对人类社会的认识。马克思的历史唯物主义是科学思想中的最大成果。"③"推广论"不符合马克思思想实际,他既没有列宁所意指的"推广"行为,也不会认可这样的"推广"事实。第三,列宁突出和强化马克思劳动历史唯物主义理论中的方法论内容,其他内容如劳动哲学本体论则是被放弃。第四,列宁提出对后世影响很大的两个"归

---

① 马克思恩格斯文集:第10卷. 北京:人民出版社,2009:691.
② 马克思恩格斯文集:第3卷. 北京:人民出版社,2009:509.
③ 列宁选集:第2卷. 北京:人民出版社,2012:311.

第六章　马克思经济哲学语境中的劳动历史唯物主义

结"理论:"只有把社会关系归结于生产关系,把生产关系归结于生产力的水平,才能有可靠的根据把社会形态的发展看做自然历史过程。"①"归结"的过程是逐步缩小视域的过程,生产关系进而生产力被强化,但马克思劳动历史唯物主义理论中的其他内容如人学历史唯物主义理论则是被虚无化。

第三个阶段始于斯大林。在马克思劳动历史唯物主义理论方法论化的演化过程中,斯大林沿着列宁的思路继续推进,使这一演化历史发展为新阶段。第一,斯大林为著名的《联共(布)党史简明教程》写作了更为著名的第四章第二节,即"论辩证唯物主义和历史唯物主义"。由于斯大林集政治和理论最高权威于一身,这篇论文中的提法、观点和结论同样具有最高权威的地位。第二,斯大林把这样的提法、观点和结论用官方意志变为哲学教材,直到苏联解体,名为《辩证唯物主义和历史唯物主义》的教科书,不同版本间可以有细微变化,基本框架和核心观点始终如一。第三,斯大林对马克思劳动历史唯物主义理论的解释袭用列宁的"推广论":"历史唯物主义就是把辩证唯物主义的原理推广去研究社会生活,把辩证唯物主义的原理应用于社会生活现象,应用于研究社会,应用于研究社会历史。"② 一个"推广"和三个"应用于"的适用对象表明,斯大林的理解存在严重缺陷。似乎马克思劳动历史唯物主义理论没有自己的方法,必须"借用"辩证唯物主义方法才成其为自身。这种理解与马克思思想演化的历史事实相冲突。

我国接受历史唯物主义理论的历史并不构成独立阶段,因为它沿袭苏联基于斯大林理解模式而形成的传统。例如,斯大林对历史唯物主义理论中"物"(社会存在)的理解是地理环境、人口因素和生产方式③,这种理解几乎原封不动地出现在我国最权威的哲学教科书中④。问题在于,马克思劳动历史唯物主义理论中的"物"是劳动及其历史。

命名问题的解决使我们具备了具体回答问题的前提条件,往下便直奔马克思劳动历史唯物主义理论的基本内容,即方法论历史唯物主义理

---

① 列宁选集:第1卷.北京:人民出版社,2012:8-9.
② 斯大林选集:下卷.北京:人民出版社,1979:424.
③ 同②440-441.
④ 肖前,主编.马克思主义哲学原理.北京:中国人民大学出版社,2012:215.

论、劳动哲学本体论、人学历史唯物主义理论和工艺学历史唯物主义理论。

这里有一个问题需要提及。理解马克思劳动历史唯物主义理论是什么的问题时，文献视野是生命攸关的大事情。哲学文献当然重要，但政治经济学文献同样重要，这类文献中确实存在丰富且重要的劳动历史唯物主义理论。从劳动历史唯物主义理论向方法论历史唯物主义理论演化的原因之一是，仅局限于学科性划分之后的哲学文献，没有自觉关注政治经济学文献中的哲学内容。结果可想而知，大量劳动历史唯物主义理论内容被虚无化。

三、方法论历史唯物主义

笔者依据相关文献把马克思方法论历史唯物主义理论概括为八个观点：社会历史观基本问题论、社会历史前提论、社会历史基础论、社会历史层次论、社会历史演进论、社会历史形态判定标准论、个人社会历史类型判定标准论和世界历史论。八个观点与哲学教科书的相关内容基本一致，出入只是个别情况。细加分析便知，它们都是围绕如何认识社会历史问题而展开，意在告诉人们，要正确看待社会历史，有哪些角度和层面必不可少。

既然把马克思原生态历史唯物主义理论命名为劳动历史唯物主义理论，那么，上述"八论"与劳动是什么关系？

社会历史观基本问题论。社会历史观基本问题论中的核心内容是社会存在决定社会意识。把这种观点还原到马克思语境，社会存在与劳动的关系便会显现出来。社会存在的客观基础是劳动，是特定社会历史性质、法权性质、组织性质和技术性质的劳动。讲不清楚劳动的这四种性质，就讲不清楚特定社会历史时代的劳动，而讲不清楚特定社会历史时代的劳动，就无法讲清楚特定社会历史时代的社会存在。理解劳动是理解社会存在的前提条件，理解社会存在是理解社会历史观基本问题的前提条件。只有具备这样的前提条件，才能对社会历史观基本问题做出符合马克思本意的回答。

社会历史前提论。马克思在《德意志意识形态》中两次谈到社会历

第六章　马克思经济哲学语境中的劳动历史唯物主义

史前提问题①，都把"活动"或"历史活动"作为社会历史产生、存在和发展的首要前提。虽然马克思没有运用劳动概念，但通过语义分析可以确定，此处"活动"或"历史活动"的指称对象是劳动。

社会历史基础论。社会历史的客观基础是劳动。就这一观点而言，可以在马克思大量论述中找到根据，典型者是如下论述："任何一个民族，如果停止劳动，不用说一年，就是几个星期，也要灭亡，这是每一个小孩子都知道的。"②

社会历史层次论。马克思曾在两个文献中较为集中地论述社会历史层次问题。一次是在《德意志意识形态》中，这里认为社会历史的最底层是"物质生产"③；另一次是在《马克思致帕维尔·瓦西里耶维奇·安年科夫》的信中，这里认为社会历史的最底层是"生产力"④。"物质生产"和"生产力"与劳动之间具有密不可分的联系。物质生产的动态化是劳动，只是看问题的角度不同才有不同的名称。从主体角度看，物质生产是劳动；从过程角度看，劳动过程是物质生产过程。生产力不是独立存在的"物"。从一个角度看，它是生产或劳动的潜在能力；从另一个角度看，它是劳动或生产的结果（效率）。不管从哪个角度看，生产力都是相对于劳动或生产而言，离开劳动或生产的生产力是死物，此外什么也不是。

社会历史演进论。马克思针对社会历史演进问题有过三种不同的说法。第一种是引起持久性争论的社会历史演进五形态论⑤。这种观点基于生产力与生产关系之间矛盾的分析而来。表面看，这种说法与劳动没有直接关系。问题在于，没有劳动，怎么会产生生产力与生产关系之间的矛盾？不关注劳动的特定社会历史性质，又如何理解生产力与生产关系之间矛盾的特定社会历史性质？准确理解生产力与生产关系之间矛盾的前提是准确理解劳动。第二种是社会历史演进三形态论⑥。这种观点基于劳动特定社会历史性质的分析而来，用不着引申和说明便可得出结论，社会历史演进三形态论是劳动社会历史性质演进三形态论。第三种

---

① 马克思恩格斯文集：第1卷．北京：人民出版社，2009：519，531．
② 马克思恩格斯文集：第10卷．北京：人民出版社，2009：289．
③ 同①544．
④ 同②42-43．
⑤ 马克思恩格斯文集：第2卷．北京：人民出版社，2009：592．
⑥ 马克思恩格斯全集：第30卷．北京：人民出版社，1995：107-108．

—111

是社会历史演进二形态论①。这种观点把共产主义社会以前的所有社会历史形态通称为"人类社会的史前时期",旨在说明共产主义社会到来之前劳动的不自由性质,借以说明共产主义社会劳动的自由性质。三种说法表明,社会历史演进的前提和基础是劳动。

社会历史形态判定标准论。针对社会历史形态判定标准问题,马克思有过各不相同的说法,起码我们可以看到三种。每一种说法都以劳动为前提和基础,区别在于关注劳动的不同要素或性质。第一种是生产资料所有制判定标准论②。人们在理解这一标准时,往往忽略前提性论述:"分工的各个不同发展阶段,同时也就是所有制的各种不同形式。这就是说,分工的每一个阶段还决定个人在劳动材料、劳动工具和劳动产品方面的相互关系。"③ 马克思把生产资料所有制与分工结合在一起看问题,其中的实质性内容是劳动者与劳动材料、劳动工具和劳动产品之间的关系。第二种是劳动资料判定标准论。"劳动资料不仅是人类劳动力发展的测量器,而且是劳动借以进行的社会关系的指示器。"④ 不用解释就可得出结论,马克思用劳动资料作为社会历史形态的判定标准。第三种把劳动者的劳动性质即自由或不自由作为社会历史形态的判定标准。综合三种说法得出结论并不难,马克思把劳动作为社会历史形态的判定标准,不同标准之间的区别在于关注劳动的不同要素或性质。

个人社会历史类型判定标准论。针对个人存在和发展的社会历史类型问题,马克思有过两次典型论述,一次是在《德意志意识形态》中⑤,一次是在《资本论》中⑥。综合两处论述,相对完整的个人社会历史类型判定标准出现在我们面前:个人是什么样的,这与他或她生产什么、如何生产和用什么劳动资料生产一致。生产粗制陶器和生产航天器的人显然不会存在于同一社会历史时代,小农经济与跨国公司在经济组织形式上同样具有本质区别,而用刀耕火种方式满足自己生活需要的人与用三维打印机生产商品的人不可能是同一时代的劳动者。

世界历史论。世界历史论是理解社会历史尤其是近代以来历史的坐

---

① 马克思恩格斯文集:第2卷. 北京:人民出版社,2009:592.
② 马克思恩格斯文集:第1卷. 北京:人民出版社,2009:521-522.
③ 同②521.
④ 马克思恩格斯文集:第5卷. 北京:人民出版社,2009:210.
⑤ 同②520.
⑥ 同④.

第六章　马克思经济哲学语境中的劳动历史唯物主义

标系,通过这一坐标系,可以展示出近代以来"历史向世界历史转变"的时间空间特点①。在时间上,近代以来的历史是资本占据统治地位的历史,它极大地解放了生产力:

> 资产阶级在它的不到一百年的阶级统治中所创造的生产力,比过去一切世代创造的全部生产力还要多,还要大。自然力的征服,机器的采用,化学在工业和农业中的应用,轮船的行驶,铁路的通行,电报的使用,整个整个大陆的开垦,河川的通航,仿佛用法术从地下呼唤出来的大量人口——过去哪一个世纪料想到在社会劳动里蕴藏有这样的生产力呢?②

时间的前后对比一目了然,资本主义时代确实具有自己的本质性特点,即从"社会劳动"中解放了生产力。在空间上,资本主义时代同样特点明显:

> 资产阶级,由于一切生产工具的迅速改进,由于交通的极其便利,把一切民族甚至最野蛮的民族都卷到文明中来了。它的商品的低廉价格,是它用来摧毁一切万里长城、征服野蛮人最顽强的仇外心理的重炮。它迫使一切民族——如果它们不想灭亡的话——采用资产阶级的生产方式;它迫使它们在自己那里推行所谓的文明,即变成资产者。一句话,它按照自己的面貌为自己创造出一个世界。③

此为近代以来世界历史实际是资本历史的空间扩张情势。资产阶级面对自己的成就心满意足,但由于阶级局限而看不到,世界历史是辩证过程,这一过程会因生产力与生产关系之间的矛盾运动而发生根本性变化。这一矛盾说到家是雇佣劳动的内在矛盾,即资本家不劳而获与劳动者劳而不获所导致的法律合理性与经济不合理性之间的冲突和斗争④。

综合起来看,不管在如何看待社会历史问题上有多少角度和层面,都可以在劳动中找到前提、基础和根据。方法论历史唯物主义理论是马克思劳动历史唯物主义理论的有机组成部分。

---

① 马克思恩格斯文集:第1卷.北京:人民出版社,2009:541.
② 马克思恩格斯文集:第2卷.北京:人民出版社,2009:36.
③ 同②35-36.
④ 马克思恩格斯全集:第30卷.北京:人民出版社,1995:292.

四、劳动哲学本体论

劳动哲学本体论是有待确立的新提法①，哲学教科书坚持物质本体论，不少学者认可实践本体论。三种哲学本体论都冠以马克思哲学之名，不同观点之间的争论势所必然。为了找到和确立马克思原生态哲学本体论，与其在现有马克思主义哲学语境中说来道去，远不如请马克思这位直接当事人出场说话。一旦马克思出场说话，那么，非劳动哲学本体论的马克思哲学本体论坚持者，如物质本体论和实践本体论坚持者，或是自动退场，或是在马克思面前说出自己的根据，或是改变立场，归宗于马克思劳动哲学本体论名下，三者必居其一。

第一次出场说话。在《1844年经济学哲学手稿》中，马克思说了一句让人难以理解的话："非对象性的存在物是非存在物。"② 这句话包含如何思考哲学本体论问题的完整思路。在马克思看来，事物存在与否，判断标准在于它是否具有对象性。基于这样的思路，第一个命题顺理成章地出现在我们面前：只有对象性存在物才是真正的存在物。这样的命题内含有待回答的问题，什么样的存在物才具有对象性？结论不言自明，只有处于主、客体关系中的存在物才具有对象性，才是对象性存在物。此为第二个命题。哪儿存在主、客体关系？它存在于实践、认识和评价三种活动中。马克思语境是在劳动中发现主、客体关系，"因为全部人的活动迄今为止都是劳动，也就是工业"③。对马克思语境的分析使我们获得第三个命题：主、客体关系存在于劳动中，只有劳动才是真正的本体性存在。把马克思的话与整个《1844年经济学哲学手稿》的语境结合在一起理解，第四个命题的出现水到渠成：劳动有两种，自主自由的劳动和被异化的劳动。两种性质劳动的对立预示第五个命题的出现：在未来社会，"人以一种全面的方式，就是说，作为一个完整的人，占有自己的全面的本质"④。

---

① 关于马克思劳动哲学本体论的具体内容及其论证，见宫敬才. 谳论马克思的劳动哲学本体论. 河北学刊，2012（5/6）.
② 马克思恩格斯文集：第1卷. 北京：人民出版社，2009：210.
③ 同②193.
④ 同②189.

第六章 马克思经济哲学语境中的劳动历史唯物主义

五个命题中的哲学思想存在于马克思一句话中,把它们连接在一起是一个相对完整的逻辑思路:只有对象性存在物才是真正的存在物。只有处于主、客体关系中的存在物才是对象性存在物。主、客体关系存在于劳动中,只有劳动才是真正的本体性存在。劳动有两种,自主自由的劳动和被异化的劳动。两种性质劳动的对立预示未来的发展趋势,未来社会中的劳动者"以一种全面的方式""占有自己的全面的本质"。这种思路基于对何谓存在问题的思考而来,具有两个方法论意义。第一,它告诉我们如何思考哲学本体论意义的存在问题;第二,它告诉我们思考的结果是什么。哲学本体论意义的存在是劳动,且只能是劳动。

第二次出场说话。在《德意志意识形态》中,马克思改变《1844年经济学哲学手稿》和《神圣家族》中对费尔巴哈的赞扬态度,开始彻底批判费尔巴哈。他认为,费尔巴哈对感性世界即哲学本体的理解是错误的,具体表现是理解方式荒谬,仅以直观形式理解感性世界,得到的结果是与感性世界几无关系的抽象概念,这种概念什么问题也说明不了。费尔巴哈错误的原因何在?马克思说:

> 他没有看到,他周围的感性世界决不是某种开天辟地以来就直接存在的、始终如一的东西,而是工业和社会状况的产物,是历史的产物,是世世代代活动的结果,其中每一代都立足于前一代所奠定的基础上,继续发展前一代的工业和交往,并随着需要的改变而改变他们的社会制度。甚至连最简单的"感性确定性"的对象也只是由于社会发展、由于工业和商业交往才提供给他的。①

马克思对费尔巴哈的批判之所以直击要害,根本原因在于他对感性世界有更符合社会历史实际的理解。人所面对的感性世界不是纯自然而是人化自然,它是劳动的结果。人化自然确实具有实体的属性,但不是传统唯物主义(包括费尔巴哈唯物主义)所理解的与主体无关的纯实体,而是内含主体性和历史性的实体,是实体、活动、关系与历史的有机统一。

第三次出场说话。第三次出场的马克思同样是在批判费尔巴哈的哲学本体论,但涉及对于劳动哲学本体论而言是生命攸关的重大问题:先于社会历史的自然存在还是不存在?这个问题隐含于如下语境中:

---

① 马克思恩格斯文集:第1卷. 北京:人民出版社,2009:528.

> 这种活动、这种连续不断的感性劳动和创造、这种生产，正是整个现存的感性世界的基础，它哪怕只中断一年，费尔巴哈就会看到，不仅在自然界将发生巨大的变化，而且整个人类世界以及他自己的直观能力，甚至他本身的存在也会很快就没有了。当然，在这种情况下，外部自然界的优先地位仍然会保持着，而整个这一点当然不适用于原始的、通过自然发生的途径产生的人们。但是，这种区别只有在人被看做是某种与自然界不同的东西时才有意义。此外，先于人类历史而存在的那个自然界，不是费尔巴哈生活于其中的自然界；这是除去在澳洲新出现的一些珊瑚岛以外今天在任何地方都不存在的、因而对于费尔巴哈来说也是不存在的自然界。①

从马克思论述中可以归纳出五个命题。

命题一：劳动是我们生活于其中的感性世界的客观基础。

命题二：劳动一旦中断，整个人类世界也就没有了。

命题三：这种情况下，外部自然界的优先地位会仍然保持着。

命题四："优先"之说只有把人理解为与自然界不同的东西时才有意义。

命题五：先于社会历史的自然界不存在。

关键问题在于命题三，"优先"之说何谓？这里有两种理解思路，结论截然相反。

首先是马克思的理解思路。存在与成为客体性存在二者之间有本质区别，区别之处在于存在是否进入主、客体之间的关系中。未成为客体的存在只能说是存在，此外什么也不是，什么也不能说，因为无可说。不能说和无可说的原因在于，实践和认识活动没有涉及它，诚如毛泽东所说："一切真知都是从直接经验发源的。"② 鉴于此，这里的"优先"只能是已成为客体但外在于主体因而具有相对独立性含义的优先。

换一种思路理解问题。此处的"优先"是与劳动无关且先于社会历史之谓。这种理解符合人们的日常思维习惯，也符合哲学教科书的理解思路，哲学基本问题的唯物主义回答和世界物质统一性原理就是这样教导我们的。问题在于，用这种思路理解马克思上述五个命题构成的逻辑

---

① 马克思恩格斯文集：第1卷. 北京：人民出版社，2009：529-530.
② 毛泽东选集：第1卷. 北京：人民出版社，1991：288.

第六章 马克思经济哲学语境中的劳动历史唯物主义

就会发现,命题三与命题一、二、四和五处于对立关系中。不仅如此,如果放大文献视野,那么,命题三也会与其他文献如《1844年经济学哲学手稿》中的论述处于对立关系中,例如马克思说:"被抽象地理解的、自为的、被确定为与人分隔开来的自然界,对人来说也是无。"①

理解思路的分析把我们逼入二难择一的窘迫境地。坚持哲学教科书的理解思路,就得承认马克思的理解思路自相矛盾;坚持马克思的理解思路,就得承认哲学教科书的理解思路不是马克思的理解思路。往下想,问题更具挑战性。不是马克思理解思路的哲学,凭什么冠名为马克思哲学?为什么要冠名为马克思哲学?提出这样的问题绝非笔者故意较劲,而是哲学教科书与马克思劳动历史唯物主义理论之间的关系中确实存在这样的问题。

第四次出场说话。马克思第四次出场意义重大,他说出了更具理论价值和实践意义的劳动历史唯物主义理论:

> 费尔巴哈从来不谈人的世界,而是每次都求救于外部自然界,而且是那个尚未置于人的统治之下的自然界。但是,每当有了一项新的发明,每当工业前进一步,就有一块新的地盘从这个领域划出去,而能用来说明费尔巴哈这类论点的事例借以产生的基地,也就越来越小了。②

结合马克思其他文献中的论述,我们能够从中梳理出相对于哲学教科书而言全新的人化自然辩证法思想③。第一,费尔巴哈只谈人而不谈人的生活世界,结果是人的抽象规定,这种规定与人的存在状况无涉④。第二,费尔巴哈谈论自然时同样走向极端。他只谈非人化自然,至于真正客观存在的人化自然则是在他的视野之外。第三,费尔巴哈没有看到,每当有新的发明出现,每当工业前进一步,新的经验事实就会出现,人化自然的界限会向外扩张一步,而非人化自然的界限便后退一步,这就是马克思后来在《资本论》第一卷中所说的,"产业越进步,这一自然

---

① 马克思恩格斯文集:第1卷.北京:人民出版社,2009:220.
② 同①549—550.
③ 关于马克思人化自然辩证法思想的详细说明,见宫敬才. 诹论马克思的人化自然辩证法. 河北学刊,2014(1).
④ 同①530.

界限就越退缩"①。第四，在《资本论》第三卷中，费尔巴哈根本没有意识到而马克思则是有先见之明地指出，伴随人化自然界限的逐步扩张，"自然必然性的王国会随着人的发展而扩大，因为需要会扩大"②。

综合上述内容就可发现，马克思在批判费尔巴哈的同时阐释出了直到现在也没有被人关注的人化自然辩证法。这种辩证法是认识论与本体论的有机统一，它向我们表明了人类在认识和改造自然具体说是在劳动过程中体现出来的三项内容。

其一，人类在认识和改造自然过程中，始终面临同时也在不断解决已知与未知之间的矛盾。已知扩大一步，未知就退缩一步，已知和未知总是处于此长彼消的过程中。但是，只要人类存在，只要人类从事认识和改造自然的活动，这个矛盾就始终存在。

其二，从本体论层面看，伴随人类认识和改造自然事业的不断发展，人化自然的界限在扩张，非人化自然的界限在退缩，这同样是此长彼消的过程。正是这一过程，标志出社会历史的进步和发展，证明了劳动者的高贵和伟大。

其三，马克思的先见之明和过人洞察力更表现于指出如下一点。人类不能在面对人化自然界限扩张时持有骄傲自满和掉以轻心的态度，这一界限的扩张，同时就是非人化自然界限的扩张，即"自然必然的王国会随着人的发展而扩大"。人类在享受人化自然界限扩张的好处时，也要承受由于人化自然界限扩张而引起的非人化自然界限扩张的后果。这种后果有时表现出对人类有害的性质，这种性质对人类生存和发展构成巨大威胁。当我们面对严重的环境污染和生态系统遭到致命性破坏带来的可怕后果时，重温马克思的人化自然辩证法，就会发现他是多么具有先见之明因而多么伟大！

综合起来看，马克思人化自然辩证法的核心因素有四个：人（实际是劳动者）、人化自然、劳动和历史。这四者之间始终处于辩证关系中。这种关系的骨架是主、客体之间的辩证关系，而这一关系的客观基础、基本前提和内在本质是劳动。

马克思四次出场说话阐释出劳动哲学本体论。这种哲学本体论是哲学史上全新的唯物主义理论，由于它言之成理且持之有故，完全能成一

---

① 马克思恩格斯文集：第5卷. 北京：人民出版社，2009：589.
② 马克思恩格斯文集：第7卷. 北京：人民出版社，2009：928.

家之言。基于此做出结论不能被认为是唐突之举,马克思发动和完成了哲学本体论思想史上的一场革命。

劳动哲学本体论并非孤立存在,它是劳动历史唯物主义理论中其他内容的哲学基础,进而是政治经济学和科学社会主义理论的哲学基础。基于此,我们才能说马克思思想体系是有机统一的整体。

五、人学历史唯物主义

人学历史唯物主义理论是唯物主义地看待人及其历史的结果,其中的"物"指称劳动及其历史。这种理解符合马克思思想实际吗?这正是笔者所要回答的问题。

1932年,德国社会民主党和苏联分别发表了马克思的《1844年经济学哲学手稿》,随即引发直到现在也没有停歇下来的争论。争论焦点之一是如何理解和评价马克思人道主义理论。确实,马克思在这里有对人道主义的典型论述:

> 共产主义是对私有财产即人的自我异化的积极的扬弃,因而是通过人并且为了人而对人的本质的真正占有;因此,它是人向自身、也就是向社会的即合乎人性的人的复归,这种复归是完全的复归,是自觉实现并在以往发展的全部财富的范围内实现的复归。这种共产主义,作为完成了的自然主义,等于人道主义,而作为完成了的人道主义,等于自然主义,它是人和自然界之间、人和人之间的矛盾的真正解决,是存在和本质、对象化和自我确证、自由和必然、个体和类之间的斗争的真正解决。它是历史之谜的解答,而且知道自己就是这种解答。[①]

表述稍显夸张,但核心内容明显可见,后人把它概括为"人—非人—人的复归"的公式。

如何理解这个极易引起误解的人学公式即马克思人道主义理论?不同的人对问题的回答之间表现出天差地别且势不两立的态势。

率先做出反应的是西欧社会民主党理论家。他们制造了青年马克思

---

① 马克思恩格斯文集:第1卷. 北京:人民出版社,2009:185-186.

和老年马克思对立论。"马克思的任何一部其他著作,都不像这部著作这样清楚地展示出隐藏在马克思社会主义思想后面的人道主义主题。""切不可高估马克思的晚期著作,相反,这些著作暴露出他的创作能力的某种衰退和削弱"①。这种理解热情有余,激情胜过理智,但符合马克思思想发展实际的要求则很难达到。

随后做出反应的是苏联哲学家。他们对西欧社会民主党理论家和其他资产阶级学者的高调喧嚣有点猝不及防,仓促之间建立起自己的理解模式,即从不成熟马克思向成熟马克思过渡的模式。苏联科学院院士、马克思主义哲学家奥伊则尔曼的观点较为典型。他把马克思思想区分为性质不同的两类:一类是不成熟思想,如《1844 年经济学哲学手稿》中的思想;另一类是成熟思想,如《德意志意识形态》及其以后的思想。不成熟思想中有旧思想的残余和与之相对应的概念,但其基质决定了自己的发展方向,演变为成熟的马克思主义②。这种理解模式策略性很强,可守可攻,可退可进,但不能说它抓住了马克思人道主义理论的特质。

第三种反应相对滞后但影响最大,这就是法国哲学家阿尔都塞的理论反人道主义主张。第一,《1844 年经济学哲学手稿》站在小资产阶级哲学立场上,利用黑格尔和费尔巴哈的哲学概念,表达的是资产阶级意识形态。第二,发生"认识论断裂"后,马克思的概念和思想达到了科学标准,此时马克思思想是科学理论。第三,由于科学理论与资产阶级意识形态处于对立状态,科学的态度是"必须把人的哲学神话打得粉碎;在此绝对条件下,才能对人类世界有所认识。援引马克思的话来复辟人本学或人道主义理论,任何这种企图在理论上始终是徒劳的。而在实践中,它只能建立起马克思以前的意识形态大厦,阻碍真实历史的发展,并可能把历史引向绝路"③。语不惊人死不休的表达风格让阿尔都塞一夜成名,但其观点与马克思论述内容之间是天差地别的关系④。

---

① 复旦大学哲学系现代西方哲学研究室,编译. 西方学者论《一八四四年经济学—哲学手稿》. 上海:复旦大学出版社,1983:3.
② 陆梅林,程代熙,编选. 异化问题:上. 北京:文化艺术出版社,1986:216,251.
③ 路易·阿尔都塞. 保卫马克思. 顾良,译. 杜章智,校. 北京:商务印书馆,1984:266,196-197,199.
④ 关于阿尔都塞误解马克思人学公式的情况,见宫敬才."阿尔都塞问题"与"人学公式"的误读. 马克思主义与现实,2011(2)。

第六章 马克思经济哲学语境中的劳动历史唯物主义

我国对马克思人道主义理论的反应比阿尔都塞慢一拍，典型性观点是苏联观点和阿尔都塞观点的结合，如下例证便能说明这一点："人道主义只是马克思在受费尔巴哈影响时期用以表述他当时的共产主义学说的一个特定概念……但是用人道主义来表述共产主义，显然是不科学的。""不能把马克思早期的人道主义思想成熟化，不能用人道主义补充马克思主义，更不能把马克思主义归结为人道主义。否则，必然陷入资产阶级人道主义的泥坑。"[①] 强势的禁绝性态度并不意味着理论上的成竹在胸，发声的依据应是马克思文献。这种观点与马克思观点之间有距离。

尽管各家理解之间区别之大犹如天壤，我们还是能够发现其中的共同之处。首先，他们都是就马克思人道主义论马克思人道主义，至于与马克思人道主义密不可分的内容，如人（劳动者）与劳动的关系和劳动的特定社会历史性质，则是被排逐于视野之外。这种排逐为得出各自意欲的结论提供了便利条件，代价是马克思人道主义理论被片面化和简单化。其次，他们都简单化地缠斗于马克思思想演进历史，如《1844年经济学哲学手稿》之后创造力衰退论，由不成熟变成熟论和由资产阶级意识形态变为科学论，实际是人为截断了马克思思想演进的进路。既然1844年之后马克思创造力衰退了，那么，便不会再有人道主义思想了；既然1844年之后马克思思想成熟了，当然就不会再有"不成熟"的人道主义思想了；既然1844年之后马克思思想变成科学了，再说马克思思想中存在资产阶级意识形态性质的人道主义内容便是用心不良，定会"陷入资产阶级人道主义的泥坑"。最后，上述各家之言都以学术研究形式宣示特定的意识形态主张，得出离马克思原生态思想而去的结论是必然结局。

《1844年经济学哲学手稿》之后马克思真是不再以人为核心和判断标准地看待社会历史了吗？客观事实正好相反。按照时间顺序，我们举两个例证以资证明，人道主义理论同样存在于《1844年经济学哲学手稿》之后的文献中，人学历史观同样是马克思关注和阐扬的主题之一。

例证一。马克思在《1857—1858年经济学手稿》中说：

> 人的依赖关系（起初完全是自然发生的），是最初的社会形式，

[①] 靳辉明. 谈谈异化和人道主义问题. 北京：北京出版社，1984：36.

在这种形式下，人的生产能力只是在狭小的范围内和孤立的地点上发展着。以物的依赖性为基础的人的独立性，是第二大形式，在这种形式下，才形成普遍的物质变换、全面的关系、多方面的需要以及全面的能力的体系。建立在个人全面发展和他们共同的、社会的生产能力成为从属于他们的社会财富这一基础上的自由个性，是第三个阶段。第二个阶段为第三个阶段创造条件。"①

从马克思论述中能够感悟出如下内容。首先，人之演进历史经历三个阶段，即人的依赖时期、物的依赖时期和自由个性时期。这同样是人学三段论，同样是人学公式。其次，这种演化历史具有前后相继的有机性质，"第二个时期为第三个时期创造条件"的断语便是证据。再次，在这种历史演进中，人的能力具有逐步提高趋势，此为被历史事实证明的真理。最后，综合前三项内容就可发现，马克思要说明者是人之劳动的三种特定社会历史性质，劳动的社会历史性质各不相同，人便表现出各不相同的社会历史性存在状态。

用上述内容与《1844年经济学哲学手稿》中的相关内容对比，表述语言已发生了很大变化，如人道主义、自然主义和共产主义三个概念已消失不见，但相同之处明显可见，如下五点便是证据。第一，主题相同。二者关注和论述的主题是一个：人与劳动特定社会历史性质的关系，关系性质不同使人具有各不相同的社会历史类型。第二，思维方式相同。二者都秉持线性、进步和发展的历史观，人之发展的后一阶段是前一阶段的扬弃就是证明。第三，哲学分析框架相同。二者使用的是同一哲学分析框架，即主体、客体及二者之间的辩证关系。第四，价值立场相同。二者都在关注劳动者的生存状况，为劳动者伸张正义，追求劳动者的解放。第五，涉及学科相同。二者都是哲学、政治经济学、法学和历史学等有机统一地提出问题和论证问题，结论具有政治哲学性质：只有推翻资本主义制度，人的解放才能实现。

例证二。在《资本论》第三卷中，马克思对未来社会进行了如下描述：

> 社会化的人，联合起来的生产者，将合理地调节他们和自然之间的物质变换，把它置于他们的共同控制之下，而不让它作为一种

---

① 马克思恩格斯全集：第30卷. 北京：人民出版社，1995：107-108.

第六章　马克思经济哲学语境中的劳动历史唯物主义

盲目的力量来统治自己；靠消耗最小的力量，在最无愧于和最适合于他们的人类本性的条件下来进行这种物质变换。[①]

与《1844年经济学哲学手稿》中的人道主义理论对比，这里发生了四个变化。第一，表述语言已大不相同。第二，前者中的人学三段论很齐整，这里则只有人学三段论中的最后一段。但是，这并不表明马克思已放弃了人学三段论，只是由于语境逻辑的硬性约束而没有表述出人学三段论的前两段。第三，前者的关注重点是劳动中人与人之间关系的社会历史性质及其变迁，这里的关注重点是劳动中人与自然之间关系的特定社会历史性质及其变迁。第四，二者内容丰富程度有别，后者的内容要比前者丰富，例如人化自然辩证法在这里较为充分地展示出来。尽管二者之间的区别明显可见，但相同之处更基本，更重要。其一，二者都在谈论劳动问题，都承认基本的逻辑前提即人的本质是劳动。其二，二者都关注劳动的特定社会历史性质，尽一切可能地把这种性质揭示出来。其三，劳动特定社会历史性质的判断标准是一个，虽然用以表达的概念有区别，《1844年经济学哲学手稿》中是"自由的有意识的"[②]，而这里的用法情感色彩更浓烈，即"最无愧于和最适合于""人类本性"。两种用法各不相同，灵魂性内容是一个，即劳动特定社会历史性质的判定标准是"人类本性"。

作为例证的两个文献与《1844年经济学哲学手稿》合在一起，持续的时间是20年。20年期间写作的三个文献都在谈论人道主义问题，实质是都在谈论人及其历史问题，用概念表达是人学历史观。三种文献对人学历史观的理解有共同之处吗？当然有。第一，从主题角度看，三个文献都在关注劳动者的生存状况，都是从历史意义上揭示劳动各不相同的社会历史性质及其变迁，以期揭示出劳动者改变自身命运的未来发展方向。第二，从判定标准角度看，三种文献都以人类本性作为判断标准，以期比照出不同社会历史性劳动中劳动者的生存性质及其特点，核心是比照出资本主义社会中雇佣劳动的非人性质。第三，从思维方式角度看，三种文献用以达成理论目标的思维方式是人学三段论，其中蕴含线性、进步和发展的历史观，以期凸显社会历史未来前景的可欲和美

[①] 马克思恩格斯文集：第7卷. 北京：人民出版社，2009：928-929.

[②] 马克思恩格斯文集：第1卷. 北京：人民出版社，2009：162.

好。第四，从价值立场角度看，三种文献都旗帜鲜明地站在劳动者立场上说话，人学三段论中人的具体指称对象是劳动者就可以证明这一点。这与当时昧着良心说话的大款经济学家，如被马克思在《资本论》第一卷设置专节批判的西尼尔之流，形成鲜明对照。第五，从追求目标角度看，三种文献的追求目标始终没有变化，即劳动者的解放，进而人的解放。第六，从哲学分析框架角度看，三种文献使用同一种哲学分析框架，即主体、客体及二者之间的辩证关系。第七，从涉及学科角度看，三种文献都是哲学、政治经济学、历史学、法学和政治学等多种学科有机统一地提出问题和论证问题，所得到者是博大精深的思想体系。

马克思人道主义理论的主要内容已如上述，准确称谓是人学历史唯物主义理论。人们见到马克思运用费尔巴哈术语便认为，此时马克思还没有从他的哲学阴影中走出来，进而认定马克思人道主义理论具有资产阶级意识形态性质。联系《1844年经济学哲学手稿》及其以后的文献解析马克思人道主义理论，就能发现费尔巴哈式表达背后的理论结构，此时马克思已超越费尔巴哈，形成了全新的人学思想基质，即人学历史唯物主义理论。

这个理论结构由四项内容组成。第一，《1844年经济学哲学手稿》及其以后的文献立场一致，马克思始终坚持劳动是人的本质的观点。第二，既然劳动是人的本质，那么，人与劳动之间便具有本质和必然的关系。从马克思在《1844年经济学哲学手稿》及其以后文献中对劳动异化的分析和批判看，这种关系包括如下内容：劳动者与劳动对象的关系、劳动者与劳动资料的关系、劳动者与劳动活动的关系和劳动者与劳动产品的关系。劳动者就是人学公式中的"人"。第三，用什么标准衡量人与劳动关系的特定社会历史性质？马克思用两种学科性语言表述这一标准，一是哲学性语言，如自由的有意识的、自由个性和人类本性；二是法学性语言，即劳动与所有权的同一[①]。第四，用上述标准衡量劳动者与劳动关系的历史，马克思用人学公式为我们揭示出这种关系的三个历史阶段。第一个阶段指称原始社会。在这种社会中，生产资料所有制是公有制，劳动者与劳动对象、劳动资料、劳动活动和劳动产品没有

---

① 马克思恩格斯全集：第30卷. 北京：人民出版社，1995：463.

发生分离，它们都属于劳动者。这时作为劳动者的人与自己的本质结合为一，说这时的人是"完整的人"具有社会历史性根据。这就是马克思人学公式中作为起点的"人"。第二个阶段是生产资料私有制社会，马克思主要分析资本主义社会。在这里，劳动者与劳动的关系发生了本质性变化，人之所以为人的本质性内容即劳动对象、劳动资料、劳动活动和劳动产品，不是归属劳动者而是属于资本家。相对于劳动者而言，自己的本质离自己而去，这不就是异化吗？把异化了的人称为"非人"并不逾规，这就是人学公式中的"非人"。通过劳动者的努力，经由"剥夺剥夺者"的革命斗争[①]，人之发展的第三个阶段就会到来。在这样的社会中，生产资料私有制被消灭，生产资料公有制重新出现在社会历史舞台。在生产资料公有制前提下，劳动者与劳动对象、劳动资料、劳动活动和劳动产品的关系，不是继续分离而是重新结合为一，人的本质重又归于劳动者，人学公式反映这种情况的用语是"人的复归"。这里的"复归"不是简单重复，而是吸收已有历史成果的"复归"。

上述分析是马克思原生态思想的逻辑再现。马克思意在通过人及其历史的事实揭露资本主义社会中雇佣劳动的"非人"性质。为了做到这一点，他在历史视域中看待劳动者与劳动的关系，把这种关系作为分析的基点和核心，由此形成以劳动为本体的人及其历史理论，我们把这种理论命名为人学历史唯物主义理论。

六、工艺学历史唯物主义

工艺学历史唯物主义理论是微观历史唯物主义理论。它要说明雇佣劳动的技术基础、组织基础及其历史变迁问题。第一，它基于对资本主义生产力而非一般生产力的理解而来。马克思对这一点有明确规定。工艺学是"完全现代的科学"[②]，"只有资本主义生产方式才第一次使自然科学为直接的生产过程服务，同时，生产的发展反过来又为从理论上征服自然提供了手段。科学获得的使命是：成为生产财富的手段，成为致

---

① 马克思恩格斯文集：第 5 卷. 北京：人民出版社，2009：874.
② 同①559.

富的手段"①。第二，它基于对生产力中特定要素即劳动资料的理解而来。马克思详尽界定劳动资料时说：

> 尽管直到现在，历史学对物质生产的发展，即对整个社会生活从而整个现实历史的基础，了解得很少，但是，人们至少在自然科学研究的基础上，而不是在所谓历史研究的基础上，按照制造工具和武器的材料，把史前时期划分为石器时代、青铜器时代和铁器时代。②

马克思论述向我们透露了重要信息。不具体到劳动资料技术含量和水平的历史研究有缺陷，难以做到科学和准确地说明历史，因为劳动资料及其技术含量和水平是社会历史的深层客观基础。同理，基于劳动及其历史而来的劳动历史唯物主义理论如果不顾及劳动资料的技术含量和水平，就不能得到符合实际的结果。

再现马克思工艺学历史唯物主义理论的前提是回答三个问题：其一，马克思研究工艺学吗？其二，什么是工艺学？其三，马克思如何理解工艺学？

马克思在《〈政治经济学批判〉导言》中说："政治经济学不是工艺学"③。后人根据这句话便误以为，马克思认为研究资本主义生产方式不需要研究工艺学，在实际行动的意义上不研究工艺学④。客观事实正好相反。马克思长期、专门和系统地研究工艺学。

首先，1851年10月13日马克思致信恩格斯说："近来我继续上图书馆，主要是钻研工艺学及其历史和农学，以求得至少对这个臭东西有个概念。"⑤ 12年之后的1863年1月28日，马克思又致信恩格斯："我正在对论述机器的这一节作些补充。在这一节里有些很有趣的问题，我在第一次整理时忽略了。为了把这一切弄清楚，我把我关于工艺学的笔记（摘录）全部重读了一遍，并且去听威利斯教授为工人开设的实习（纯粹是实验）课。"工艺学在"证明人们的社会关系和这些物质生产方

---

① 马克思恩格斯文集：第8卷.北京：人民出版社，2009：356-357.
② 马克思恩格斯文集：第5卷.北京：人民出版社，2009：211.
③ 马克思恩格斯全集：第30卷.北京：人民出版社，1995：27.
④ 对马克思工艺学思想的误解情况，见宫敬才. 对马克思工艺学思想的误解应予纠正. 马克思主义与现实，2013（5）.
⑤ 《马克思恩格斯〈资本论〉通信集》，北京：人民出版社，1976：59.

第六章 马克思经济哲学语境中的劳动历史唯物主义

式的发展之间的联系时","变得非常重要"①。相隔12年的两封信证明,马克思确实长期、专门和系统地研究工艺学,微观语境中的目的很明确,要找到生产方式变化与人们之间社会关系变化的内在联系。表面看,人们之间社会关系变化与劳动资料变化没有必然联系,实则不然。人们之间社会关系变化的源头是生产方式变化,生产方式变化的源头是生产力变化,生产力变化的源头是其中劳动资料的变化。这说明,搞清楚劳动资料变化及其效应,是研究资本主义生产方式的题中应有之义。马克思深知这一点,如此投入时间和精力来研究工艺学便是证据。

其次,马克思要全方位且是逻辑和历史有机统一地研究资本主义生产方式,宏观语境中的目的有二:一是揭露这种生产方式对劳动者剥削和压迫的程度及其特点,二是指明这种生产方式必然灭亡的历史命运。要研究资本主义生产方式,就必须研究工艺学,否则,与资本主义生产方式密切相关的大量问题就无法搞清楚。例如,资本主义生产方式的工艺特点问题,相对剩余价值生产的特点问题,相对剩余价值生产对劳动者的特殊影响问题,相对剩余价值生产的技术基础和组织基础问题,劳动技能的社会历史性作用及其变迁问题,等等。这些问题逼迫马克思研究工艺学。

最后,从文献学的角度看,同样能证明马克思确实研究工艺学。早在《1844年经济学哲学手稿》中马克思就已触及工艺学问题,对舒尔茨《生产运动》一书有关工艺学内容的摘录证明这一点②。在《德意志意识形态》中,马克思开始论述工艺学历史唯物主义理论内容,对大工业革命性的看法可为例证③。在《哲学的贫困》中马克思直接提出工艺学历史唯物主义理论命题:"手推磨产生的是封建主的社会,蒸汽磨产生的是工业资本家的社会。"④ 马克思论述工艺学思想的著作主要有三部:《1857—1858年经济学手稿》、《1861—1863年经济学手稿》和《资本论》第一卷。

长期、专门和系统的研究使马克思对工艺学的理解有了质的飞跃,

---

① 马克思恩格斯文集:第10卷.北京:人民出版社,2009:199,200.
② 马克思恩格斯文集:第1卷.北京:人民出版社,2009:565-567.
③ 同②.
④ 同②602.

我们见到者是他直接表达出来的工艺学思想，主要体现于三个层面。

第一个层面是政治经济学。在马克思政治经济学中，有两个范畴处于基础和核心位置，一是资本主义生产方式，二是剩余价值。资本主义生产方式特点之一是大工业的革命性，马克思曾不止一次对此加以说明和论证。在劳动资料层面，资本主义生产方式的特点还有哪些表现？在不同政治经济学文献中，马克思以手工劳动中手艺与资本主义生产方式中工艺对比的形式说明和凸显工艺的特点，进而说明和凸显资本主义生产方式特点。讲到资本主义生产方式工艺特点时马克思曾说过重话："劳动资料扼杀工人。"[1] 与这样的特点相比照，手工劳动中劳动资料与劳动者的关系则是另一种景象。第一，在劳动资料面前，劳动者是无可置疑的主体。第二，劳动者对劳动资料的掌控和使用靠的是基于经验和感悟而来的手艺。第三，手艺传授以师傅带徒弟的方式进行，其中存在温情的人际关系性质。第四，手艺带有个人性质，这就是人们常说的"独门绝技"。第五，靠手艺完成的产品同样带有个人性质，以至于劳动者可以自豪又不夸张地说，"这是我的产品"。第六，手艺对劳动者个人具有依赖性，实际情况是人亡技息。第七，手艺个人性特点导致另一特点的出现，手艺带有半艺术性质，实际是艺术与技术的有机统一。第八，手艺超绝之人被尊重，甚至被崇拜。第九，在手工生产中，效率不是唯一追逐目标，产品质量、特性和信誉远比效率重要。第十，手艺与劳动始终结为一体，不存在职业化手艺研究者。第十一，在手工劳动中，相互之间竞争远不如兄弟情义重要。第十二，手艺带有天然保守性，保密和不外传是基本守则。

大工业降世以来，手工劳动中的手艺被彻底颠覆，劳动者的主体地位被彻底否定，代之而起的是系统运用科学技术为本质特点的工艺，由此标志出资本主义生产方式不同于人类历史上任何一种生产方式[2]。这种生产方式的工艺特点是"铁人反对有血有肉的人"[3]。内含科学技术灵魂的工艺学只有一个追逐目标即剩余价值。靠工艺学追逐的剩余价值与靠提高劳动强度和延长劳动时间获得的绝对剩余价值之间有本质区别，马克思把它命名为相对剩余价值。为了详细说明这种剩余价值，马

---

[1] 马克思恩格斯文集：第5卷. 北京：人民出版社，2009：497.
[2] 同[1]557-561.
[3] 马克思恩格斯文集：第8卷. 北京：人民出版社，2009：354.

第六章 马克思经济哲学语境中的劳动历史唯物主义

克思竟用去《资本论》第一卷四分之一左右的篇幅,虽然它不过是七篇中的一篇即第四篇"相对剩余价值的生产"。

第二个层面是历史学和社会学。马克思从历史学和社会学角度理解工艺学,取得的成果既具有无可替代的历史记录价值,又有极强的理论意义。马克思并没有走向浪漫主义极端,彻底否定工艺学的社会历史性作用,而是批判这种观点[①]。与此同时,马克思还以肯定资本文明作用的形式肯定工艺学对社会历史的推动作用[②]。真正让资本家和资产阶级学者惧怕和痛恨的,是马克思对工艺学给劳动者带来有害性影响的揭露和批判。惧怕和痛恨的原因是马克思道出了实情,忠实记录了那段资产阶级学者想尽一切办法掩盖的丑恶历史,即"曼彻斯特资本主义"的历史。就此而言,典型例证是诺贝尔经济学奖获得者、自由市场激进主义代言人之一哈耶克选编的《资本主义与历史学家》一书。哈耶克在"导言"中说,马克思的揭露和批判是"最离谱的超级神话"[③]。到底是马克思的揭露和批判符合社会历史实际,还是哈耶克无端攻击依据的观点符合社会历史实际?事实胜于雄辩。

马克思以当时英国官方公布的大量调查报告披露的客观事实为根据,从十个方面揭露和批判以工艺学为技术灵魂和标志的资本主义生产方式给劳动者带来的有害性影响。第一,工艺学的技术性结果是机器体系,组织性结果是现代化工厂。运用机器劳动使劳动者的体力和技能条件降低,大量妇女儿童进入劳动力市场。妇女和儿童相对温顺,导致男性劳动者工资大幅度下降。第二,机器劳动使劳动者与资本家之间订立的契约发生"革命",成年男性工人以出卖妻儿的形式增加收入,以期获得活命的生活资料。第三,作为母亲的女工到工厂劳动使处于哺乳期的孩子无人照看,导致婴儿死亡率大幅上升。第四,童工进入工厂劳动便过早地阻断智力发育进程,智力荒废是必然结果。第五,机器劳动使劳动者反抗剥削和压迫的力量大为减弱。第六,机器劳动人为地制造出大量过剩的劳动人口。第七,机器劳动使资本家以劳动浓缩形式增加劳动强度有了前提条件。第八,机器劳动的科学化、标准化和程式化消灭了劳动中的一切自由因素。第九,机器劳动使劳动环境更为恶化,如污

[①] 马克思恩格斯文集:第8卷.北京:人民出版社,2009:56-57.
[②] 同①69;马克思恩格斯文集:第7卷.北京:人民出版社,2009:927-928.
[③] F.A.哈耶克,编.资本主义与历史学家.秋风,译.北京:人民出版社,2003:5.

浊的空气和烦人的噪音。第十，机器劳动造成周期性经济危机，劳动者的命运只能由经济危机这种外在强制性因素随意发落①。十个方面的内容未必能穷尽工艺学的资本主义应用给劳动者带来的全部有害性影响，但已能证明，工艺学给劳动者带来有害性影响是客观存在的事实。

第三个层面是哲学。马克思研究工艺学所获得者是三种性质的工艺学历史唯物主义理论成果。其一是弥补《1844年经济学哲学手稿》中劳动异化理论的缺陷；其二是指明劳动异化的"工艺真实"和"社会真实"；其三是提出工艺学历史唯物主义原理。

《1844年经济学哲学手稿》中的劳动异化理论极具原创性，秉有强大的理论冲击力。这种特点造成注家群起、论者云集、互不相让和长盛不衰的局面。诸家论说的共同缺陷是没有自觉追问且解答这样一个问题：劳动异化的技术基础和组织基础是什么？《1844年经济学哲学手稿》虽然涉及但既没有自觉提出也没有正面回答这一问题。这就是劳动异化理论的缺陷。马克思后来写作的大量政治经济学文献表明，他以实际行动弥补缺陷，明确指出，劳动异化的技术基础是工艺学，具体说是科学技术的资本主义利用形式。这种利用形式的劳动资料表现为机器体系，与机器体系相适应的经济组织形式是现代化工厂。找到并指明劳动异化的技术基础和组织基础是一大进步，同时也是一种发现。工艺学与资本主义生产资料所有制有机统一，使劳动异化由可能变为现实。

进步和发现使劳动异化理论完善起来，资本主义生产方式中劳动异化的"社会真实"和"工艺真实"被揭示出来。

首先，马克思明确区分劳动异化的"社会真实"和"工艺真实"："过去劳动对活劳动的统治，同机器体系一起——，以及同以机器体系为基础的机械工厂一起——，不仅成为表现在资本家和工人之间的关系上的社会真实，而且还成为可以说是工艺上的真实。"② 马克思区分两种"真实"的原因在于，如果像《1844年经济学哲学手稿》那样只看到劳动异化的"社会真实"而忽略其"工艺真实"，那么，劳动异化的技术前提和组织前提便遁失于人们的视野黑洞之中，由此得到的劳动异化理论不完整。如果只看到"工艺真实"而无视"社会真实"的客观存

---

① 马克思恩格斯文集：第5卷. 北京：人民出版社，2009：453-454，455，457-458，460，464，469，495-496，474-486，490-491，522-524.

② 马克思恩格斯文集：第8卷. 北京：人民出版社，2009：355.

第六章　马克思经济哲学语境中的劳动历史唯物主义

在，那么，工艺学的资本主义利用形式、进而资本家剥削和压迫劳动者的主导性作用便消失不见。马克思区分劳动异化"社会真实"和"工艺真实"的理论意义非常重大，此后劳动异化理论便可以登堂入室，成为劳动历史唯物主义理论的有机组成部分。

其次，马克思直陈劳动异化的"工艺真实"：

> 在这里，过去劳动——在自动机和由自动机推动的机器上——似乎是自动的、不依赖于［活］劳动的；它不受［活］劳动支配，而是使［活］劳动受它支配；铁人反对有血有肉的人。工人受资本支配，资本吸吮工人的劳动，这种包括在资本主义生产概念中的东西，在这里表现为工艺上的事实。奠基石已经埋好。死劳动被赋予运动，而活劳动只不过是死劳动的一个有意识的器官。在这里，协作不再是整个工厂的活的相互联系的基础，而是机器体系构成由原动机推动的、包括整个工厂的统一体，而由工人组成的活的工厂就受这个统一体支配。这样一来，这些工人的统一体就获得了显然不依赖于工人并独立于工人之外的形式。①

马克思论述构筑了严格意义的工艺学语境。科学技术在生产中的应用变为工艺学，工艺学的实体化是机器体系，机器体系自动运行，具有十足的自动化性质。自动化性质的劳动资料要求与自身技术特点相适应的经济组织形式，这种形式确实产生出来，即现代化工厂。与手工作坊和手工工场相比，工厂与劳动者的关系发生了本质性变化，劳动者的主体性质和整体性质被彻底否定，他或她只不过是工厂运行过程中被动性和局部性的劳动者，以往劳动的主体性质和整体性质由逐步细化的分工协作和等级森严的监督指挥所代替。总之，"工艺真实"把往昔作为主体的劳动者统摄其内，让其听候命令，使其服务于机器体系。劳动者在"工艺真实"的意义上成了机器体系及其与此相适应的经济组织形式的活部件。"铁人反对有血有肉的人"这一命题不是比喻，而是客观事实的描述。

最后，马克思揭露劳动异化的"社会真实"。劳动异化的"工艺真实"用不以个人意志为转移的科学规律形式表现出来，这种表现起一种掩饰作用，被掩饰者是劳动异化的"社会真实"。没有资本主义私有制，

---

① 马克思恩格斯文集：第8卷．北京：人民出版社，2009：354．

没有资本家对相对剩余价值的疯狂追逐，没有工艺学的资本主义利用形式，发生在劳动者身上"铁人反对有血有肉的人"的劳动异化就不会发生。马克思对这一点有很好的揭示。在工艺学"这种形式中，从劳动的社会生产力中产生的、并由劳动本身创造的劳动的社会条件，不仅完全成为对于工人来说异己的、属于资本的权力，而且完全成为敌视工人、统治工人、为了资本家的利益而反对每个工人的权力。同时我们看到，资本主义生产方式不仅在形式上改变劳动过程，而且使劳动过程的全部社会条件和工艺条件发生变革；资本在这里不仅表现为不属于工人的劳动物质条件，即原材料和劳动资料，而且表现为同单个工人相对立的工人共同劳动的社会力和形式的化身"①。劳动异化"社会真实"的揭示是一种延续，它把《1844年经济学哲学手稿》中劳动异化理论继承下来并纳入相对完善的劳动异化理论体系中，使这一理论体系指涉的特定社会历史性质显现出来。

马克思研究工艺学哲学性成果的典型表现是提出工艺学历史唯物主义原理，这些原理使我们对方法论历史唯物主义理论的理解更深化一步。

工艺学历史唯物主义原理一。在《政治经济学批判》（第一分册）"序言"中，马克思对方法论历史唯物主义理论做了最经典表述，但表述中的如下一席话没有被认真对待。它同样是马克思劳动历史唯物主义理论的有机组成部分，其内容可命名为工艺学历史唯物主义原理一。马克思说：

> 随着经济基础的变更，全部庞大的上层建筑也或慢或快地发生变革。在考察这些变革时，必须时刻把下面两者区别开来：一种是生产的经济条件方面所发生的物质的、可以用自然科学的精确性指明的变革，一种是人们借以意识到这个冲突并力求把它克服的那些法律的、政治的、宗教的、艺术的或哲学的，简言之，意识形态的形式。②

马克思论述中"生产的经济条件方面所发生的物质的、可以用自然科学的精确性指明的变革"提法指称什么内容？它指称生产力及其变革。问

---

① 马克思恩格斯文集：第8卷. 北京：人民出版社，2009：353-354.
② 马克思恩格斯文集：第2卷. 北京：人民出版社，2009：592.

第六章 马克思经济哲学语境中的劳动历史唯物主义

题在于，生产力诸要素中什么要素及其变革才"可以用自然科学的精确性"加以指明？只有劳动资料。这说明，在研究社会基本矛盾运动时，生产力不是既定前提，而是需要研究的对象。劳动资料及其变革"可以用自然科学的精确性"加以指明，这恰好是工艺学的任务。

工艺学历史唯物主义原理二。马克思说："劳动资料不仅是人类劳动力发展的测量器，而且是劳动借以进行的社会关系的指示器。"[①] 马克思把劳动资料作为经济时代的区分标准，因为它体现了如下二者。其一，体现了人类劳动能力的发展状况。劳动产品随时随地被消费，劳动资料则被保存和继承下来，在保存和继承的过程中不断改进和完善，人类劳动能力的发展以物化的形式显现出来。其二，体现了劳动借以进行的经济组织形式的发育程度。在马克思语境中，生产力不仅包括实体性因素，还包括关系性因素，基于劳动资料而来且与劳动资料相适应的经济组织形式就是这样的因素。既然经济组织性质的生产力如此重要，当然就有专门研究的必要，要研究，非工艺学莫属。如果考察经济时代区分标准时只把生产力作为既定前提而不是具体化到需要研究的劳动资料及其经济组织形式层面，那么，劳动资料及其经济组织形式便会消失于生产力的笼统提法中而得不到专门研究。这种做法的有害后果如下。第一，被冠以马克思之名的历史唯物主义理论与马克思本意不一致。第二，漠视工艺学历史唯物主义理论的客观存在。

工艺学历史唯物主义原理三。马克思说："工艺学揭示出人对自然的能动关系，人的生活的直接生产过程，从而人的社会生活关系和由此产生的精神观念的直接生产过程。"[②] 由于马克思用语与教科书历史唯物主义用语不完全对应，便有解释的必要。"人对自然的能动关系"指生产力；"人的直接生活的生产过程"指物质生产过程；"人的社会生活关系"指生产关系；"精神观念的直接生产过程"指观念生产。细加思量马克思的论述就可发现，其中是五个因素即工艺学、生产力、物质生产、生产关系和精神观念，它们之间是决定与被决定的关系。在这种关系中，工艺学决定其他四个因素，其他四个因素被工艺学决定；工艺学与其他四个因素之间是层层递进的决定与被决定的关系。从方法论历史唯物主义理论角度看，工艺学决定论与生产力决定论之间有相通之处，

---

① 马克思恩格斯文集：第5卷. 北京：人民出版社，2009：210.
② 同①429.

也有明显区别。区别的表现是前者把后者具体化，具体化到物质生产过程中，使生产力中什么要素决定和如何决定生产关系的内容显现出来。由此说，工艺学决定论是对生产力决定论的深化和发展。

工艺学历史唯物主义原理已如上述。三个原理都说明，在马克思原生态历史唯物主义理论语境中，生产力不是既定前提，而是需要研究的对象，这个研究对象的具体化是劳动资料及其经济组织形式。劳动资料及其经济组织形式得不到研究，劳动历史唯物主义理论中的"唯物"便具有想当然成分，因为社会历史的深层客观基础问题由于没有被研究而处于悬疑状态。

七、结论

下面以提出问题并试图回答问题的方式展开论述。

（1）马克思文献特别是政治经济学文献中存在劳动历史唯物主义理论吗？

对问题做出肯定性回答符合马克思思想实际，四种历史唯物主义理论的客观存在可为证据。真正应该探讨的不是马克思文献中劳动历史唯物主义理论存在与否的问题，而是劳动历史唯物主义理论存在哪些和多少的问题。由此可说，本章提出问题的意义大于回答问题的意义。

（2）劳动历史唯物主义理论的文献基础是什么？

劳动历史唯物主义理论四个组成部分中，人学历史唯物主义理论和工艺学历史唯物主义理论主要存在于马克思政治经济学文献中。方法论历史唯物主义理论的最经典表述出自马克思正式发表的第一部政治经济学著作序言。劳动哲学本体论主要展现于《德意志意识形态》，但它是马克思政治经济学研究成果之一，文献根据是《巴黎笔记》《布鲁塞尔笔记》《曼彻斯特笔记》。劳动历史唯物主义理论的大部分内容出自政治经济学文献，出自哲学文献的内容也与政治经济学研究及其成果紧密交织。这样的文献事实告诉我们，研究劳动历史唯物主义理论时应该树立哲学文献与政治经济学文献同等重要的观念，偏爱任何一方的做法都不足取。

（3）劳动历史唯物主义理论中存在政治经济学"基因"吗？

劳动历史唯物主义理论主要是政治经济学研究的成果，与政治经济

第六章 马克思经济哲学语境中的劳动历史唯物主义

学有机统一。剥离政治经济学的历史唯物主义理论已不是马克思原生态历史唯物主义理论;同理,剥离历史唯物主义理论的政治经济学已不是马克思原生态政治经济学。政治经济学是劳动历史唯物主义理论的内生变量。马克思哲学是经济哲学,政治经济学是哲学经济学。

(4) 教科书历史唯物主义理论有存在权利吗?

把问题准确化是两个问题:在什么意义上说教科书历史唯物主义理论有存在权利? 在什么意义上说教科书历史唯物主义理论没有存在权利? 教科书历史唯物主义理论是马克思劳动历史唯物主义理论的有机组成部分,它当然有存在权利。但是,如果把教科书历史唯物主义理论理解为马克思劳动历史唯物主义理论整体,以为它就是马克思劳动历史唯物主义理论的全部内容,这种判断与劳动历史唯物主义理论的存在实际不一致,所以说它没有存在权利。问题的关键是整体与部分之间的关系。把教科书历史唯物主义理论理解为整体中的部分,它就有存在权利;把它理解为整体本身,就没有存在权利。

(5) 恩格斯在劳动历史唯物主义理论方法论化过程中发挥了什么作用?

恩格斯始终把马克思劳动历史唯物主义理论阐释为方法论历史唯物主义理论[①]。在方法论历史唯物主义理论的阐释和传播事业中,恩格斯厥功至伟,起到了他人无法替代的作用。换一个角度看,恩格斯是忽视劳动历史唯物主义理论中除方法论历史唯物主义理论外其他内容的先行者。这种结果的出现或许与恩格斯没有见到马克思大量政治经济学手稿如哲学味十足的《1857—1858 年经济学手稿》有关,但更与他对何谓哲学问题的理解有直接关系。在不同文献中,恩格斯至少有四次回答何谓哲学的问题,基本内容大同小异。马克思的"历史观结束了历史领域内的哲学,正如辩证的自然观使一切自然哲学都成为不必要的和不可能的一样。现在无论在哪一个领域,都不再是从头脑中想出联系,而是从事实中发现联系了。这样,对于已经从自然界和历史中被驱逐出去的哲学来说,要是还留下什么的话,那就只留下一个纯粹思想的领域:关于思维过程本身的规律的学说,即逻辑和辩证法"[②]。如此刚性地理解

[①] 马克思恩格斯文集:第 2 卷. 北京:人民出版社,2009:597;马克思恩格斯文集:第 3 卷. 北京:人民出版社,2009:508-509;马克思恩格斯文集:第 10 卷. 北京:人民出版社,2009:583,587,591,691.

[②] 马克思恩格斯文集:第 4 卷. 北京:人民出版社,2009:312.

哲学的指称对象，在视域中不会出现除方法论历史唯物主义理论外的其他历史唯物主义理论内容，是再自然不过的事情。

(6) 马克思原生态哲学本体论是什么？

在一百多年的马克思哲学理解史中，两种哲学本体论被选作答案，一是物质本体论，二是实践本体论。物质本体论因自身承诺与认识论结果不一致而无法成立。马克思确实论述实践但非本体论层面，视实践为本体缺乏历史根据。马克思原生态哲学本体论是劳动哲学本体论。它不存在物质本体论和实践本体论中无法克服的理论缺陷，又与马克思思想整体中的其他内容有机统一。基于此，说马克思思想整体是内在逻辑自洽的"艺术的整体"①，才真正符合马克思原生态思想实际。

(7) 马克思人学公式的性质是什么？

《1844年经济学哲学手稿》正式发表以来，其中被简化为人学公式的人道主义理论始终是争论焦点之一。人们争论时就公式论公式，仅仅局限于这一公式的哲学性质而忽略其他性质，使真正的哲学性质被掩盖起来或是被错误理解。实际情况是这一公式具有哲学、法权、技术、组织和历史性质。关注和探讨后四种性质，人学公式的哲学性质就好判定，也不会有大的争论。这个公式当然内含哲学性质即唯物主义还是唯心主义的问题，但除此外还包含法权性质即劳动者与劳动的法权关系问题、技术性质即劳动者劳动的技术手段问题、组织性质即劳动者劳动的经济组织形式问题和历史性质即劳动者的社会历史类型问题。几种性质结合为一地理解人学公式，就能得出两个结论。其一，人学公式在哲学性质上是历史唯物主义而绝非是历史唯心主义。其二，人学历史唯物主义理论的存在是客观事实，而绝非是从费尔巴哈式历史唯心主义的不成熟走向方法论历史唯物主义的成熟。

(8) 生产力是既定前提还是有待研究的对象？

在教科书历史唯物主义理论中生产力是起决定作用的因素，此为生产力决定论。在劳动历史唯物主义理论中，生产力不是理解问题的既定前提，而是有待研究的对象。对劳动资料及与其相适应的经济组织形式持续不断且是专门系统地研究，使工艺学历史唯物主义理论出现于马克思面前。工艺学历史唯物主义理论是对方法论历史唯物主义理论的拓展

---

① 马克思恩格斯文集：第10卷. 北京：人民出版社，2009：231.

和深化。有了它，社会基本矛盾辩证运动的深层客观基础即技术基础和组织基础才能被揭示出来。

(9) 回到马克思原生态历史唯物主义理论是可能的吗？

本章旨在还原马克思文献特别是政治经济学文献中的原生态历史唯物主义理论。把这一意旨口号化是"回到马克思原生态历史唯物主义理论"。该提法指称两项内容。一是理想。时过境迁，物是人非，要把马克思原生态历史唯物主义理论百分之百地再现出来是不可能的。从另一个角度看，结果就会有所区别。面对恩格斯与马克思对历史唯物主义问题有重大区别的理解模式长期不变，面对阿尔都塞、阿伦特和鲍德里亚等人对马克思劳动历史唯物主义理论的胡乱指责，面对这些人在中国马克思主义哲学研究领域中的重要影响，用"回到马克思原生态历史唯物主义理论"的提法启告人们，固守传统理解模式或"以西解马"，皆为马克思哲学研究的歧途。二是方法。在理解劳动历史唯物主义理论时，在为理解劳动历史唯物主义理论而阅读马克思文献时，要与马克思生活时代的社会历史背景和学术背景紧密结合，要关注和分析宏观与微观的学术语境。尤为重要者，要呼应我们时代的理论诉求。这些要求达到了，我们就能取得与马克思原生态历史唯物主义理论相符合的理论成果。这样的理论成果比透过阿尔都塞、哈贝马斯、阿伦特和鲍德里亚等人的眼光解读马克思文献所取得的成果更接近马克思原生态历史唯物主义理论。由此说，"回到马克思原生态历史唯物主义理论"是可能的。

第七章　马克思经济哲学语境中的社会历史线性演化逻辑

一、问题的提出及其说明

马克思在《资本论》第一卷第一版序言中提出了如下命题："工业较发达的国家向工业较不发达的国家所显示的，只是后者未来的景象"[①]。命题中具有政治经济学内容，既包括社会历史转型的经济性内容，也包括经济发展道路内容。直接指称对象中的政治经济学内容更明显，英、德两国经济发育程度比较和二者之间社会历史意义的内在联系。

现在需要研究的问题是，这一命题中存在经济哲学内容吗？如果对问题做出否定性回答，结果将会与马克思原生态思想实际冲突，只有对问题做出肯定性回答，才能得到符合马克思原生态思想实际的答案。如何才能得到这一答案？有效途径是回到马克思文献中，分析马克思论述这一问题时各不相同的语境。

在马克思文献中，这一命题出现于四种语境中：原生态语境、一般性理论语境、东方特定社会历史情势语境和俄国特定社会历史情势语

---

① 马克思恩格斯文集：第5卷. 北京：人民出版社，2009：8.

境。四种语境的主题思想是一个,内在于马克思政治经济学又具有经济哲学内容的社会历史线性演化逻辑。这一逻辑是一般性意义的历史唯物主义,不同语境中的内容是对这种历史唯物主义的验证和具体化。验证和具体化过程中产生了极具挑战性的理论问题,不解决这些问题,就无法消除马克思社会历史线性演化逻辑中有可能存在的理论瑕疵。

二、原生态语境

马克思上述命题直接出现于如下语境中:

> 我要在本书研究的,是资本主义生产方式以及和它相适应的生产关系和交换关系。到现在为止,这种生产方式的典型地点是英国。因此,我在理论阐述上主要用英国作为例证。但是,如果德国读者看到英国工农业工人所处的境况而伪善地耸耸肩膀,或者以德国的情况远不是那样坏而乐观地自我安慰,那我就要大声地对他说:这正是说的阁下的事情!
>
> 问题本身并不在于资本主义生产的自然规律所引起的社会对抗的发展程度的高低。问题在于这些规律本身,在于这些以铁的必然性发生作用并且正在实现的趋势。工业较发达的国家向工业较不发达的国家所显示的,只是后者未来的景象。[1]
>
> 撇开这点不说。在资本主义生产已经在我们那里完全确立的地方,例如在真正的工厂里,由于没有起抗衡作用的工厂法,情况比英国要坏得多。在其他一切方面,我们也同西欧大陆所有其他国家一样,不仅苦于资本主义生产的发展,而且苦于资本主义生产的不发展。[2]

马克思提出命题的时间是1867年。命题涉及的空间是英国、德国和西欧其他国家,时间是社会经济历史的发育程度,即前资本主义时期、资本主义早期和资本主义成熟期。提出和论述命题的阶级立场不言而喻,工人阶级立场,或说是劳动者立场。既然马克思以英国为典型和例证地

---

[1] 马克思恩格斯文集:第5卷.北京:人民出版社,2009:8.
[2] 同[1]8—9.

说明资本主义生产方式，为什么又对德国人甚至西欧其他国家的人喊话说，"这正是说的阁下的事情"？这与马克思对问题的理解有直接关系。《资本论》中列举的事实、对事实的分析和基于分析而来的理论概括，除具有政治经济学意义外，更具有经济哲学内容。

像自然时间一样，经济史观中的时间也有过去、现在和未来之分。马克思论述涉及经济史观意义的时间是前资本主义时期、资本主义的昨天和今天（1867年）。三个时间段之间具有社会历史演化意义的普遍性和必然性，实质是社会历史线性演化逻辑。普遍者涉及社会历史性空间即英国、德国和西欧其他国家；必然者涉及社会历史性时间，指称内容为英国的昨天是德国和西欧其他国家的今天，英国的今天是德国和西欧其他国家的明天。英国与德国和西欧其他国家之间除空间意义的并存关系外，更具有社会历史线性演化逻辑意义的前后相继关系。在这种关系中，英国发展在先，德国和西欧其他国家跟随其后。社会历史线性演化逻辑意义的时间具有两重关系性质，此地和彼地的社会历史性空间关系；昨天、今天和明天的社会历史性时间关系。关系性质由特定社会经济的历史性内容决定。

马克思命题及其展开性分析表明，社会历史线性演化逻辑意义的资本主义社会也有不同的历史时期。不同历史时期中，对工人阶级的态度、做法，甚至态度和做法的法律表现各不相同。英国资本主义社会的昨天即德国和西欧其他国家资本主义社会的今天，是资本主义生产的"粗野时期、躁动时期"①。在这样的历史时期中，资本家贪婪无度，行为漫无节制甚至任意妄为，结果是工人阶级生存状况悲惨无比。马克思《资本论》第一卷中运用的由英国官方公布的具体事实已充分证明这一点。英国资本主义社会的今天即德国和西欧其他国家资本主义社会的明天怎么样？马克思说：

> 在英国，变革过程已经十分明显。它达到一定程度后，一定会波及大陆……现在的统治阶级，撇开其较高尚的动机不说，他们的切身利益也迫使他们除掉一切可以由法律控制的、妨害工人阶级发展的障碍。因此，我在本卷中还用了很大的篇幅来叙述英国工厂立法的历史、内容和结果。一个国家应该而且可以向其他国家学习。

---

① 马克思恩格斯文集：第8卷．北京：人民出版社，2009：321．

第七章 马克思经济哲学语境中的社会历史线性演化逻辑

> 一个社会即使探索到了本身运动的自然规律——本书的最终目的就是揭示现代社会的经济运动规律——，它还是既不能跳过也不能用法令取消自然的发展阶段。但是它能缩短和减轻分娩的痛苦。[①]

英国经济演化和法律变革及其二者之间关系的历史表明，资本主义社会不是一成不变，基于内在需要，加上工人阶级的斗争，也会由"粗野时期、躁动时期"的残酷无比变为较为温和人道的成熟时期，仅从英国为保护工人阶级权益而进行的立法过程就可以看出这一点。马克思告诉我们，英国例证具有经济规律性质。这样的经济规律是硬性约束，后继国家既没有可能"跳过"这一经济规律发挥作用的社会历史时期，也没有可能用人为办法躲避这一时期。

既然英国例证具有经济规律性质，结论会自然而然地出现在我们面前，英国的今天就是德国和西欧其他国家的明天。国与国之间或许有差别，但本质有共同之处，因为它们"既不能跳过也不能用法令取消自然的发展阶段"。相对于英国是"自然的发展阶段"，但相对于西欧其他国家，除具有"自然的发展阶段"含义外还具有空间扩张含义。

马克思从资本主义社会历史发展事实中提炼出来的社会历史线性演化逻辑被后来的恩格斯证实。他在1892年为青年时期的作品《英国工人阶级状况》所写的德文版序言中说，"随着大工业的发展，据说德国的许多情况也改变了"，"玩弄这些狡猾手腕和花招在大市场上已经不合算了，那里时间就是金钱，那里商业道德必然发展到一定的水平，其所以如此，并不是出于伦理的狂热，而纯粹是为了不白费时间和辛劳"[②]。恩格斯论述的重点是德国，这里同样表现出资本主义经济发展的阶段性质。早期资本主义的德国经济以坑蒙诓骗为能事，诚如马克思恩格斯在1845—1846年写作的《德意志意识形态》中指出的："小工商业者的骗术只是在浅陋的竞争条件下，在中国人、德国人和犹太人中以及一般地走街串巷的小商贩中才盛行。"[③] 与此形成显明对比的是，1892年的德国资本主义经济以诚信为本，诚信是最大竞争力。基于此，恩格斯提出了直到现在仍被学术界无视其客观存在更没有领悟其巨大理论价值的诚信经济规律论：

[①] 马克思恩格斯文集：第5卷. 北京：人民出版社，2009：9-10.
[②] 马克思恩格斯文集：第1卷. 北京：人民出版社，2009：366.
[③] 马克思恩格斯全集：第3卷. 北京：人民出版社，1960：427.

现代政治经济学的规律之一（虽然通行的教科书里没有明确提出）就是：资本主义生产越发展，它就越不能采用作为它早期阶段的特征的那些小的哄骗和欺诈手段。①

诚信是商业伦理原则，怎么能说是"现代政治经济学的规律"呢？恩格斯列举三个方面的事实证明，诚信确为资本主义成熟时期的经济规律。

第一，"大工业从表面看来也变得讲道德了。工厂主靠对工人进行琐细偷窃的办法来互相竞争已经不合算了"。"所有这些都同自由贸易和无限制竞争的精神直接矛盾，但却使大资本家同条件较差的同行的竞争更具优势。"②有法度的自由竞争是一种强制性的外在约束力量，它迫使不想通过残酷剥削手段压榨工人阶级而自取灭亡的资本家，逐步改善工人阶级的生活条件和工作条件，使他们的生存状况得到改善，不再生活于"曼彻斯特资本主义"阴森恐怖的境况中。从1844年到1892年近半个世纪，资本主义经济生活从外在表现到实际内容已发生了明显变化。变化前后的区别是"粗野时期、躁动时期"和成熟时期之间的区别，这种区别正好表现出德国资本主义经济发展的阶段性质。

第二，"企业规模越大，雇用的工人越多，每次同工人发生冲突时所遭受的损失和经营方面的困难也就越多。因此，工厂主们，尤其是那些最大的工厂主，就渐渐产生了一种新的想法。他们学会了避免不必要的纷争，默认工联的存在和力量，最后甚至发现罢工——发生得适时的罢工——也是实现他们自己的目的的有效手段。于是，过去带头同工人阶级作斗争的最大的工厂主们，现在却首先起来呼吁和平与和谐了"③。恩格斯论述的对象是工人阶级政治生活条件的改善。工人有了组织工会和罢工的权利，资本家"默认"这种权利，这本身就是一大进步。更为重要者，工人阶级有了自己的政治性组织，这样的组织有助于工人阶级维护和争取自己的经济权益。经济权益和政治权益的有机统一，证明工人阶级生存状况的改善是客观事实。这样的事实是一种能力，也是一种力量，它约束甚至迫使资本家和官府约束起码是收敛自己的残

---

① 马克思恩格斯文集：第1卷. 北京：人民出版社，2009：366.
② 同①367.
③ 同①367.

第七章 马克思经济哲学语境中的社会历史线性演化逻辑

酷本性,对工人阶级的态度不能总是要钱不要命,无视工人阶级的苦难与死活。

第三,"霍乱、伤寒、天花以及其他流行病的一再发生,使英国资产者懂得了,如果他想使自己以及自己的家人不致成为这些流行病的牺牲品,就必须立即着手改善自己城市的卫生状况。因此,这本书里所描写的那些最令人触目惊心的恶劣现象,现在或者已经被消除,或者已经不那么明显"[1]。像被污染的空气一样,流行病也是天生平等派。在它眼中,没有高官显贵和平民百姓之分,也没有资本家和工人阶级之别。在以普遍交往为基础的社会中,没有人能避开流行病或被污染的空气的袭扰。这样的客观情势是命令,资本家必须与官方一道提供改善生活环境的公共产品,否则,自己和家人的性命或有不保。恩格斯的论述告诉我们,这样的事情确实发生了。是资本家和官府突然良心发现?当然不是,客观的经济发展规律迫使资本家和官府不得不如此行为。

恩格斯明确提出和证明的诚信经济规律论针对资本主义经济发展的成熟期而言。这从一个侧面证明,马克思在原生态语境中提出的命题"工业较发达的国家向工业较不发达的国家所显示的,只是后者未来的景象"[2],确实符合资本主义经济发展的历史实际。

这里应当引起我们关注的是恩格斯提出的诚信经济规律论。这个高度浓缩了经济伦理学和经济哲学于一身的伟大思想,直到现在还没有获得在学术语境中表示存在的机会。当如此频繁、普遍和恶劣的商业丑闻被公布于世时,如每年"3·15"所披露的大量事实,人们往往借机大发伦理道德性议论和感慨,但如此做时人们根本没有意识到,这于事无补,因为诚信首先是经济规律,其次才是伦理道德原则。当不诚信者获暴利而机会成本微乎其微时,诚信的人也会变得不诚信。这样的情势一旦形成,不诚信"竞赛"就会开始,消费者遭殃却毫无办法。按照恩格斯诚信经济规律论的思路理解问题,结果会截然相反。不诚信就毁灭,用经济学术语说是破产。久而久之,诚信就会成为习惯,诚信伦理原则就会真正地确立起来。

---

[1] 马克思恩格斯文集:第1卷. 北京:人民出版社,2009:368-369.
[2] 马克思恩格斯文集:第5卷. 北京:人民出版社,2009:8.

三、一般性理论语境

　　如上引述和分析表明，马克思命题具有相对明确的指称对象：英国与德国和西欧其他国家社会经济发展程度之间的关系。这种关系涉及的社会历史性时间是资本主义"粗野时期、躁动时期"向成熟时期的过渡。但是，这个原生态语境只不过是例证，让这个例证成为一家之言且独树一帜的理论是其中隐含的一般性理论因素。第一，社会经济发展具有阶段性质，这种性质已为人类社会经济演化历史的客观事实所证明。第二，经济发展先行一步的国家对后发国家具有"波及"效应。这样的"波及"效应以两种形式表现出来，自然而然和强制。原生态语境中例证的演化过程是自然而然如德国和西欧其他国家，这与强制有本质区别。第三，"波及"表现出来的是地理学意义的空间扩张过程，这一过程不存在固定界限。第四，经济发展阶段的前后相继具有线性演化特点，这种特点不以个人、民族和国家的意志为转移。第五，社会历史性经济发展阶段前后相继和不断演化的目标是马克思（包括恩格斯）终生奋斗所追求的共产主义社会。第六，共产主义社会的到来需要前提条件，这样的前提条件是资本主义社会。没有资本主义社会准备前提条件而谈论共产主义社会及其实现，只具有空想性质，不具有现实可能性。

　　马克思文献中存在上述一般性理论因素吗？当然存在。我们以《德意志意识形态》《共产党宣言》《哲学的贫困》《资本论》为例证就能说明问题。

　　其一，前资本主义社会与资本主义社会之间有本质区别，前者向后者过渡具有社会历史必然性，《共产党宣言》用强劲有力的理论逻辑为我们揭示出这一必然性。

　　　　资产阶级赖以形成的生产资料和交换手段，是在封建社会里造成的。在这些生产资料和交换手段发展的一定阶段上，封建社会的生产和交换在其中进行的关系，封建的农业和工场手工业组织，一句话，封建的所有制关系，就不再适应已经发展的生产力了。这种关系已经在阻碍生产而不是促进生产了。它变成了束缚生产的桎

第七章 马克思经济哲学语境中的社会历史线性演化逻辑

梏。它必须被炸毁,它已经被炸毁了。[①]

根本性经济变化"必然产生的结果就是政治的集中。各自独立的、几乎只有同盟关系的、各有不同利益、不同法律、不同政府、不同关税的各个地区,现在已经结合为一个拥有统一的政府、统一的法律、统一的民族阶级利益和统一的关税的统一的民族"[②]。上述内容展示的是西欧不同民族国家的形成过程。这一过程伴随经济和政治两个方面的质变,封建主义经济变为资本主义经济,封建主义政治变为资本主义政治。经济和政治变化导致整个社会生活的根本性变化。

> 资产阶级在它已经取得了统治的地方把一切封建的、宗法的和田园诗般的关系都破坏了。它无情地斩断了把人们束缚于天然尊长的形形色色的封建羁绊,它使人和人之间除了赤裸裸的利害关系,除了冷酷无情的"现金交易",就再也没有任何别的联系了。[③]

政治和社会变化的源头是经济变化,资本主义经济在民族国家范围内进行两个方面的扩张。在经济生活领域,它永远不满足于现状,把不利于自己发展的非资本主义经济因素统统消灭掉。它不顾一切地向政治和社会生活领域扩张,使这两大领域适应自己发展的客观需要,为自己的发展服务。西欧近代社会历史发展的客观事实已经证明了这一点。

其二,资本主义经济进行地理学意义的空间扩张具有社会历史必然性。《德意志意识形态》对此的揭示如下:

> 随着美洲和通往东印度的航线的发现,交往扩大了,工场手工业和整个生产运动有了巨大的发展。从那里输入的新产品,特别是进入流通的大量金银完全改变了阶级之间的相互关系,并且沉重地打击了封建土地所有制和劳动者;冒险者的远征,殖民地的开拓,首先是当时市场已经可能扩大为而且日益扩大为世界市场,——所有这一切产生了历史发展的一个新阶段。[④]

这样的空间扩张具有资本主义经济发展的早期特征,待到资本主义经济大工业时期,空间扩张对世界社会历史性质的影响要巨大得多,深刻得

[①] 马克思恩格斯文集:第2卷. 北京:人民出版社,2009:36.
[②] 同[①].
[③] 同[①]33-34.
[④] 马克思恩格斯文集:第1卷. 北京:人民出版社,2009:562.

多。大工业"首次开创了世界历史,因为它使每个文明国家以及这些国家中的每一个人的需要的满足都依赖于整个世界,因为它消灭了各国以往自然形成的闭关自守的状态"。与此同时,"大工业发达的国家也影响着那些或多或少是非工业性质的国家,因为那些国家由于世界交往而被卷入普遍竞争的斗争中"①。

在《共产党宣言》中,马克思恩格斯对资本主义经济空间扩张的论述更有气势:

> 资产阶级,由于一切生产工具的迅速改进,由于交通的极其便利,把一切民族甚至最野蛮的民族都卷到文明中来了。它的商品的低廉价格,是它用来摧毁一切万里长城、征服野蛮人最顽强的仇外心理的重炮。它迫使一切民族——如果它们不想灭亡的话——采用资产阶级的生产方式;它迫使它们在自己那里推行所谓的文明,即变成资产者。一句话,它按照自己的面貌为自己创造出一个世界。②

后来的社会历史演化表明,客观事实确实如此。资本主义经济空间扩张没有止境,没有限度,用现在流行的话说是全球化。资本主义经济空间扩张结果性的具体表现是什么?请看马克思恩格斯的论述:"资产阶级使农村屈服于城市的统治……正像它使农村从属于城市一样,它使未开化和半开化的国家从属于文明的国家,使农民的民族从属于资产阶级的民族,使东方从属于西方。"③

资本主义经济空间扩张的表现让我们明白了以下四点内容。第一,资本主义经济空间扩张的社会历史性质是使非资本主义经济转变为资本主义经济,非资本主义经济不仅指称封建主义经济,此外还有其他社会历史性质的经济,如尚未发育到封建主义经济程度的美洲印第安人经济和非洲黑人经济。第二,资本主义经济空间扩张的阶级性质是资产阶级按照自己的需要获得一切,统治一切,改造一切,主宰一切。第三,资本主义经济空间扩张具有社会历史时间性质,它把还没有演化到资本主义社会历史阶段的经济体强制地纳入资本主义经济洪流之中,使社会历

---

① 马克思恩格斯文集:第1卷.北京:人民出版社,2009:566,567.
② 马克思恩格斯文集:第2卷.北京:人民出版社,2009:35—36.
③ 同②36.

第七章　马克思经济哲学语境中的社会历史线性演化逻辑

史的时间之流按照自己的需要行进。第四，资本主义经济空间扩张带有明显和具体的目标："文明的国家"向未开化和半开化国家扩张；"城市"向"农村"扩张；"资产阶级的民族"向"农民的民族"扩张；"西方"向"东方"扩张。扩张具有两种性质：自然而然和强制。强制指称的内容是侵略、征服或其他卑劣手段。马克思在《资本论》第一卷"所谓原始积累"一章中实证性地描述了这些手段①。

其三，资本主义社会并不像资本家所期望和资产阶级学者所宣扬的那样具有永恒性质，由于其不可避免又无法解决的内在矛盾，必然结局是过渡到共产主义社会。在《共产党宣言》中，这一主题思想以高度浓缩的形式出现在我们面前："资产阶级的生产关系和交换关系，资产阶级的所有制关系，这个曾经仿佛用法术创造了如此庞大的生产资料和交换手段的现代资产阶级社会，现在像一个魔法师一样不能再支配自己用法术呼唤出来的魔鬼了。"因此，"资产阶级的灭亡和无产阶级的胜利是同样不可避免的"②。这个强劲有力的社会历史线性演化逻辑极富鼓动性，支撑逻辑的经验性事实也司空见惯，但要充分地展开并详加论证，还要等到19世纪50年代以后才能变为现实。但是，资本主义社会必然灭亡和共产主义社会必然到来的社会历史线性演化逻辑毕竟用一般性理论语言表述出来了。

其四，共产主义社会的内在灵魂。共产主义社会的具体内容是什么？在不同文献和语境中，马克思（包括恩格斯）从不同角度和层面回答问题。例如，消灭私有制和建立公有制，在共产主义社会初级阶段是工人阶级专政或无产阶级专政，等等。但是，或许人们重视不够的是共产主义社会的灵魂性内容，即个人自由全面的发展。在《德意志意识形态》中，我们见到的是如下论述：

> 在共产主义社会里，任何人都没有特殊的活动范围，而是都可以在任何部门内发展，社会调节着整个生产，因而使我有可能随自己的兴趣今天干这事，明天干那事，上午打猎，下午捕鱼，傍晚从事畜牧，晚饭后从事批判，这样就不会使我老是一个猎人、渔夫、牧人或批判者。③

---

① 马克思恩格斯文集：第5卷. 北京：人民出版社，2009：860-864.
② 马克思恩格斯文集：第2卷. 北京：人民出版社，2009：37，43.
③ 马克思恩格斯文集：第1卷. 北京：人民出版社，2009：537.

在《共产党宣言》中，我们见到了有关共产主义灵魂性内容的最经典表述："代替那存在着阶级和阶级对立的资产阶级旧社会的，将是这样一个联合体，在那里，每个人的自由发展是一切人的自由发展的条件。"①两处论述表明，共产主义之所以为共产主义的本质性特征是个人的自由全面发展。发展的前提是生存，由于共产主义社会中生产力高度发达，消灭了阶级和剥削，生存便不会成为问题。自由全面发展何谓？自由相对于约束而言，约束主要表现于四个方面：自然必然性约束、社会制度性约束、人际关系性约束和个人心智性约束。相对于资本主义社会四个方面的约束而言，共产主义社会中的个人已从这些约束中解放出来，自由的获得是自然而然的结果，获得自由后的结果是全面发展。

其五，向共产主义社会过渡需要特定的前提条件即生产力的高度发展。马克思始终坚定不移地认为，首先，没有生产力的发展，就会有"极端贫穷的普遍化"，争夺生活必需品的斗争会死灰复燃。其次，只有生产力的发展，个人与个人和民族与民族之间的普遍交往才能建立起来。最后，只有生产力的发展，地域性个人才能为世界历史性个人所代替②。三个理由中包含了极其丰富又极为重要的内容。生产力的高度发展之所以是实践性共产主义绝对必需的前提，是因为不如此就不能解决如下四个矛盾：一是物质财富的充分涌流与因贫困普遍化而导致的争夺生活必需品斗争之间的矛盾；二是因普遍交往而来的全面相互依赖关系与"地域性迷信"之间的矛盾；三是民族的世界历史性存在与地域性存在之间的矛盾；四是世界历史性个人与地域性个人之间的矛盾。这四个矛盾不解决，共产主义就不会具有实践性，而要解决这四个矛盾，生产力高度发展是绝对必需的前提。这里有一点必须强调指出，在马克思语境中，生产力高度发展在先，共产主义性质的社会变革在后，相反的理解是离马克思原生态思想而去。

其六，为共产主义社会到来准备物质性前提条件的社会历史形式是什么？《德意志意识形态》《共产党宣言》都告诉我们，只能是资本主义社会。后来，马克思在《资本论（1863—1865年手稿）》中，用生产方式三段论形式更为具体地回答了这一问题：

---

① 马克思恩格斯文集：第2卷. 北京：人民出版社，2009：53.
② 马克思恩格斯文集：第1卷. 北京：人民出版社，2009：538.

第七章 马克思经济哲学语境中的社会历史线性演化逻辑

> 资本关系本身的出现，是以一定的历史阶段和社会生产形式为前提的。在过去的生产方式中，必然发展起那些超出旧生产关系并迫使它们转化为资本关系的交往手段、生产资料和需要。但是，它们只需要发展到使劳动在形式上从属于资本的程度。然而，在这种已经改变了的关系的基础上，会发展起一种发生了特殊变化的生产方式，这种生产方式一方面创造出新的物质生产力，另一方面，它只有在这种新的物质生产力的基础上才能得到发展，从而在实际上给自己创造出新的现实的条件。由此就会出现完全的经济革命，这种革命一方面为资本对劳动的统治创造并完成其现实条件，为之提供相应的形式，另一方面，在这个由革命发展起来的与工人相对立的劳动生产力、生产条件与交往关系中，这个革命又为一个新生产方式，即扬弃资本主义生产方式这个对立形式的新生产方式创造出现实条件，这样，就为一种新形成的社会生活过程，从而为新的社会形态创造出物质基础。①

这个强劲有力的生产方式三段论以资本主义生产方式为核心、为支点。前资本主义生产方式向资本主义生产方式过渡具有必然性，资本主义生产方式向共产主义生产方式过渡也具有必然性。必然性的原因在资本主义生产方式内部，实际是为这种必然性转变为现实准备前提条件。

相对于资产阶级而言，生产力的发展是一把双刃剑，贪婪的欲望得以满足，发财致富的目的能够达到，但资产阶级没有想到的是，生产力的发展还是自己灭亡的前提条件，是共产主义社会到来的物质前提。在这一社会历史线性逻辑演化过程中，有惊心动魄和连绵不断的阶级斗争，有让资产阶级心惊肉跳的经济危机和因经济危机而来的社会危机。斗争与危机的相互交替和彼此影响，恰好构成资产阶级逐步走向灭亡的生命历程。资产阶级不愿意也不敢承认这样的逻辑，但不承认与不存在是两码事，事实胜于雄辩。

综上所述，马克思一般性理论语境中的社会历史线性演化逻辑思路清晰，前资本主义社会向资本主义社会演化，资本主义社会向共产主义社会演化。社会历史线性演化逻辑以经济为先导，为基础，但经济会向其他社会生活领域扩张，典型者是向政治生活、社会生活和整个文化领

---

① 马克思恩格斯文集：第8卷. 北京：人民出版社，2009：546-547.

域扩张。任何扩张都一样，时间性质和空间性质同时并存，相互交织和相互推进，使资本主义社会消灭前资本主义社会的"洪流"凯歌行进，无法阻挡。"洪流"中被冲击者是前资本主义社会因素，如旧生产方式中的农民和非西方国家的种族或民族，"洪流"中的主角、主导者和得益者，则是人格化的资本即资产阶级。让资产阶级没有想到的是，物极必反。资产阶级的凯歌行进过程是经济、社会双重意义的肆意妄为过程。这一过程必然造成两种危机的出现。经济危机周期性爆发使经济秩序难以维持；社会危机不断出现和累积，资产阶级自己造就的掘墓人——无产阶级会因无法生存下去而进行革命。社会历史线性演化逻辑的必然结果是共产主义社会的到来。

四、东方特定社会历史情势语境

马克思亲自参加 1848 年欧洲革命后不得不再度流亡，1849 年 8 月 26 日到达伦敦，除短暂外出旅行外直到逝世再也没有离开过英国。对马克思来说，这里是研究政治经济学的好地方。如此说的根据有二，英国是资本主义生产方式的典型；这里有关资本主义生产方式的文献资料最为系统和丰富。但是，为了养家糊口，除政治经济学研究外，马克思不得不为美国《纽约每日论坛报》工作，是该报驻欧洲的通讯员。在十余年（1851 年 8 月至 1862 年 2 月）里，马克思写了大量有关欧洲重大事件的通讯和评论，有人统计说，这样的文章总数是近 500 篇[①]。需要说明的是，为了给马克思腾出时间研究政治经济学，文章的约三分之一由恩格斯写作而由马克思署名发表，军事方面文章的情况更是如此。在为数巨量的文章中，有不少论述的对象是东方国家，如中国、印度、波斯和阿富汗，还有半东方国家如俄国和土耳其。此时的东方国家是欧洲特定社会历史情势和重大事件中的东方国家，这是由当时特定世界历史情势决定的。在这些文章中，《资本论》提出的政治经济学命题——"工业较发达的国家向工业较不发达的国家所显示的，只是后者未来的景象"——中包含的社会历史线性演化逻辑以特殊形式表现出来，因为

---

① 马塞罗·默斯托，主编. 马克思的《大纲》：《政治经济学批判大纲》150 年. 闫月梅，等译. 闫月梅，校. 北京：中国人民大学出版社，2011：14，30，203.

第七章 马克思经济哲学语境中的社会历史线性演化逻辑

与西欧国家相比,东方国家的历史、地理、文化和语言,尤其是面临的社会历史情势特点明显。作为社会历史线性演化逻辑特殊表现形式的思想是马克思思想整体的有机组成部分,我们有责任把它梳理和再现出来。

马克思对东方国家如中国和印度的社会历史和现状与资本主义国家的关系以及这种关系发展前景等的看法,以对东方国家社会经济结构的认知为前提。在讲到19世纪50年代中英贸易关系时马克思指出:"妨碍对华出口贸易迅速扩大的主要因素,是那个依靠小农业与家庭工业相结合而存在的中国社会经济结构。"[①] 马克思未曾到过中国,不懂中文,也没有专门研究过中国的历史及其现状。上述看法从何而来?英国官员米切尔的实地观察记录为我们回答了问题:"在收获完毕以后,农家所有的人手,不分老少,都一齐去梳棉、纺纱和织布;他们就用这种家庭自织的料子,一种粗重而结实、经得起两三年粗穿的布料,来缝制自己的衣服;而将余下来的拿到附近城镇去卖……每一个富裕的农家都有织布机,世界各国也许只有中国有这个特点。"因此,中国农民"不单单是一个农民,他既是庄稼汉又是工业生产者"[②]。在讲到印度的情况时,马克思基于二手资料而来的观点又出现在我们面前,"从遥远的古代直到19世纪最初十年,无论印度过去在政治上变化多么大,它的社会状况却始终没有改变"。"从远古的时候起,在印度便产生了一种特殊的社会制度,即所谓村社制度,这种制度使每一个这样的小结合体都成为独立的组织,过着自己独特的生活。"[③] 马克思论述中的"小结合体"指称何谓?《资本论》为我们做出了具体说明。"那些目前还部分地保存着的原始的规模小的印度公社,就是建立在土地共同占有、农业和手工业直接结合以及固定分工的基础之上的,这种分工在组成新公社时成为现成的计划和略图。""因此,生产本身与整个印度社会以商品交换为中介的分工毫无关系。"[④] 基于如上认知,马克思的结论是:

亚洲各国不断瓦解、不断重建和经常改朝换代,与此截然相反,亚洲的社会却没有变化。这种社会的基本经济要素的结构,不

[①] 马克思恩格斯文集:第2卷. 北京:人民出版社,2009:672.
[②] 同①675.
[③] 同①680,681.
[④] 马克思恩格斯文集:第5卷. 北京:人民出版社,2009:413.

为政治领域中的风暴所触动。①

由以上的引述可知，马克思对亚洲的看法很明确。亚洲社会经济结构的特点是小农业与家庭手工业牢不可破的结合。由于这一特点，任由政治风浪冲击，亚洲社会生活的客观基础不变，自古如此，没有例外。

这样的特点及基于此而来的结论，与马克思基于西欧社会经济历史发展实际抽象出来的社会历史线性演化逻辑不协调。面对这样的不协调，马克思肯定陷入了深深的沉思，他自己提出的如下问题足以证明这一点："问题在于，如果亚洲的社会状态没有一个根本的革命，人类能不能实现自己的使命？"② 人类的"使命"是硬性约束，具有如此特点的亚洲社会结构需要一场变革，应当有一场变革，这场变革的实质是一场"社会革命"，只有一场"社会革命"，才能与完成人类使命的客观需要相一致。

这场"社会革命"的原动力在哪里？马克思找到和指出的原动力具有外力论性质。在讲到中国社会经济结构的变动情况时，马克思说：

> 英国的大炮破坏了皇帝的权威，迫使天朝帝国与地上的世界接触。与外界完全隔绝曾是保存旧中国的首要条件，而当这种隔绝状态通过英国而为暴力所打破的时候，接踵而来的必然是解体的过程，正如小心保存在密闭棺材里的木乃伊一接触新鲜空气便必然要解体一样。③

在讲到印度社会经济结构变化的情况时马克思又说：

> 内战、外侮、革命、征服、饥荒——尽管所有这一切接连不断地对印度斯坦造成的影响显得异常复杂、剧烈和具有破坏性，它们却只不过触动它的表面。英国则摧毁了印度社会的整个结构，而且至今还没有任何重新改建的迹象。④

> 这些细小刻板的社会机体大部分已被破坏，并且正在归于消失，这与其说是由于不列颠收税官和不列颠士兵的粗暴干涉，还不如说是由于英国蒸汽机和英国自由贸易的作用……结果，就在亚洲

---

① 马克思恩格斯文集：第5卷. 北京：人民出版社，2009：415.
② 马克思恩格斯文集：第2卷. 北京：人民出版社，2009：683.
③ 同②609.
④ 同②679.

第七章 马克思经济哲学语境中的社会历史线性演化逻辑

造成了一场前所未闻的最大的、老实说也是唯一的一次社会革命。①

读罢马克思的论述不用思索便能得出结论,亚洲各国自身没有能力从非资本主义社会向资本主义社会过渡,以往的历史只有社会动荡和改朝换代但没有真正意义的社会革命。英国人在中国是用大炮和鸦片,在印度则是用蒸汽机和自由贸易,从根本上摧毁了中国和印度的社会经济结构。这种根本性变化的社会历史性质被马克思称为"社会革命"。这是资本主义经济向非资本主义经济空间扩张的结果。相对于资本主义国家而言,这种结果的出现是"凯歌行进"过程,相对于被空间扩张的非资本主义国家如中国和印度,则是灾难!

马克思如何看待资本主义经济向非资本主义经济空间扩张造成的灾难?社会历史线性演化逻辑的刚性特点又一次表现出来。他在讲到印度被英国征服的情况时说:

> 印度本来就逃不掉被征服的命运,而它过去的全部历史,如果还算得上是什么历史的话,就是一次又一次被征服的历史。
>
> 因此,问题并不在于英国人是否有权征服印度,而在于我们是否宁愿让印度被土耳其人、波斯人或俄国人征服而不愿让它被不列颠人征服。②

马克思论述涉及未被马克思主义研究者顾及的话题。不列颠文明真的高于印度文明?仅仅因为不列颠文明高于印度文明就有权利征服印度?马克思在这个特定语境中的表层逻辑相对简单,不列颠人有自由贸易和蒸汽机,印度人没有,所以不列颠文明高于印度文明。但是,从精神文明层面看问题,结论会与此截然相反。当印度人创立了伟大的宗教和写出启人心智的哲理性诗篇时,不列颠人作为"金发碧眼的野兽"(尼采语)仍在阴暗潮湿的北欧原始森林游荡,而人之所以为人的精神世界还几乎是一片空白呢。尤为重要者,侵略和征服也有好坏之分?谁赋予英国征服者这样的权利?往下是马克思对问题的回答。

他认为,英国之所以具有征服印度的优先权,是因为它负有的人类社会历史使命具有特殊性。"英国在印度要完成双重的使命:一个是破

---

① 马克思恩格斯文集:第2卷. 北京:人民出版社,2009:682.
② 同①685-686.

坏的使命，即消灭旧的亚洲式的社会；另一个是重建的使命，即在亚洲为西方式的社会奠定物质基础。"马克思告诉我们，英国人在印度重建中能够带来六个方面的内容。第一，政治统一；第二，现代化的军队；第三，自由报刊；第四，土地私有制；第五，管理国家的知识精英；第六，电报、铁路和轮船等通讯与交通工具①。六个方面的内容同时也是判断标准，有了它们，资本主义经济向非资本主义经济空间扩张的过程便会"大功告成"，否则，这个过程还要持续下去。与西欧社会历史线性逻辑演化过程不同的是，亚洲社会历史线性逻辑演化过程要靠外部力量，这种外部力量使用的手段是强制，要靠英国人这种"杀人又强奸妇女的文明贩子们"（恩格斯语）来完成②，而西欧社会历史线性演化逻辑则是自生自发过程。这个对比具有强烈刺激性，它客观地存在于马克思论述中。

马克思语境中的东方社会历史线性演化逻辑进展到此似乎已经结束，资本主义经济向非资本主义经济空间扩张过程已被阐释清楚。如此理解问题既与马克思观点相冲突，也没有把马克思观点与带有帝国主义倾向的资产阶级观点区别开来。马克思的观点还有一部分内容是我们绝对不能忽略的。他心里很清楚：

> 英国资产阶级将被迫在印度实行的一切，既不会使人民群众得到解放，也不会根本改善他们的社会状况，因为这两者不仅仅决定于生产力的发展，而且还决定于生产力是否归人民所有。③

从这一角度看问题，英国资产阶级只是"充当了历史的不自觉的工具"④，因为资产阶级还负有没有自觉意识到也根本不情愿的"为新世界创造物质基础的使命：一方面要造成以全人类互相依赖为基础的普遍交往，以及进行这种交往的工具；另一方面要发展人的生产力，把物质生产变成对自然力的科学支配。资产阶级的工业和商业正为新世界创造这些物质条件，正像地质变革创造了地球表层一样。只有在伟大的社会革命支配了资产阶级时代的成果，支配了世界市场和现代生产力，并且使这一切都服从于最先进的民族的共同监督的时候，人类的进步才会不

---

① 马克思恩格斯文集：第2卷. 北京：人民出版社，2009：686-687.
② 同①626.
③ 同①689.
④ 同①683.

第七章 马克思经济哲学语境中的社会历史线性演化逻辑

再像可怕的异教神怪那样,只有用被杀害者的头颅做酒杯才能喝下甜美的酒浆"①。这或许就是马克思所理解的人类使命。

通过比较可以看出,外力论的社会历史线性演化逻辑与自生自发论的社会历史线性演化逻辑之间区别很大,最明显的区别是不同国家和民族处于不同的地位,实际获得的结果也很不相同。马克思确实意识到了这个问题的客观存在,所以他在观察和评论诸如印度被征服和中国被侵略的问题时,精神世界就复杂得多。这种精神世界有三个层面:情感、道义和社会历史线性演化逻辑。三者之间的关系是情感和道义有所表露,但最终还得服从社会历史线性逻辑演化的刚性要求。

情感。马克思写有《鸦片贸易史》一文。在讲到英国通过东印度公司向中国输出鸦片毒害中国人民的情况时说:

> 一个人口几乎占人类三分之一的大帝国,不顾时势,安于现状,人为地隔绝于世并因此竭力以天朝尽善尽美的幻想自欺。这样一个帝国注定最后要在一场殊死的决斗中被打垮:在这场决斗中,陈腐世界的代表是激于道义,而最现代的社会的代表却是为了获得贱买贵卖的特权——这真是任何诗人想也不敢想的一种奇异的对联式悲歌。②

马克思对中国的情感很复杂,哀其不幸,怒其不争,痛恨其与世隔绝和不思进取的处世态度,指出中国必然被打垮的趋势,但说这是难以想象的"悲歌"。

道义。1856年,英国人以蓄意编造的理由发动了第二次侵略中国的鸦片战争。针对英国人的所谓"理由"马克思怒斥道:

> 广州城的无辜居民和安居乐业的商人惨遭屠杀,他们的住宅被炮火夷为平地,人权横遭侵犯,这一切都是在"中国人的挑衅行为危及英国人的生命和财产"这种站不住脚的借口下发生的!英国政府和英国人民——至少那些愿意弄清这个问题的人们——都知道这些非难是多么虚伪和空洞……英国人控告中国人一桩,中国人至少可以控告英国人九十九桩。③

---

① 马克思恩格斯文集:第2卷.北京:人民出版社,2009:691.
② 同①632.
③ 同①620-621.

马克思在道义上站在中国人民一边并声援中国人民,揭露和怒斥英国人的侵略行径。中华民族在那个风雨飘摇、四面楚歌的危难屈辱年代,一位西方人仗义执言地为中国人民申辩,实在是雪中送炭,难能可贵。

社会历史线性演化逻辑。在《不列颠在印度的统治》一文中,马克思针对印度人的遭遇和有可能的历史命运,发表了基于社会历史线性演化逻辑而来的相对系统的看法。我们可以明显地感受到,在社会历史线性演化逻辑面前,他对亚洲人民的情感和道义担当都退居次要地位,必须服从于社会历史线性演化逻辑的硬性要求。马克思为自己的做法列出的理由如下。首先,印度农村公社是专制制度的基础,其中的人是迷信的驯服工具和传统规则的奴隶,无任何首创精神。其次,印度人是不开化的利己主义者,看到自己生活于其中的帝国崩溃和各种暴行肆虐无动于衷。再次,在性情上,印度人野性、盲目和放纵,苟且偷安。最后,印度人把生活于其中的社会状态变成自然命运,屈服于外在环境,典型表现是竟向动物叩拜①。四个理由是马克思眼中印度人的缺陷,当存在这些缺陷的印度人遭遇以英国人为代表的西方文明挑战时,被征服,被西方文明彻底改造,成为必然的命运。

在以上论述中,马克思让情感和道义服从于社会历史线性演化逻辑的想法还以潜在形式存在,在如下论述中,这种想法则是以直白形式表达出来:"的确,英国在印度斯坦造成社会革命完全是受极卑鄙的利益所驱使,而且谋取这些利益的方式也很愚蠢。但是问题不在这里。问题在于,如果亚洲的社会状态没有一个根本的革命,人类能不能实现自己的使命?如果不能,那么,英国不管犯下多少罪行,它造成这个革命毕竟是充当了历史的不自觉的工具。""总之,无论一个古老世界崩溃的情景对我们个人的感情来说是怎样难过,但是从历史观点来看,我们有权同歌德一起高唱:'我们何必因这痛苦而伤心,既然它带给我们更多欢乐?难道不是有千千万万生灵曾经被帖木儿的统治吞没?'"②以直白形式表达出来的让情感服从于社会历史线性演化逻辑的想法是客观事实。面对这样的客观事实,印度人怎么想呢?中国人怎么想呢?或许马克思表达想法时并没有意识到要听一听印度人和中国人的想法。这个刚性强劲的社会历史线性演化逻辑背后是世界历史演化过程,在这一过程

---

① 马克思恩格斯文集:第2卷. 北京:人民出版社,2009:682-683.
② 同①683,683-684.

中，以英国人为代表的西方人是发动者、主宰者、定调者，是哲学理念的提供者。

马克思对亚洲社会及其未来命运的看法已如上述。为了使自己的看法与《资本论》中原生态语境的社会历史线性演化逻辑保持一致，也为了与《德意志意识形态》《共产党宣言》等文献中一般性理论语境中的社会历史线性演化逻辑保持一致，马克思在说明亚洲社会状况及其前景问题时附加了诸多新理论因素。第一，社会经济结构特殊论；第二，亚洲社会变革需要外力推动论；第三，特种文明优越论；第四，优等文明双重历史使命论；第五，侵略有理论；第六，情感和道义服从社会历史线性演化逻辑论。如何看待和评价这六个极富挑战性又极具复杂性的理论因素？或许我们这些被马克思评价过的东方人的子孙也会陷入马克思当时遇到的思想困境：情感与理智不协调，相冲突。

五、俄国特定社会历史情势语境

到目前为止，我们已经论及了马克思社会历史线性演化逻辑的三种语境：资本主义工业较不发达国家向资本主义工业较发达国家过渡的原生态语境、前资本主义社会向资本主义社会过渡和资本主义社会向共产主义社会过渡的一般性理论语境，以及东方国家由前资本主义社会向资本主义社会过渡的特定社会历史情势语境。马克思论述社会历史线性演化逻辑的语境还有一个，即俄国特定社会历史情势中的线性演化逻辑语境。这种语境更为特殊，它涉及的是前资本主义社会向共产主义社会过渡的可能性问题。

人们基于对马克思相关文献的特定性解读，对问题做出了肯定性回答，由此衍生出解读者倾向明显的马克思东方社会理论。这一理论试图告诉人们，俄国社会历史具有特殊性，面临的国际情势也具有特殊性，所以马克思认为，俄国可以不经历资本主义社会的苦难，直接过渡到共产主义社会。这就是马克思在俄国社会历史线性演化逻辑问题上"跨越资本主义制度的卡夫丁峡谷"理论。

有关这一理论的研究成果汗牛充栋。这是马克思的观点吗？这样的观点、这样的理论和这样的回答与马克思一般性理论语境中的社会历史线性演化逻辑是什么关系？与原生态语境中不发达资本主义社会向发达资本主义社会过渡的社会历史线性演化逻辑是什么关系？没有人提出这样的问题，也没有人回答这样的问题。不提出和不回答问题不等于问题不存在。不管我们多么无视它们的客观存在，不让它们在学术语境中表示存在，它们仍然会以挑战性姿态在那里客观地存在着，逼迫我们做出回答。基于马克思文献，梳理马克思极为复杂的理论表述，对上述问题做出符合马克思原生态思想实际的回答，是我们义不容辞的责任。

马克思与俄国社会历史、现状及未来前景问题结缘有三个契机。

第一，《资本论》第一卷出版后，马克思开始整理加工第二、第三卷的内容。在涉及地租和土地制度历史问题时，接触到了俄国土地关系的历史资料。为了更好地研究和利用这些历史资料，马克思自学了俄语（1869年）。在他逝世后，恩格斯吃惊地发现马克思稿纸中有超过两立方米的材料全是俄国的统计数据。马克思用细小字体几乎写满了3 000页纸。如此巨量的经过加工的统计数据表明，马克思在俄国社会历史、现状和前景问题上已经下了多么大的功夫。

第二，1877年，俄国国内学术界针对俄国农业公社制度历史、现状及其前景问题的争论中涉及了马克思《资本论》中"所谓原始积累"一章的基本观点。争论中的资产阶级自由派认为，马克思的观点表明，俄国农业公社的命运是必然灭亡；民粹派的观点则认为，马克思的观点表明了俄国农业公社恰恰相反的历史命运。为了回应这种争论，马克思专门写作了《给〈俄国纪事〉杂志编辑部的信》，借以澄清自己的立场：

> 假如俄国想要遵照西欧各国的先例成为一个资本主义国家——它最近几年已经在这方面费了很大的精力——，它不先把很大一部分农民变成无产者就达不到这个目的；而它一旦倒进资本主义制度的怀抱，它就会和尘世间的其他民族一样地受那些铁面无情的规律的支配。事情就是这样。但是这对我的批评家来说是太少了。他一定要把我关于西欧资本主义起源的历史概述彻底变成一般发展道路的历史哲学理论，一切民族，不管它们所处的历史环境如何，都注定要走这条道路，——以便最后都达到在保证社会劳动生产力极高度发展的同时又保证每个生产者个人最全面的发展的这样一种经济形态。但是我要请他原谅。（他这样做，会给我过多的荣誉，同时

第七章　马克思经济哲学语境中的社会历史线性演化逻辑

也会给我过多的侮辱。)①

从马克思论述中可以概括出如下内容：其一，《资本论》中关于西欧资本主义历史起源的概述不是关于一般性社会经济发展道路的历史哲学理论，如此理解者的所谓"理解"是误解。其二，按照经济自由主义者的意愿，俄国要模仿西欧资本主义发展的道路，必然结果是经历已经在西欧发生过的资本主义苦难。其三，把特殊语境中的理论性概述变为一般性理论，貌似给概述者"过多的荣誉"，实际是给了概述者"过多的侮辱"。其四，提出上述观点的根据在于，"极为相似的事变发生在不同的历史环境中就引起了完全不同的结果"。对俄国农业公社的命运问题要做具体分析，这是不能随意改变的方法论原则。

第三，1881年2月16日，俄国劳动解放社创始人之一查苏利奇写信请求马克思谈谈对俄国农业公社命运的看法："如果你能说明你对我国农村公社可能的命运以及关于世界各国由于历史的必然性都应经过资本主义生产各阶段的理论的看法，那么，这将使我们获得极大的帮助。"② 这封求教信情真意切，但涉及的理论因素却极为复杂。持俄国农业公社必然灭亡论观点的有两类人，一类是经济自由主义者，另一类是自称为马克思学生的人。写信求教者查苏利奇具有民粹主义思想背景，其观点与上述两种观点尖锐对立。面对这样的求教信，马克思不能不做出回答，而要做出回答，就必须表明自己在俄国农业公社历史、现状及前景问题上的基本立场。这样的立场是一种社会历史线性演化逻辑，这种逻辑与《资本论》中的基本观点和《德意志意识形态》《共产党宣言》等文献中一般性社会历史线性演化逻辑的关系是难点之一，也是焦点之一。马克思确实写了复信且一共写了四稿，但其中的理论观点到底何谓？这绝对不是一个简单因而能轻易做出回答的问题。

复信一共写四稿的事实表明，马克思对自己所要回答的问题一时陷入困惑之中。其一，如果马克思能够胸有成竹地回答问题，复信写一稿足矣，犯不着非写四稿不可。其二，第一稿与第四稿比较就可发现，马克思对自己观点的表述有一个从具体到抽象的演化过程。尤为重要者，到第四稿中不再出现"跨越资本主义制度的卡夫丁峡谷"提法。其三，

---

① 马克思恩格斯文集：第3卷. 北京：人民出版社，2009：466.
② 同①703.

统计数据也能说明问题。第一稿由 46 个自然段构成，第四稿则仅有 7 个自然段，大量理论分析被舍弃掉。其四，在同一稿中出现重复论述的情况，前三稿中这样的例证可以找到六处。其五，马克思在复信终稿开头便说："承蒙您向我提出问题，但很遗憾，我却不能给您一个适合于发表的简短说明。"① 这句话中有两点需要关注。"很遗憾"的提法不仅仅是客套，它表明马克思由于确实拿不出自己认为满意的理论性回答而表示惭愧。"不能"提供"适合于发表"的"说明"则表明，马克思对自己信中的观点拿不准。

　　作为具有如此超人学识和智慧的人，马克思为什么会陷入理论困惑之中？我们能够找到的答案是，俄国农业公社的历史、现状及命运问题，既具有存在形态意义的极度复杂性，又具有理论形态意义的极度复杂性。对这一问题的回答涉及马克思自己的理论所要面对的一系列问题。第一，如果对问题做出否定性回答，俄国农业公社可能的命运是必然灭亡，那么，就有可能陷入自己的观点与资产阶级经济自由主义观点难以区分的局面。第二，如果对问题做出肯定性回答，俄国农业公社可能的命运是不经历资本主义苦难而"跨越资本主义制度的卡夫丁峡谷"，那么，就有可能陷入自己的观点与俄国民粹主义者的观点难以区分的局面。第三，如果对问题做出肯定性回答，其内在的理论本质是生产关系先行论，那么，这样的观点与自己其他语境中的社会历史线性演化逻辑相冲突，因为其他语境中的基本观点坚定不移，生产力发展是绝对必需的前提。第四，如果对问题做出否定性回答，灭亡是俄国农业公社必然的命运，那么，评价中国和印度社会历史线性演化逻辑问题时遇到的困境又会出现，即情感与理智相冲突。与此同时，这会挫伤俄国革命者的革命积极性。第五，如果对问题做出肯定性回答，那么，俄国农业公社的现状会"提出抗议"，从 1861 年到 1881 年，俄国资本主义经济获得了长足发展，俄国农业公社已遭到致命性破坏，再恢复原状以便成为"社会新生的支点"实属不可能，至于理论上的可能性，那只不过是理论上的可能性，此外什么也不是。由这五个难以回答的问题就可以看出，俄国农业公社的前景问题是马克思晚年的真正困惑之一。

　　不管问题多么难以回答，该回答的问题还是要回答。马克思确实做

---

① 马克思恩格斯文集：第 3 卷. 北京：人民出版社，2009：589.

第七章　马克思经济哲学语境中的社会历史线性演化逻辑

出了回答。综合马克思复信四稿的内容可以看出，他回答问题的理论结构由三部分内容组成。其一，说明《资本论》第一卷中相关内容与俄国农业公社命运问题争论的关系；其二，从纯理论可能性上分析俄国农业公社有可能的发展前景；其三，"回到俄国现实中来"看待俄国农业公社的现状和命运。两种回答问题的方式得到的是几近正相反对的结论。

从1877年起，马克思就被迫卷进了有关俄国农业公社命运的争论中，其中的原因并不复杂，《资本论》中的"所谓原始积累"一章对西欧资本主义的起源做了基于历史事实的理论概述。争论双方都以马克思概述中的内容作为确立自己观点的理论根据。马克思要回答查苏利奇信中提出的问题，前提条件之一是说清楚《资本论》中相关内容与俄国农业公社前景问题争论之间的关系。复信第三稿对这种关系的说明最为明确：

> 我在分析资本主义生产的起源时说："因此，在资本主义制度的基础上，生产者和生产资料彻底分离了……全部过程的基础是对农民的剥夺。这种剥夺只是在英国才彻底完成了……但是，西欧的其他一切国家都正在经历着同样的运动。"
>
> 可见，这一运动的"历史必然性"明确地限制在西欧各国的范围内。造成这种限制的原因在第三十二章的下面这一段里已经指出："以自己的劳动为基础的私有制……被以剥削他人劳动即以雇佣劳动为基础的资本主义私有制所排挤。"
>
> 因此，在这种西方的运动中，问题是把一种私有制形式变为另一种私有制形式。相反，在俄国农民中，则是要把他们的公有制变为私有制。人们承认还是否认这种转变的必然性，提出赞成或反对这种转变的理由，都和我对资本主义制度起源的分析毫无关系。①

争论的语气表明，马克思不愿意自己的观点被当作争论双方中一方的理论根据这种现象出现。既然这种现象出现了，就要把自己的立场以最直接明确的形式表达出来，"毫无关系"之说可资为证。说"毫无关系"就得拿出根据，马克思确实拿出了根据。其一，从地理角度看，一是在西欧，二是在东欧，这二者之间毕竟有区别。其二，《资本论》指涉的对象是从一种私有制转变为另一种私有制，有关俄国农业公社前景问题

---

① 马克思恩格斯文集：第3卷. 北京：人民出版社，2009：583.

的争论焦点，则是从公有制转变为私有制或更高形态的公有制。这二者之间确实具有本质性区别。忽略二者之间的本质性区别而生搬硬套地运用《资本论》中的理论是不切合实际。

回到查苏利奇信中求教的问题上来。俄国农业公社的前景到底如何呢？马克思首先运用一种特殊的方式回答问题。他假定了一种俄国农业公社纯而又纯的理论状态，即"理论上的可能性"，"从纯理论观点"上看等①。在这样的理论状态中，俄国农业公社可以"跨越资本主义制度的卡夫丁峡谷"，成为"俄国社会新生的支点"。

第一，与较古类型的公社相比，俄国农业公社具有三个特点，实际是优点。

> 首先，所有较早的原始公社都是建立在公社社员的血缘亲属关系上的；"农业公社"割断了这种牢固然而狭窄的联系，就更能够扩大范围并经受得住同外界的接触。
>
> 其次，在公社内，房屋及其附属物——园地，已经是农民的私有财产，可是远在引入农业以前，共有的房屋曾是早先各种公社的物质基础之一。②
>
> 最后，虽然耕地仍然是公有财产，但定期在农业公社各个社员之间进行分配，因此，每个农民自力经营分配给他的田地，并且把产品留为己有，然而在较古的公社中，生产是共同进行的，只有产品才拿来分配。这种原始类型的合作生产或集体生产显然是单个人的力量太小的结果。而不是生产资料社会化的结果。③

之所以说上述特点是优点，根据在于比较范围。与较古类型的公社相比，俄国农业公社的构成要素更能适应于未来共产主义社会的客观需要，如交往的普遍化和更高的个人生产能力。

第二，俄国农业公社固有的二重性有利于过渡到未来共产主义社会。这样说的理由在于，"显然，农业公社制度所固有的这种二重性能够赋予它强大的生命力。它摆脱了牢固然而狭窄的血缘亲属关系的束缚，并以土地公有制以及公有制所造成的各种社会联系为自己的稳固基

---

① 马克思恩格斯文集：第3卷. 北京：人民出版社，2009：571，573，576-580.
② 同①573.
③ 同①573-574.

第七章 马克思经济哲学语境中的社会历史线性演化逻辑

础;同时,各个家庭单独占有房屋和园地、小地块耕种和私人占有产品,促进了那种与较原始的公社机体不相容的个性的发展"①。马克思的观点表述得很清楚,俄国农业公社中的公有制因素有利于形成共产主义社会所需要的社会联系,而其中的私有制因素则有利于形成未来共产主义社会所需要的个人个性的发展。

第三,俄国农业公社与资本主义制度同时并存,使它具有了过渡到未来共产主义社会的物质可能性。马克思在讲到这一点时信心满满:"设备、肥料、农艺上的各种方法等等集体劳动所必需的一切资料,到哪里去找呢?俄国'农村公社'比同一类型的古代公社大大优越的地方正是在这里。在欧洲,只有俄国的'农村公社'在全国范围内广泛地保存下来了。因此,它目前处在这样的历史环境中:它和资本主义生产的同时存在为它提供了集体劳动的一切条件。它有可能不通过资本主义制度的卡夫丁峡谷,而占有资本主义制度所创造的一切积极的成果。"②

三个方面的条件确实很诱人,由此得出俄国农业公社可以跨越"资本主义制度的卡夫丁峡谷"的结论有充分根据。人们据此而认定,马克思对查苏利奇信中的问题做出了肯定性回答,进而认定马克思有一个所谓的东方社会理论。基于马克思文献理解问题就会发现,这样的"认定"离马克思原生态的想法很远。人们在看到马克思以上论述时并没有注意到或是有意忽略了,得出能够跨越资本主义"卡夫丁峡谷"的结论只不过是就"理论上的可能性"而言,要使"理论上的可能性"变为现实,就必须具备一系列前提条件,马克思列出了这些前提条件,稍加梳理便是七个方面的内容。其一,俄国农业公社被置于正常条件之下;其二,消除对俄国农业公社的破坏性影响;其三,消除压在俄国农业公社身上的重负;其四,获得正常数量的土地;其五,俄国爆发革命;其六,国债等经济社会资源都用于发展俄国的农业公社③;其七,西欧爆发无产阶级革命且与俄国革命相呼应④。让我们回到现实中来。马克思写复信的1881年存在上述前提条件吗?实际情况是其中的一个前提条件也不具备,更遑论全部七个方面的前提条件。缺乏前提条件的"理论

---

① 马克思恩格斯文集:第3卷.北京:人民出版社,2009:586.
② 同①578.
③ 同①571,590,578,582.
④ 马克思恩格斯文集:第2卷.北京:人民出版社,2009:8.

上的可能性"只能停留于理论假定层面,什么问题也说明不了。

认定马克思对查苏利奇信中的问题做出肯定性回答的人们显然是犯了以偏概全的错误,因为马克思还有另一种回答问题的方式,这就是:"我们必须从纯理论回到俄国现实中来。"① 基于这种回答问题方式而来的看法,俄国农业公社的前景暗淡起来,它几近灭亡,或者说它必然会灭亡。这样的前景表明,现在再谈论跨越"资本主义制度的卡夫丁峡谷"问题,已经没有现实意义。为了说明俄国农业公社前景不容乐观,马克思为我们陈述了三个方面的情况。

第一,国家正在加大力度地破坏农业公社。"正是从所谓农民解放的时候起,国家把俄国公社置于不正常的经济条件之下,并且从那时候起,国家借助集中在它手中的各种社会力量来不断地压迫公社。由于国家的财政搜刮而被削弱得一筹莫展的公社,成了商业、地产、高利贷随意剥削的任人摆布的对象。这种外来的压迫激发了公社内部原来已经产生的各种利益的冲突,并加速了公社的各种瓦解因素的发展。"② 资本主义生产关系绝非像资产阶级经济学家如哈耶克所说的那样是自生自发过程,而是国家深度地参与其中,发挥巨大的推动作用。俄国的国家机器在俄国农业公社被挤压以至于被消灭的过程中发挥了同样性质的作用。这种作用的结果可想而知,俄国农业公社灭亡是必然结局。

第二,俄国已经产生和存在的资本主义经济因素正在推波助澜地加速俄国农业公社灭亡的进程,这是由资本主义经济发展的客观需要决定的。要发展资本主义经济就"必须创造一个由比较富裕的少数农民组成的农村中等阶级,并把大多数农民干脆都变为无产者"③。马克思叙述让我们见到似曾相识的惊人一幕,他写复信时即 1881 年的俄国正在经历西欧国家尤其是英国已经经历过的资本原始积累过程。这一过程是"绞肉机"即资本与政治权力相结合肆虐的过程,已经脆弱不堪的俄国农业公社及这一公社的主体——农民怎么能经受得住这种资本主义进程的冲击呢? 俄国农业公社的前景只有一个,那就是灭亡。做出这样的结论似乎显得绝对,后来的历史发展证明,马克思的预言不幸言中了。

第三,俄国农业公社作为根本性特点存在的"二重性",内在地包

---

① 马克思恩格斯文集:第 3 卷. 北京:人民出版社,2009:576.
② 同①576-577.
③ 同①577.

第七章　马克思经济哲学语境中的社会历史线性演化逻辑

含促使公社灭亡的因素,一旦具备适宜的社会历史条件,这种因素就会发挥作用。马克思三次关注和强调这一点,此处引证论述较为典型的一次。在复信第三稿马克思说:"除了外来的各种破坏性影响,公社内部就有使自己毁灭的因素。土地私有制已经通过房屋及农作园地的私有渗入公社内部,这就可能变为从那里准备对公有土地进攻的堡垒。这是已经发生的事情。"①貌似自在存在的私有制因素并不是完全处于自在状态,它有一种扩张自身并表示存在的强烈冲动。如果遇到适宜扩张和发展的社会历史环境,这种私有制因素会更加活跃和更加急迫地表现自己。最终结果如何?是俄国农业公社的灭亡。

如上思想梳理明证可鉴,针对查苏利奇信中提出的问题,马克思用两种方式做出回答,一种是纯理论方式,另一种是"回到俄国现实中来"的方式。两种方式得到了具有本质性区别的两种结论,两种结论与马克思一般性社会历史线性演化逻辑具有各不相同的关系。基于"回到俄国现实中来"的方式回答问题与一般性社会历史线性演化逻辑相符合,也与俄国农业公社的最终命运相一致。人们或是忽略了这种回答,或是情感上不愿意见到这种回答,在后来的相关研究中这种回答及其结果已没有表示存在的机会。纯理论方式回答问题的结论被大部分人接受,在国内是几乎已成定论的所谓"马克思东方社会理论"。在国外如此看问题者也不乏其人,例如著名的英国历史学家和马克思主义思想家霍布斯鲍姆就认为,"马克思倾向于赞同民粹派的观点"②。

虽然马克思以纯理论方式回答问题得到的结果成了主流性理论,我们必须要指出的是,这不是马克思的过错,而是后继理解者的过错。过错表现于两个方面。一方面,马克思原生态思想中有两种回答问题的方式,得到的理论结果也是两种,但后继理解者仅仅看到了一种而忽略了同样客观存在的另一种。另一方面,如此理解问题的人们既没有看到也没有指出马克思用纯理论方式回答问题及其结果中存在的缺陷。其一,马克思对生产力及其发展程度的制约作用问题关注不够,这与《德意志意识形态》对相关问题的论述适成明显对照。其二,虽然马克思说"要

---

① 马克思恩格斯文集:第3卷.北京:人民出版社,2009:586.
② 埃里克·霍布斯鲍姆.如何改变世界:马克思和马克思主义的传奇.吕增奎,译.北京:中共编译出版社,2014:151-152.

拯救俄国公社,就必须有俄国革命"①,但农民性质的革命与向共产主义社会过渡的无产阶级革命之间有本质区别,此革命非彼革命。马克思并没有指出这一点。其三,马克思对交往的普遍性问题估计不足,他以为俄国农业公社"与世隔绝"造成的孤立状态"这个障碍好消除"②。

看到并指出马克思纯理论方式回答问题及其结果中的理论缺陷,回归"回到俄国现实中来"回答问题的方式及其结果,就能避免与马克思一般性社会历史线性演化逻辑相冲突的瑕疵,否则,这一冲突无法避免。例如,马克思纯理论回答问题的方式及其结果能做到与下述论断协调一致吗?这个论断出现于1859年的《政治经济学批判》(第一分册)"序言"中:"无论哪一个社会形态,在它所能容纳的全部生产力发挥出来以前,是决不会灭亡的;而新的更高的生产关系,在它的物质存在条件在旧社会的胎胞里成熟以前,是决不会出现的。"③"回到俄国现实中来"回答问题的方式及其结果与马克思两个"决不会"论断相一致。这种一致表明,虽然马克思在回答查苏利奇信中的问题时表现出一定程度的困惑,但困惑过程中还是发现了问题的症结所在。找到问题的症结思路便会明确起来,国家的肆意破坏、资本主义因素的巨大冲击和俄国农业公社内部的私有制因素发酵三个方面的原因使然,俄国农业公社的灭亡是必然的历史命运。看到这种命运的必然到来或许情感上不舒服,但社会历史线性演化逻辑不以个人意志为转移。

六、结论

论述至此,马克思社会历史线性演化逻辑不同语境中的经济哲学内容已被揭示出来。但是,因语境不同而造成的理论内容的复杂性和其中某些观点既具有冲击性又具有挑战性而使我们不能就此住笔,而是要在更高层面上提出和分析其中隐含的理论问题。

第一,社会历史线性演化逻辑的语境问题。

马克思在四个语境中发表对社会历史线性演化逻辑的看法。语境各

---

① 马克思恩格斯文集:第3卷.北京:人民出版社,2009:582.
② 同①575.
③ 马克思恩格斯文集:第2卷.北京:人民出版社,2009:592.

第七章 马克思经济哲学语境中的社会历史线性演化逻辑

不相同的原因不难找到,社会历史情势、学术背景、叙说对象和论说目的四个方面的情况各不相同,造成了语境的各不相同。人们习惯性地按历史唯物主义教科书理解马克思的社会历史线性演化逻辑,至于语境问题,则是在自觉意识层面没有表示存在的机会。习惯性做法导致了一系列理论后果的出现。首先,有那么多经济哲学内容被置于视野黑洞之中,最终变成了不存在。其次,在发表对中国被侵略和印度被征服问题的看法时,马克思说了那么多有可能伤及我们民族感情的话,如果不在微观和中观语境层面细加辨析,如果不在宏观语境层面紧紧抓住马克思社会历史线性演化逻辑中的阶段性内容,得出他是"侵略有理论"者的结论很容易,但这是对马克思的误解,因为他的观点与此时帝国主义者如约翰·穆勒和托克维尔等帝国主义者的观点之间有本质区别①。最后,如果不关注语境问题,特别是关注马克思不同语境之间核心思想的本质性联系,误解马克思相关论述是可以预料的结果。例如,不少人对马克思关于俄国能否"跨越资本主义制度的卡夫丁峡谷"论述做出了肯定性理解。问题在于,马克思还有更符合俄国社会历史实际因而更具说服力的"回到俄国现实中来"的论述。这种论述的必然性结论是对查苏利奇信中的问题做出否定性回答。更重要的问题在于,如果仅仅各取所需地理解马克思的相关论述,必然产生的结果是陷入二难择一的困境:要一般性理论语境中的社会历史线性演化逻辑还是要俄国例外论?二者择一才能得出一以贯之的结论。这里必须强调的是,从19世纪40年代中期提出社会历史线性演化逻辑以来,马克思从来没有在基本观点上发生过动摇,虽然在面对查苏利奇信中提出的问题时遇到了理论困难。由是观之,马克思社会历史线性演化逻辑的语境问题不是个小问题,无视其客观存在,不让它在学术语境中表示存在,既是不足取的态度,也会导致误解马克思原生态思想实际的结果。

第二,社会历史线性演化逻辑的根据问题。

从马克思社会历史线性演化逻辑的出场时间看,四个语境的顺序如下:一般性理论语境、东方特定社会历史情势语境(主要针对中国和印度的社会历史情势)、原生态语境(主要针对英国和西欧其他国家的社会历史情势)和俄国特定社会情势语境(主要针对俄国农业公社的命

---

① 关于这两个人的帝国主义倾向和观点,请见珍妮弗·皮茨. 转向帝国:英法帝国自由主义的兴起. 金毅,许鸿艳,译. 南京:江苏人民出版社,2012。

运)。这种顺序容易给人造成印象,马克思社会历史线性演化逻辑是先有一般性理论假设,后有社会历史特别是社会经济历史的根据,一般性理论语境后的其他三个理论语境都可视为对一般性理论假设的验证。列宁在《什么是"人民之友"以及他们如何攻击社会民主党人?》中的相关论述进一步加固了这种印象:"社会学中这种唯物主义思想本身已经是天才的思想。当然,这在那时暂且还只是一个假设。""马克思在40年代提出这个假设后,就着手实际地(请注意这点)研究材料。他从各个社会经济形态中取出一个形态(即商品经济体系)加以研究,并根据大量材料(他花了不下25年的工夫来研究这些材料)对这个形态的活动规律和发展规律作了极其详尽的分析。"①列宁把人们的习惯性印象变成了理论。由于研究资料的匮乏使列宁做出了不符合马克思思想发展实际的结论。我们不能苛求他,这是时代的局限。这个结论对后世产生了有害性影响。例如,马克思主义哲学原理和马克思主义哲学史教科书在讲到马克思哲学思想形成过程时,都不顾及社会历史线性演化逻辑提出时的根据问题,对马克思政治经济学研究与社会历史线性演化逻辑提出之间的关系问题,或是一笔带过,或是无视这一问题的客观存在。马克思提出社会历史线性演化逻辑时到底是有所根据还是仅凭"假设"?后来面世的材料证明,马克思提出社会历史线性演化逻辑时有根据,直接证据是他研究政治经济学的三大笔记,即《巴黎笔记》《布鲁塞尔笔记》《曼彻斯特笔记》。笔记中的思想成果进入了《1844年经济学哲学手稿》《神圣家族》《德意志意识形态》《哲学的贫困》《共产党宣言》等文献中。微观证据可以《德意志意识形态》《共产党宣言》为例证,其中对大工业革命性的经典论述后来被充实和扩展为《资本论》第一卷的第四篇即"相对剩余价值的生产"②。马克思《政治经济学批判》(第一分册)"序言",以最直接的形式告诉我们,社会历史线性演化逻辑的提出与政治经济学研究之间具有直接和本质的联系,政治经济学研究中涉及的社会经济发展的历史性事实就是根据。

第三,社会历史线性演化逻辑的验证问题。

马克思社会历史线性演化逻辑的分析中心是资本主义社会,根本性

---

① 列宁选集:第1卷.北京:人民出版社,1995:7,9.
② 马克思恩格斯文集:第1卷.北京:人民出版社,2009:565-567;马克思恩格斯文集:第2卷.北京:人民出版社,2009:32-36.

第七章　马克思经济哲学语境中的社会历史线性演化逻辑

诉求是未来共产主义社会。把社会历史线性演化逻辑四种语境具体化，我们见到的是如下情况。一般性理论语境是前资本主义社会→资本主义社会→共产主义社会；东方特定社会历史情势语境是殖民地社会（印度）和半殖民地社会（中国）→资本主义社会→共产主义社会；命题的原生态语境是前资本主义社会→资本主义社会低级阶段→资本主义社会高级阶段→共产主义社会；俄国特定社会历史情势语境是原始社会遗存物（俄国农业公社）→资本主义社会（或不经历这一"卡夫丁峡谷"）→共产主义社会。四个语境表明，社会历史线性演化逻辑涉及了这么复杂的社会历史状况。面对如此复杂的社会历史状况，马克思如何验证自己的社会历史线性演化逻辑？实际情况是，三种非一般性理论语境中的内容都是对一般性理论语境中社会历史线性演化逻辑的验证，在这一验证中，原始社会"遗存物"的情况（俄国农业公社）、封建社会的情况（中国）和资本主义社会的情况（英国和西欧其他国家）都顾及了，只是奴隶制社会的情况未及顾涉。社会历史形态方面如此复杂的情况表明，马克思确实对社会历史线性演化逻辑进行了理论验证，并基本做到了言之成理和持之有故。关键问题在于实践验证，这是马克思无能为力的事情。后来的社会历史发展表明，实践同样在某种程度上验证了马克思社会历史线性演化逻辑是正确的。西欧国家很快发展到了资本主义社会的高级阶段，中国、印度和俄国都先后进入了市场经济社会。资本主义市场经济与社会主义市场经济之间肯定有区别，但市场经济就是市场经济，所以有论者说，中国目前的社会是"有中国特色的资本主义"[①]。我们可以不同意且据理驳斥这种观点，但中国用市场经济体制配置资源且成就举世瞩目是不争的客观事实。未来的共产主义社会呢？由市场经济体制爆发出来的生产力的高速发展、交往普遍化导致的全面性依赖关系的形成和个人素质的不断提高，这些被马克思一再强调的前提性条件的日积月累，共产主义社会一定能到来。

第四，社会历史线性演化逻辑中的学科性内容问题。

马克思在展开和论证社会历史线性演化逻辑问题时涉及和运用了诸多学科性知识，例如，一般性理论语境主要是政治经济学研究的结果，这是政治经济学与哲学的内在联系问题；原生态语境中系统论述英国工

---

① 戴维·罗特科普夫. 权利组织：大公司与政府间历史悠久的博弈及前景思考. 梁卿，译. 北京：商务印书馆，2014：355.

厂法立法的历史,这是法学领域中的问题;东方特定社会历史情势语境中论及印度和中国问题时,马克思在情感上同情和道义上声援印度与中国,这是伦理学领域中的问题;俄国特定社会历史情势语境中论及俄国社会历史状况和前景问题时,详尽分析俄国农业公社涉及的各种问题并与其他历史时代和地域的原始公社进行比较,这是历史学领域中的问题,等等。我们在这里关注经济学和哲学这两个学科。人们普遍接受的看法是,发展经济学产生于第二次世界大战后。这种看法是用西方主流经济学的经济学帝国主义眼光看问题的结果。从经济学历史发展的客观实际出发就能够发现,发展经济学的真正创立者是马克思,西方主流经济学的流行观点是数典忘祖。马克思在论证社会历史线性演化逻辑时涉及发展经济学的核心观点如下。其一,经济发展是时代的核心任务;其二,欠发达国家模仿和追赶发达国家;其三,不管主观选择意愿如何,发展经济的唯一途径是资本主义经济体制(市场经济体制);第四,经济发展的动力是不被世界历史潮流淘汰。把这四个核心性观点放到发展经济学语境并用经济学语言加以表述,我们马上就能发现,发展经济学的真正创立者到底是谁。经济哲学性的内容更丰富,例证如下。其一,世界历史论。这种观点的核心内容是社会历史性的时间延续和空间扩张,二者中的主体是资本主义经济。后来,有专有名词表征这一内容即全球化。其二,生产力发展绝对必需论。这种观点主张,任何社会历史性变迁,包括向未来共产主义社会过渡,生产力发展并达到一定程度都是绝对必需的前提。马克思终生都在坚持这一观点,始终没有变化。其三,社会历史线性演化逻辑中的阶段不可超越论。此为马克思在各种语境中都在坚持的观点,就是在论述俄国农业公社前景问题时情况也是如此,因为马克思要求自己和其他人"必须从纯理论回到俄国现实中来"[①],而"俄国现实"中的种种状况"必然会导致农村公社的灭亡"[②]。其四,后继国家要在世界历史大潮中占得一席之地,经历资本主义社会的痛苦过程是必然结局。它们所能做的是缩短这一痛苦的过程并减轻痛苦程度,但这样的痛苦过程无法"跨越"[③]。其五,外力论。马克思在谈论非英国和西欧其他国家如中国和印度的社会历史发展问题时,始终

[①] 马克思恩格斯文集:第3卷.北京:人民出版社,2009:576.
[②] 同①577.
[③] 马克思恩格斯文集:第5卷.北京:人民出版社,2009:9-10.

第七章 马克思经济哲学语境中的社会历史线性演化逻辑

坚持外力论的观点,即西方发达资本主义国家抱着卑鄙目的,利用各种手段,包括侵略和征服手段,促使非资本主义国家进入资本主义的社会历史时代。后来的社会历史发展证明,这种外力论的观点符合社会历史实际。其六,诚信经济规律论。这个被恩格斯以更明确形式表述出来的观点直到现在仍然没有进入人们的研究视野,但它的客观存在当是不争事实①。上述六个观点只是例证,这样的例证表明,马克思社会历史线性演化逻辑中确实具有极为丰富的经济哲学内容。

第五,社会历史线性演化逻辑的思想资源问题。

社会历史线性演化逻辑的一般性哲学基础是进步观念。有学者考据说,这种观念产生于16世纪②。进步观念先是以知识进步论形式大行其道③,然后向各个具体知识领域渗透,政治经济学和社会历史学领域中出现的结果是进步论的经济史观。经济史观是哲学性内容,又是政治经济学理论的有机组成部分。这种经济史观(哲学)与政治经济学理论的结合始自亚当·斯密,持续到19世纪上半叶,后来只是新古典主义经济学运动的兴起及其渐成气候,继而成为经济学主流,才使得这种结合成为可有可无的内容。在这一历史时期内,各不相同的经济史观异彩纷呈,成为马克思提出和论证社会历史线性演化逻辑的思想资源。例如,亚当·斯密在18世纪中叶的学术演讲中说:"人类社会的四个时期是:畋猎、畜牧、农作和贸易。"④ 到19世纪上半叶,李斯特在他那部开创政治经济学研究新范式的《政治经济学的国民体系》中,把经济史观表述得更为具体:"从经济方面看来,国家都必须经过如下发展阶段:原始未开化时期,畜牧时期,农业时期,农工业时期,农工商业时期。"⑤ 与马克思社会历史线性演化逻辑相比,作为例证的亚当·斯密和李斯特观点显得粗糙,缺乏论证,给人以力单势薄之感,但其中隐含的哲学性理念却十分重要。人类社会历史中的经济演化呈线性状态,总

---

① 对恩格斯诚信经济规律论的展开性论述,请见宫敬才. 诚信的经济规律性质. 求是,2002(15).
② 约翰·伯瑞. 进步的观念. 范祥涛,译. 上海:上海三联书店,2005:4.
③ 孔多塞. 人类精神进步史表纲要. 何兆武,何冰,译. 北京:三联书店,1998:2-3.
④ 坎南,编. 亚当·斯密关于法律、警察、岁入及军备的演讲. 陈福生,陈振骅,译. 北京:商务印书馆,1962:126.
⑤ 弗里德里希·李斯特. 政治经济学的国民体系. 陈万煦,译. 蔡受百,校. 北京:商务印书馆,1961:155.

体趋势是不断进步和发展，这种进步和发展具有阶段性，后一阶段高于和好于前一个阶段，进步和发展没有止境。这些哲学性理论带有一般性质，它们启发和影响了马克思，帮助马克思提出自己的社会历史线性演化逻辑。这样的思想史梳理和例证表明，马克思在提出和论证社会历史线性演化逻辑时，确实利用了前人的思想资源。

第八章　马克思经济哲学语境中的资本家范畴

一、问题的提出及其说明

在马克思主义研究领域，从政治经济学、哲学、历史学、法学和管理学等角度研究资本范畴的成果汗牛充栋，但少见以资本基本和主要的行为主体——资本家为研究对象的成果。人们或许以为，理解资本范畴的自然结果是对资本家范畴的理解，实际情况正好相反。历史与现实、理论与实际相结合地理解资本家范畴是准确全面理解资本范畴的前提。不理解资本家，怎么能全面准确地理解资本呢？

二、看待资本家的角度

马克思终生研究政治经济学的目的是说清楚资本主义生产方式，要说清楚这种生产方式，资本的人格化——资本家问题必然会成为言说对象。马克思从各不相同的角度论说资本家，我们见到者是高度理论化的资本家形象。

第一个角度。"资本的概念中包含着资本家。""资本实质上就是资本家"①。马克思从行为主体角度看待资本家。资本主要的行为主体有三：资本家、雇佣劳动者和地主。三者中最早出现的是资本家，他把奴农或其他有少量生产资料的劳动者变为雇佣劳动者，把封建性地主变为从属于资本的地主。此为由资本主导且是残酷剧烈的社会历史转型过程及其结果。基于此，做出"资本实质上就是资本家"的结论名正言顺。

第二个角度。"我决不用玫瑰色描绘资本家和地主的面貌。不过这里涉及的人，只是经济范畴的人格化，是一定的阶级关系和利益的承担者。"② 马克思从经济范畴角度看待资本家，个人性因素退居幕后，特定阶级关系和利益承担者的资本家形象出现在我们面前。具体说，作为经济范畴的资本家是特定经济职能的化身，经济职能的表现于外形成特定的阶级关系，使资本主义生产的特质显现出来。

第三个角度。"资本是根本不关心工人的健康和寿命的，除非社会迫使它去关心。人们为体力和智力的衰退、夭折、过度劳动的折磨而愤愤不平，资本却回答说：既然这种痛苦会增加我们的快乐（利润），我们又何必为此苦恼呢？不过总的说来，这也并不取决于个别资本家的善意或恶意。自由竞争使资本主义生产的内在规律作为外在的强制规律对每个资本家起作用。"③ 马克思从自由竞争制度角度看待资本家。纵观资本主义经济发展的历史，尤其在资本主义的"粗野期"，资本家的行为让人愤怒，但如果仅从个人品质角度看问题，往往会偏离正确认识资本家的方向。自由竞争是资本主义生产制度的硬性约束，这种约束使资本家必须忘掉日常生活意义的自我，尽最大努力地履行资本职能，在竞争中处于不败之地才是重中之重。制度比人强，制度塑造人。从自由竞争制度角度看待资本家，作为经济范畴并把资本制度人格化的资本家就好理解了。资本家所表现出来的特性是资本的制度本性。

第四个角度。"资本家只有作为人格化的资本，他才有历史的价值……也只有这样，他本身的暂时必然性才包含在资本主义生产方式的暂时必然性中。但既然这样，他的动机，也就不是使用价值和享受，而是交换价值和交换价值的增殖了。作为价值增殖的狂热追求者，他肆无

---

① 马克思恩格斯全集：第30卷. 北京：人民出版社，1995：508，509.
② 马克思恩格斯文集：第5卷. 北京：人民出版社，2009：10.
③ 同②311-312.

第八章　马克思经济哲学语境中的资本家范畴

忌惮地迫使人类去为生产而生产，从而去发展社会生产力，去创造生产的物质条件；而只有这样的条件，才能为一个更高级的、以每一个个人的全面而自由的发展为基本原则的社会形式建立现实基础。"① 马克思从线性历史观角度看待资本家。这一角度中的资本家只不过是历史的不自觉的工具。资本家以疯狂追逐剩余价值的形式在推动历史由传统社会向现代社会转型的过程中发挥巨大作用。让资本家没有想到也不愿意见到的是，现在为未来做准备，是过渡到未来的桥梁，而未来是对现在的扬弃。从这一角度看问题，资本家是发挥特定社会历史性作用的过客和工具，其社会历史性存在的必要性端赖于此。

三、资本家的职能

四个角度观照中的资本家形象各具特色，本质表现出来，即资本家的产生、存在、发展和退出社会历史舞台都与其追逐剩余价值的核心职能息息相关。为了界定剩余价值，马克思提出了不变资本和可变资本两个范畴，以期让剩余价值的具体内容显现出来："转变为生产资料即原料、辅助材料、劳动资料的那部分资本，在生产过程中并不改变自己的价值量。因此，我把它称为不变资本部分，或简称为不变资本。""相反，变为劳动力的那部分资本，在生产过程中改变自己的价值。它再生产自身的等价物和一个超过这个等价物而形成的余额，剩余价值。这个剩余价值本身是可以变化的，是可大可小的。这部分资本从不变量不断转化为可变量。因此，我把它称为可变资本部分。"②

马克思的概念界定向我们表明，剩余价值的源泉不是不变资本，而是可变资本。可变资本是以工资形式表现出来的劳动力价值，剩余价值的最终源泉是雇佣劳动者的劳动。为了让这个以法律意义的自由、平等和公正掩盖起来的源泉显现出来，马克思又进一步提出新范畴，以劳动时间分段和对比的形式加以说明。"如果工人每天的生活资料的价值平均代表六个对象化劳动小时，那么，工人要生产这个价值，就必须平均每天劳动六个小时……因此，我把进行这种再生产的工作日部分称为必

---

① 马克思恩格斯文集：第5卷．北京：人民出版社，2009：683.
② 同①243.

要劳动时间,把在这部分时间内耗费的劳动称为必要劳动。"① 资本家不是慈善家,资本主义企业不是慈善单位。资本家雇佣劳动者的唯一目的是榨取雇佣劳动者的剩余劳动,把这种剩余劳动实现为剩余价值。所以,在劳动力归资本家使用的时间内,雇佣劳动者的劳动时间不可能局限于必要劳动时间内,而是进入第二时间段的劳动。"劳动过程的第二段时间,工人超出必要劳动的界限做工的时候,虽然耗费工人的劳动,耗费劳动力,但并不为工人形成任何价值。这段时间形成剩余价值,剩余价值以从无生有的全部魅力引诱着资本家。我把工作日的这部分称为剩余劳动时间,把这段时间内耗费的劳动称为剩余劳动(surplus labour)。"②

与劳动时间分割相伴而行的是商品价值分割。马克思把商品中包含的价值分为三个量:第一个量是商品中没有发生价值变化的不变资本部分;第二个量是商品中与雇佣劳动者工资等值的部分即可变资本部分;第三个量是马克思所说的"无中生有"即雇佣劳动者在劳动过程中创造的剩余劳动部分。此处的第三部分是潜在的剩余价值,商品经过流通领域的洗礼就会变为以真金白银形式表现出来的现实剩余价值。资本家拼命追逐者,就是这个剩余价值。资本家到哪里追逐剩余价值?宅在家中?与情妇鬼混?或是与混社会的人和贪官这类社会渣滓称兄道弟?这些行为不可能得到剩余价值。资本家能够追逐到剩余价值的地方是实际的生产领域。

追逐剩余价值,实现剩余价值,这二者都是行为,资本的人格化是资本的行为化,行为化的主体是资本家而不是资本本身。

资本家履行资本职能并在生产领域把这一职能表现出来,便是在生产过程中发挥监督、指挥、管理和协调雇佣劳动者劳动的作用。就此而言,马克思的论证如下:"随着许多雇佣工人的协作,资本的指挥发展成为劳动过程本身的进行所必要的条件,成为实际的生产条件。现在,在生产场所不能缺少资本家的命令,就像在战场上不能缺少将军的命令一样。""一个单独的提琴手是自己指挥自己,一个乐队就需要一个乐队指挥。一旦从属于资本的劳动成为协作劳动,这种管理、监督和调节的职能就成为资本的职能。"③ 马克思的论证向我们揭明了三项内容。第

---

① 马克思恩格斯文集:第5卷.北京:人民出版社,2009:250.
② 同①251.
③ 同①383-384,384.

第八章 马克思经济哲学语境中的资本家范畴

一，雇佣劳动者的劳动是在资本支配下且从属于资本的劳动。第二，雇佣劳动者人数众多并集中于同一空间如大工厂内，管理、监督、指挥和协调等成为生产得以进行的必要条件。马克思证明这一点的例子是战场上不能没有将军和乐队中不能没有乐队指挥。第三，随着资本主义生产的不断发展，资本家管理职能的发挥显得越来越必要，越来越重要。

由马克思的论证可以看出，在资本主义生产过程中，资本家管理职能的发挥具有绝对必要性。但是，富有挑战性的问题也接踵而来：这种职能发挥的性质是什么？这样的问题在马克思在世时就有人提出并加以回答，这种回答只不过是资本家的心意表达。马克思在批驳这种回答的过程中提出自己的观点："在资本家的脑袋里必然产生这样的观念：他的企业主收入远不是同雇佣劳动形成某种对立，不仅不是他人的无酬劳动，相反，它本身就是工资，是监督工资"。"人们完全忘记了：资本家作为资本家，他的职能是生产剩余价值即无酬劳动，而且是在最经济的条件下进行这种生产。由于利润即剩余价值所分成的两个部分的对立形式，人们忘记了，二者不过是剩余价值的不同部分，并且它的分割丝毫不能改变剩余价值的性质、它的起源和它的存在条件。"[①] 马克思的立场明确而且坚定。尽管资本家及其学术代理人——资产阶级经济学家提出貌似有理有据的辩护性理由，尽管资本家的管理性劳动确实具有必要性，但就其实质而言，这种劳动是"参与对劳动的剥削"，因为，"资本家的管理不仅是一种由社会劳动过程的性质产生并属于社会劳动过程的特殊职能，它同时也是剥削一种社会劳动过程的职能，因而也是由剥削者和他所剥削的原料之间不可避免的对抗决定的"[②]。

从社会历史变迁角度看，资本家的管理行为及其后果是特定经济职能的发挥，客观效果是对社会历史变迁的推动，他受自由竞争制度的驱使而不能自行其是。资本家对此并没有自觉意识，所以他是社会历史变迁的不自觉的工具。正是因为如此，不能简单地用道德意义的善或恶评价资本家的行为及其后果，或者说，资本家道德意义的恶铸就了社会历史变迁意义的善，因为资本家在以追逐剩余价值形式满足发财致富欲望的过程中发展了社会生产力，为资本主义社会的灭亡和共产主义社会的到来准备好了物质前提。

---

① 马克思恩格斯文集：第7卷．北京：人民出版社，2009：427．
② 同①；马克思恩格斯文集：第5卷．北京：人民出版社，2009：384．

上述观点是马克思始终如一的基本立场。例如，他在评价资本家行为及其后果的放大版——英国对印度的殖民统治时说："的确，英国在印度斯坦造成社会革命完全是受极卑鄙的利益所驱使，而且谋取这些利益的方式也很愚蠢。但是问题不在这里。问题在于，如果亚洲的社会状态没有一个根本的革命，人类能不能实现自己的使命？如果不能，那么，英国不管犯下多少罪行，它造成这个革命毕竟是充当了历史的不自觉的工具。""英国在印度要完成双重的使命：一个是破坏的使命，即消灭旧的亚洲式的社会；另一个是重建的使命，即在亚洲为西方式的社会奠定物质基础。"① 马克思表述观点的思路非常清晰，但不完整，恩格斯的论述能够更完整地表达出马克思的基本观点。1846—1848 年爆发了美国侵略墨西哥的战争，结果是美国抢占了墨西哥几乎一半的领土，其中包括得克萨斯、北加利福尼亚、新墨西哥及其他地区。恩格斯针对这一事件说："在美洲我们看到墨西哥已被征服，这使我们非常高兴。""凡是我们目力所及的地方，资产阶级到处都做出了巨大的成绩，它昂首阔步，傲慢地向敌人挑战。资产阶级期待着决定性的胜利，而且它的希望不会落空。资产阶级准备根据自己的标准重新划分全世界，并且在地球的大部分区域内做到这一点。"在阶级立场上，恩格斯和马克思一样是资产阶级不共戴天的敌人，他为什么要这样看问题？原来还有思想逻辑的另一半要表达："这些先生真的以为，他们在替自己干。他们鼠目寸光，以为他们一胜利世界就会最后改变面貌。可是很明显，他们到处都只是为我们民主主义者和共产主义者开辟道路，他们充其量只能提心吊胆地享几年福，然后，很快也会被打倒。"最后，恩格斯这位 28 岁的小伙子豪情万丈地宣布："资产者大人先生们，勇敢地继续你们的战斗吧！现在我们需要你们，我们在某些地方甚至需要你们的统治。你们应该替我们扫清前进道路上的中世纪残余和君主专制。你们应该消灭宗法制，实行中央集权，把比较贫穷的阶级变成真正的无产者——我们的新战士。你们应该通过你们的工厂和商业联系为我们建立解放无产阶级所需要的物质基础。为了奖励这一点，你们可以获得短期政权。你们可以支配法律，作威作福。你们可以在王宫中欢宴、娶艳丽的公主为妻，可是别忘了'刽子手就站在门前'。"②

---

① 马克思恩格斯文集：第 2 卷. 北京：人民出版社，2009：683，686.
② 马克思恩格斯全集：第 4 卷. 北京：人民出版社，1958：513，514，515.

第八章　马克思经济哲学语境中的资本家范畴

马克思恩格斯论述的二者合一是相对完整的思路。这个思路涉及三种社会历史形态，即前资本主义社会、资本主义社会和未来社会。资本家的工具化行为及其后果是扫清封建主义残余，发展资本主义生产，为未来社会准备物质条件。

四、需要研究的问题

马克思关于资本家的思想已如上述，其内含的逻辑力量和价值立场令人感佩。但是，其中的问题毕竟客观存在，需要单独提出来在经济哲学层面加以讨论。

第一个问题，资本家基于管理性劳动而来的剩余价值索要权具有合理性吗？

马克思说："正如一般价值归结为劳动一样，剩余价值归结为剩余劳动，既无酬劳动。因此，剩余价值也只是以实际会改变自己价值的那部分资本——可变资本，花在工资上的资本——来计量的。"[①] 为了更直白和清楚地表明自己的立场，马克思选取的论说对象是"直接的生产过程"，为实现剩余价值而存在的流通过程并没有进入考察范围。尽管进行这样的限定，我们还是不得不说，这其中潜藏需要说明的问题。

资本主义生产过程，除雇佣劳动者的劳动外，还有如下几个因素构成。首先是以生产资料形式表现出来的资本，其次是资本家对生产过程进行监督和指挥的管理性劳动，最后是作为商品的产品由于卖不出去剩余价值就不能实现而潜在的风险。

在三个因素中，作为生产资料的资本是死劳动，是雇佣劳动者昔日劳动的凝结，这种因素在生产过程中对产品的价值贡献不能算是资本家的贡献。资本家有可能承担的风险变为现实是真金白银的损失，但损失由投入资本构成的原因使然，这部分损失不能被视作资本家的损失。最后一个因素比较特殊，由于没有资本家的监督和指挥等管理性职能的发挥，像没有雇佣劳动者的劳动一样，作为商品的产品同样不能被生产出来。所以，根据商品的劳动价值构成就可以看出，资本家有权利索要劳

---

① 马克思. 剩余价值理论：第3册. 北京：人民出版社，1975：534.

动产品中自己应得到的那一份劳动性收入。这部分收入在商品价值中占有多大比重是数量多寡问题，但性质上具有合理性是应当肯定下来的基本事实。由上述的引文可以看出，马克思既说管理性劳动具有绝对必要性，又说这种劳动具有剥削性质因而没有收入上的合理性，这与劳动价值论的内在逻辑相冲突。这种冲突从马克思论述中就可以看出来："当然，产业利润中也包含一点属于工资的东西（在不存在领取这种工资的经理的地方）。资本家在生产过程中是作为劳动的管理者和指挥者（captain of industry）出现的，在这个意义上说，资本家在劳动过程本身中起着积极作用。但是只要这些职能是产生于资本主义生产的特殊形式，""那末，这种与资本相结合的劳动（这种劳动也可以转给经理）当然就与雇佣工人的劳动一样，是一种加入产品价值的劳动"①。从马克思表述中我们可以感受到他思绪的变化，似乎不承认产业资本家根据管理性劳动具有索要劳动收入的合理性权利是难以说通的地方。

在另一个地方，马克思把资本家管理劳动的性质解释得更为清楚：

> 资本主义生产本身已经使那种完全同资本所有权（不管是自有的资本还是别人的资本）分离的管理劳动比比皆是。因此，这种管理劳动就完全无需资本家亲自担任了。这种劳动实际上是同资本分离而存在的，但这不是表现在产业资本家同货币资本家那种表面的分离上，而是表现在产业管理人员等等同各种资本家的分离上。最好的证明就是：第一，工人们自己创办的合作工厂。它们提供了一个实例，证明资本家作为生产上的职能执行者对工人来说已经成为多余的了，就像在资本家本人看来，土地所有者的职能对资产阶级的生产是多余的一样。第二，只要资本家的劳动不是由作为资本主义过程的那种［生产］过程引起，因而这种劳动并不随着资本的消失而自行消失；只要这种劳动不是剥削别人劳动的职能的名称，也就是说，只要这种劳动是由劳动的社会形式（协作、分工等等）引起，它就同资本完全无关，就像这个形式本身一旦把资本主义的外壳剥去，就同资本完全无关一样。②

马克思的解释以资本家不断分化的历史演化过程为客观根据。资本

---

① 马克思. 剩余价值理论：第3册. 北京：人民出版社，1975：550，551.
② 同①552-553.

第八章 马克思经济哲学语境中的资本家范畴

主义社会以前存在货币资本家和商业资本家，进入资本主义社会后又产生出产业资本家。这种资本家用自己的资本进行生产并管理自己的企业。马克思关于剩余价值计算范围的判断就是根据这种资本家的情况做出的。伴随资本主义生产方式的变化，产业资本家又发生了分化，分化为自有资本且自己管理的资本家和借入资本但自己管理的资本家。这里的情况已经变得复杂，但产业资本家管理性劳动的性质又清晰了一步，马克思剩余价值计算范围的缺陷已显露出来。再到后来，产业资本家又进一步分化，即既不是自有资本也不是借入资本但管理企业的单纯经理出现于社会历史舞台。马克思所解释者，正是这种单纯经理的管理性劳动。这种劳动虽然是管理性劳动，但它的收入是雇佣劳动性质的工资。

我们可以由最终的结果往前推。单纯的经理发挥的经济职能是管理，在没有出现单纯的经理时，担负这一职能者是自有资本且亲自管理企业的产业资本家。既然在生产过程中发挥同样的职能，在性质判定上怎么能说单纯经理的管理性劳动是雇佣性劳动，而产业资本家的管理性劳动完全是剥削性劳动呢？既然单纯的经理有索要劳动报酬的权利，产业资本家为什么就没有这种权利？由此看来，马克思对剩余价值的计算范围规定得太狭窄了，对产业资本家管理性劳动的性质判定过于简单了。产业资本家的管理性劳动确实具有剥削性质，但与此同时，还具有像单纯经理的劳动一样的雇佣性质。据此，顺理成章的结论出现在我们面前：作为商品的产品价值中，像单纯的经理一样，也有产业资本家发挥管理性职能的贡献，进而剩余价值中也有产业资本家的贡献。既如此，从事管理性劳动的产业资本家在产品价值中得到应得的一部分具有合理性。

如上推理及其结论会被刚性的意识形态论者视为大不敬，顺势而来的结论或许是笔者要彻底否定马克思的剩余价值理论。此为天大的误解。笔者指出马克思剩余价值理论存在不足之处的用意是完善这一理论。就基本立场而言，笔者承认剩余价值客观存在，剩余价值理论基本正确，只是剩余价值创造主体的计算范围有待扩大，剩余价值索取权的主体不仅有马克思意义上的雇佣劳动者，而且还有发挥管理性职能的产业资本家。

产业资本家的过错不在于依据管理性职能的发挥索要自己的劳动报

181

酬，而在于垄断剩余价值的分配权、使用权和处置权。产业资本家职能发挥过程中对雇佣劳动者的剥削正是表现在这一点上。由此看来，产业资本家在生产过程中发挥剥削性职能的判断基本符合实际。

第二个问题，资本家行为及其后果的代价谁来补偿？补偿了吗？

在西方主流经济学的历史上，对资本家的认识有一个不断演化的过程，主导性趋势是把资本家神圣化或世俗英雄化。西方主流经济学的奠基人亚当·斯密并非一味地美化资本家及其行为，如下话语可资为证："我国的商人和制造者，对于高工资提高物价、从而减少国内外销路的恶果，大发牢骚；但对于高利润的恶果，他们却只字不谈。关于由自己得利而产生的恶果，他们保持沉默。他们只对由他人得利而产生的恶果，大喊大叫。"资本家聚会，"往往不是阴谋对付公众便是筹划抬高价格"①。到19世纪末，让经济学独立门户变成一个专业的马歇尔在他那部著名的教科书《经济学原理》中，设置专节谈论资本家的才能问题，把资本家神圣化或英雄化的苗头已显露无遗②。到20世纪初，西方主流经济学把资本家神圣化或世俗英雄化的任务已告完成。能够证明这一点的是两部著作。一部是马克斯·韦伯的《新教伦理与资本主义精神》，其中的第五章《禁欲主义与资本主义精神》围绕世俗社会生活中的职业观而展开，资本家尽职尽责是不辱天职的使命，达到了与神同在的境界。另一部是约瑟夫·熊彼特的《经济发展理论》，其中讲到企业家（资本家）的价值观时，认为资本家在"征服的意志"和"战斗的冲动"催促下，"要去找到一个私人王国"③。但是，作为非资本家阶级的阶级和个人为此而付出的社会历史性代价谁来补偿呢？谁应该补偿呢？补偿了吗？

这样的代价有如下几类。第一类是农民阶级。这个阶级作为整体为资本家付出代价是史书记载下来的客观事实，托马斯·莫尔"羊吃人"比喻背后的残酷事实可为证据。第二类是作为雇佣劳动者的工人阶级。这个阶级为资本家的财富帝国付出血汗甚至生命，所得到者却是食不果

---

① 亚当·斯密. 国民财富的性质和原因的研究：上卷. 郭大力，王亚南，译. 北京：商务印书馆，1972：90，122.
② 马歇尔. 经济学原理：上卷. 朱志泰，译. 北京：商务印书馆，1964：309.
③ 约瑟夫·熊彼特. 经济发展理论. 何畏，等译. 张培刚，等校. 北京：商务印书馆，1990：102-103.

第八章　马克思经济哲学语境中的资本家范畴

腹、衣不遮体的微薄工资。这种情况让现在的人难以置信，却是英国工业革命时期官方承认且公布于众的客观事实。第三类是种族代价。土著印第安人的灭绝、非洲黑人的美洲为奴和亚洲人如中国人和印度人的任人宰割，都可为例证。第四类是环境代价。这一代价往往被论者忽略，所以这里应说得稍为具体一点。为"日不落帝国"——英国完成工业革命和创造惊人财富因而养肥资本家的雇佣劳动者，不仅劳动所得不足以养家糊口，而且，其生存环境的污染程度几乎到了令人无处逃遁的地步。首先是食物污染。面包是当时英国人的生活必需品。马克思在讲到面包的污染情况时说："熟读圣经的英国人虽然清楚地知道，一个人除非由于上帝的恩赐而成为资本家、大地主或领干薪者，否则必须汗流满面来换取面包，但是他不知道，他每天吃的面包中，含有一定量人汗，并且混杂着浓血、蜘蛛网、死蟑螂和发霉的德国酵母，更不用提明矾、砂粒以及其他可口的矿物质了。"① 其次是生活环境污染。恩格斯通过实际调查告诉我们，伦敦"250万人的肺和25万个火炉挤在三四平方德里的面积上，消耗着大量的氧气，要补充这些氧气是很困难的，因为城市建筑形式本来就阻碍了通风。呼吸和燃烧所产生的碳酸气，由于本身比重大，都滞留在街道上，而大气的主流只从屋顶掠过。居民的肺得不到足够的氧气，结果是肢体疲劳，精神委靡，生命力减退……一切腐烂的肉类和蔬菜都散发着对健康绝对有害的臭气，而这些臭气又不能毫无阻挡地散出去，势必要造成空气污染。因此，大城市工厂区的垃圾和死水洼对公共卫生造成最恶劣的后果，因为正是这些东西散发出制造疾病的毒气；至于被污染的河流，也散发出同样的气体"②。最后是工作环境污染。当时英国官方的《工厂视察员报告》披露：

　　难忍的臭味熏得人恶心……在混棉间、清棉间和梳棉间里，棉屑和尘埃飞扬，刺激人的七窍，引起咳嗽和呼吸困难……由于纤维短，浆纱时棉纱上附加大量的材料，而且是用各种代用品来代替原来使用的面粉。这就引起织布工人恶心呕吐和消化不良。因为灰尘多，支气管炎咽喉炎十分流行；其次，由于基苏拉棉里的脏东西刺激皮肤，皮肤病也很流行。③

---

① 马克思恩格斯文集：第5卷. 北京：人民出版社，2009：289.
② 马克思恩格斯文集：第1卷. 北京：人民出版社，2009：409-410.
③ 同①526-527.

上述代价以及类似的代价是资本家创造历史的必然伴生物，资产阶级经济学家想否认，事实胜于雄辩。这只能说明现代的西尼尔——哈耶克之类的人物有眼无珠或是故意昧着良心说话[①]。与上述代价的客观存在密切相关，还有一个事实同样客观存在，上述付出代价者没有获得任何补偿。如果说资本家的行为及其后果作为社会历史变迁工具无意识地创造了历史，那么，上述付出代价者是否为同类性质的工具？对问题做出否定性回答违背社会历史生活的常识。"日不落帝国"英国的强盛源自雇佣劳动者的非人性劳动，而资本家用于剥削雇佣劳动者的资本的一部分如土地是靠牺牲作为阶级的农民得来的。没有种族性代价，就没有美洲的土地，资本家就没有地方种植蔗糖原料、棉花和烟草，从而也就没有劳动力和商品输出的市场，等等。对问题做出肯定性回答符合社会历史事实，但基于事实而来的经济哲学结论，则是资本家及其心意表达者——资产阶级经济学家不愿意见到的。资本家确实是社会历史性变迁的工具，但他们得到了应得的管理性劳动的报酬，还得到了不应该得到的对雇佣劳动者生产剩余的垄断权，与此同时，他们没有付出任何代价。与此形成鲜明对比的是，非资本家阶级在付出代价的同时还被剥夺了对生产剩余的所有权，实际是什么样的补偿性回报也没有得到。从马克思恩格斯的相关论述中我们见不到对代价付出及其补偿问题的探讨，这或许与线性历史观中的工具论有直接关系，即工具论掩蔽了对代价及其补偿问题的关注和探讨。

五、思想来源

虽然具体的社会历史性内容和阶级立场有本质区别，表述思想的概念之间差异也很明显，但从思维方式的角度看，马克思关于资本家相对完整的思路来自黑格尔。后者在《历史哲学》中说："这一大堆的欲望、兴趣和活动，便是'世界精神'为完成它的目的——使这目的具有意识，并且实现这目的——所用的工具和手段。这个目的只是要发现它自己——完成它自己——并把它自己看作是具体的现实。然而前面所述各

---

① F.A.哈耶克，编．资本主义与历史学家．秋风，译．长春：吉林人民出版社，2003：4-5．

第八章 马克思经济哲学语境中的资本家范畴

个人和各民族的种种生活力的表现,一方面,固然是它们追求和满足它们自己的目的,同时又是一种更崇高、更广大的目的的手段和工具,关于这一目的,各个人和各民族是无所知的,它们是无意识地或者不自觉地实现了它。"① 在《法哲学原理》中,黑格尔的思路更加完整:"在世界精神所进行的这种事业中,国家、民族和个人都各按其特殊的和特定的原则而兴起,这种原则在它们的国家制度和生活状况的全部广大范围中获得它的解释和现实性。在它们意识到这些东西并潜心致力于自己的利益的同时,它们不知不觉地成为在它们内部进行的那种世界精神的事业的工具和机关。在这种事业的进行中,它们的特殊形态都将消逝,而绝对精神也就准备和开始转入它下一个更高阶段。"②

把黑格尔不同地方的论述加以综合,相对完整的思路便显现出来。第一,世界精神有自己的目的但总是隐而不露。第二,不同的国家、民族和个人都有自己的欲望,都在追求自己的目的,都在完成自己的事业。第三,所谓自己的欲望、目的和事业不过是世界精神外化的有机组成部分和现象性显现。它们与世界精神存在本质联系但并没有自觉地意识到这一点。第四,世界精神在国家、民族和个人中的无意识表明,它们都在自发地用自己的行动为世界精神服务,是世界精神实现自己的工具。第五,世界精神的存在和发展具有阶段性,一个阶段有待于发展到下一个阶段,下一个阶段是对前一个阶段的扬弃,这种扬弃以保存前一个阶段的有益成果为前提。由这五个要点可以看出,黑格尔的思路是以世界精神、世界历史和理性等形式表现出来的目的论。他试图展示于人者是客观的、规律性的和不以人的意志为转移的东西,起码他试图让人相信这一点。把黑格尔的思路与马克思恩格斯的思路加对比就可发现,二者在思维方式上是相同的,起码是相通的。

既然国家、民族和个人的欲望、目的、行为及其结果只不过是世界精神实现自己目的的不自觉的工具,那么,伦理道德性因素就不能占据重要地位,甚至可以忽略不计,因为这对于世界精神的自我实现没有帮助,有时会起阻碍作用。黑格尔确实这样看问题:"那些伟大人物,'世界历史个人'的功业行事,无论从他们所没有觉察到的那种真正的意义来看,无论从世俗的观点来看,一概是合理得当的。然而从这一点看起

---

① 黑格尔. 历史哲学. 王造时,译. 上海:上海书店出版社,1999:26.
② 黑格尔. 法哲学原理. 范扬,张企泰,译. 北京:商务印书馆,1961:353.

来，各种不相干的道德的要求，断然不可以提出来同世界历史事业和这些事业的完成相颉颃，断然不可以提出各种私德——礼貌、谦让、慈善和节制等等——来反对这些事业。'世界历史'在原则上可以全然不顾什么道德，以及议论纷纷的什么道德和政治的区分——'世界历史'不但要戒绝轻下判断，因为它包含的各种原则和必然的行为同这些原则的关系，对于上述事业便是充分的判断——而且要把个人完全置之度外，置之不论。"① 稍加梳理，上述话语的内容就可展示于我们面前。作为世界历史性的个人，即从事创新性冒险性活动以充当世界历史不自觉工具的个人，其行为及其结果本身就具有世界历史性的合理性和正当性。与这种合理性和正当性相抵触的道德原则没有权利评价和约束这种个人及其行为。把黑格尔的上述思想命题化，便是如下三种表述：个人及其行为的工具化论、工具化个人的非道德论和非人格论。

明了黑格尔的上述思想后回头再看马克思关于资本家的四个角度的论述，不难发现的事实就会出现在我们面前，马克思的相关思想源自黑格尔。这样的判断貌似唐突，稍加解释就可看出其内在的联系。马克思的相关思想与黑格尔的思想之间有两点区别。其一，马克思是唯物主义者，黑格尔则是唯心主义者。其二，马克思站在雇佣劳动者即无产阶级立场上看问题，黑格尔则是站在资产阶级立场上看问题。但是，他们二人之间的本质性联系表现在思维方式上，这种联系的例证便是都坚持：个人及其行为的工具化论、工具化个人的非道德论和非人格论。

六、结论

综上所述，马克思的资本家范畴内涵丰富，在其政治经济学理论体系中占有重要地位，发挥无可替代的理论作用。这样的事实告诉我们，研究资本家范畴既具有理论意义，又具有实践价值。就理论意义说，准确全面地理解资本家范畴是准确全面地理解资本范畴进而准确全面地理解马克思政治经济学理论体系的前提条件之一。这一点做到了，准确全

---

① 黑格尔. 历史哲学. 王造时，译. 上海：上海书店出版社，1999：70.

面地理解资本范畴进而准确全面地理解马克思政治经济学理论体系的目标才能变为现实。就实践价值说，资本家是市场经济运行主体的重要组成部分。准确全面地认识资本家在市场经济运行过程中的职能、作用和影响，有助于我们对市场经济运行过程的理解，只有在这种理解的前提下我们才能理智且有效地进行市场经济实践，才能使实践结果与我们的预期目的一致。

第九章 马克思经济哲学语境中资本的矛盾性质

一、问题的提出及其说明

如果像资产阶级经济学家那样把资本理解为用于生产的物，那么，资本便与矛盾无关；如果把资本理解为生产关系，那么，资本中便存在矛盾，或者说，资本是矛盾集合体。有感于此，仅在《政治经济学批判大纲》中，马克思至少有四次指出资本的矛盾性质："在资本的简单概念中已经潜在地包含着以后才暴露出来的那些矛盾"；"资本是一个活生生的矛盾"；"资本本身就是矛盾"；"资本本身是处于过程中的矛盾"[1]。基于此，把马克思的代表作《资本论》更名为《资本矛盾论》顺理成章。揭示资本的矛盾性质是马克思政治经济学的一大特色，也是马克思对资本的认识超出于资产阶级经济学之上的体现，更是马克思政治经济学具有哲学性质的证明。资本的矛盾性质包括哪些具体内容？请看马克思为我们做出的揭示。

---

[1] 马克思恩格斯全集：第30卷. 北京：人民出版社，1995：395，405，542；马克思恩格斯全集：第31卷. 北京：人民出版社，1998：101.

第九章 马克思经济哲学语境中资本的矛盾性质

二、表现形式与实际内容之间的矛盾

资产阶级意识形态旗帜上赫然写着:"独立、自由和平等。"资产阶级经济学家利用自己的学术专长,殚精竭虑地为这种意识形态做论证。论证并非空穴来风或任意编造,而是有客观依据,即资本主义经济生活的法律规定。问题在于,资本中所谓的"独立、自由和平等"只不过是外在表现形式,实际内容正好与此相反。马克思发现并为我们揭示出这种矛盾性质。

资本主义经济体系以商品生产和交换占绝对统治地位为特点。马克思结合商品生产对商品交换的分析透彻见底:

> 只要考察的是纯粹形式,关系的经济方面……那么,在我们面前出现的就只是形式上不同的三种要素:关系的主体,交换者,他们处在同一规定中;他们交换的对象,交换价值,等价物,它们不仅相等,而且确实必须相等,还要被承认为相等;最后,交换行为本身,中介作用,通过这种中介作用,主体才表现为交换者,相等的人,而他们的客体则表现为等价物,相等的东西。①

交换的要素分析具有静态性质,但只有通过这种分析人们才能明了交换行为发生的前提条件。同样,另一种具有静态性质的前提条件也不能被忽略,即交换双方和商品与商品之间必须具有差别,"只有他们在需要上和生产上的差别,才会导致交换以及他们在交换中的社会平等化;因此,这种自然差别是他们在交换行为中的社会平等的前提,而且也是他们相互作为生产者出现的那种关系的前提"②。

前提条件的具备意味着交换必然发生,否则,人的需要便得不到满足,生存就会成为问题。市场经济生活中的人们每日甚至每时都在进行商品交换,一元钱一瓶纯净水,两元钱一把小白菜,三元钱一个面包,等等。交换过程易如反掌,需要的满足轻松自如,人们从中感受到了快捷方便,更体会到了交换双方各自独立、彼此平等和个人自由的关系。

---

① 马克思恩格斯全集:第30卷.北京:人民出版社,1995:196.
② 同①197.

马克思对这种内容的概括如下：

> 如果说经济形式，交换，在所有方面确立了主体之间的平等，那么内容，即促使人们去进行交换的个人和物质材料，则确立了自由。可见，平等和自由不仅在以交换价值为基础的交换中受到尊重，而且交换价值的交换是一切平等和自由的生产的、现实的基础。①

如果思路演进至此而结束，那么，这样的马克思就不是真正的马克思，充其量是具有哲学气质的资产阶级经济学家。实际情况是马克思并没有就此止步而是继续前进，在前进过程中发现了资本的秘密；揭破这一秘密并进行批判，让资本的剥削本质暴露于光天化日之下。

马克思认为，交换过程及其结果貌似具有天然合理的性质，但它只"是法律上的合理存在，而不是经济上的合理存在"②。作为整体存在的资本是交换过程和生产过程的有机统一。仅有交换过程而无生产过程，资本无法达到目的，结果是走向自己的反面成为非资本。资本的最终目的是获取剩余价值，直接目的则是进入生产过程，只有生产过程才是剩余价值的创生之地。在这里，个人之间的平等和人的自由完全消失，资本与劳动的对立关系变得实实在在。劳动力市场上的交易完成之后是生产过程的开始，此后雇佣劳动者的劳动力便归资本家随意支配，资本家的支配过程是雇佣劳动者的劳动过程。在这一过程中，资本的直接目的显现出来。

> 劳动是酵母，它被投入资本，使资本发酵。一方面，资本借以存在的对象性必须被加工，即被劳动消费；另一方面，作为单纯形式的劳动，其纯粹主体性必须被扬弃，而且劳动必须被对象化在资本的物质中。③

劳动者劳动的过程是产品被创造的过程。此处的产品是商品，并且只能是商品。劳动者和资本家共同面对被创造出来的商品，意义却截然相反。由于商品所有权属于资本家，资本由可能性变成了现实性。基于商品，资本家获得了继续剥削劳动者的无上权力；劳动者的劳动力被资本

---

① 马克思恩格斯全集：第30卷. 北京：人民出版社，1995：199.
② 同①292.
③ 同①256.

消费，他或她得到的是勉强维持生存的工资和继续被资本驱使的命运。

由马克思的揭示可以看出，资本的表现形式与实际内容相背离是客观事实。相对于资本家而言，从这种关系性质中获得了意识形态资源和优势，不管其实际行为多么残酷和恶劣，自我防卫和辩护的理由充分且正当。他可以说劳动者像他一样是独立、平等和自由的人，劳动者是自愿受剥削且符合法律规定。尤为重要者，资本家从这种关系性质中获得了剩余价值，同时还给人造成了特定印象，资本家是节俭的人、勤劳的人、聪明的人、富于创新的人。这种印象被资产阶级经济学家学理化，我们所见到者是萨伊、马歇尔、马克斯·韦伯和熊彼特等人的企业家理论。劳动者的状况如何？他或她被资本驱使和剥削的真相被独立、平等和自由的外观掩盖起来，实际获得的是维持生命及其延续的工资、劳动过程被异化以及这二者持续不断地生产和再生产。马克思独具慧眼，发现了资本的这种矛盾性质。

三、商品生产与价值实现之间的矛盾

产品并不必然地是商品。农民生产粮食供自己及家人消费，这样的产品不是商品。商品生产的目的不是消费而是交换，从涉及的因素看，商品要复杂得多。商品是用于交换的劳动产品，客观基础是使用价值，但没有交换参与进来，商品的价值就无法实现。交换的涉入其中导致了一系列后果：经济行为的主体已多元化，不仅有生产者还有交换者；经济行为的链条拉长了，不仅有生产环节还有交换环节；经济行为的目的发生了变化，由直接消费变成了贱买贵卖；经济行为的风险增大了，交换不成功将前功尽弃；等等。客观事实告诉我们，简单商品生产和交换的复杂程度已非自然经济中的产品生产所可比拟。

资本主义生产是最发达的商品生产，涉及的因素更为复杂。资本的价值实现是诸多因素协调一致的结果，但这只是多种可能性中的一种变为现实。细检资本主义经济演进的历史就可明白，其他可能性同样会变为现实，如经济危机的爆发。原因何在？生产与交换脱节，具体说是商品生产与价值实现二者之间产生了矛盾。多费口舌解释不如直接品味马克思的科学分析，在分析中，这一矛盾活灵活现地出现在我们面前。

一旦可以榨出的剩余劳动量对象化在商品中,剩余价值就生产出来了。但是,这样生产出剩余价值,只是结束了资本主义生产过程的第一个行为,即直接的生产过程。资本已经吮吸了这么多无酬劳动。随着表现为利润率下降的过程的发展,这样生产出来的剩余价值的总量会惊人地膨胀起来。现在开始了过程的第二个行为。总商品量,即总产品,无论是补偿不变资本和可变资本的部分,还是代表剩余价值的部分,都必须卖掉。如果卖不掉,或者只卖掉一部分,或者卖掉时价格低于生产价格,那么,工人固然被剥削了,但是对资本家来说,这种剥削没有原样实现,这时,榨取的剩余价值就完全不能实现,或者只是部分地实现,资本就可能部分或全部地损失掉。进行直接剥削的条件和实现这种剥削的条件,不是一回事。二者不仅在时间和地点上是分开的,而且在概念上也是分开的。前者只受社会生产力的限制,后者受不同生产部门的比例关系和社会消费力的限制。但是社会消费力既不是取决于绝对的生产力,也不是取决于绝对的消费力,而是取决于以对抗性的分配关系为基础的消费力;这种分配关系,使社会上大多数人的消费缩小到只能在相当狭小的界限以内变动的最低限度。其次,这个消费力还受到追求积累的欲望,扩大资本和扩大剩余价值生产规模的欲望的限制。这是资本主义生产的规律,它是由生产方法本身的不断革命,由总和这种革命联系在一起的现有资本贬值,由普遍的竞争斗争以及仅仅为了保存自身和避免灭亡而改进生产和扩大生产规模的必要性决定的。①

马克思的分析对我们理解资本内含的商品生产与价值实现二者之间的矛盾极为重要,其中有一个强劲有力的内在逻辑。

第一,商品生产与价值实现二者之间有本质区别,这种区别表现于三个方面:时间、地点和主体。商品生产在商品销售之前而不是相反,此为常识性区别。地点的情况也如此,虽然二者之间的距离有大有小,但商品生产和销售两种行为不发生于同一地点是客观事实。说到主体,其重要性更为突出。在商品生产中,资本家面对的是劳动者,在实现价值的商品销售中,资本家则要面对消费者。生产者和消费者不是一回

---

① 马克思恩格斯文集:第7卷.北京:人民出版社,2009:272-273.

第九章　马克思经济哲学语境中资本的矛盾性质

事。商品价值能否实现，关键在于消费者。

第二，消费者的购买行为使商品的价值由可能性变为现实，资本家的剥削行为得以完成，发财致富的欲望得到满足，这一切都取决于消费者的消费能力，而消费能力又取决于购买能力。劳动者工资太少，购买力极为有限。大量的商品被生产出来，但价值实现成为问题，作为消费者的劳动者手中没有那么多的钱购买如此多的商品。

第三，资本的商品生产与价值实现二者之间的矛盾带有必然性，一系列根本性原因促成了这种必然性的产生、存在和发挥作用。首先，资本的本性使然，实现利润最大化是唯一追逐目标，加上资本始终处于强势地位，在劳动者工资问题上说话算数，所以，压低劳动者的工资标准，最大限度地少付报酬成为持续不断存在的事实。劳动者得到的报酬少，购买力当然低，低购买力使资本的价值实现受阻。其次，资本家的积累欲望强烈且持续不断，积累的客观需要引诱资本家以最低限度付给劳动者报酬。最后，不同资本之间的竞争态势迫使资本家不断改进生产技术，使原有资本贬值，弥补资本贬值的部分挤占了劳动者应得的份额。

马克思强劲有力的内在逻辑是资本内含矛盾的客观表达。资本家会时时感受到矛盾的客观存在，否认这一矛盾的资产阶级经济学家如萨伊[①]，只会被人们作为笑料谈论，因为这样的矛盾太明显了。

马克思对资本的商品生产与价值实现二者之间矛盾的揭示已如上述。其中，马克思展示出来的内在逻辑让人感受到了哲学的力量。为了更全面地理解马克思的相关思想，这里需要做两点说明。其一，马克思所揭示出来的是资本内含的两种矛盾，即商品生产与价值实现之间的矛盾和生产与消费之间的矛盾。这两种矛盾有本质区别，但也有内在联系。在马克思语境中，生产与消费之间的矛盾导致和决定了商品生产与价值实现之间的矛盾，商品生产与价值实现之间的矛盾把生产与消费之间的矛盾表现出来。其二，在马克思的科学分析中，有些现代资产阶级经济学作为研究重点的因素没有涉及，如消费者偏好，厂家的营销策

---

① 把亚当·斯密的经济学理论引进到法国且把它庸俗化的经济学家萨伊有一个著名且影响广泛的论断："生产给产品创造需求。"（萨伊. 政治经济学概论. 陈福生，陈振骅，译. 北京：商务印书馆，1963：142）这个论断的题中之义不难被捕捉到：生产与交换，进而与消费之间不会产生矛盾。

略，国家的积累导向和文化价值观驱使的消费观，等等。但是，上述因素毕竟处于次要地位，因为在这种特定情势中，分配关系是起决定性作用的因素。马克思的科学分析才真正抓住了本质。

四、财富生产与其内在本质之间的矛盾

像其他社会历史形态中的情况一样，资本主义生产也是财富的生产，但这种财富生产具有自己的特点，根本性表现是生产过程与财富的内在本质相冲突。马克思对这一点的概括是："生产表现为人的目的，而财富表现为生产的目的。"这是财富生产与财富之间关系的根本性颠倒。在马克思看来，"如果抛掉狭隘的资产阶级形式，那么，财富不就是在普遍交换中产生的个人的需要、才能、享用、生产力等等的普遍性吗？财富不就是人对自然力——既是通常所谓的'自然'力，又是人本身的自然力——的统治的充分发展吗？财富不就是人的创造天赋的绝对发挥吗？这种发挥，除了先前的历史发展之外没有任何其他前提，而先前的历史发展使这种全面的发展，即不以旧有的尺度来衡量的人类全部力量的全面发展成为目的本身。在这里，人不是在某一种规定性上再生产自己，而是生产出他的全面性；不是力求停留在某种已经变成的东西上，而是在易变的绝对运动之中"。与此形成鲜明对比的是，"在资产阶级经济以及与之相适应的生产时代中，人的内在本质的这种充分发挥，表现为完全的空虚化；这种普遍的对象化过程，表现为全面的异化，而一切既定的片面目的的废弃，则表现为为了某种纯粹外在的目的而牺牲自己的目的本身"[1]。马克思以反问句形式把自己的财富观和盘托出。财富的本质是人的内在本质的对象化和确证，它表现为人的需要、才能、享用、生产力和创造性天赋。离开人的内在本质谈论财富，只能是离财富的内在本质越来越远。与此相对应，资本的财富观把财富的内在本质即人空虚化、异化，人们见到的是为财富而财富，财富成了目空一切、无孔不入、无所不能和无所不用其极的统治者，人则成了财富的奴隶。人与货币关系的观念扭曲足以证明这一点。

---

[1] 马克思恩格斯全集：第30卷. 北京：人民出版社，1995：479，479-480，480.

第九章 马克思经济哲学语境中资本的矛盾性质

马克思以上述财富观为判断标准,多角度和多层面地揭示出资本在财富生产中包含的种种内在矛盾,根本性表现是财富与其内在本质的矛盾,并指出这种内在矛盾的发展趋势。

马克思说:"资本本身是处于过程中的矛盾,因为它竭力把劳动时间缩减到最低限度,另一方面又使劳动时间成为财富的唯一尺度和源泉。因此,资本缩减必要劳动时间形式的劳动时间,以便增加剩余劳动时间形式的劳动时间;因此,越来越使剩余劳动时间成为必要劳动时间的条件——生死攸关的问题。一方面,资本唤起科学和自然界的一切力量,同时也唤起社会结合和社会交往的一切力量,以便使财富的创造不取决于(相对地)耗费在这种创造上的劳动时间。另一方面,资本想用劳动时间去衡量这样造出来的巨大的社会力量,并把这些力量限制在为了把已经创造的价值作为价值来保存所需要的限度之内。"① 上述表达中有的用语不准确,但内在逻辑清晰可见。第一,在资本看来,剩余劳动时间是衡量财富的尺度。第二,为了财富,资本想尽一切办法缩减必要劳动时间以便增加剩余劳动时间。第三,剩余劳动时间有自然限度,劳动一天不能超过 24 小时,甚至在一天之内也不能 24 小时都用于劳动。第四,为了增加财富,资本便以加大固定资本投入的形式提高效率,这种做法的必然结果是剩余劳动时间与财富创造并不必然地联系在一起,起码不是一一对应的关系。第五,上述结果的出现导致如下结果的必然出现,剩余劳动时间并不一定是财富的衡量尺度。从观念上说,这是矛盾的。

比观念中的内在矛盾更"生命攸关"的是特定社会历史后果的出现。资本生产确实在不断地提高效率,但人的需要并没有被顾及。不顾及人的需要的效率提高导致"过剩人口"和"过剩生产"的大量出现②。这是资本的内在矛盾。按照马克思的说法:"这个矛盾越发展,下述情况就越明显:生产力的增长再也不能被占有他人的剩余劳动所束缚了,工人群众自己应占有自己的剩余劳动。当他们已经这样做的时候——这样一来,可以自由支配的时间就不再是对立的存在物了,——那时,一方面,社会的个人的需要将成为必要劳动的尺度,另一方面,社会生产力的发展将如此迅速,以致尽管生产将以所有的人富裕为目

---

① 马克思恩格斯全集:第 31 卷. 北京:人民出版社,1998:101.
② 同①103.

的，所有的人的可以自由支配的时间还是会增加。因为真正的财富就是所有个人的发达的生产力。那时，财富的尺度决不再是劳动时间，而是可以自由支配的时间。"① 马克思论述指称的对象是未来的共产主义社会。造成这种必然趋势的"功臣"是资本，因为它必须不顾一切地追求以剩余劳动时间为尺度的财富，"于是，资本就违背自己的意志，成了为社会可以自由支配的时间创造条件的工具，使整个社会的劳动时间缩减到不断下降的最低限度，从而为全体［社会成员］本身的发展腾出时间。但是，资本的趋势始终是：一方面创造可以自由支配的时间，另一方面把这些可以自由支配的时间变为剩余劳动。如果它在第一个方面太成功了，那么，它就要吃到生产过剩的苦头，这时必要劳动就会中断，因为资本无法实现剩余劳动"②。

马克思的如上论述内容极为丰富，从时间角度看待财富，从财富作用角度比较资本主义社会与未来的共产主义社会。我们所得到者，是立场鲜明和观点截然对立的五组命题。第一组：在资本主义社会，财富的尺度是劳动者的剩余劳动时间；在共产主义社会，财富的尺度是个人可以自由支配的时间。第二组：在资本主义社会，缩减必要劳动时间等于增加剩余劳动时间；在共产主义社会，节约必要劳动时间等于增加可以自由支配的时间。第三组：在资本主义社会，剩余劳动时间是必要劳动时间的尺度；在共产主义社会，人的需要是必要劳动时间的尺度。第四组：在资本主义社会，真正的财富是以货币形式表现出来的支配他人劳动时间的能力；在共产主义社会，真正的财富是以自由支配的时间为特征的所有个人发达的生产力。第五组：在资本主义社会，自由支配的时间是少数人的特权；在共产主义社会，自由支配的时间是所有"个人的充分发展"的前提条件。这五组命题中的核心性内容是人的需要、人的能力（创造性天赋、生产力）和自由支配的时间与财富的关系。鲜明对比的形式有助于我们理解和把握马克思论述的精神实质，即资本的财富生产与其内在本质之间确实存在着矛盾，把话说得更直白，这一命题就会变为如下表述：资本的财富生产与财富生产的内在本质相冲突。

---

① 马克思恩格斯全集：第 31 卷. 北京：人民出版社，1998：104.
② 同①103-104.

第九章 马克思经济哲学语境中资本的矛盾性质

五、消费中节约与浪费之间的矛盾

资本具有生产性，资本也要消费，消费指称的内容是生产资料和劳动力。有消费，必然会存在节约或浪费的问题。细加分析就可发现，资本的消费过程总是伴随节约和浪费之间的矛盾。

马克思指出："每个资本家虽然要求他的工人节约，但也只是要求他的工人节约，因为他的工人对他来说是工人，而决不要求其余的工人界节约，因为其余的工人界对于他来说是消费者。因此，资本家不顾一切'虔诚的'词句，寻求一切办法刺激工人的消费，使自己的商品具有新的诱惑力，强使工人有新的需求等等。"① 资本家要求自己的工人节约可以产生两个效果。其一，经由这种要求使劳动者的报酬最小化变得可以忍受，结果是用以支付必要劳动时间的费用减少，剩余劳动时间增加，进而剩余价值增加。其二，要求工人始终保持最低限度的生活享受，"可以减轻资本家在危机时的负担"。但是，商品是用来交换的劳动产品。厉行节约的工人生产出产品，这样的产品一定要卖出去才能成为现实的商品，资本家的投入才能有所回报，剩余价值才能实现。看来，交换环节成了剩余价值能否实现的关键。问题在于，如果"其余的工人界"都如资本家要求自己的工人那样厉行节约，那么，消费能力实际是购买能力极低的"其余的工人界"怎么能购买产品以便使只具有商品可能性的商品变为现实的商品呢？进一步说，资本家的剩余价值贪欲如何变为现实的剩余价值呢？看来，资本家必须不惜犯观念上自相矛盾的错误即工人身份的裂变，把"其余的工人界"不是视为工人，而是看作潜在的消费者，看作作为顾客的"上帝"，看作使自己的产品变为商品的"流通中心"，从而鼓励他们消费，刺激他们消费。马克思正是这样分析问题的：

> 对于每一个资本家来说，除了他自己的工人以外，所有其他的工人都不是工人而是消费者；是交换价值（工资）即货币的所有者，他们用货币来换取资本家的商品。他们都是流通中心，交换行

---

① 马克思恩格斯全集：第30卷. 北京：人民出版社，1995：247.

为从这些中心出发，资本的交换价值通过这些中心而保存下去。①

在资本主义生产过程中，整体性资本由个体性资本构成，对个体性资本具有决定权、使用权、受益权和支配权的是个别资本家，作为整体的资本家没有权力对个别资本家发号施令。作为整体的资本家和资本主义生产确实需要工人的节约与享受平衡，生产与交换进而与消费平衡，价值生产与价值实现平衡。真实情况正好与此相反。整体性的客观要求无法左右个体性资本家的观念改变和生产行为，让个体性资本家把自己的工人看作有购买力的消费者因此而增加工资，以便达到整体性价值生产与价值实现二者之间的平衡，这位资本家会把问题看得比杀了他爹还严重。

个体性资本家的主观性行为并不是只具有个别性而是带有普遍性，资本主义生产历史上一再重演的结果出现于人们面前，它与整体性资本的客观要求背道而驰，即生产过剩或经济危机。此处的"过剩"并非真正意义上的过剩，因为就业者的生活水平仍然很低，失业者的生存问题仍无着落，社会生活中弱势群体的处境更是苦不堪言。这是直到19世纪中叶为止的资本主义经济生活的真实写照。

如上所揭示者是资本在消费问题上表现出来的内在矛盾之一，另一种内在矛盾同样不应忽视，即生产资料节约与活劳动浪费惊人地交织在一起。

马克思指出："生产资料使用上的这种节约，这种用最少的支出获得一定结果的方法，同劳动所固有的其他力量相比，在更大得多的程度上表现为资本的一种固有的力量，表现为资本主义生产方式所特有的并标志着它的特征的一种方法。"② 马克思论述指称的具体内容是：生产条件的节约、生产排泄物的废物利用、流通时间的缩短和不变资本使用的节约。

但是，这只不过是资本消费过程中表现出来的一种性质，另一种性质往往被人忽略，即在人身材料方面的惊人浪费。马克思指出：

> 资本主义生产方式按照它的矛盾的、对立的性质，还把浪费工人的生命和健康，压低工人的生存条件本身，看做不变资本使用上

---

① 马克思恩格斯全集：第30卷. 北京：人民出版社，1995：400.
② 马克思恩格斯文集：第7卷. 北京：人民出版社，2009：99.

第九章 马克思经济哲学语境中资本的矛盾性质

的节约,从而看作提高利润率的手段。

因为工人一生的大部分时间是在生产过程中度过的,所以,生产过程的条件大部分也就是工人的能动生活过程的条件,是工人的生活条件,这些生活条件中的节约,是提高利润率的一种方法,正如我们在前面已经看到的,过度劳动,把工人变成一种役畜,是加速资本自行增殖,加速剩余价值生产的一种方法。这种节约的范围包括:使工人挤在一个狭窄的有害健康的场所,用资本家的话来说,这叫做节约建筑物;把危险的机器塞进同一场所而不安装安全设备;对于那些按其性质来说有害健康的生产过程,或对于采矿业中那样有危险的生产过程,不采取任何预防措施,等等。更不用说缺乏一切对工人来说能使生产过程合乎人性、舒适或至少可以忍受的设备了。从资本主义的观点来看,这会是一种完全没有目的和没有意义的浪费。总之,资本主义生产尽管非常吝啬,但对人身材料却非常浪费。①

马克思对"人身材料浪费"的指斥有事实根据吗?请看他根据英国官方公布的材料列出的统计数据:"1860年和1861年卫生局调查了在室内经营的产业部门,这些部门的死亡统计表明,就同等数量的15岁到55岁的男子来说,如果在英国农业地区因肺结核和其他肺病引起的死亡数为100,在以下几个地区的死亡数是:考文垂死于肺结核的为163,布莱克本和斯基普顿167,康格尔顿和布拉德福德168,莱斯特171,利克182,麦克尔斯菲尔德184,博尔顿190,诺丁汉192,罗奇代尔193,德比198,索尔福德和阿什顿安德莱恩203,利兹218,普雷斯顿220,曼彻斯特263。"②把上述统计数据与马克思对资本主义生产过程中浪费人身材料的指斥加以对比,得出结论易如反掌。在品味上述统计数字时应关注三点。其一,工人被作为人身材料浪费的情况只是谈到了死于肺结核和其他肺病者。如果再加上死于其他疾病的劳动者呢?因工伤致残者呢?其二,为什么曼彻斯特工人人身材料的浪费情况最为严重?这里是英国工业革命的发源地,这里的资本统治最为强暴有力。其三,统计数据的背后是鲜活的生命,生命的背后是一个又一个的家

---

① 马克思恩格斯文集:第7卷.北京:人民出版社,2009:101.
② 同①107.

庭。想到这一点，我们就能体悟到，资本对工人这种人身材料的浪费是多么惨无人道。

面对由马克思经过详细分析和论证而确立起来的事实，即资本消费过程中节约和浪费之间的内在矛盾，需要我们思考和回答两个问题。第一，资本消费过程中为什么会出现这样的内在矛盾？节约和浪费是同一过程的两个侧面，它们服务于同一个目标——最大化地获取剩余价值。第二，资本为什么能够做到如此违背人性地浪费劳动者这种人身材料？原因有二。其一，由于生产资料归资本家所有，工人离开资本就无法生存。此为资本浪费人身材料的可能性。其二，把可能性变为现实的契机在于，工人劳动能力的所有权和使用权分离为二，所有权属于工人，使用权属于资本家。资本家为获得使用权而付出了工资，而工人则因低微工资抵上了身家性命。既然劳动力一定期限内的使用权属于资本家，他当然会把这种使用权发挥到最大限度，结果是工人这种人身材料的极大浪费。

六、目标追逐与社会历史性后果之间的矛盾

资本的追逐目标是剩余价值。剩余价值分为两类：绝对剩余价值和相对剩余价值。资本追逐绝对剩余价值会受到诸多限制，如自然时间，雇佣劳动者身体的自然界限和其他自然条件。这样的限制与资本的内在要求相冲突，资本便在相对剩余价值的追逐上下足功夫。功夫下多了，独特性因素便显示出来，如分工协作，组织创新，大量地使用科学技术，使发明成为一种职业，创造和培养新的需求，新市场的开拓形成世界市场，等等。相对剩余价值确实追逐到了，资本实现了自己的目标，资本家发财致富的欲望变成了现实。但是，资本家做梦也不会想到，与这个追逐过程必然联系在一起的一系列社会历史性后果会逐渐出现并以强劲势头表示自己的存在。这些社会历史性后果与资本追逐的目标相冲突。资本家根本想不到这些社会历史性后果会出现，更不愿意见到这些社会历史性后果的出现。

按照马克思的说法，资本的"一切发展都是对立地进行的"[①]。马

[①] 马克思恩格斯全集：第30卷. 北京：人民出版社，1995：540.

第九章 马克思经济哲学语境中资本的矛盾性质

克思用生动形象的语言为我们揭示出这种对立:"在我们这个时代,每一种事物好像都包含有自己的反面。我们看到,机器具有减少人类劳动和使劳动更有成效的神奇力量,然而却引起了饥饿和过度的疲劳。财富的新源泉,由于某种奇怪的、不可思议的魔力而变成贫困的源泉。技术的胜利,似乎是以道德的败坏为代价换来的。随着人类愈益控制自然,个人却愈益成为别人的奴隶和自身的卑劣行为的奴隶。甚至科学的纯洁光辉仿佛也只能在愚昧无知的黑暗背景上闪耀。我们的一切发明和进步,似乎结果是使物质力量成为有智慧的生命,而人的生命则化为愚钝的物质力量。现代工业和科学为一方与现代贫困和衰颓为另一方的这种对抗,我们时代的生产力与社会关系之间的这种对抗,是显而易见的、不可避免的和毋庸争辩的事实。"[1] 事实的客观存在让马克思警醒,其哲学分析可谓透彻见底。

上述的对立、对抗与资本"凯歌行进"的过程相伴而行,此为资本内在、必然因而是不可避免的矛盾。这种矛盾有一个从量变到质变的演化过程,质变条件一旦具备,以资本为核心的生产体系就会崩溃,代替资本主义社会的共产主义社会就会到来。由此看,"资本不过表现为过渡点"是自然而然的逻辑结论[2]。

马克思所说的"过渡点"指称什么内容?《资本论》第一卷中的相关论述气势宏大,"剥夺剥夺者"的警句让资产阶级心惊肉跳[3],但远不如《政治经济学批判大纲》中的相关论述更全面:"生产力获得最高度的发展,同时现存财富得到最大程度的扩大,而与此相应的是,资本贬值,工人退化,工人的生命力被最大限度地消耗。""这些矛盾会导致爆发,灾变,危机,这时,劳动暂时中断,很大一部分资本被消灭,这样就以暴力方式使资本回复到它能够充分利用自己的生产力而不致自杀的水平。但是,这些定期发生的灾难会导致灾难在更高的程度上重复发生,而最终导致用暴力推翻资本。"[4]

谁是"用暴力推翻资本"的主体?当然是工人阶级,《共产党宣言》对工人阶级的主体地位进行了强劲有力的论证,但这样的主体必须具备

---

[1] 马克思恩格斯文集:第2卷. 北京:人民出版社,2009:580.
[2] 马克思恩格斯全集:第30卷. 北京:人民出版社,1995:539.
[3] 马克思恩格斯文集:第5卷. 北京:人民出版社,2009:873.
[4] 马克思恩格斯全集:第31卷. 北京:人民出版社,1998:150.

相应的前提条件，卢卡奇说这个前提条件是"阶级意识"，马克思则说是阶级觉悟。工人阶级"认识到产品是劳动能力自己的产品，并断定劳动同自己的实现条件的分离是不公平的、强制的，这是了不起的觉悟，这种觉悟是以资本为基础的生产方式的产物，而且也正是为这种生产方式送葬的丧钟，就像当奴隶觉悟到他不能作第三者的财产，觉悟到他是一个人的时候，奴隶制度就只能人为地苟延残喘，而不能继续作为生产的基础一样"[①]。

与"用暴力推翻资本"的社会历史性后果必然联系在一起的还有什么样的社会历史后果？马克思对问题的回答表明，他对未来共产主义社会的理解远比时下流行的宣示更为深刻和全面。

第一，资本即雇佣劳动制度"作为桎梏被摆脱掉"。马克思对这一社会历史性后果必然出现的论证如下："超过一定点，生产力的发展就变成对资本的一种限制；因此，超过一定点，资本关系就变成对劳动生产力发展的一种限制。一旦达到这一点，资本即雇佣劳动就同社会财富和生产力的发展发生像行会制度、农奴制、奴隶制同这种发展所发生的同样的关系，就必然会作为桎梏被摆脱掉。于是人类活动所采取的最后一种奴隶形式，即一方面存在雇佣劳动，另一方面存在资本的这种形式就要被脱掉，而这种脱皮本身是同资本相适应的生产方式的结果；雇佣劳动和资本本身已经是以往的各种不自由的社会生产形式的否定，而否定雇佣劳动和资本的那些物质条件和精神条件本身则是资本的生产过程的结果。"[②] 此为生产关系的变化，核心内容是生产资料所有制的改变。此后，资本统治一切的时代被终结，代之而起的是劳动者与生产资料真正地结为一体、后者只是前者的外在条件的经济制度。

第二，工人阶级真正主体地位的确立。在雇佣劳动中，工人活动的"关键不在于对象化，而在于异化，外化，外在化，在于不归工人所有，而归人格化的生产条件即资本所有。归巨大的对象［化］的权力所有，这种对象［化］的权力把社会劳动本身当作自身的一个要素而置于同自己相对立的地位"。与此形成强烈对比的是，"随着活劳动的直接性质被扬弃，即作为单纯单个劳动或者作为单纯内部的一般劳动或单纯外部的一般劳动的性质被扬弃，随着个人的活动被确立为直接的一般活动或社

---

① 马克思恩格斯全集：第30卷. 北京：人民出版社，1995：455.
② 马克思恩格斯全集：第31卷. 北京：人民出版社，1998：149.

会活动，生产的物的要素也就摆脱这种异化形式；这样一来，这些物的要素就被确立为这样的财产，确立为这样的有机社会躯体，在其中个人作为单个的人，然而是作为社会的单个的人再生产出来"①。工人主体地位的异化是雇佣劳动中的客观事实。这样的事实将在共产主义社会得到根本性改变。改变后的情况是，工人与其外在的劳动条件结合为一，外在的劳动条件成为工人的无机的、延伸的机体；而工人，则是这种外在的劳动条件的真正主人。雇佣劳动中劳动条件的真正主人——资本，成为有害的赘余物而被消灭。

第三，工人个人的"个性得到自由发展"。马克思认为，雇佣劳动制度被消灭以后，"以交换价值为基础的生产便会崩溃，直接的物质生产过程本身也就摆脱了贫困和对立的形式。个性得到自由发展，因此，并不是为了获得剩余劳动而缩减必要劳动时间，而是直接把社会必要劳动缩减到最低限度，那时，与此相适应，由于给所有的人腾出了时间和创造了手段，个人会在艺术、科学等等方面得到发展"②。个性得到自由发展的个人同样会从事物质生产活动，但这种物质生产活动是"真正自由的劳动"，具有自己的特点：

(1) 劳动具有社会性；(2) 这种劳动具有科学性，同时又是一般的劳动，这种劳动不是作为用一定方式刻板训练出来的自然力的人的紧张活动，而是作为一个主体的人的紧张活动，这个主体不是以单纯自然的，自然形成的形式出现在生产过程中，而是作为支配一切自然力的活动出现在生产过程中。③

上述引证和分析表明，资本对自己目标的追逐与其导致的一系列社会历史性后果之间确实具有对立、对抗关系的性质，这就是客观存在的矛盾。稍作思考便能够明白，这种矛盾是内在的，只要资本追逐自己的目标，它就会为上述一系列社会历史性后果的产生创造条件。这些条件确实是资本预想不到和不愿意见到的，但它们的出现不以资本的主观意志为转移，带有必然性。

---

① 马克思恩格斯全集：第31卷. 北京：人民出版社，1998：244.
② 同①101.
③ 马克思恩格斯全集：第30卷. 北京：人民出版社，1995：616.

七、结论

资产阶级经济学视资本为物，是用于投资以期从中得到回报的物。马克思承认这一点，但不仅仅是这一点。马克思认为资本作为物更是关系，是生产关系，是基于生产关系而来的社会关系。生产关系进而社会关系具有矛盾性质，性质的外在表现林林总总，马克思为我们揭示出来的是上文所述的五种矛盾。资本的内在矛盾性质使然，它会走向自己的反面，注定会被新的生产形式代替。在比较视域中检视马克思对资本矛盾性质的认知就能够发现，其中两个层面的认知使人类对资本的认识发生了革命。其一，资本不仅是物，更是生产关系进而是社会关系。这是认知视野的根本性转换，认知重点由物转换为生产关系进而社会关系，生产关系进而社会关系成为被关注的焦点。其二，作为生产关系进而社会关系的资本内在地包含矛盾，这些矛盾是资产主义生产内在矛盾的集中表现，矛盾的终结是资本主义生产的质变，这说明资本主义生产具有历史的暂时性质。两个层面的认知革命是重大理论贡献，使人类对资本的认知前进了一大步。

第十章 马克思经济哲学语境中的逻辑与历史有机统一方法

一、问题的提出及其说明

在现有马克思主义研究语境中,逻辑与历史有机统一方法处于不妙境地,表现于两个方面。一是国内学者的误解和否认,二是国外学者的否认、反对和批判。误解、否认、反对和批判的共同作用使然,逻辑与历史有机统一方法有被排除于马克思方法论体系之外的危险,或者,让其存在但被误解得面目全非。面对这种情势,原生态地还原马克思逻辑与历史有机统一方法,既适时又必要。

国内学者的误解和否认情况。逻辑与历史有机统一方法是哲学思想,马克思主要表述和运用于政治经济学文献中。特定情势决定了马克思主义哲学和马克思主义政治经济学两大领域都会表示对这一方法的态度。问题在于,我国学者中的部分人对这一方法的理解是误解。例如,大学哲学系专业教材《马克思主义哲学原理》说:"所谓逻辑的和历史的相一致,是指理论的概念体系的逻辑顺序是客观历史发展顺序和认识发展顺序的反映。因此,历史的东西是逻辑的东西的基础,逻辑的东西是历史的东西在理论思维中的再现,是由历史的东西派生出来的。"该书对这一方法的另一种表述是"历史的和逻辑的统一"[1]。结合马克思

---

[1] 肖前,主编. 马克思主义哲学原理. 北京:中国人民大学出版社,1994:455,435.

政治经济学文献检视这一界定便能够发现如下缺陷。第一，提法混乱。既说逻辑与历史统一，又说历史与逻辑统一，到底是逻辑统一于历史还是历史统一于逻辑？逻辑与历史统一和历史与逻辑统一二者之间有本质区别。前者是马克思思想，具有唯物主义性质；后者是黑格尔思想，具有唯心主义性质。马克思一再指出这种本质区别。最典型的表述出现于《资本论》中，"我的辩证方法，从根本来说，不仅和黑格尔的辩证方法不同，而且和它截然相反"①。第二，"画蛇添足"。逻辑与历史有机统一涉及的是理论逻辑与客观历史之间的关系问题，没有涉及"认识发展顺序"问题。认识顺序与理论逻辑顺序正相反对，前者是"从表象中的具体达到越来越稀薄的抽象"，后者则是"从抽象上升到具体"②。第三，没有区分表述方法和认识方法。虽然逻辑与历史有机统一方法具有认识方法的功能，起码能保障理论逻辑的唯物主义性质，但马克思主要在叙述方法意义上论述和运用这一方法。第四，没有指出马克思与黑格尔之间的本质性区别。马克思逻辑与历史有机统一方法的直接理论来源之一是黑格尔历史与逻辑有机统一方法，但应该意识到，概念顺序的颠倒是大事，它真实地表征出唯物主义和唯心主义之间的本质性区别。

马克思主义哲学学术专著中存在否认马克思具有并运用逻辑与历史有机统一方法的现象。俞吾金先生是我国马克思主义哲学研究的标志性学者，其严谨的治学态度和丰硕的研究成果是宝贵的学术遗产。如此评价俞吾金先生并不意味着对他的学术观点持一概肯定的态度，对马克思逻辑与历史有机统一方法的理解和评价可为例证。他在《问题域的转换》一书中专辟一节（第三章第三节）讨论马克思逻辑与历史有机统一方法的问题，可惜者，理解皆错。他说："马克思没有接受黑格尔关于'历史与逻辑一致'的观点，但马克思从黑格尔对这一思辨唯心主义的表述中，创造性地形成了自己的历史研究方法。这一历史方法主要由两个方面构成。一方面是'从抽象上升到具体'的方法。黑格尔关于历史上的哲学系统和哲学上的逻辑范畴大体上按照从抽象向具体的方向发展的见解启发了马克思，使他把'从抽象上升到具体'概括为一种科学的

---

① 马克思恩格斯文集：第5卷. 北京：人民出版社，2009：22.
② 马克思恩格斯全集：第30卷. 北京：人民出版社，1995：41，42.

第十章 马克思经济哲学语境中的逻辑与历史有机统一方法

历史研究方法，尤其是经济史研究的方法。""另一方面是'逆溯法'。"① 如上理解的不妥之处如下。第一，把作为叙述方法的"从抽象上升到具体"误解为研究方法。第二，把这一方法视为马克思的"概括"，实际情况是这一方法直接来自黑格尔，只是表述稍有差异："由抽象进展到具体"②。第三，没有意识到，"从抽象上升到具体"只不过是逻辑与历史有机统一方法的替代性提法，二者之间没有本质性区别。

马克思主义政治经济学的情况也不容乐观。由《马克思主义政治经济学概论》编写组写作的"马克思主义理论研究和建设工程重点教材"《马克思主义政治经济学概论》中说："历史与逻辑相统一的方法是马克思研究政治经济学的另一重要方法。历史方法是指，在研究社会经济现象时，要按照历史发展的真实进程来把握其发展变化。逻辑方法是指，在研究社会经济现象时，要按照思维逻辑，从简单到复杂，从低级到高级不断引申和展开。"③ 望文生义式理解跃然纸上。第一，把黑格尔方法误解为马克思方法。历史与逻辑统一的本义是历史统一于逻辑，依存于逻辑，以逻辑为基准而不是相反。这是黑格尔方法但不是马克思方法。第二，把马克思的一种方法人为地分割为两种方法。马克思方法的要义是叙述逻辑与客观历史相一致。离开这一要义地理解逻辑与历史相统一，进而把它理解为两种研究方法，让人无法理解。第三，仅仅是研究方法的界定与马克思本意相冲突，起码是忽略了马克思理解的主要内容即叙述方法。

两个学科的例证表明，我国部分学者对马克思逻辑与历史有机统一方法的误解和否认是客观事实。这种事实需要关注，因为它会在教学中把误解传授给学生。

国外学者的否认、反对和批判情况。马克思思想是国际性学术研究对象，逻辑与历史有机统一方法进入研究视野是情理之中的事情。承认且肯定逻辑与历史有机统一方法的学者居多数，但不承认进而反对和批判这一方法的学者也客观存在。这就要求我们认真对待反对意见，以便指正诸多反对性观点的错谬之处。

---

① 俞吾金. 问题域的转换. 北京：人民出版社，2007：289，290.
② 黑格尔. 小逻辑. 贺麟，译. 北京：商务印书馆，1980：190.
③ 《马克思主义政治经济学概论》编写组. 马克思主义政治经济学概论. 北京：人民出版社，高等教育出版社，2011：15.

例证一。1963年，日本学者见田石介出版了《资本论的方法研究》一书。作者在序言中说："我认为，经济学的方法不仅不是把逻辑进程和历史进程相对应当作原则，而且也不可能是范畴自己展开自己的过程和先验演绎的过程。因此我把这个在当今有很大影响力的理论的批判作为本书的一个课题。""马克思的辩证方法自始至终都是从给定的事实出发，从中分离出本质性的东西，再用本质性的东西去说明给定的事实，由此，马克思把同时完成的根据事实而验证的本质的真理性作为原则。在作为科学研究的唯一要素——分析、综合之外，马克思的方法也并非有某种特别的重要因素。"① 在正文中，见田石介把逻辑与历史有机统一方法判定为黑格尔立场，具有蒲鲁东主义性质②。反传统（即主流观点）的精神应当肯定，但要以尊重事实为前提。反观见田石介的观点，每一个都大错而特错。首先，否认马克思除分析和综合外还有其他方法，这与马克思方法论思想实际尖锐冲突。其次，把马克思逻辑与历史有机统一方法定性为黑格尔立场和蒲鲁东主义性质，无视马克思对他们的批判，与实事求是的要求背道而驰。最后，不区分叙述方法和研究方法地看待马克思方法，出发点就错了。见田石介的观点是没有真正进入马克思方法论语境的必然结果。

例证二。1983年，美国学者特雷尔·卡弗出版了《马克思与恩格斯：学术思想关系》一书。书中说："当恩格斯撰写'历史从哪里开始，思想进程也应当从哪里开始'的时候，他直接地走向了马克思的反面。而且，他误解了马克思关于'在现代资产阶级社会……的经济生活条件'的基本要素的抽象安排，因为他假设的从最抽象到比较复杂关系进程的'文献的反映'，这种历史发展逻辑是无法证明的。"③ 卡弗论述一箭双雕，既批判了恩格斯对马克思逻辑与历史有机统一方法的概括，又否认了马克思方法的客观存在。

例证三。2008年，意大利学者马塞罗·默斯托主编出版了《马克思的〈大纲〉——〈政治经济学批判大纲〉150年》一书。他在书中

---

① 见田石介.资本论的方法研究.张小金，等译.北京：中国书籍出版社，2013：序言2，2-3.
② 同①86，208.
③ 特雷尔·卡弗.马克思与恩格斯：学术思想关系.姜海波，等译.北京：中国人民大学出版社，2008：104.

第十章 马克思经济哲学语境中的逻辑与历史有机统一方法

说:"恩格斯认为在历史和逻辑之间存在着平行性,而这一点马克思在《导言》中予以断然拒绝。而且,由于这一观点是恩格斯加在马克思身上的,它后来就在马克思主义列宁主义的解释中变得更为贫乏和程式化。"① 默斯托的话很重,不仅否认马克思有逻辑与历史有机统一方法,而且还指责恩格斯人为制造了所谓逻辑与历史有机统一方法并强加于马克思。

上述种种误解、否认、反对和批判都是严峻挑战,它要求我们对下列问题进行认真研究,做出符合马克思原生态思想实际的回答。第一,上述例证中对恩格斯相关观点的反对有道理吗?第二,恩格斯对马克思方法的概括符合实际吗?第三,马克思有逻辑与历史有机统一方法吗?运用这一方法吗?第四,该方法中"逻辑"和"历史"的具体指称对象是什么?第五,如何理解马克思看似反对逻辑与历史有机统一方法的论述?第六,马克思逻辑与历史有机统一方法和黑格尔历史与逻辑有机统一方法是什么关系?结合马克思政治经济学文献地回答这些问题,对确证马克思逻辑与历史有机统一方法的客观存在及其准确含义具有重要的意义。

二、逻辑与历史有机统一方法释义

1859年,马克思出版了《政治经济学批判》(第一分册)。呼应马克思的请求,恩格斯为这部著作写了三篇书评。其中的第三篇佚失,后人见到的是前两篇。第二篇系统论述马克思方法,说出了一再遭到质疑和反对的如下话语:

> 历史常常是跳跃式地和曲折地前进的,如果必须处处跟随着它,那就势必不仅会注意许多无关紧要的材料,而且也会常常打断思想进程;并且,写经济学史又不能撇开资产阶级社会的历史,这就会使工作漫无止境,因为一切准备工作都还没有做。因此,逻辑的方式是唯一适用的方式。但是,实际上这种方式无非是历史的方

---

① 马塞罗·默斯托,主编. 马克思的《大纲》:《政治经济学批判大纲》150年. 闫月梅,等译. 闫月梅,校. 北京:中国人民大学出版社,2011:66-67.

式，不过摆脱了历史的形式以及起扰乱作用的偶然性而已。历史从哪里开始，思想进程也应当从哪里开始，而思想进程的进一步发展不过是历史过程在抽象的、理论上前后一贯的形式上的反映；这种反映是经过修正的，然而是按照现实的历史过程本身的规律修正的，这时，每一个要素可以在它完全成熟而具有典型性的发展点上加以考察。①

这是马克思思想研究史上第一次试图对马克思政治经济学文献中客观存在并运用的方法做出提炼和概括，其中有六个信息需要关注。第一，对政治经济学的批判（叙述）有两种方法：按照历史或是按照逻辑。第二，在历史中，经济学范畴出现的顺序与它们在逻辑发展中的顺序一致。第三，按照历史顺序批判（叙述）政治经济学缺点颇多，合适方式是逻辑方式。第四，历史从哪里开始，思想（逻辑）进程也应当从哪里开始。第五，思想进程是历史进程的逻辑抽象。第六，思想进程必须与历史进程保持一致而不是相反。在关注这些信息时有三个方面的限定条件必不可少。其一，恩格斯论述的是叙述方法而不是研究方法。其二，恩格斯论述的对象是马克思政治经济学而不是其他人的政治经济学，更不是一般意义的政治经济学。其三，马克思政治经济学叙说资本主义生产方式而非其他社会的生产方式，更非一般意义的生产方式。六个信息要点和三个方面的限定条件表明，逻辑与历史有机统一的提法呼之欲出。令人遗憾的是，这样的提法并没有出现。尽管如此，细心品味恩格斯的表述就可明了，马克思逻辑与历史有机统一方法的具体内容已被揭示出来。

说恩格斯的论述提炼和概括出了马克思逻辑与历史有机统一方法需要拿出证据。就提法说，马克思没有说过"逻辑与历史有机统一"，甚至还说过易于引起误解、表面看含义与此相反的话。但是，马克思确实不止一次地论述逻辑与历史有机统一的方法论思想。请看如下论述。"我又把黑格尔的《逻辑学》浏览了一遍，这在材料加工的方法上帮了我很大的忙。""通过批判使一门科学第一次达到能把它辩证地叙述出来的那种水平，这是一回事，而把一种抽象的、现成的逻辑体系应用于关于这一体系的模糊观念上，则完全是另外一回事。""不论我的著作有什

---

① 马克思恩格斯文集：第2卷. 北京：人民出版社，2009：603.

第十章 马克思经济哲学语境中的逻辑与历史有机统一方法

么缺点,它们却有一个长处,即它们是一个艺术的整体;但是要达到这一点,只有用我的方法。"①

三处论述都围绕叙述方法问题展开,其中的三种提法需要我们深思:"材料加工的方法"、"辩证地叙述"和"我的方法"。三种提法的指称对象是什么?按照日本学者见田石介的理解,马克思方法除分析和综合外无它。如果情况真是如此,那么,"我的方法"所指何谓?又如,如果马克思没有逻辑与历史有机统一方法,那么,"辩证地叙述"又如何做到呢?再如,如果马克思没有对叙述方法的独特理解,那么,他所说的"材料加工的方法"到底是什么意思?逻辑设问表明,马克思有自己的方法,虽然没有用逻辑与历史有机统一的提法加以固定,但它为马克思方法是客观事实。

在《政治经济学批判大纲》中,马克思对自己的叙述方法做了较为详尽的界定:"抽象的规定在思维行程中导致具体的再现。""从抽象上升到具体的方法,只是思维用来掌握具体,把它当作一个精神上的具体再现出来的方式。但决不是具体本身的产生过程。举例来说,最简单的经济范畴,如交换价值,是以人口即在一定关系中进行生产的人口为前提;也是以某种家庭、公社或国家为前提的。交换价值只能作为一个具体的、生动的既定整体的抽象的单方面的关系而存在。相反,作为范畴,交换价值却有一种洪水期前的存在。"②

第一,马克思界定中的"抽象"不是指认识方法意义上对经验事实的抽象过程,而是指叙述方法意义上作为认识结果的抽象规定。此时认识过程已经结束,接下来的任务是如何把认识结果逻辑地再现出来。在马克思政治经济学文献中"抽象"指称的具体性内容是商品。论述中马克思以交换价值为例证说明"抽象"的指称对象,此为思想处于过渡状态的表现,在《政治经济学批判大纲》结尾处,马克思找到了真正符合资本主义社会历史实际且适合叙述逻辑需要的抽象范畴:"表现资产阶级财富的第一个范畴是商品范畴。"③

第二,马克思指出,"从抽象上升到具体的方法"限于思维范围之内,"决不是具体本身的产生过程"。这样的界定既是强调自己方法的

---

① 马克思恩格斯文集:第10卷.北京:人民出版社,2009:143,147,231.
② 马克思恩格斯全集:第30卷.北京:人民出版社,1995:42.
③ 马克思恩格斯全集:第31卷.北京:人民出版社,1998:293.

唯物主义性质，也是与黑格尔的相关方法划清界限，因为"黑格尔陷入幻觉，把实在理解为自我综合、自我深化和自我运动的思维的结果"①。

第三，马克思论述中的"具体"指称资本，因为"资本是资产阶级社会的支配一切的经济权力。它必须成为起点又成为终点"②。这里的"起点"之说岂不与商品起点说相冲突？实际不冲突。资本主义社会的历史和逻辑起点是资本，但资本的历史和逻辑起点是商品。这是一种从商品到货币再到资本的小三段论。待到资本范畴逻辑与历史有机统一地展开时，我们就能见到基于资本而来的大三段论。

第四，为什么要"从抽象上升到具体"？在马克思语境中是为什么要从商品开始？虽然商品是资本"洪水期前的存在"，但不从商品开始，就找不到资本的历史和逻辑起点，而找不到这一起点，作为"一个艺术的整体"的资本理论就无法"辩证地叙述出来"。马克思在《1863—1865年经济学手稿摘选》中为我们详细论证了这一点。从商品开始"叙述的这种顺序，是同资本的历史发展相一致的；对于这种历史发展来说，商品交换，商品贸易是产生条件之一，而这个产生条件本身又是在这样一些不同生产阶段的基础上形成的，所有这些不同生产阶段的共同之处是：在这些生产阶段中资本主义生产还完全不存在，或者还只是零星地存在。""另一方面，如果我们考察发达的资本主义生产的社会，那么在这些社会中，商品既表现为资本的经常的元素前提，又表现为资本主义生产过程的直接结果。""只有在资本主义生产的基础上，商品才成为产品的一般形式，而且资本主义生产越发展，一切生产的组成部分也就越作为商品进入生产过程。"③ 从马克思论述中可以分析出回答问题的三个理由。首先，商品生产和交换是资本主义生产的社会历史性前提，它产生和存在于资本主义社会以前的生产阶段中。其次，商品是资本的元素形式，既是资本主义生产的前提，又是资本主义生产的结果。最后，资本主义生产越发展，产品变为商品的趋势就越强劲、越普遍和越主导一切。在马克思对问题的回答中，逻辑与历史两个层面的内容都顾及了，这不就是逻辑与历史有机统一吗？

---

① 马克思恩格斯全集：第30卷. 北京：人民出版社，1995：42.
② 同①49.
③ 马克思恩格斯文集：第8卷. 北京：人民出版社，2009：423-424，424，431.

第十章 马克思经济哲学语境中的逻辑与历史有机统一方法

第五,在叙述资本主义生产方式时如何做到"从抽象上升到具体"?或者说,如何做到逻辑与历史有机统一?马克思用逻辑与历史有机统一的小三段论找到资本主义生产方式的历史和逻辑起点即资本。在《资本论》第一卷中,我们见到的是第一篇和第二篇即"商品和货币"与"货币转化为资本"。一旦从抽象的商品范畴上升到作为具体的资本范畴,大三段论就开始了自己的逻辑行程。在《政治经济学批判大纲》中,我们见到的是从"资本的生产过程"到"资本的流通过程"再到"资本作为结果实的东西",在《资本论》中我们见到的是详尽展开,第一卷为"资本的生产过程",第二卷为"资本的流通过程",第三卷为"资本主义生产的总过程"。结合马克思政治经济学文献地提出四个问题并加以思考,理解思路就会明确起来。小三段论和大三段论是马克思政治经济学的叙述逻辑吗?小三段论和大三段论符合资本主义生产方式客观的演化历史吗?马克思运用的是逻辑与历史有机统一方法吗?马克思做到逻辑与历史有机统一了吗?对问题做出否定性回答需要胆量,因为如此回答的结果与马克思叙述实践相冲突。对问题做出肯定性回答?这是必需的,因为只有这样才与马克思的叙述实践相一致,才是实事求是的态度。

第六,再一次回到恩格斯对马克思叙述方法的概括上来。他对马克思叙述方法的概括符合马克思叙述实践的客观实际吗?当然符合。既然客观事实是如此,那么,卡弗、默斯托以及其他人对恩格斯的责难符合实际吗?符合实际的回答是不符合实际。恩格斯的实际与马克思的实际相一致;卡弗、默斯托以及其他人的实际与恩格斯的实际相冲突,进而与马克思的实际相冲突。

三、逻辑与历史有机统一方法中的"逻辑"

马克思政治经济学文献中客观存在并运用逻辑与历史有机统一方法这一事实的确立是可喜可贺的大事,因为对于马克思而言如此重要的方法竟然被不少学者加以否认,并以指斥恩格斯概括的形式进行批判。问题接踵而至且亟须我们回答:马克思逻辑与历史有机统一方法中的"逻辑"指称何谓?

在马克思政治经济学文献中,对逻辑与历史有机统一方法中的"逻辑"有过各不相同的称谓,如"现代社会的经济运动规律"、"先验的结构"、"思想总体"、"思想具体"、"方程式"和"艺术的整体"①,等等。由于马克思政治经济学的研究对象是"资本主义生产方式以及和它相适应的生产关系和交换关系"②,所以,这些称谓的具体指称对象是资本主义生产方式的本质。本质的理论凝结是范畴,范畴的展开是判断,判断的有机连接是推理即逻辑,资本主义生产方式的本质是资本主义生产方式内在逻辑的浓缩,进而可以说,资本主义生产方式的本质就是资本主义生产方式的逻辑。马克思的过人之处是并不停留和满足于资本主义生产方式的一般性逻辑,而是把它具体化,具体化的结果是资本主义生产方式的诸多具体性逻辑,它们有机统一,构成和表征出资本主义生产方式的一般性逻辑。

资本主义生产方式的经济逻辑。资本主义生产方式的唯一目的是追逐剩余价值。这一目的被掩藏于独立、自由和平等交换的意识形态旗帜之下,资本家对劳动者的剥削显示出有别于奴隶制社会和封建社会的特点。但是,资本主义生产方式的经济逻辑仍然具有阶级对立的性质,因为劳动者的劳动被强制和劳动成果被剥夺,"辩证地转化为"资本家的"天然权力"③。其中的秘密何在?马克思从两个角度做出揭示。

> 劳动过程在只是再生产出劳动力价值的等价物并把它加到劳动对象上以后,还越过这一点继续下去。为再生产出这一等价物,6小时就够了,但是劳动过程不是持续6小时,而是比如说持续12小时。这样,劳动力发挥作用的结果,不仅再生产出劳动力自身的价值,而且生产出一个超额价值。这个剩余价值就是产品价值超过消耗掉的产品形成要素即生产资料和劳动力的价值而形成的余额。

> 我们以上把产品——生产过程的结果——分成几个量。一个量只代表生产资料中包含的劳动,或不变资本部分。另一个量只代表生产过程中加进的必要劳动,或可变资本部分。最后一个量的产品

---

① 马克思恩格斯文集:第5卷.北京:人民出版社,2009:10,22;马克思恩格斯全集:第30卷.北京:人民出版社,1995:42,43,453;马克思恩格斯文集:第10卷.北京:人民出版社,2009:231.

② 马克思恩格斯文集:第5卷.北京:人民出版社,2009:8.

③ 同②673.

第十章 马克思经济哲学语境中的逻辑与历史有机统一方法

只代表同一过程中加进的剩余劳动,或剩余价值。①
一个角度是分析劳动者的劳动时间构成,即必要劳动时间和剩余劳动时间;另一个角度是分析产品的价值构成,即生产资料价值、劳动力价值和由劳动者创造的超过劳动力价值的价值。两个角度的分析指向一个目标,被资本家孜孜以逐的剩余价值露出水面。资本主义生产方式的经济逻辑是客观事实,正是这一事实使资本主义生产方式的剥削本质显露出来。

资本主义生产方式的组织逻辑。资本主义生产方式的组织形式是以机器体系为生产手段的现代工厂。这种组织形式具有独特性质的逻辑,马克思对这一逻辑进行了详尽揭示。第一,资本主义生产方式组织逻辑的社会历史起源。"用资本来进行的生产总是在这样的发展阶段开始的,这时,一定量社会财富在客观上已经积聚在一个人手里,因而表现为资本,它一开始就表现为同许多工人交换,后来表现为靠许多工人,靠工人的结合来生产,它能够推动一定量的活劳动能力同时生产。"② 第二,资本主义生产方式组织逻辑的资本性质。"工人的联合,像它在工厂里所表现的那样,也不是由工人而是由资本造成的。他们的联合不是他们的存在,而是资本的存在。"③ 第三,资本主义生产方式组织逻辑的表现样态。在工厂生产过程中,"产品从个体生产者的直接产品转化为社会产品,转化为总体工人即结合劳动人员的共同产品。总体工人的各个成员较直接地或者较间接地作用于劳动对象"④。第四,资本主义生产方式组织逻辑中劳动的异化性质。"在资本的生产过程中……劳动就其结合体来说,服务于他人的意志和他人的智力,并受这种意志和智力的支配——它的精神的统一处于自身之外。"⑤ 如果说前三种性质是资本主义生产方式组织逻辑的中性描述,那么,第四种性质则是对资本主义生产方式组织逻辑的揭露和批判。单个工人一旦进入工厂,他或她便由"完整的人"变为资本主义生产方式组织逻辑的"附属品"⑥,任由它指

---

① 马克思恩格斯文集:第5卷.北京:人民出版社,2009:242,257.
② 马克思恩格斯全集:第30卷.北京:人民出版社,1995:592.
③ 同②587.
④ 同①582.
⑤ 同②463-464.
⑥ 马克思恩格斯文集:第1卷.北京:人民出版社,2009:189.

挥和摆布，成为它的有机组成部分，没有任何独立自主意志表示存在的余地。

资本主义生产方式的技术逻辑。资本主义生产方式技术逻辑的典型表现是"用机器制造机器"①，机器的智力基础是科学技术及其应用。马克思倾注大量时间和精力研究资本主义生产方式的技术逻辑，获得了极为丰硕的理论成果，撮其要者有如下几点。第一，在资本主义生产方式的技术逻辑中，"机器生产的原则是把生产过程分解为各个组成阶段，并且应用力学、化学等等，总之应用自然科学来解决由此产生的问题。这个原则到处都起着决定性的作用"②。第二，资本主义生产方式的技术逻辑具有革命性。它"从来不把某一生产过程的现存形式看成和当作最后的形式。因此，现代工业的技术基础是革命的，而所有以往的生产方式的技术基础本质上是保守的"③。第三，资本主义生产方式技术逻辑的目的之一是对付工人的反抗。"可以写出整整一部历史，说明 1830 年以来的许多发明，都只是作为资本对付工人暴动的武器而出现的。"④ 第四，资本主义生产方式的技术逻辑具有"杀人的一面"。"在一个工业部门中，社会劳动生产力和结合的劳动过程的技术基础越不发达，这种节约就越暴露出它的对抗性的和杀人的一面。"⑤ 由马克思对资本主义生产方式技术逻辑的揭示可以看出，这一技术逻辑是资本家剥削劳动者必不可少且是强有力的工具，但也有进步性的一面，推动技术不断发展，为共产主义社会准备物质前提，此为该逻辑的"文明作用"⑥。

资本主义生产方式的法权逻辑。私有财产既是人为活动的结果，又是人为规定的结果。"活动"之说意谓劳动者的劳动创造出满足人之需要的社会物质财富；"规定"之说意在表明，资产阶级政府以法律形式宣布并用国家暴力保障，资本家占有雇佣劳动者的劳动成果天经地义，合法合理。马克思指出，资本主义生产方式运行过程中作为私有财产的"利润和地租只是工资的扣除，是在历史过程中被资本和土地所有权任

---

① 马克思恩格斯文集：第 5 卷. 北京：人民出版社，2009：442.
② 同①531.
③ 同①560.
④ 同①501.
⑤ 同①532.
⑥ 马克思恩格斯文集：第 8 卷. 北京：人民出版社，2009：90—91.

第十章　马克思经济哲学语境中的逻辑与历史有机统一方法

意榨取的东西，因而是法律上的合理存在，而不是经济上的合理存在"①。马克思的指控切中资本主义生产方式法权逻辑的要害，私有财产的法律合理性，以经济不合理"榨取"为基础，为前提。这种经济不合理是如何用法律形式掩盖起来的？马克思的分析透彻见底：

> 对过去的或客体化了的他人劳动的所有权，表现为进一步占有现在的或活的他人劳动的唯一条件。由于剩余资本Ⅰ是通过对象化劳动和活劳动能力之间的简单交换创造出来的，而这种简单交换是完全根据等价物按其本身包含的劳动量或劳动时间进行交换的规律进行的，并且，由于从法律上来看这种交换的前提无非是每一个人对自己产品的所有权和自由支配权，——从而，剩余资本Ⅱ同剩余资本Ⅰ的关系是这前一种关系的结果——，我们看到，通过一种奇异的结果，所有权在资本方面就辩证地转化为对他人的产品所拥有的权利，或者说转化为对他人劳动的所有权，转化为不支付等价物便占有他人劳动的权利，而在劳动能力方面则辩证地转化为必须把它本身的劳动或它本身的产品看作他人财产的义务。所有权在一方面转化为占有他人劳动的权利，在另一方面则转化为必须把自身的劳动的产品和自身的劳动看作属于他人的价值的义务。②

马克思以区分剩余资本Ⅰ和剩余资本Ⅱ的形式告诉我们，资本主义生产方式的法权逻辑多么具有欺骗性！剩余资本Ⅰ是资本所有者与劳动能力所有者以虚假的平等交换形式获得的结果，实际是劳动者自己创造的成果，等价交换原则在这一过程中发挥了掩藏作用。由于剩余资本Ⅱ以剩余资本Ⅰ为前提，所以，资本所有者用于同劳动者交换的等价物使劳动者劳动的成果的真相显露出来。资本主义生产方式的经济不合理性确证了资产阶级法权的不合理性，而这种不合理性却以自由、独立和平等交换为意识形态旗帜，多么具有讽刺意味。

资本主义生产方式的人学逻辑。资本主义生产方式经济逻辑、组织逻辑、技术逻辑和法权逻辑的特点使然，资本主义生产方式的人学逻辑也有特点。被剥夺生产资料的劳动者不得不被束缚于资本主义生产方式的经济逻辑中，劳动者与生产资料的关系发生历史性变化，生产资料成

---

① 马克思恩格斯全集：第30卷．北京：人民出版社，1995：292．
② 同①449-450．

为有灵性的东西与劳动者对抗，资本主义生产方式的法权逻辑则以暴力和其他手段保护甚至鼓励这种对抗。与此相伴而行的是作为人的雇佣劳动者的处境。在《政治经济学批判（1861—1863年手稿）》中，马克思把这样的人学逻辑概括为"铁人反对有血有肉的人"[①]，在《资本论》中，则用经验事实确证这种人学逻辑的客观存在："机器劳动极度地损害了神经系统，同时它又压抑肌肉的多方面的运动，夺去身体上和精神上的一切自由活动。甚至减轻劳动也成了折磨人的手段，因为机器不是使工人摆脱劳动，而是使工人的劳动毫无内容。"[②] 资本主义生产方式人学逻辑的发现和揭示得益于主体历史观，正是在这一主体历史观中，这种人学逻辑的特点暴露无遗："人的依赖关系（起初完全是自然发生的），是最初的社会形式，在这种社会形式下，人的生产能力只是在狭小的范围内和孤立的地点上发展着。以物的依赖性为基础的人的独立性，是第二大形式，在这种形式下，才形成普遍的物质变换、全面的关系、多方面的需要以及全面的能力的体系。建立在个人全面发展和他们共同的、社会的生产能力成为从属于他们的社会财富这一基础上的自由个性，是第三个阶段。第二个阶段为第三个阶段创造条件。"[③] 在马克思论述中，"人的依赖关系"、"物的依赖性"和"自由个性"是关键词。它们是主体历史发展三个阶段的本质特征。"物的依赖性"指称资本主义生产方式中雇佣劳动者所处的状态，他或她与赖以生存的生产资料发生分离，成为资本家的所有物。雇佣劳动者要生存就得依赖资本家的所有物，前提条件是为资本家创造剩余价值。作为人的雇佣劳动者在资本主义生产方式人学逻辑中成为资本的有机组成部分，是物质资本的附属物，他或她以与劳动材料和劳动资料并列的形式成为资本的生产要素。

资本主义生产方式的历史逻辑。马克思说："资产阶级经济学家们把资本看作永恒的和自然的（而不是历史的）生产形式，然后又竭力为资本辩护，把资本生成的条件说成是资本现在实现的条件，也就是说，把资本家还是作为非资本家……用来进行占有的要素，说成是资本家已

---

① 马克思恩格斯文集：第8卷. 北京：人民出版社，2009：354.
② 马克思恩格斯文集：第5卷. 北京：人民出版社，2009：486-487.
③ 马克思恩格斯全集：第30卷. 北京：人民出版社，1995：107-108.

第十章 马克思经济哲学语境中的逻辑与历史有机统一方法

经作为资本家用来进行占有的条件。"① 马克思的揭露直击资产阶级经济学的要害。它对资本的说明与社会历史事实严重冲突，资本的史前史和自身历史都说明资本具有历史性质。这样的性质决定了它必然要走向自己存在的反面——灭亡。这种发展趋势让资产阶级经济学家和资本家害怕，避免害怕的方式是把资本打扮为具有永恒性质。马克思以科学的历史态度对待资本主义生产方式，结果出现在我们面前，这就是资本主义生产方式的历史逻辑：

> 资本关系本身的出现，是以一定的历史阶段和社会生产形式为前提的。在过去的生产方式中，必然发展起那些超出旧生产关系并迫使它们转化为资本关系的交往手段、生产资料和需要。但是，它们只需要发展到使劳动在形式上从属于资本的程度。然而，在这种已经改变了的关系的基础上，会发展起一种发生了特殊变化的生产方式，这种生产方式一方面创造出新的物质生产力，另一方面，它只有在这种新的物质生产力的基础上才能得到发展，从而在实际上给自己创造出新的现实的条件。由此就会出现完全的经济革命，这种革命一方面为资本对劳动的统治创造并完成其现实条件，为之提供相应的形式，另一方面，在这个由革命发展起来的与工人相对立的劳动生产力、生产条件与交往关系中，这个革命又为一个新生产方式，即扬弃资本主义生产方式这个对立形式的新生产方式创造出现实条件，这样，就为一种新形成的社会生活过程，从而为新的社会形态创造出物质基础。②

这是典型的生产方式三段论，即前资本主义生产方式、资本主义生产方式和后资本主义生产方式。由此，资本主义生产方式的历史逻辑被凸显出来。

四、逻辑与历史有机统一方法中的"历史"

马克思逻辑与历史有机统一方法中"逻辑"一词指称的内容已如上

---

① 马克思恩格斯全集：第30卷．北京：人民出版社，1995：452．
② 马克思恩格斯文集：第8卷．北京：人民出版社，2009：546-547．

述。该方法中"历史"一词的指称内容是什么?这里的历史指资本主义生产方式的历史。在马克思政治经济学文献中,资本主义生产方式的历史包括如下内容。首先是人类生产方式史语境中作为独立存在形式的资本主义生产方式的历史。其次是资本主义生产方式自身产生、存在、发展和趋向灭亡的历史,即资本主义生产方式一般层面的历史。最后是资本主义生产方式历史的具体化,即资本主义生产方式内部专题性质的历史。

资本主义生产方式一般层面的历史。马克思经过实证性研究认定,资本主义时代开始于 16 世纪,此为资本主义生产方式历史的起点①。从 16 世纪开始到马克思写作《资本论》的 19 世纪 60 年代,计有 260 年左右的时间。在这一时间内,资本主义生产方式经历了两个时期。一是工场手工业时期,"这个时期大约从 16 世纪中叶到 18 世纪的最后 30 多年"②。此为资本主义生产方式幼年期。二是机器和大工业时期。这一时期起始于 18 世纪 60—70 年代,一直持续到马克思写作《资本论》的 19 世纪 60 年代。此为资本主义生产方式成年期,即工业革命开始及其以后的时期。

既然资本主义生产方式的历史经历了两个时期,那么,二者之间的关系便成为真实展示资本主义生产方式历史时必须要说明的问题。

工场手工业与机器大工业两种生产方式的区别。"劳动资料取得机器这种物质存在方式,要求以自然力来代替人力,以自觉应用自然科学来代替从经验中得出的成规。在工场手工业中,社会劳动过程的组织纯粹是主观的,是局部工人的结合;在机器体系中,大工业具有完全客观的生产有机体,这个有机体作为现成的物质生产条件出现在工人面前。在简单协作中,甚至在因分工而专业化的协作中,社会化的工人排挤单个的工人还多少是偶然的现象。而机器,除了下面要谈的少数例外,则只有通过直接社会化的或共同的劳动才发生作用。因此,劳动过程的协作性质,现在成了由劳动资料本身的性质所决定的技术上的必要了。"③总之,工场手工业和机器大工业两种生产方式之间的本质区别有三:技术性质、协作性质和组织的有机性质。

---

① 马克思恩格斯文集:第 5 卷. 北京:人民出版社,2009:823.
② 同①390.
③ 同①443.

第十章　马克思经济哲学语境中的逻辑与历史有机统一方法

两种生产方式之间的内在联系。作为生产方式的机器大工业并非从天而降，而是在工场手工业生产方式中逐渐生成："在工场手工业中，我们看到了大工业的直接的技术基础。工场手工业生产了机器，而大工业借助于机器，在它首先占领的那些生产领域排除了手工业生产和工场手工业生产。因此，机器生产是在与它不相适应的物质基础上自然兴起的。"①

资本主义生产方式历史内部两个时期之间关系的说明是有力证据，马克思对资本主义生产方式历史的了解和感悟已达到专业历史学家的水平。让专业历史学家感到自愧不如的是如下一点。作为生产方式的机器大工业首先是经济和技术现象，为工厂带来了惊人效率，使资本家更快更多地榨取剩余价值。但它也是社会历史性现象，直接受到冲击的是生存于这种生产方式中的劳动者。

首先，机器大工业为突破生产的自然约束如白天黑夜的约束提供了方便条件，劳动者的劳动时间被延长到无法忍受的长度，正如马克思所说："资本经历了几个世纪，才使工作日延长到正常的最大极限，然后越过这个极限，延长到十二小时自然日的界限。此后，自18世纪最后三十多年大工业出现以来，就开始了一个像雪崩一样猛烈的、突破一切界限的冲击。习俗和自然、年龄和性别、昼和夜的界限，统统被摧毁了。"②

其次，机器大工业一来，成年工人在体力、经验和技巧等方面的优势变成了劣势，机器成为名副其实的"主人"，劳动者只能听命于它，而不是像工场手工业时期那样，劳动工具被劳动者使用和支配。马克思对这一点的揭示如下："变得空虚了的单个机器工人的局部技巧，在科学面前，在巨大的自然力面前，在社会的群众性劳动面前，作为微不足道的附属品而消失了；科学、巨大的自然力、社会的群众性劳动都体现在机器体系中，并同机器体系一道构成'主人'的权力。"③

再次，在机器大工业中劳动变得相对容易，为妇女和儿童进入劳动力市场打开了方便之门，由此引发了出卖妻子儿女的"契约"革命："机器还从根本上使资本关系的形式上的中介，即工人和资本家之间的

---

① 马克思恩格斯文集：第5卷. 北京：人民出版社，2009：439.
② 同①320.
③ 同①487.

契约发生了革命……现在，资本购买未成年人或半成年人。从前工人出卖他作为形式上自由的人所拥有的自身的劳动力。现在他出卖妻子儿女。他成了奴隶贩卖者。"①

最后，机器大工业在带来惊人效率的同时也造成了人口过剩，让失去工作的劳动者自生自灭。用马克思的话说："劳动资料一作为机器出现，就立刻成了工人本身的竞争者。……工人就像停止流通的纸币一样卖不出去。工人阶级的一部分就这样被机器转化为过剩的人口，也就是不再为资本的自行增殖所直接需要的人口，这些人一部分在旧的手工业和工场手工业生产反对机器生产的力量悬殊的斗争中毁灭，另一部分则涌向所有比较容易进去的工业部门，充斥劳动市场，从而使劳动力的价格降低到它的价值以下。"②

四个方面的内容只能被作为例证看待，机器大工业所造成的社会历史性有害后果绝非仅是例证中涉及的内容。但是，种种例证告诉我们，马克思对资本主义生产方式的历史已了解到多么深刻和细致的程度，同时更告诉我们，逻辑与历史有机统一方法中的"逻辑"具有多么深厚的历史基础。

资本主义生产方式内部的专题史。在马克思语境中，逻辑与历史有机统一方法中的"历史"除上已述及的内容外还包括具体层面的内容，即专题性质的历史。这种历史内容之丰富，几乎可以说达到百科全书的程度。把如此丰富的内容逐一展示是不可能的，退而求其次的办法是以例证形式说明问题。

例证一，产业史。在英国，纺织业是工业革命即机器大工业的"长子"。由于机器生产带来了惊人效率，这种效率与市场需求之间处于更加复杂动荡的关系中，所以它受经济波动的影响更明显、更广泛和更剧烈。经济繁荣时，大量妇女儿童进入这一行业工作，马克思曾说此时的男性工人"出卖妻子儿女"，"成了奴隶贩卖者"。经济衰退时又是另一番景象，别说妇女儿童，就是成年工人也大量失业，所以马克思说："劳动资料扼杀工人。"③马克思如此认知的根据何在？根据就在英国纺织业的历史中。

---

① 马克思恩格斯文集：第5卷. 北京：人民出版社，2009：455.
② 同①495-496.
③ 同①497.

第十章　马克思经济哲学语境中的逻辑与历史有机统一方法

不列颠棉纺织工业在最初的45年中，即从1770年到1815年，只有5年是危机和停滞状态，但这45年是它垄断世界的时期。在第二个时期，即从1815年到1863年的48间，只有20年是复苏和繁荣时期，却有28年是不振和停滞时期。从1815年到1830年，开始同欧洲大陆和美国竞争，从1833年起，靠"毁灭人种"的办法强行扩大亚洲市场。谷物法废除之后，从1846年到1863年，有八年是中常活跃和繁荣时期，却有九年是不振和停滞时期。①

马克思的话语不多，但英国从1770年到1863年计93年的棉纺织业历史，其运动态势表现的具体年份、竞争区位和状况等信息都交代清楚了。马克思以这样的产业历史事实为根据做出判断，其内在逻辑具有说服力是情理之中的事情。

例证二，劳动立法史。在阶级社会，任何劳动都是法律规范下的劳动。法律由统治阶级制定，为统治阶级服务。从这一角度看，劳动立法的历史同时是劳动者劳动状况、进而生存状况的历史。为了真实再现英国劳动者劳动状况和生存状况的历史，马克思在《资本论》第一卷中系统梳理英国劳动立法（包括工厂立法）的历史，借以说明英国劳动者劳动的历史及其现状。这种立法起自1349年，一直到马克思写作《资本论》的19世纪60年代。这样的历史可以划分为两个阶段，一是14世纪中叶到19世纪上半叶，二是1833年工厂法出现到马克思写作《资本论》时期。在前一时期，劳动立法的宗旨是延长劳动时间，增加劳动强度。这样的立法宗旨与统治阶级和资本家的客观需要密切相关。马克思说："资本在它的萌芽时期，由于刚刚出世，不能单纯依靠经济关系的力量，还要依靠国家政权的帮助才能确保自己吮吸足够数量的剩余劳动的权利。"② 在后一时期，资本力量强大起来，加上技术手段（如机器体系）的帮助，使劳动时间延长到突破生理、年龄和道德等界限的地步。这时，个体资本家的贪欲与统治阶级的整体利益发生了冲突，以至于国家整体利益受到伤害。这一伤害的直接表现是女工和童工的过度劳动使整个国家中个人身体素质下降，往往因身高达不到要求而使征兵任务无法完成。在强权即公理的时代，兵源出现问题会直接影响国家安

---

① 马克思恩格斯文集：第5卷. 北京：人民出版社，2009：527-528.
② 同①312.

危。统治阶级用立法形式解决问题，立法的宗旨不是延长劳动时间，而是缩短劳动时间。马克思对这种根本性变化做出的解释是：

> 英国的工厂法是通过国家，而且是通过资本家和地主统治的国家所实行的对工作日的强制的限制，来节制资本无限度地榨取劳动力的渴望。即使撇开一天比一天更带威胁性的高涨着的工人运动不说，也有必要对工厂劳动强制地进行限制，正像有必要用海鸟粪对英国田地施肥一样。同样盲目的掠夺欲，在后一种情况下使地力枯竭，而在前一种情况下使国家的生命力遭到根本的摧残。①

马克思英国劳动立法史的研究成果是英国劳动立法史客观事实的反映。这样的成果是逻辑与历史有机统一方法中"历史"的有机组成部分。

例证三，雇佣劳动形成史。像商品、资本和剩余价值等范畴一样，雇佣劳动同样是马克思政治经济学的核心范畴。不仅如此，马克思在讲到《政治经济学批判大纲》的分篇设想时说："雇佣劳动就是这一堆讨厌的东西的基础。"②"一堆讨厌的东西"指称的内容是资本和土地所有权等。这说明，马克思认为雇佣劳动范畴是政治经济学理论体系核心范畴中的核心范畴。既如此，详细说明雇佣劳动范畴便具有特殊的重要性。这样的重要性表明揭示雇佣劳动的形成过程成为头等重要的任务。

在《政治经济学批判大纲》中，马克思解决了分析雇佣劳动形成的逻辑起点问题。雇佣劳动既非从天而降，也非一蹴而就，而是有一个长期且极为残酷的形成过程。这一过程的历史起点基于四个社会历史性前提。第一，"劳动者把土地当作生产的自然条件的那种关系的解体"。第二，"劳动者是工具有所有者的那种关系的解体"。第三，劳动者失去任何生活资料。第四，劳动者摆脱了人身依附关系，成为所谓的"自由人"③。在英国，四种社会历史性前提的出现意味着劳动者"殉难史"的开始④。

这个重要的历史时刻起步于何时？马克思用实证的历史事实回答问题："雇佣工人阶级是14世纪下半叶产生的"，"由于封建家臣的解散和

---

① 马克思恩格斯文集：第5卷. 北京：人民出版社，2009：276-277.
② 马克思恩格斯文集：第10卷. 北京：人民出版社，2009：158.
③ 马克思恩格斯全集：第30卷. 北京：人民出版社，1995：490-491.
④ 同①579.

第十章　马克思经济哲学语境中的逻辑与历史有机统一方法

土地断断续续遭到暴力剥夺而被驱逐的人，这个不受法律保护的无产阶级，不可能像它诞生那样快地被新兴的工场手工业所吸收。另一方面，这些突然被抛出惯常生活轨道的人，也不可能一下子就适应新状态的纪律。他们大批地转化为乞丐、盗贼、流浪者，其中一部分人是由于习性，但大多数是为环境所迫。因此，15世纪末和整个16世纪，整个西欧都颁布了惩治流浪者的血腥法律。现在的工人阶级的祖先，当初曾因被迫转化为流浪者和需要救济的贫民而受到惩罚。法律把他们看做'自愿的'罪犯，其依据是：只要他们愿意，是可以继续在已经不存在的旧的条件下劳动的"①。在统治阶级看来，能劳动却不劳动而甘于乞讨的流浪者是对政治统治的威胁，必须用法律性质的强制手段让他们服从和适应劳动纪律。

　　这样，被暴力剥夺了土地、被驱逐出来而变成了流浪者的农村居民，由于这些古怪的恐怖的法律，通过鞭打、烙印、酷刑，被迫习惯于雇佣劳动制度所必需的纪律。②

马克思叙述言过其实？事实胜于雄辩。"爱德华六世在即位的第一年（1547年）颁布的法律规定，拒绝劳动的人，如被告发为游惰者，就要判为告发者的奴隶。主人应当用面包和水，用稀汤和他认为适当的肉屑给自己的奴隶吃。他有权用鞭打和镣铐强迫奴隶从事一切令人厌恶的劳动。如果奴隶逃亡达14天，就要判为终身奴隶，并在额头或脸颊打上Ｓ字样的烙印；如果第三次逃亡，就要当做叛国犯处死。主人可以把他出卖，遗赠，作为奴隶出租，完全像对待其他动物和牲畜一样。如果奴隶图谋反抗主人，也要被处死……这个法令的最后一部分规定，贫民必须在愿意给他们饮食和劳动的地区或个人那里干活。在英国，这种教区的奴隶，在游荡者的名义下一直保留到19世纪。"③被掩藏于历史陈迹中的细节性事实表明，马克思对以英国为典型的雇佣劳动形成史有非常透彻的了解。这样的历史进入马克思视野，成为逻辑与历史有机统一方法中"历史"的有机组成部分，使马克思在展开资本主义生产方式的逻辑时，能以强劲有力的历史事实为客观基础，并把它提升到理论逻

---

① 马克思恩格斯文集：第5卷. 北京：人民出版社，2009：847，843.
② 同①846.
③ 同①843-844.

辑的高度。

对于马克思语境中具体层面的历史而言，三个例证不算多，但它们能够证明，逻辑与历史有机统一方法中"历史"的具体性含义到底何谓。

五、需要说明的问题

马克思政治经济学语境中逻辑与历史有机统一方法的主要内容已展示如上。出于准确理解的必要，还有两个问题需要单独说明。一是这一方法的思想来源问题，二是如何理解马克思貌似反对这一方法的论述的问题。

逻辑与历史有机统一方法的思想来源问题。逻辑与历史有机统一方法并非马克思独创，也非黑格尔率先提出，而是有更早的思想起源。俞吾金先生认为黑格尔率先提出这一方法[1]，与历史事实不一致；黑格尔也认为该方法是自己率先提出来的[2]，这同样不符合历史实际。

最早提出并运用逻辑与历史有机统一方法的是意大利学者维柯（1668—1744）。他在《新科学》中说："观念（思想）的次第必然要跟随各种事物的次第。"他还说："凡是学说（或教义）都必须从它所处理的题材开始时开始"。在讲到对这一方法的探寻历程时他则说，"我碰上一些令人绝望的困难，花了足足二十年光阴去钻研"，才找到这个"科学的皇后"[3]。基于维柯论述我们得出两个结论。第一，在学术思想史上，是维柯而非黑格尔率先提出并运用逻辑与历史有机统一方法。第二，与黑格尔相反，维柯对逻辑与历史有机统一方法的理解具有历史唯物主义性质。他是近代以来西方人中第一个提出较为系统的历史唯物主义观点的人[4]。马克思知道维柯，在《资本论》第一卷中曾用维柯的观点为自己的工艺学历史唯物主义理论做论证[5]。诸多情况表明，维柯逻

---

[1] 俞吾金. 问题域的转换. 北京：人民出版社，2007：282.
[2] 黑格尔. 精神现象学：上卷. 贺麟，王玖兴，译. 北京：商务印书馆，1979：49.
[3] 维柯. 新科学：上册. 朱光潜，译. 北京：商务印书馆，1989：126，148，159，163.
[4] 宫敬才. 维柯与历史唯物主义. 河北学刊，2009（1）.
[5] 马克思恩格斯文集：第5卷. 北京：人民出版社，2009：429.

第十章 马克思经济哲学语境中的逻辑与历史有机统一方法

辑与历史有机统一方法是马克思相关思想的直接理论来源。

黑格尔在不少地方直接或间接地论述历史与逻辑有机统一方法。他在《小逻辑》中说："哲学史总有责任去确切指出哲学内容的历史开展与纯逻辑理念的辩证开展一方面如何一致，另一方面又如何有出入。但这里须首先提出的，就是逻辑开始之处实即真正的哲学史开始之处。"①黑格尔在《哲学史讲演录》中说："我认为：历史上的那些哲学系统的次序，与理念里的那些概念规定的逻辑推演的次序是相同的。我认为：如果我们能够对哲学史里面出现的各个系统的基本概念，完全剥掉它们的外在形态和特殊应用，我们就可以得到理念自身发展的各个不同的阶段的逻辑概念了。反之，如果掌握了逻辑的进程，我们亦可从它里面的各主要环节得到历史现象的进程。"② 黑格尔在《法哲学原理》中说，辩证法"给自己以现实，并把自己创造为实存世界"③。三处论述出自黑格尔的三部著作，基本反映了他对历史与逻辑有机统一方法的理解。基于他的理解我们做出如下结论。第一，在黑格尔文献中存在并运用历史与逻辑有机统一方法是客观事实。第二，黑格尔提出和运用这一方法时针对的对象是哲学叙述逻辑与哲学历史之间的关系。第三，黑格尔的方法具有十足的唯心主义性质。

马克思在提出和运用逻辑与历史有机统一方法时是否受到了黑格尔的影响？马克思是研究黑格尔哲学的顶级专家，在自己的文献和书信中每每提到黑格尔，由此可见马克思受黑格尔哲学影响之深，例如作为逻辑与历史有机统一方法替代性提法的"从抽象上升到具体"，直接来自黑格尔的《小逻辑》，即"逻辑理念的展开是由抽象进展到具体"。但是，在我们关注马克思受黑格尔影响之深的同时，也不要忘记更重要的另一种事实，即对黑格尔方法唯心主义性质的批判：

> 我的阐述方法不是黑格尔的阐述方法，因为我是唯物主义者，而黑格尔是唯心主义者。黑格尔辩证法是一切辩证法的基本形式，但是，只有在剥去它的神秘的形式之后才是这样，而这恰好就是我的方法的特点。④

---

① 黑格尔. 小逻辑. 贺麟, 译. 北京：商务印书馆, 1980：191.
② 黑格尔. 哲学史讲演录：第1卷. 贺麟, 王太庆, 译. 北京：商务印书馆, 1959：34.
③ 黑格尔. 法哲学原理. 范扬, 张企泰, 译. 北京：商务印书馆, 1961：39.
④ 马克思恩格斯文集：第10卷. 北京：人民出版社, 2009：280.

维柯和黑格尔两个例证表明，马克思逻辑与历史有机统一方法具有直接的理论来源。它们之间的区别明显可见，一是适用的对象不同，二是马克思把这一方法加工提炼到博大精深的程度。马克思是逻辑与历史有机统一方法的集大成者。

对马克思貌似反对逻辑与历史有机统一方法论述的理解问题。在《〈政治经济学批判〉导言》的"政治经济学的方法"一节中，马克思有如下一段论述："把经济范畴按它们在历史上起决定作用的先后次序来排列是不行的，错误的。它们的次序倒是由它们在现代资产阶级社会中的相互关系决定的，这种关系同表现出来的它们的自然次序或者符合历史的次序恰好相反。问题不在于各种经济关系在不同社会形式的相继更替的序列中在历史上占有什么地位。更不在于它们在'观念上'（蒲鲁东）（在关于历史运动的一个模糊的表象中）的顺序。而在于它们在现代资产阶级社会内部的结构。"①

如何理解马克思论述？其中的内容和逻辑与历史有机统一方法是什么关系？对问题的不同回答决定了承认还是否认马克思具有并且运用逻辑与历史有机统一方法，同时也决定了对恩格斯有关马克思逻辑与历史有机统一方法的概括持肯定态度还是持否定态度。对于马克思逻辑与历史有机统一方法而言，如何理解这段论述是很重要的事情。凡是对逻辑与历史有机统一方法持否定态度者，都把马克思的这段论述作为立论根据②。这样的事实带来了具有挑战性且必须回答的问题：否认马克思具有并运用逻辑与历史有机统一方法的论者，对马克思论述的理解正确吗？

可以毫不迟疑地对问题做出回答：不正确。

第一，马克思在叙述方法意义上说出如上话语，不严格区分叙述方法和研究方法来理解马克思论述，产生误解是必然结果。

第二，马克思不是讲叙述一般意义的经济结构时经济范畴顺序的安排问题，而是讲叙述资产阶级经济结构时经济范畴的顺序安排

---

① 马克思恩格斯全集：第30卷.北京：人民出版社，1995：49.
② 见田石介.资本论的方法研究.张小金，等译.北京：中国书籍出版社，2013：115；特雷尔·卡弗.马克思与恩格斯：学术思想关系.姜海波，等译.北京：中国人民大学出版社，2008：103-104；马塞罗·默斯托，主编.马克思的《大纲》：《政治经济学批判大纲》150年.闫月梅，等译.闫月梅，校.北京：中国人民大学出版社，2011：67；俞吾金.问题域的转换.北京：人民出版社，2007：288.

第十章 马克思经济哲学语境中的逻辑与历史有机统一方法

问题。

第三,要叙述资产阶级经济结构,大三段论叙述的逻辑起点是资本而不是土地所有权或地租,马克思给出的理由是:"不懂资本便不能懂地租。不懂地租却完全可以懂资本。资本是资产阶级社会的支配一切的经济权力。它必须成为起点又成为终点。"① 马克思这样说的根据是客观的社会历史事实。在非资本主义社会历史中,"土地所有权或地租"早于"资本",而"在现代资产阶级社会中","资本是现代土地所有权的创造者"②。

第四,经济范畴的顺序安排以"它们在现代资产阶级社会中的相互关系"为基准,是逻辑与历史有机统一方法唯物主义性质的内在要求。马克思很重视这一点因而特意指出,为了保证逻辑与历史有机统一方法运用的唯物主义性质,"有必要对唯心主义的叙述方式作一纠正,这种叙述方式造成一种假象,似乎探讨的只是一些概念规定和这些概念的辩证法"③。

六、结论

逻辑与历史有机统一是不少研究者熟知但非真知的提法,上述误解、谬解和反对的例证能够证明这一点。回到马克思原生态的政治经济学语境,依据理论实践与文本表现相结合来理解便可以发现,马克思是继维柯和黑格尔之后,逻辑与历史有机统一方法论思想的集大成者。这一方法在马克思政治经济学理论体系中占有重要且无可替代的地位,发挥点石成金的作用,使马克思的政治经济学理论体系确实具有了"艺术的整体"的性质。这一方法中的逻辑所指称者是资本主义生产方式多重本质的有序展开,如经济本质、法权本质、哲学本质、技术本质和组织本质等。这一方法中历史指称的内容是资本主义生产方式的历史,这种历史具有过去、现在和未来的三维时间结构,同时指称更为具体的专业性质的历史,如资本主义生产方式的技术史和组织史,甚至直接源于资

---

① 马克思恩格斯全集:第30卷.北京:人民出版社,1995:49.
② 同①234.
③ 同①101.

本主义生产方式的劳动立法的历史。在马克思政治经济学语境中，逻辑与历史二者之间的关系确实是有机统一，但这种统一的本质在于，逻辑源于、统一于和服从于历史而不是相反，相反者是黑格尔的唯心主义方法。检视马克思以后政治经济学的历史便知，他是唯一提出和成功运用这一方法的人。

第十一章　马克思经济哲学语境中的理解方法及其性质

一、问题的提出及其说明

独具特色的方法是马克思政治经济学的有机组成部分且成体系，这一体系可用"解剖典型"表征。"典型"的国别意义是工业革命及其前后时期的英国，社会历史意义是资本主义社会，主要是资本主义生产方式。国别意义与社会历史意义是什么关系？马克思对问题的回答如下："一个社会即使探索到了本身运动的规律……它还是既不能跳过也不能用法令取消自然的发展阶段。"①"工业较发达的国家向工业较不发达的国家所显示的，只是后者未来的景象。"②

马克思政治经济学"解剖典型"的方法由两部分内容组成。其一是研究方法，展开后的具体层面是六个方面的内容：充分地占有材料、分析演化过程、探寻内在联系、关注细节、让当事人出场说话和理解③。

---

① 马克思恩格斯文集：第5卷. 北京：人民出版社，2009：9-10.
② 同①8.
③ 六种具体性研究方法的前五种都有马克思的论述或运用为根据，请见马克思恩格斯文集：第5卷. 北京：人民出版社，2009：21-22，267-350，427-580；马克思恩格斯文集：第8卷. 北京：人民出版社，2009：318。

其二是叙述方法。该方法的称谓有三：马克思主义政治经济学和哲学教科书是"逻辑与历史有机统一"，恩格斯是"历史从哪里开始，思想进程也应当从哪里开始"①，马克思则是"从抽象上升到具体"②。

如上对马克思政治经济学方法极为概略的界说与学术界的习惯性认知不一致，马克思主义政治经济学教科书有关马克思方法的说明可为例证。这里需要首先声明的是，研究马克思的方法应该以马克思政治经济学研究实践和文献为根据。尤应指出的，作为方法的"理解"在有关马克思主义的教科书、专著和论文中从未得到表示存在的机会。存在机会以研究者的认知为前提，在他们看来，马克思政治经济学研究实践中不运用理解方法，文献中也不存在理解方法。这样的认知状况导致的理论情势向马克思主义研究者提出了应当回答的问题："理解"何谓？它是马克思的政治经济学方法吗？马克思政治经济学研究实践中运用理解方法吗？对问题的回答将会表明，缺失理解方法的马克思政治经济学方法论体系具有不完整性质。本章尝试性地依据马克思政治经济学研究实践和文献回答问题，企望起到抛砖引玉的作用，目的是使马克思政治经济学方法论体系以完整形式出现在世人面前。

二、马克思对理解方法的界说

理解到底是不是马克思政治经济学方法？为了实证性地回答问题，请看马克思的论述。

论述一。"被理解了的世界本身才是现实的世界"③。

论述二。"分析经济形式，既不能用显微镜，也不能用化学试剂。二者都必须用抽象力来代替。"④

论述三。"我的观点是把经济的社会形态的发展理解为一种自然史的过程。"⑤

---

① 马克思恩格斯文集：第2卷. 北京：人民出版社，2009：603.
② 马克思恩格斯全集：第30卷. 北京：人民出版社，1995：42.
③ 同②.
④ 马克思恩格斯文集：第5卷. 北京：人民出版社，2009：8.
⑤ 同④10.

第十一章 马克思经济哲学语境中的理解方法及其性质

论述四。"辩证法,在其合理形态上,引起资产阶级及其空论主义的代言人的恼怒和恐怖,因为辩证法在对现存事物的肯定的理解中同时包含对现存事物的否定的理解,即对现存事物的必然灭亡的理解;辩证法对每一种既成的形式都是从不断的运动中,因而也是从它的暂时性方面去理解;辩证法不崇拜任何东西,按其本质来说,它是批判的和革命的。"①

论述五。"动物遗骸的结构对于认识已经绝种的动物的机体有重要的意义,劳动资料的遗骸对于判断已经消亡的经济的社会形态也有同样重要的意义。"②

出自《政治经济学批判大纲》和《资本论》第一卷的五处论述都带有方法论性质,但概念使用情况各不相同。第二和五两处论述分别使用"抽象力"、"认识"和"判断",把它们认定为"理解"没有什么不妥之处。如此说的理由是"动物遗骸的结构"和"已经消亡的经济"用经验归纳或逻辑演绎方法无法捕捉其本身具有的"意义"。马克思论述的重点是强调政治经济学方法具有不同于自然科学方法如观察和实验的独特内容即理解。第一、三和四几处论述直接运用"理解"概念。特别是第四处论述,稍加分析便可抽离出七种表达句式:对现存事物肯定性的理解,对现存事物否定性的理解,对现存事物必然灭亡的理解,对现存事物运动不息的理解,对现存事物暂时性的理解,对现存事物批判性的理解,对现存事物革命性的理解。基于如此多的"理解"得出结论并不为过,在马克思政治经济学理论中,理解是方法,是基本、重要和独具特色的方法。

理解是方法的结论带来了需要回答的问题:理解的实质是什么?谁在理解?理解的对象是什么?理解的结果是什么?理解结果的科学客观性如何保证?理解具有什么性质?回答这些问题,马克思理解方法的具体内容就会显现出来。

在马克思政治经济学语境中,理解方法的实质是主体性,是主体认知和评价客体、客体确证主体认知和评价结果的方法。进一步说,理解是马克思主体、客体及二者之间辩证关系这一哲学分析框架在方法论层面的具体化。主体是认知和评价的政治经济学家,客体是资本主义生产方式,二者之间的关系是认知和评价性关系。在这一关系中,马克思他人难以匹敌的哲学、政治经济学和历史学等的雄厚学术积累,其颠沛流

---

① 马克思恩格斯文集:第5卷. 北京:人民出版社,2009:22.
② 同①210.

离和贫病交加的生活经历，尤其是"减轻人类痛苦"的道义担当[①]，都作为主体性因素存在并发挥作用于对资本主义生产方式的理解过程中。理解结果出现于我们面前，与靠官府和资本家强力支持而维持主流地位的资产阶级经济学形成双峰对峙之势的政治经济学理论体系是劳动者的"圣经"，也是资本主义经济体系"病根"的"诊断书"。

　　按照《资本论》的说法，理解的结果是"现代社会的经济运动规律"被"揭示"出来[②]。如何保障符合客观实际地做到这一点？如何避免理解的主观随意性和保障理解的客观有效性？马克思用多种措施保障做到这一点，如充分地占有材料、分析演化过程、探寻内在联系、关注细节和让当事人出场说话。我们以后者为例证说明这一点。作为政治经济学研究对象的经济事实是不同人的经济行为及其结果。经济事实与经济行为当事人之间是生命攸关的关系。作为反映和说明经济事实的政治经济学，其科学性的内在要求是做出判断依据的信息要相对完整，做到信息相对完整的主要途径是让经济行为当事人悉数出场说话，借以真实客观表达他（她）们劳动和生活的际遇以及所想所愿。资产阶级经济学的阶级性质使然，只让资本家出场说话，实际是资本家话语的学理化[③]，但从不让劳动者如成年工人、女工和童工出场说话。这种做法与科学的硬性要求相冲突，说自己具有自然科学一样的硬科学性质是天方夜谭。与资产阶级经济学正相反对，马克思让资本主义市场经济活动中的经济行为当事人悉数出场说话，如资本家，成年工人，12岁的童工，7岁童工的父亲，治疗职业病的主任医师，工厂视察员，等等。马克思的做法使做出判断依据的信息相对完整，这样的判断当然就会具有科学性质[④]。

三、理解方法的性质

　　检视文献就可发现马克思政治经济学的理解方法具有如下性质。

　　[①]　马克思恩格斯文集：第10卷. 北京：人民出版社，2009：253.
　　[②]　马克思恩格斯文集：第5卷. 北京：人民出版社，2009：10.
　　[③]　马克思恩格斯文集：第7卷. 北京：人民出版社，2009：941.
　　[④]　对让当事人出场说话方法的展开性说明，请见宫敬才. 论马克思让当事人出场说话的方法. 人文杂志，2018（4）。

第十一章　马克思经济哲学语境中的理解方法及其性质

第一，理解的主体性质。由马克思对辩证法的界定可以看出，理解具有明确和强烈的主体性质。首先，理解是人在理解，具体说是作为政治经济学家的人在理解。政治经济学家是职业身份，职业身份是主体的具体化，由此区分出政治经济学家的理解不是生物学家、化学家或其他职业人的理解。其次，理解过程是政治经济学家主体性的自我确证过程，理解对象的选择和理解目的变为现实都可证明这一点。再次，理解结果带有主体性质，对理解对象的命名，基于命名而来的判断，由判断构成的结论，对结论指涉事实的最后评价，等等，都是主体理解行为的结果，主体性成分渗入理解过程及其结果是客观事实。最后，理解过程及其结果带有个体性，针对同一理解对象的不同理解结果及其相互间的学术争鸣就可证明这一点。在马克思政治经济学语境中，对资本和雇佣劳动的理解与资产阶级经济学家理解之间的本质区别可为例证。如上分析表明，在政治经济学领域，认识过程是理解过程，理解过程是作为理解主体的经济学家自我确证的过程，据此说，理解过程及其结果具有主体性质是政治经济学必然的命运。

马克思理解方法的主体性质带来了需要辨析的问题。在当下中国的经济学领域，资产阶级经济学（即西方主流经济学）是相对于马克思政治经济学而言的强势存在，其科学方法论主张是保持强势存在且可攻可守的武器。如何认识资产阶级经济学关于科学方法论的主张？自从牛津大学历史上第一位政治经济学教授西尼尔提出政治经济学是科学因而不能做价值判断的主张以来[1]，资产阶级经济学便在攀附和追逐自然科学客观性的道路上狂奔，一再主张经济学是自然科学意义的科学，内容中不能存在像价值立场这样的主体性成分。例如，诺贝尔经济学奖得主、自由市场激进主义代表人物之一弗里德曼说："实证经济学是独立于任何特别的伦理观念或规范判断的……实证经济学是或者可以是一门'客观'科学，其'客观性'与任何一门自然科学的'客观性'完全相同。"[2] 弗里德曼以与自然科学随意比附的形式突出和强调经济学的"客观性"，极力否认经济学中的主体性因素，试图给人造成一种印象，经济学理论中不存在主体性因素，不带有任何主体性质。这种主张貌似

---

[1] 西尼尔. 政治经济学大纲. 蔡受百, 译. 北京：商务印书馆, 1977：12.
[2] 米尔顿·弗里德曼. 弗里德曼文萃：上册. 胡雪峰, 武玉宁, 译. 胡雪峰, 校. 北京：首都经济贸易大学出版社, 2001：120-121.

有理有力，实则荒腔走板。有的经济学家以严谨的哲学逻辑驳斥这一主张："不管怎样，给定某种经济制度，我们就能以一种客观的方式，毫不走样地描述这种经济制度运行的技术特征。但是，如果没有悄悄介入的道德评价，我们就不可能对一种制度进行描述。比如说，我们从制度外部对制度进行观察意味着这个制度不是唯一可能存在的制度，在对这一制度进行描述的时候，我们（大鸣大放地或默默地）将其与其他现实的或想象的制度进行比较。差异意味着选择，选择意味着评判。我们不能不做评判，我们所做的评判源自已经深刻侵入我们的人生观并且在某种程度上已经印在我们脑海中的伦理预设。"[1] 琼·罗宾逊夫人的批判在逻辑上无法反驳。这说明，马克思理解方法中的主体性质是人学本体论意义的客观事实。承认事实的客观存在是实事求是的态度，把这一事实在方法论中彰显出来，是马克思理解方法的本质特点之一。

第二，理解的批判性质。在马克思思维方式及其构筑的语境中，批判是有机组成部分。这种情况决定了作为方法的理解中包括批判性内容。批判是作为政治经济学家的理解主体对研究对象进行优劣短长和利弊得失的评价。马克思政治经济学主要对三种对象进行批判。首先和直接的是资本主义生产方式批判。这种批判可细分为资本主义生产方式的政治经济学批判、哲学批判、历史学批判、社会学批判、法学批判、政治学批判、工艺学批判和伦理学批判，等等。其次是对黑格尔辩证法唯心主义性质的批判："黑格尔陷入幻觉，把实在理解为自我综合、自我深化和自我运动的思维的结果，其实，从抽象上升到具体的方法，只是思维用来掌握具体、把它当作一个精神上的具体再现出来的方式。但决不是具体本身的产生过程。"[2] 最后，在马克思政治经济学研究及其写作过程中，始终伴随对资产阶级经济学的批判。这种批判主要表现于五个方面。一是阶级立场批判；二是由带有科学性质向庸俗化转变的批判；三是学术无能的批判；四是逻辑前提批判；五是方法论批判。这里只举一例："资产阶级经济学家们把资本看作永恒的和自然的（而不是历史的）生产形式，然后又竭力为资本辩护，把资本生成的条件说成是资本现在实现的条件，也就是说，把资本家还是作为非资本家——因为他还只是正在变为资本家——用来进行占有的要素，说成是资本家已经

---

[1] 琼·罗宾逊. 经济哲学. 安佳，译. 北京：商务印书馆，2011：15-16.
[2] 马克思恩格斯全集：第30卷. 北京：人民出版社，1995：42.

第十一章　马克思经济哲学语境中的理解方法及其性质

作为资本家用来进行占有的条件。这些辩护的企图证明他们用心不良，并证明他们没有能力把资本作为资本所采用的占有方式同资本的社会自身所宣扬的所有权的一般规律调和起来。"① 此为对资产阶级经济学学术无能的批判。五种批判内在于马克思政治经济学研究过程的始终，客观存在于马克思政治经济学文献中。批判是马克思理解方法的题中应有之义且是有机组成部分。

第三，理解的过程性质。在马克思政治经济学理解方法中，过程论思想非常丰富，这里举两个例证。例证一。在《政治经济学批判大纲》中，马克思批判资产阶级经济学对资本范畴的理解，其错误在于"资本被理解为物，而没有被理解为关系"，进一步说，"资本决不是简单的关系，而是一种过程，资本在这个过程的各种不同的要素上始终是资本。因而这个过程需要加以说明"②。例证二。在1863—1865年写作的《经济学手稿》中，马克思把资本过程论发展为资本主义生产方式过程论，这一过程论的三段论形式非常典型，即前资本主义生产方式、资本主义生产方式和"扬弃资本主义生产方式"后的"新生产方式"③。例证表明，马克思理解方法的过程性质是客观存在的事实。这样的事实促使马克思不是像资产阶级经济学家那样把资本理解为生产要素的集合体，而是理解为运动过程的集合体。从历史形成的角度理解，资本有一个从产品到商品，从商品到货币，再从货币转化为资本的社会历史形成过程，"用血和火的文字载入人类编年史"的资本原始积累就发生在这一过程中。从剩余价值的角度理解，资本要经历货币资本与劳动力交换、剩余价值生产和剩余价值实现三个过程。从资本的经济运行角度理解，资本要经历生产过程、流通过程和剩余价值在货币资本家、土地所有者与产业资本家之间的分割过程。正是从过程角度理解资本，其极为丰富的内容被揭示出来；只有从过程角度理解资本，其极为丰富的内容才能被揭示出来。

第四，理解的逆溯性质。作为理解者的政治经济学家，生命途程的时间有限，他或她只能面对和直接感知当下的经济存在。当下的经济存在并非从天而降，而是历史演化的结果。不理解历史上的经济存在，难

---

① 马克思恩格斯全集：第30卷. 北京：人民出版社，1995：452.
② 同①214.
③ 马克思恩格斯文集：第8卷. 北京：人民出版社，2009：546-547.

以真正理解当下的经济存在。已成历史的经济存在相对于政治经济学家而言是时过境迁和物是人非。为了理解历史上的经济存在，马克思发展出逆溯式的理解方法："资产阶级社会是最发达的和最多样性的历史的生产组织。因此，那些表现它的各种关系的范畴以及对于它的结构的理解，同时也能使我们透视一切已经覆灭的社会形式的结构和生产关系。资产阶级社会借这些社会形式的残片和因素建立起来，其中一部分是还未克服的遗物，继续在这里存在着，一部分原来只是征兆的东西，发展到具有充分意义，等等。人体解剖对于猴体解剖是一把钥匙。反过来说，低等动物身上表露的高等动物的征兆，只有在高等动物本身已被认识之后才能理解。因此，资产阶级经济为古代经济等等提供了钥匙。"①马克思用自然科学中解剖学的比喻形象生动地说明了自己的方法论主张。理解资产阶级经济是理解历史上存在过的经济的钥匙。资产阶级经济像历史上存在过的其他经济一样是过程，过程的起始之处是旧经济的"残片"或"遗物"，这些"残片"或"遗物"进入新质经济结构，但它们能被识别出来。识别出来的"残片"或"遗物"中秉有共性的东西，马克思把它命名为"原始的方程式"：

> 要揭示资产阶级经济的规律，无须描述生产关系的真实历史。但是，把这些生产关系作为历史上已经形成的关系来正确地加以考察和推断，总是会得出这样一些原始的方程式……这些方程式将说明在这个制度以前存在的过去。这样，这些启示连同对现代的正确理解，也给我们提供了一把理解过去的钥匙。②

"原始的方程式"是本质，是规律，它们为理解历史上的经济提供了"钥匙"。"钥匙"能打开认识历史经济的方便之门，而对历史的认识又使马克思更真确地理解当下的经济存在，即资本主义生产方式。

第五，理解的革命性质。马克思理解方法中的革命性质是客观存在的事实。如此说的根据不仅在于对辩证法的界定中出现了"革命"一词，更在于具体论述。在《共产党宣言》结尾处，人们见到的是气势如虹的论述："共产党人不屑于隐瞒自己的观点和意图。他们公开宣布：他们的目的只有用暴力推翻全部现存的社会制度才能达到。让统治阶级

---

① 马克思恩格斯全集：第30卷. 北京：人民出版社，1995：46-47.
② 同①453.

第十一章 马克思经济哲学语境中的理解方法及其性质

在共产主义革命面前发抖吧。无产者在这个革命中失去的只是锁链。他们获得的将是整个世界。"① 这样的豪言壮语不是主观想象的结果,而是建基于对资本主义社会和经济内在矛盾的理解之上。在《资本论》中,马克思基于对资本主义社会和经济内在矛盾的理解更具体地揭示出这一发展趋势:"生产资料的集中和劳动的社会化,达到了同它们的资本主义外壳不能相容的地步。这个外壳就要炸毁了。资本主义私有制的丧钟就要响了。剥夺者就要被剥夺了。"② 把马克思的论述还原到当时的社会历史背景和政治经济学语境中就能够发现,上述发展趋势的揭示并非言过其实。资本主义社会后来的发展与马克思的趋势预测之间有一定差距,但资本主义社会的本质没有改变。回到本题上来,马克思理解方法中的革命性质是题中应有之义。

第六,理解的整体性质。1857 年 8 月写作的《〈政治经济学批判〉导言》中马克思说了这样一段话:

> 具体总体作为思想总体、作为思想具体,事实上是思维的、理解的产物;但是,决不是处于直观和表象之外或驾于其上而思维着的、自我产生着的概念的产物,而是把直观和表象加工成概念这一过程的产物。整体,当它在头脑中作为思想总体而出现时,是思维着的头脑的产物,这个头脑用它所专有的方式掌握世界,而这种方式是不同于对世界的艺术精神的,宗教精神的,实践精神的掌握的。③

这段论述对我们理解马克思理解方法的整体性质具有重要意义。其一,马克思对理解方法做了定义性说明:"把直观和表象加工成概念"的过程。其二,指出理解的唯物主义性质,理解只不过是思维用来掌握具体并把具体再现出来的方式,"但决不是具体本身的产生过程",虽然它"好像是一个先验的结构"④。其三,运用理解方法得到的概念具有整体性质,是"具有许多规定和关系的丰富的总体"⑤。其四,这样的

---

① 马克思恩格斯文集:第 2 卷. 北京:人民出版社,2009:66.
② 马克思恩格斯文集:第 5 卷. 北京:人民出版社,2009:874.
③ 马克思恩格斯全集:第 30 卷. 北京:人民出版社,1995:42-43.
④ 同②22.
⑤ 同③41.

整体性质表现于两个方面，一是结构整体性，二是过程整体性[①]。其五，通过理解方法得到的概念的整体性质具有学科性特点，与艺术的、宗教的和伦理的整体性质有本质区别，表现是政治经济学的逻辑整体性与对象的整体性有机统一，前者源自后者，是对后者的反映，前者与后者相统一而不是相反。人们把这一点概括为逻辑与历史有机统一，马克思的概括则是"从抽象上升到具体"。

四、结论

综上所述，在马克思政治经济学理论中，理解确实是方法。它是马克思政治经济学方法论体系的有机组成部分，发挥不可替代的重要作用。从已有马克思政治经济学方法的研究成果看，研究者们并没有意识到理解方法是马克思政治经济学方法的有机组成部分，甚至没有意识到其客观存在。问题在于，忽略马克思政治经济学方法的完整性，难以全面和准确地理解马克思政治经济学是必然结局。鉴于此，让理解方法由隐性存在变为显性存在，恢复其在马克思政治经济学方法论体系中本应占有的地位，是马克思主义研究者义不容辞的责任。

在马克思政治经济学发展史中，遗失理解方法是重大事件，此后马克思政治经济学方法论体系的完整性质消失不见。遗失的根本原因是误解马克思政治经济学的哲学分析框架，把政治经济学家与经济事实之间的主、客体关系误植为主、客观关系。主体性因素渗入对经济事实的理解过程并表现出来无法避免，承认这一点才是实事求是的态度。

资产阶级经济学主张主、客观关系的哲学分析框架，其理论给人造成自然科学意义的硬科学的外观，实际情况是作为主体的资产阶级经济学家仍在研究过程及其理论表达中发挥制动作用。主体制动作用的掩藏其后是主、客观关系这一哲学分析框架的功劳，但真正发挥作用的仍然是主、客体关系的哲学分析框架。厘清这一复杂关系是经济哲学的任务，马克思在自己的政治经济学文献中已经做到了这一点。

[①] 马克思恩格斯全集：第30卷．北京：人民出版社，1995：47-48．

第十二章　马克思经济哲学语境中独具特色的经验主义哲学方法

一、问题的提出及其说明

马克思是德国思辨哲学传统中成长起来的学者，曾是思辨色彩更为浓重的青年黑格尔派重要成员。特殊的研究经历、研究对象和理论诉求使马克思奋起反叛德国古典哲学尤其是青年黑格尔派哲学的思辨传统，决然地从思辨"天国"下降到现实生活的"人间"[①]，走向现实的人及其社会历史性生活。这样的客观情势催促马克思进行哲学方法论的根本性转向，目标是吸取经验主义哲学传统中的有益成分，最终形成独具特色的经验主义哲学方法。

人们在研究马克思思想演进历程时倾力关注其阶级立场和哲学世界观的根本性转向，忽略同样重要的第三种根本性转向，即哲学方法论的根本性转向。这一忽略的结果可想而知，马克思思想演进历程得不到真实再现，相应的方法论转向被虚无化。与此相伴随，我们在有关马克思主义的教科书（包括哲学、政治经济学和科学社会主义三个学科）、专著和论文中，再也见不到马克思独具特色的经验主义哲学方法论内容。

[①] 马克思恩格斯文集：第1卷. 北京：人民出版社，2009：525.

这是马克思主义研究及其历史中的惊人一幕，作为剧中人的研究者身在其中却浑然不知。

没有哲学方法论的根本性转向，阶级立场和哲学世界观的根本性转向就难以实现。不能实现这两个根本性转向的马克思主义到底何谓，只有想象才能给出猜测性答案。依据马克思研究实践和文献来再现马克思独具特色的经验主义哲学方法，是历史赋予研究者的责任。

二、形成过程

马克思从刚登上社会历史舞台起就极为关注社会现实问题，对社会弊端持激烈批判态度，《莱茵报》时期发表的现实针对性极强的论文可为例证。这种态度是马克思反叛思辨哲学传统和向经验主义哲学传统转变的前提条件之一。与此同时，恩格斯基于英国历史和现实且带有经验主义哲学倾向的论文，如《十八世纪》和《国民经济学批判大纲》，对马克思而言是刺激，也是启发，具体指向是经验主义哲学传统。另外，1843年10月开始的政治经济学研究是马克思反叛思辨哲学传统和向经验主义哲学传统转变的现实契机。三个前提条件促成马克思开始哲学方法论的根本性转向。

马克思经验主义哲学方法的根本性转向始于《〈黑格尔法哲学批判〉导言》。请看如下论述："真理的彼岸世界消失以后，历史的任务就是确立此岸世界的真理。人的自我异化的神圣形象被揭穿以后，揭露具有非神圣形象的自我异化，就成了为历史服务的哲学的迫切任务。于是，对天国的批判变成对尘世的批判，对宗教的批判变成对法的批判，对神学的批判变成对政治的批判。"[①] 马克思的论述告诉人们，《黑格尔法哲学批判》的任务是对"副本"即德国思想的批判，往下的任务是对"原本"即德国现实的批判。"原本"指称的对象是法和政治现实，它们与有关法和政治的思想有本质区别。从马克思哲学方法论思想史角度看，"原本"和"副本"及二者之间关系问题的提出是重大进展，虽然这里的"原本"还不是社会历史性的经济生活而是法律和政治生活，但这种

[①] 马克思恩格斯文集：第1卷. 北京：人民出版社，2009：4.

第十二章 马克思经济哲学语境中独具特色的经验主义哲学方法

思路会使马克思以最快的速度找到真正的"原本"。

在研究政治经济学半年之后写作的《1844年经济学哲学手稿》中，马克思明确提出经验主义哲学方法论主张："我用不着向熟悉国民经济学的读者保证，我的结论是通过完全经验的、以对国民经济学进行认真的批判研究为基础的分析得出的。"① 在哲学与政治经济学相结合的语境中出现"经验"一词，表明马克思已认识到经验主义哲学方法的重要意义。此处的"经验"指称两者，一是现实的经济生活，二是政治经济学文献中涉及的经济事实。哲学视野的根本性转向是一个信号，马克思提出独具特色经验主义哲学方法的征程已开始起步。由于马克思此时政治经济学的学术积累还较为单薄，对"经验"一词指称的具体内容及其意味感悟还不够深刻，相关思想的待成熟性质还很明显，在政治经济学语境中对费尔巴哈的赞扬证明了这一点："对国民经济学的批判，以及整个实证的批判，全靠费尔巴哈的发现给它打下真正的基础。"② 过高评价费尔巴哈哲学的话语表明，马克思独具特色的经验主义哲学方法论主张有待完善。

《德意志意识形态》开始写作时，马克思研究政治经济学已有两整年的时间（1843年10月至1845年10月），留存后世的文献是《巴黎笔记》、《布鲁塞尔笔记》和《曼彻斯特笔记》。较为雄厚的学术积累使马克思能够提出独具特色的经验主义哲学方法论主张，标志马克思独具特色的经验主义哲学方法已经形成。

第一，高调宣示自己的经验主义哲学方法论主张："只要这样按照事物的真实面目及其产生情况来理解事物，任何深奥的哲学问题""都可以十分简单地归结为某种经验的事实。""经验的观察在任何情况下都应当根据经验来揭示社会结构和政治结构同生产的联系，而不应当带有任何神秘和思辨的色彩。"③ 马克思举出的例证告诉我们，此种经验主义哲学方法论主张符合实际。在黑格尔哲学中，感性世界的客观基础是绝对观念及其逻辑演化，而在青年黑格尔派哲学中，绝对观念被自我意识代替，但唯心主义实质没有丝毫改变。马克思根本性地转换哲学视野，在社会历史且客观的经验事实中发现感性世界的基础及其社会历史

---

① 马克思恩格斯文集：第1卷. 北京：人民出版社，2009：111.
② 同①112.
③ 同①528，524.

性变迁。

> 工业和商业，生活必需品的生产和交换，一方面制约着分配、不同社会阶级的划分，同时它们在自己的运用形式上又受着后者的制约。这样一来，打个比方说，费尔巴哈在曼彻斯特只看见一些工厂和机器，而 100 年以前在那里只能看见脚踏纺车和织布机；或者，他在罗马的坎帕尼亚只发现一些牧场和沼泽，而在奥古斯都时代在那里只能发现罗马富豪的葡萄园和别墅。费尔巴哈特别谈到自然科学的直观，提到一些只有物理学家和化学家的眼睛才能识破的秘密，但是如果没有商业和工业，哪里会有自然科学呢？甚至这个"纯粹的"自然科学也只是由于商业和工业，由于人们的感性活动才达到自己的目的和获得自己的材料的。这种活动，这种连续不断的感性劳动和创造，这种生产，正是整个现存的感性世界的基础。①

马克思批判费尔巴哈的有力武器是社会历史性经验事实，正是这样的经验事实对马克思经验主义哲学方法论的形成发挥了决定性作用。

第二，找到考察经验事实的核心要素。社会历史性生活中的经验事实杂乱无章，不同因素之间有无联系和有什么样的联系，给人以茫无头绪之感。社会历史性生活的核心要素是什么？马克思在其中发现了四个核心要素，正是它们构成了社会历史性生活的基本内容。其一，人类要生存和发展，首要任务是进行物质生活资料的生产，任何时代和任何社会概莫能外。其二，人的生存需要是基本事实，只要是人，这便是必然的命运。其三，人类不仅要生存，而且要延续，这便是人口生产和再生产的绝对必要性。其四，两种生产的客观存在及其延续依存于以生产关系为基础的社会关系的生产和再生产②。社会生活中的核心要素既是当下性存在，也是并列性存在。当下性存在是历史演进的结果，并列性存在是没有发现它们之间内在联系而产生的感觉。感性认识有待于发展为理性认识，但它毕竟为理性认识的获得提供了前提条件。

第三，从核心要素中发现社会历史性生活的本质，这才是认识的目的。要做到这一点，就必须"从直接生活的物质生产出发阐述现实的生

---

① 马克思恩格斯文集：第 1 卷. 北京：人民出版社，2009：529.
② 同①531—533.

第十二章　马克思经济哲学语境中独具特色的经验主义哲学方法

产过程,把同这种生产方式相联系的、它所产生的交往形式即各个不同阶段上的市民社会理解为整个历史的基础,从市民社会作为国家的活动描述市民社会,同时从市民社会出发阐明意识的所有各种不同的理论产物和形式,如宗教、哲学、道德等等,而且追溯它们的产生过程。这样做当然就能够完整地描述事物了"①。从马克思论述中提炼方法论内容,便能够发现如何认识社会历史性生活本质的四个操作性程序:出发点是物质生产,它是社会历史性生活的客观基础;由客观基础发现社会历史性生活的层级性质,正是这里的层级性质体现出社会历史性生活的结构性质;所有这一切既非从天而降,也非突然出现,而是有一个产生和演进过程。通过观察经验事实的四个角度即出发点、层级、结构和过程,人们就能够发现社会生活历史性的本质。

第四,指出自己独具特色的经验主义哲学方法论主张与英法两国经验主义哲学和青年黑格尔派思辨哲学之间的本质性区别:"只要描绘出这个能动的生活过程,历史就不再像那些本身还是抽象的经验主义者所认为的那样,是一些僵死的事实的汇集,也不再像唯心主义者所认为的那样,是想象的主体的想象活动。"② 论述中的批判对象指向二者,一是英法两国社会历史领域中的经验主义者,二是德国的青年黑格尔派。关于前者,马克思称赞他们"毕竟作了一些为历史编纂学提供唯物主义基础的初步尝试,首次写出了市民社会史、商业史和工业史",但他们的致命性缺陷是对物质生产与"历史之间的联系了解得非常片面",并受到了"政治意识形态的束缚"。关于后者,马克思指出他们的致命性缺陷是:"习惯于用'历史'和'历史的'这些字眼随心所欲地想象,但就是不涉及现实。'说教有术的'圣布鲁诺就是一个出色的例子。"③ 批判表明,马克思独具特色的经验主义哲学方法论与英法两国社会历史领域中的经验主义哲学之间有本质区别。仅仅搜集罗列社会历史领域中的经验事实是不够的,应当抓住经验事实背后的客观本质。马克思独具特色的经验主义哲学方法与青年黑格尔派的思辨方法对社会历史性生活的认识同样有本质性区别,绝对必需的前提是要"涉及现实"。

在《德意志意识形态》写作以后的生命旅程中,马克思恩格斯共同

---

① 马克思恩格斯文集:第1卷. 北京:人民出版社,2009:544.
② 同①525-526.
③ 同①531.

起草了《共产党宣言》，参加了1848年欧洲革命，出于养家糊口目的为《纽约每日论坛报》撰写大量论文，创立和领导国际工人协会，与形形色色的机会主义者进行斗争，等等。但是，马克思的主要时间、精力和情感都用在了政治经济学研究上。一方面，马克思运用自己独具特色的经验主义哲学方法写出了浩如烟海的笔记、手稿和著作，试图实证性地揭示资本主义生产方式的运动规律；另一方面，马克思继续深化和提炼独具特色的经验主义哲学方法，我们见到的是如下论述："应当时刻记住，一旦在我们面前出现某种具体的经济现象，决不能简单地和直接地用一般的经济规律来说明这种现象。例如，在考察上述事实（指'劳动浓缩'。——引者注）时，必须考虑到离我们现在所研究的对象很远的许多情况；而且，如果我们没有事先对那些比我们这里现有的关系远为具体的关系进行研究，就连解释这些情况也是不可能的。"① 在《资本论》中马克思又说："叙述方法必须与研究方法不同。研究必须充分地占有材料，分析它的各种发展形式，探寻这些形式的内在联系。只有这项工作完成以后，现实的运动才能适当地叙述出来。"② 话语不多的两处论述尽显马克思独具特色经验主义哲学方法的完整性质，稍作提炼和归纳是四个方法论原则：充分地占有材料、分析演化过程、探寻内在联系和关注细节。

三、充分地占有材料

资本主义生产方式的产生和发展是人类社会历史中的重大事件，其中的工业革命是社会历史的根本性转型。此后，自然经济被普遍的商品经济即市场经济取代，劳动资料由手工工具变成机器体系，在工厂中劳动且靠这种劳动生存是劳动者必然的命运。这一切的发动者和制动者是资本，它成了社会生活特别是经济生活中的无冕之王。要科学地认识资本主义生产方式并揭示其运动规律，前提条件是"充分地占有材料"，意即从历史和现实两个层面全面准确地掌握经验性事实。为了做到这一点，马克思花费40年（1843—1883年）的时间，不放过一切机会和可

---

① 马克思恩格斯文集：第8卷. 北京：人民出版社，2009：318.
② 马克思恩格斯文集：第5卷. 北京：人民出版社，2009：21-22.

第十二章　马克思经济哲学语境中独具特色的经验主义哲学方法

能地研究以英国为典型的资本主义生产方式。贫困、疾病、官府迫害和驱逐，敌人的诬蔑、中伤和纠缠，从没有使他后退半步。如此意志、时间、精力和情感的投入使马克思掌握了丰富程度令常人难以想象的经验材料。以《资本论》第一卷为例证足以说明这一点。在这部堪称经典中的经典的著作中，马克思直接利用了361种以政治经济学为主的文献，124种以工厂视察员报告为主的英国官方文件，各种报刊35种，文学作品34种，总计是554种材料。

对英国工厂视察员报告的利用尤为典型。1833年英国议会颁布了《工厂法》，从1834年开始，英国官方定期公布《工厂视察员报告》。报告由官方选拔和任命的工厂视察员在实地调查的基础上写作，具有官方性质和法定效力。《工厂法》和《工厂视察员报告》是被后人诟病为"曼彻斯特资本主义"的资本主义生产方式逼迫的结果。在以经济自由主义为旗帜的舆论氛围中，以曼彻斯特资本家为典型的英国资本家无所不用其极，对劳动者（包括不满10岁的孩子）剥削和压迫的残酷达到无以复加的程度，以至于国民体质受到摧残，体弱、疾病和残疾等原因使然，国家征兵往往不能达到满额。《工厂视察员报告》是当时英国经济状况及时和全面的反映。研究表明，这些报告往往针对如下问题而写出：其一，童工的劳动时间问题；其二，劳动者的工伤事故情况；其三，资本家对《工厂法》的违犯和对违法者的处罚情况；其四，工商业的动态情势；其五，对外贸易情况；其六，新建工厂和已有工厂的关闭情况；其七，工厂的技术创新情况[1]。

马克思非常重视《工厂视察员报告》，认为它是"研究资本主义生产方式的最重要、最有意义的文件"[2]。而在《资本论》第一卷的第一版序言中，马克思则是高度赞扬这些报告："如果我国各邦政府和议会像英国那样，定期指派委员会去调查经济状况，如果这些委员会像英国那样，有全权去揭发真相，如果为此能够找到像英国工厂视察员、编写《公共卫生》报告的英国医生、调查女工童工受剥削的情况以及居住和营养条件等等的英国调查委员那样内行、公正和坚决的人们，那么，我国的情况就会使我们大吃一惊。"[3] 在这种态度支配下，马克思"从头

---

[1] 郑锦，主编. 马克思主义研究资料：第7卷. 北京：中央编译出版社，2014：205-207.
[2] 同[1]203-204.
[3] 马克思恩格斯斯文集：第5卷. 北京：人民出版社，2009：9.

至尾地阅读了"这些报告①。可想而知，从 1834 年到 1866 年马克思写完《资本论》第一卷之间是 32 年，为了"充分地占有材料"，仅《工厂视察员报告》一种材料就能证明，马克思的阅读量是多么惊人。

四、分析演化过程

马克思政治经济学的研究对象是资本主义生产方式。从这一生产方式萌芽（11 世纪）到马克思写作的时代，其间有大几百年的时间②。资本主义生产方式是如何起源和演化的？演化过程经历了哪些阶段？各不相同的阶段中具体的社会历史性内容是什么？资本主义生产方式起源和演化的过程给劳动者造成了什么样的致命性冲击？马克思对这些问题进行侧重点不一和角度不同的分析。从这里，我们见到了马克思是多么关注和重视资本主义生产方式的演化过程，为了收集和确认演化过程中的经验事实，下了多大功夫，同时我们能够感受到，马克思的做法与只罗列经验事实的传统经验主义哲学方法之间有多么大的区别。

马克思第一次对资本主义生产方式起源及其历史演化的分析出现于《德意志意识形态》。这里的分析特点有三。一是细致入微。为了说明资本主义生产方式的特点，马克思用比较方法达成目的，我们在手稿缺页的情况下发现，仅"自然经济"与"资本经济"之间的本质性区别就列出了九项内容③。由此可见，马克思对资本主义生产方式演化过程的经验事实性认识已达到多么深刻的程度。又如，在资本主义生产方式的历史演化中，工场手工业是重要的历史阶段。像资本主义生产方式的其他阶段一样，工场手工业阶段同样造成了深刻和广泛的社会历史性后果。马克思对这样的社会历史性后果有充分认识，我们见到的是详加论列的

---

① 郑锦，主编. 马克思主义研究资料：第 7 卷. 北京：中央编译出版社，2014：221.
② 此处关于资本主义生产方式萌芽时间的说法，是西方不同领域的学者基本一致的看法，见泰格，利维. 法律与资本主义的兴起. 纪琨，译. 刘锋，校. 上海：学林出版社，1996：4；雷吉娜·佩尔努. 法国资产阶级史：上册. 康新文，等译. 上海：上海译文出版社，1991：1；皮雷纳. 中世纪的城市. 陈国樑，译. 北京：商务印书馆，1985：97.
③ 马克思恩格斯文集：第 1 卷. 北京：人民出版社，2009：555-556.

第十二章 马克思经济哲学语境中独具特色的经验主义哲学方法

六个方面的内容[1]。二是重点突出。马克思在自己生活的时代所见到的，是资本主义生产方式历史演化的机器大工业阶段。为了揭示这一阶段的本质和特点，马克思以英国工业革命为例证详加解剖，自己的概括则是以机器大工业为技术基础和组织基础的资本主义生产方式"首次开创了世界历史"[2]。这样的解剖和概括是第一次，在后来写作的文献如《共产党宣言》和《资本论》第一卷中，我们可以见到相关内容的详细展开和论证[3]。三是直击社会历史的本质，发现和揭示出社会基本矛盾运动[4]。分析表明，研究政治经济学两年之后，马克思对资本主义生产方式的演化历史已有较为全面和深刻的认识。这种认识只是开始，但它作为经验事实依据和思想资源发挥作用，直接影响到以后对资本主义生产方式演化历史的分析。

《共产党宣言》接续了《德意志意识形态》中对资本主义生产方式演化历史的分析，但侧重点有所不同。这里的概括性更强，《德意志意识形态》分析中展示不够或没有得到展示的内容在这里被充分展示出来。

首先，资本主义生产方式"开创世界历史"的过程是空间扩张过程。"美洲的发现、绕过非洲的航行，给新兴的资产阶级开辟了新天地。东印度和中国的市场、美洲的殖民化、对殖民地的贸易、交换手段和一般商品的增加，使商业、航海业和工业空前高涨，因而使正在崩溃的封建社会内部的革命因素迅速发展。"[5] 空间扩张的实质是经济扩张，进一步说是资本主义生产方式的地域扩张，这种扩张为资本主义生产方式向机器大工业阶段的演化创造了客观前提。

其次，资本主义生产方式空间扩张是自身革命性的外在表现。"资产阶级除非对生产工具，从而对生产关系，从而对全部社会关系不断地进行革命，否则就不能生存下去。反之，原封不动地保持旧的生产方式，却是过去的一切工业阶级生存的首要条件。"[6] 两种生产方式特点

---

[1] 马克思恩格斯文集：第1卷. 北京：人民出版社，2009：560-562.
[2] 同[1]565-567.
[3] 可参见《共产党宣言》第一章"资产者和无产者"和《资本论》第一卷的第四篇"相对剩余价值的生产"。
[4] 同[1]567-568，524-525.
[5] 马克思恩格斯文集：第2卷. 北京：人民出版社，2009：32.
[6] 同[5]34.

的鲜明对比让人一目了然，资本主义生产方式的革命性成为被确认下来的客观事实。

再次，资本主义生产方式的革命性质和基于此而来的空间扩张，导致了影响广泛和深远的社会历史性后果，集中表现为生产力的极大发展。"资产阶级在它的不到一百年的阶级统治中所创造的生产力，比过去一切世代创造的全部生产力还要多，还要大。自然力的征服，机器的采用，化学在工业和农业中的应用，轮船的行驶，铁路的通行，电报的使用，整个整个大陆的开垦，河川的通航，仿佛用法术从地下呼唤出来的大量人口——过去哪一个世纪料想到在社会劳动里蕴藏有这样的生产力呢？"①

最后，生产力的发展是客观事实，但这种客观事实的社会历史性质和阶级性质却是另一种情况。生产资料私人所有制使然，生产力的发展导致资本主义生产方式内在矛盾的积聚和爆发。《共产党宣言》称这一内在矛盾为"魔鬼"，并对这样的"魔鬼"进行了直到现在也不过时的分析：

> 资产阶级的生产关系和交换关系，资产阶级的所有制关系，这个曾经仿佛用法术创造了如此庞大的生产资料和交换手段的现代资产阶级社会，现在像一个魔法师一样不能再支配自己用法术呼唤出来的魔鬼了。几十年来的工业和商业的历史，只不过是现代生产力反抗现代生产关系、反抗作为资产阶级及其统治的存在条件的所有制关系的历史。只要指出在周期性的重复中越来越危及整个资产阶级社会生存的商业危机就够了……资产阶级用什么办法克服这种危机呢？一方面不得不消灭大量生产力，另一方面夺取新的市场，更加彻底地利用旧的市场。这究竟是怎样的一种办法呢？这不过是资产阶级准备更全面更猛烈的危机的办法，不过是使防止危机的手段越来越少的办法。②

这说明，资本主义生产方式具有过渡性质，在自己的历史演化中不断创造出发展生产力的新手段是历史性存在的根据，但其破坏性的一面，破坏性造成的社会性灾难和以工人阶级为代表的人的灾难，又是自身退出

---

① 马克思恩格斯文集：第2卷. 北京：人民出版社，2009：36.
② 同①37.

第十二章 马克思经济哲学语境中独具特色的经验主义哲学方法

社会历史舞台且被更有效率、更符合人类本性的生产方式所替代的内在根据。

《政治经济学批判大纲》对资本主义生产方式演化过程的分析独具特色。在这里，我们见到了差别很大但绝对必需的两种分析。

其一，宏观分析。从亚当·斯密开始，资产阶级经济学对资本主义经济的分析始终局限于三位一体的公式，即资本—土地—劳动、资本家—地主—劳动者和利润—地租—工资。静态的要素分析与资本主义经济的实际运行过程严重脱节，实际内容总是围绕资本家和资产阶级社会的客观需要而展开。从《政治经济学批判大纲》开始，马克思与资产阶级经济学的静态分析框架彻底决裂，自己则是对资本主义生产方式进行动态的过程分析。经由这种分析，资本主义生产方式动态的演化过程实然地出现在我们面前。宏观的篇章结构是价值章、货币章和资本章。此处的"价值"在该著结尾时被置换为"商品"，由此显现出资本主义生产方式形成的客观社会历史过程：商品—货币—货币转化为资本。在"资本章"中，我们见到的是资本主义生产方式运行过程实然状态揭示的叙述结构："资本的生产过程"、"资本的流通过程"和"资本作为结果实的东西"。这样的叙述结构巧夺天工，资本主义生产方式运行过程中从货币资本与劳动能力交换到剩余价值在职能资本家、货币资本家和地主之间分割的各个环节与要素，悉数出现在我们面前。此处的演化过程分析基于资本主义生产方式的社会历史性产生和实然状态的运行过程而来，真正做到了逻辑与历史的有机统一。这里的历史指称两项内容，一是资本主义生产方式形成过程，二是资本主义生产方式实然运行过程。

其二，微观分析。从商品到货币是一个长期缓慢且自然的演化过程，与此有本质区别的是从货币到资本的转化，这是一个重大且伴随社会历史性震荡的演化过程。货币如何转化为资本？或者说，从货币向资本转化需要什么样的社会历史性前提？为了回答这一问题，《政治经济学批判大纲》中提供了两种思路。一是历史过程分析，这一分析完成于"资本主义生产以前的各种形式"一节中。二是建立理论模型。第二种思路聚焦于货币转化为资本或资本主义生产方式产生的社会历史性条件。在《政治经济学批判大纲》中多次论述这一问题，概括起来是五个方面的条件。一是劳动者与劳动条件（包括生产资料和生活资料）相分离。

—251

二是对象化劳动必须是使用价值的足够积累即货币量的足够积累。三是资本所有者和劳动力所有者之间能够自由交换。四是劳动者人身依附关系被解除，成为"自由"人。五是个人的全面依赖性关系已经形成①。

宏观分析与微观分析有机结合，资本主义生产方式演化的历史过程和实际运行过程逐一被揭示出来。

《资本论》第一卷当然具有相对独立的科学价值，但它是已往文献主题探讨的延续，对资本主义生产方式演化过程的分析是典型例证。区别同样客观存在，即这里进一步地具体化和深化了对资本主义生产方式演化过程的分析。《资本论》第一卷第四篇探讨资本主义生产方式演化过程中组织基础和技术基础的持续变化问题，从手工作坊到手工工场再到现代化工厂，从手工工具到机器体系。马克思对这两种持续变化过程的探讨已细化和深化到历史考据的程度，所占篇幅竟是《资本论》第一卷的四分之一左右。在《政治经济学批判大纲》中，马克思已提出和探讨资本主义生产方式历史的起点即资本原始积累问题，并为此建立了理论模型。在《资本论》第一卷中，马克思继续探讨这一问题，但探讨方式发生了根本性变化。以英国资本原始积累的社会历史过程为解剖对象，以客观的社会历史性经验材料为基础和依据，实证性地为人们再现出资本原始积累过程的血腥性质。用他自己的话说："资本来到世间，从头到脚，每个毛孔都滴着血和肮脏的东西。"②

上述文献梳理表明，马克思分析演化过程的方法论主张并非故作姿态，而是自己研究实践的理论概括。这样的研究实践和理论概括告诉我们，马克思独具特色的经验主义哲学方法论主张以雄厚强劲的实然历史事实为客观基础，这样的客观基础使马克思对资本主义生产方式演化过程的分析具有严格历史学意义的科学事实根据。

五、探寻内在联系

与传统经验主义哲学方法注重和停留于事实的搜求罗列相比，马克

---

① 马克思恩格斯全集：第30卷. 北京：人民出版社，1995：454-455，456，490-491，465，15，279-280，105-106.

② 马克思恩格斯文集：第5卷. 北京：人民出版社，2009：871.

第十二章　马克思经济哲学语境中独具特色的经验主义哲学方法

思经验主义哲学方法的独特之处除分析演化过程外还有一个特点，即探寻研究对象中的内在联系。马克思总是不遗余力地探寻资本主义生产方式中不同因素之间的内在联系，我们所见到者是三个层面的内容。三者有机统一，资本主义生产方式不同层面的内在联系逐一出现于人们面前。

首先是资本主义生产方式本身不同因素之间的内在联系。在揭示这一内在联系时，马克思向人们呈现了两个层面的内容。从一般性层面看，"在劳动过程中，工人作为工人进入了对生产资料的正常的、由劳动本身的性质和目的决定的实际关系。工人掌握生产资料并把生产资料当做自己劳动的单纯的资料和材料。这些生产资料的独立的、自我坚持的、具有自己头脑的存在，它们与劳动的分离，现在实际上都消失了。劳动的物的条件，在它和劳动的正常统一中，表现为劳动的创造活动的单纯材料和器官"[①]。像历史上的其他生产方式一样，资本主义生产方式中的实体性因素仍然是劳动材料、劳动资料和劳动者。三者的有机结合是劳动者的劳动活动。在劳动活动中，劳动者运用劳动资料改造劳动材料，劳动材料改变自己的性质和形态，产品被生产出来。从另一个层面看问题，资本主义生产方式远非如此简单，特定社会历史性质使然，劳动活动的主体性质和创造性质与满足人的需要之间增加了新因素，正是这一新因素，资本主义生产方式秉有了与劳动者对抗且剥削压迫劳动者的社会历史性质。马克思对这一点有很好的揭示：

> 工人在实际劳动过程中所使用的生产资料，当然是资本家的财产……这些生产资料是作为资本同工人的劳动，即工人本身的生命活动相对立的。
>
> 并不是工人使用生产资料，而是生产资料使用工人。并不是活劳动实现在作为自己的客观机体的对象化劳动中，而是对象化劳动通过吸收活劳动来保存自己和增大自己，并由此成为自行增殖的价值，成为资本，并作为资本来执行职能。[②]

马克思的揭示毫无夸张之处，资本主义生产方式内部实体性因素之间内在联系的特点跃然纸上。

[①] 马克思恩格斯文集：第8卷. 北京：人民出版社，2009：486.
[②] 同①467.

其次是资本主义生产方式的历史性联系。在资产阶级经济学中，资本主义生产方式被赋予超越历史因而永恒存在的性质。这种性质是虚假的，任何事物都一样，有始就有终，有产生就有灭亡，资本主义生产方式也不例外。资本主义生产方式历史性质的独特之处何在？请看马克思的论述："资本关系本身的出现，是以一定的历史阶段和社会生产形式为前提的。在过去的生产方式中，必然发展起那些超出旧生产关系并迫使它们转化为资本关系的交往手段、生产资料和需要。但是，它们只需要发展到使劳动在形式上从属于资本的程度。然而，在这种已经改变了的关系的基础上，会发展起一种发生了特殊变化的生产方式，这种生产方式一方面创造出新的物质生产力，另一方面，它只有在这种新的物质生产力的基础上才能得到发展，从而在实际上给自己创造出新的现实的条件。由此就会出现完全的经济革命，这种革命一方面为资本对劳动的统治创造并完成其现实条件，为之提供相应的形式，另一方面，在这个由革命发展起来的与工人相对立的劳动生产力、生产条件与交往关系中，这个革命又为一个新生产方式，即扬弃资本主义生产方式这个对立形式的新生产方式创造出现实条件，这样，就为一种新形成的社会生活过程，从而为新的社会形态创造出物质基础。"[①] 资本主义生产方式历史性质的典型之处是过渡性质，它源于封建主义生产方式，又必然地趋向共产主义生产方式。资本主义生产方式的过渡性质向我们昭示出以资本主义生产方式为中心的线性轨迹且具有三段论的形式：前资本主义生产方式、资本主义生产方式和后资本主义生产方式。

最后是资本主义生产方式的哲学性内在联系。马克思对资本主义生产方式内在联系的揭示是巨大的理论贡献，我们见到的是方法论性质的历史唯物主义理论。资本主义生产方式是资本主义社会的客观基础，它与资本主义社会的不同组成部分之间有着不以人的主观意志为转移的内在联系。这样的内在联系是什么？任何人的生花妙笔也无法做到像马克思那样简洁而又全面、准确而又具体的揭示：

> 物质生活的生产方式制约着整个社会生活、政治生活和精神生活的过程。不是人们的意识决定人们的存在，相反，是人们的社会存在决定人们的意识。社会的物质生产力发展到一定阶段，便同它

---

① 马克思恩格斯文集：第8卷. 北京：人民出版社，2009：546-547.

第十二章　马克思经济哲学语境中独具特色的经验主义哲学方法

们一直在其中运动的现存生产关系或财产关系（这只是生产关系的法律用语）发生矛盾。于是这些关系便由生产力的发展形式变成生产力的桎梏。那时社会革命的时代就到来了。随着经济基础的变更，全部庞大的上层建筑也或慢或快地发生变革……无论哪一个社会形态，在它所能容纳的全部生产力发挥出来以前，是决不会灭亡的；而新的更高的生产关系，在它的物质存在条件在旧社会的胎胞里成熟以前，是决不会出现的。……资产阶级的生产关系是社会生产过程的最后一个对抗形式，这里所说的对抗，不是指个人的对抗，而是指从个人的社会生活条件中生长出来的对抗；但是，在资产阶级社会的胎胞里发展的生产力，同时又创造着解决这种对抗的物质条件。因此，人类社会的史前期就以这种社会形态而告终。①

马克思的揭示表明，资本主义生产方式构成资本主义社会的客观基础，它与资本主义社会的其他因素如政治、法律和精神因素处于一种层级关系之中，这种关系是资本主义社会整体结构性质的显现，资本主义生产方式与资本主义社会的其他因素处于结构性关系之中。层级性和结构性关系使资本主义生产方式与资本主义社会整体处于动态的矛盾运动中，矛盾运动发展的必然趋势是"人类社会的史前时期"的结束，一个美好的未来会出现在我们面前。

六、关注细节

马克思说："材料的生命一旦在观念上反映出来，呈现在我们面前的就好像是一个先验的结构了。"② 当我们面对马克思的论述时不应产生误解，以为他像现在不求甚解的论者那样，只关注抽象化的资本逻辑而忽略资本运行的实际过程。真实情况是马克思严格区分叙述逻辑与研究过程。叙述出来的资本逻辑"好像是一个先验的结构"，但这一逻辑是对资本实际运行过程精细入微研究的结果。精细入微便是关注细节。

在政治经济学研究过程中关注细节是马克思一以贯之的做法，请看

---

① 马克思恩格斯文集：第2卷. 北京：人民出版社，2009：591-592.
② 马克思恩格斯文集：第5卷. 北京：人民出版社，2009：22.

如下例证。

例证一。1851年3月31日，马克思致信恩格斯："商人、工厂主等等怎样计算他们自己消耗的那一部分利润？这些钱是否也是从银行家那里取，还是怎样取？请对此给予答复。"①

例证二。1858年3月2日，马克思致信恩格斯："你能否告诉我，你们隔多少时间——例如在你们的工厂——更新一次机器设备？拜比吉断言，在曼彻斯特大多数机器设备平均每隔五年更新一次。这种说法在我看来有点奇怪，不太可信。"②

例证三。1863年1月24日，马克思致信恩格斯："我在动手写我的关于机器的一节时，遇到一个很大的困难。我始终不明白，走锭精纺机怎样改变了纺纱过程，或者确切些说，既然从前已经采用了蒸汽力，那么现在除了蒸汽力以外，纺纱工人的动力职能表现在哪里？""如果你能给我说明这一点，我就十分高兴。"③

例证四。1867年8月24日，马克思致信恩格斯："你作为一个工厂主一定会知道，在必须以实物形式去补偿固定资本以前，你们是怎样处理那些为补偿固定资本而流回的货币的。你一定要回答我这个问题（不谈理论，纯粹谈实际）。"④

四个例证表明，马克思在政治经济学研究过程中关注细节是客观存在的事实。这样的客观事实向我们透露了如下信息。第一，关注细节是马克思政治经济学研究过程中一以贯之的做法。如果考虑到与四个例证相对应的文献：《伦敦笔记》《政治经济学批判大纲》《1861—1863年经济学手稿》《资本论》，便更能够感受到马克思对运用关注细节方法的重视程度。第二，马克思向恩格斯求教的问题很有特点，它们对于理论与实际相结合地理解资本主义经济实然运行过程非常重要，但往往被人忽略。第三，如上例证只是例证，实际情况是马克思长期和频繁地向恩格斯求教。后者在曼彻斯特欧门——恩格斯公司工作长达27年（1842—1869年），其中有五年（1864—1869年）是该公司的股东，所以马克思称恩格斯为"实践家"和"工厂主"。

---

① 马克思恩格斯《资本论》书信集. 北京：人民出版社，1976：40-41.
② 马克思恩格斯文集：第10卷. 北京：人民出版社，2009：151.
③ 同①172.
④ 同②269-270.

第十二章 马克思经济哲学语境中独具特色的经验主义哲学方法

马克思长期运用关注细节的方法取得了他人无法达致的理论成果。这种成果使政治经济学理论有了更坚实的经验事实基础，同时又发展了哲学层面的方法论历史唯物主义理论，还使"减轻人类痛苦"的价值立场落到了实处[①]。请看如下例证。

例证一。马克思在批判蒲鲁东时说："蒲鲁东先生由于不懂得机器产生的历史，就更不懂得机器发展的历史。可以说，在1825年——第一次普遍危机时期——以前，消费的需求一般说来比生产增长得快，机器的发展是市场需求的必然结果。从1825年起，机器的发明和运用只是雇主和工人之间斗争的结果。而这一点也只适用于英国。至于欧洲各国，迫使它们使用机器的，是英国在它们的国内市场和世界市场上的竞争。最后，在北美，机器的引进既是由于和其他国家的竞争，也是由于人手不够，即由于北美的人口和工业上的需求不相称。"[②] 话虽不多，却隐含了关于机器运用的诸多细节性信息。为什么发明机器？为什么使用机器？机器的运用为什么会快速发展？研究和回答这些问题的过程将会表明，机器问题不仅仅是科学技术及其应用问题，还是社会历史性问题，是国内和世界市场中你死我活的竞争问题，同时还是资本家与工人之间激烈残酷的阶级斗争问题。在马克思的短短几句话中，我们可以发现如下问题已被区分和交代清楚。第一，机器的产生和发展不是一回事。在英国，机器产生的原因是市场需求与生产力发展不足之间的矛盾，而机器发展的原因则是资本家为了与工人阶级进行阶级层面的"战争"。第二，欧洲其他国家的资本家使用机器的原因与英国不同，它们面临英国的强势竞争，为了在国内市场和世界市场上与英国的强势一决高下，就必须使用进而发展机器。第三，北美资本家使用机器的情况具有自己的特点。除面临国内市场和世界市场竞争的压力外，北美还面临"人手不足"因而劳动力价格过高的压力，要想不被竞争压垮，就必须使用机器。机器使用原因的细节性研究使马克思对工业革命技术基础和组织基础的理解建立在坚实的经验事实基础之上。

例证二。在《1861—1863年经济学手稿》中，马克思摘录了1856年10月31日发布的《工厂视察员报告》中的两段话："把机械力应用到以前用手推动的机器上，几乎是每天都发生的事……为了节省动力，

[①] 马克思恩格斯文集：第10卷. 北京：人民出版社，2009：253.
[②] 同[①]46.

改进产品,增加同样时间内的产量,或排挤掉一个童工、一个女工或一个男工等等。在机器上不断实行一些小的改良,这种改良有时虽然看起来没有多大意义,但会产生重要的结果。""近年来,任何一种机械发明都没有像'珍妮'纺纱机和翼锭精纺机那样,在生产方式上,并且归根到底,在工人的生活方式上,引起如此大的改变。"① 上述看法以实地观察到的经验事实为依据,客观反映了机器使用的双重实际,一是生产效率的极大提高,二是对童工、女工和男性工人生命攸关的冲击。这种工业革命过程中几乎每天都发生的事实是细节,一般观察者会忽略不计,但马克思从这个细节发现了重大契机,即作为生产力革命象征的机器使用所引起的难以察觉又极为重要的连锁反应。摘录完上述两段话后马克思马上写道:"这里,正确地表达了实际的联系。'机械发明',它引起'生产方式上的改变',并且由此引起生产关系上的改变,因而引起社会关系上的改变,'并且归根到底'引起'工人的生活方式上'的改变。"② 马克思非常重视这个由关注细节而发现的工艺学历史唯物主义观点,所以在《资本论》第一卷中,又把这一观点加工打磨为工整精致的工艺学历史唯物主义原理:"工艺学揭示出人对自然的能动关系,人的生活的直接生产过程,从而人的社会生活关系和由此产生的精神观念的直接生产过程。"③ 这一工艺学历史唯物主义原理是对方法论历史唯物主义理论中生产力决定论的深化和发展。它告诉人们,在理解社会历史的深层客观基础问题时,生产力不是既定前提,而是需要研究的对象。这一对象中的劳动资料及其变迁是如何决定生产关系及其他关系的?探讨和回答这一问题,就能使对方法论历史唯物主义理论的理解深化一步。

例证三。1867年6月22日,马克思致信恩格斯:"童工调查委员会已经工作五年了。在委员会的第一个报告于1863年发表以后,那些被揭露的部门立刻受到了'惩戒'。这次会议一开始,托利党内阁就通过沃尔波尔这株垂柳提出的一个法案,根据这个法案,委员会的所有建议虽然大大打了折扣,但都被通过了。应受惩戒的那些家伙,其中有金属加工厂的大厂主,以及'家庭手工业'的吸血鬼,当时弄得很难堪,

---

① 马克思恩格斯文集:第8卷. 北京:人民出版社,2009:342,343.
② 同①343.
③ 马克思恩格斯文集:第5卷. 北京:人民出版社,2009:429.

第十二章　马克思经济哲学语境中独具特色的经验主义哲学方法

不敢说话。现在他们却向议会呈递请愿书，要求重新调查！说过去的调查是不公正的！他们指望改革法案能吸引住公众的全部注意力，让这件事趁刮起反对工联的狂风的时候悄悄地私下了结。《报告》中最丑恶的东西是这些家伙的自供。他们知道，重新调查只会有一个意思，那就是'我们资产者所希望的'——使剥削期限再延长五年！幸而我在'国际'中的地位使我能粉碎这些畜生的如意算盘。这是一件非常重要的事情。这是一个解除150万人（成年男工还不计算在内）的痛苦的问题！"①熟悉马克思《资本论》第一卷的读者知道，其中大量和系统地利用了英国劳动立法的历史知识，说明他非常了解英国劳动立法的历史②。英国从14世纪中叶（1349年）开始为劳动立法，到1867年8月重新颁布《工厂法》，其间有500余年的历史。马克思之所以特别关注1867年的《工厂法》，根本原因是相比于以往的《工厂法》，这一法律有一个重大变化，约束范围从过去的工厂扩及到小企业和家庭手工业。约束范围的变化在马克思看来"是一件非常重要的事情"，因为在这类企业中劳动的150万女工和童工因受到法律保护而受益。总之，英国劳动立法的细微变化受到了马克思的高度关注，看到了其中为劳动者特别是女工和童工带来的好处，使他"为减轻人类的痛苦"而拼搏的价值立场落到了实处。

七、结论

综上所述，马克思研究实践和文献中客观地存在独具特色的经验主义哲学方法。有关马克思主义的教科书、专著和论文无视这一事实的客观存在，是马克思主义研究中不应继续存在下去的现象。

以往的马克思主义研究聚焦于马克思对黑格尔辩证法的借鉴和唯物主义改造，殊不知，无视马克思独具特色的经验主义哲学方法的客观存在及其作用，"唯物主义"之说便无经验事实根据。仅靠经验主义方法无法得到符合实际的唯物主义结论，但拒斥经验主义方法将会得不出任何唯物主义性质的结论。说马克思哲学和政治经济学具有唯物主义性

---

① 马克思恩格斯文集：第10卷. 北京：人民出版社，2009：263.
② 马克思恩格斯文集：第5卷. 北京：人民出版社，2009：9.

质，保障性条件是独具特色的经验主义哲学方法。离开这一方法，马克思无法得到唯物主义性质的结论，更遑论具有唯物主义性质且博大精深的理论体系。

已有的研究成果表明，研究者在理解马克思理论体系的形成问题时聚焦世界观转变和阶级立场转变这两个因素，以为两个转变的完成意味着马克思理论体系的形成，此为片面之论。客观事实明证可鉴，在马克思理论体系的形成过程中，方法论转向占有与世界观转变和阶级立场转变同样重要的地位，发挥同样重要的作用。真实的情况是，在研究马克思理论体系的形成问题时无视方法论转向的客观存在及其基础性的地位和作用，我们将无法得到符合马克思原生态思想实际的结论。

作为研究对象的马克思独具特色的经验主义哲学方法是马克思主义研究创新的学术生长点。有志者耕耘于此，一定能收获货真价实的理论成果。为创新而创新，舍此而逐它，如离开马克思研究实践甚至不忠实于文献地对资本逻辑问题进行过度阐释，名之曰创新的理论成果只具有统计学意义，无助于马克思主义研究的真正创新。

第十三章 马克思经济哲学语境中让当事人出场说话的方法

一、问题的提出及其说明

人们在研究马克思《资本论》中的方法时往往聚焦于辩证法，关注黑格尔逻辑学发挥的重要作用，但没有论者意识到并明确指出：在《资本论》中，让当事人出场说话是方法，且是不可或缺的重要方法。这一方法指称的内容是：让资本主义生产方式中的经济行为当事人如资本家、雇佣劳动者、职业病医生和工厂视察员等悉数出场说话，直接表达自己的际遇和感受，使微观和感性的经济事实成为政治经济学理论内容的有机组成部分，发挥事实胜于雄辩的论证功能。这一方法与充分占有材料、分析发展形势、探寻内在联系和关注细节一起[①]，构成相对完整且独具特色的经验主义哲学方法论整体。

无视让当事人出场说话作为方法的客观存在及其作用，首先是难以逼真感悟《资本论》的原生态神韵，其次是无法完整准确地理解马克思政治经济学理论体系，更有害的后果是大大降低了马克思政治经济学特别是《资本论》的理论震撼力和冲击力。

---

① 马克思恩格斯文集：第5卷.北京：人民出版社，2009：21.

尤为重要者，这其中隐含政治经济学须臾不可分离的政治哲学和法哲学问题。雇佣劳动当然是经济行为，但同时是资本主义社会政治和法律制度规定的结果。三者有机统一地看，经济行为当事人如雇佣劳动者有否经济、政治和法律权利在政治经济学理论中出场说话？从政治经济学科学性内在要求角度看，不让作为经济行为当事人的雇佣劳动者出场说话的经济学如资产阶级经济学能客观公正地反映经济事实吗？这样的经济学有什么权力这样做？进而，不能客观公正地反映经济事实的经济学如资产阶级经济学有存在权利吗？与此形成鲜明对比的是，《资本论》中让当事人出场说话方法是马克思政治经济学理论体系的内生变量吗？这种方法的运用对《资本论》进而对马克思政治经济理论体系意味着什么？我们从这种方法及其运用中应该得到什么样的理论启发？探讨和回答如上七个问题，结论就会出现在我们面前：不让雇佣劳动者出场说话的经济学如资产阶级经济学只是资本家所想所愿的理论表达[①]，是对雇佣劳动者相关权利的粗暴剥夺，无法满足科学性的内在要求；让雇佣劳动者出场说话的马克思政治经济学符合科学的内在要求，是对资本主义生产方式的科学反映，同时是对雇佣劳动者相关权利的捍卫。

二、让当事人出场说话是方法的根据

为什么说让当事人出场说话是方法？根据如下。

首先，作为马克思政治经济学研究对象的资本主义生产方式与其中的经济行为当事人之间是生命攸关的关系，被空想社会主义理论开山鼻祖托马斯·莫尔比喻为"羊吃人"的英国圈地运动可为例证。让羊具有相对于劳动者而言的生杀予夺大权，是资本和官府的力量，两种力量的幕后拥有者和运用者是资本家。这样的例证或许极端，但资本主义生产方式中的经济事实由不同的利益攸关方及其行为构成任何人都无法否认。直接攸关方由三家构成：资本家、地主和雇佣劳动者。让哪一方的利益成为正当？让哪一方的利益成为不正当？政治经济学家用自己的理论做出"裁判"。在做出"裁判"之前，经济学家担负像法官一样的法

[①] 马克思恩格斯文集：第7卷. 北京：人民出版社，2009：941.

第十三章 马克思经济哲学语境中让当事人出场说话的方法

定责任,让利益攸关方的每一方都出场说话,根据经济事实表达自己的实际遭遇和利益诉求。这一点做到了,理论与经济事实之间才是正相关关系,否则,理论或是对经济事实的片面性反映,或是对经济事实的歪曲。此为政治经济学必须让当事人出场说话的天然理由。《资本论》中各种经济行为当事人悉数出场说话的事实表明,马克思做到了这一点。与此截然相反的是资产阶级经济学,它从来不让雇佣劳动者出场说话。

其次,政治经济学的科学性质是内在要求,表现之一是理论内容必须以尽可能全面的信息为客观基础。资产阶级经济学的分析框架表明,资本家、地主和雇佣劳动者是资本主义经济生活主要和基本的行为当事人。资本家和地主的所想所愿由资产阶级经济学表达,并把这种表达理论化。用马克思的话说,资产阶级经济学"没有给劳动提供任何东西,而是给私有财产提供了一切"[①]。问题在于,不让作为经济行为当事人之一的雇佣劳动者出场说话,政治经济学依据的信息就不全面,依据不全面的信息概括出的所谓理论,无法保障自身的科学性质。科学性的内在要求表明,只有让经济行为主要当事人之一的雇佣劳动者出场说话,政治经济学依据的信息才算完整,依据相对完整的信息而来的理论才具有科学性保障。这说明,让经济行为当事人出场说话确为一种方法,这种方法是政治经济学的内生变量。

最后,资产阶级意识形态的口号之一是天赋人权。在概念的意义上说,这里的人包括雇佣劳动者。天赋人权中的"权"包括哪些内容?不同的人会有不同的理解,但有一点可以肯定,作为经济行为当事人的雇佣劳动者,有天然的经济、政治和法律权利表达自己基于劳动和生活而来的际遇与感受。政治经济学如何让雇佣劳动者表达自己的际遇与感受?最好也是最直接的方法是让当事人出场说话。从这一角度看,把让当事人出场说话作为方法使用是自然而然的事情。

三个方面的根据足以说明,让当事人出场说话方法是政治经济学的内生变量,因而是内在要求。资本主义生产方式中的经济行为当事人不是物理学家研究的石头,也不是生物学家研究的毛毛虫,而是像政治经济学家一样享有法定人格和其他权利,其中包括表达自己生活际遇和感受权利的人。政治经济学是经济行为及其结果的理论化,理论化过程中

---

① 马克思恩格斯文集:第1卷.北京:人民出版社,2009:166.

让经济行为当事人由资产阶级经济学中的隐性存在变为显现存在,以正式出场说话的方式表示自己的存在,是政治经济学责无旁贷的理论责任。理论化的主体是政治经济学家,名正言顺的结论出现于我们面前,政治经济学的理论责任是政治经济学家的学术责任。这样的学术责任把政治经济学家逼到二难择一的困境:不让经济行为当事人如雇佣劳动者出场说话就是没有尽到学术责任,只有让经济行为当事人如雇佣劳动者出场说话才算尽到了学术责任。用这样的标准衡量,写作《资本论》的马克思真正尽到了政治经济学家的学术责任。与此形成鲜明对比的是资产阶级经济学家,他们以科学名义剥夺雇佣劳动者出场说话的权利,其理论给人以科学的外观,实则与科学的内在要求不沾边因而与真正的科学性质无缘。

三、运用让当事人出场说话方法的社会和学术背景

如果顾及马克思在《资本论》中实际运用让当事人出场说话方法的社会和学术背景,我们就会更加深切地体会到,运用这一方法是多么必要和重要。以英国为典型的资本主义生产方式进入工业革命阶段后,整个社会生活发生了剧烈变化,其中最突出者是雇佣劳动者的境遇变化。雇佣劳动者劳动时间更长,劳动条件更恶劣,劳动报酬更少,整体的生存状况更差[①]。这样的社会历史状况和生存境遇激起了雇佣劳动者持续和形式各异的反抗,恩格斯的《英国工人阶级状况》和汤普森的《英国工人阶级的形成》两书对此有客观且逼真的描述。

资本主义经济制度的辩护士们也没有闲着,资产阶级经济学家和社会学家可为例证。这些泯灭人类良知的所谓学者,对雇佣劳动者特别是其中的弱势群体极尽刻毒诬蔑和诅咒之能事,并把现在看来是经济学和社会学之耻辱的所谓社会进化"科学"明目张胆地直书纸面。这样的事实告诉我们,像资本主义生产方式一样,资产阶级学术也有一个"粗野时期",请看下面的例证。

例证一。1786年,英国工业革命刚开始不久,一位名曰唐森的人

---

① 马克思恩格斯文集:第1卷. 北京:人民出版社,2009:389.

第十三章 马克思经济哲学语境中让当事人出场说话的方法

出版了《论济贫法》一书,核心观点是激烈反对对因受工业革命冲击而身陷困境甚或危境的雇佣劳动者施以援手的《济贫法》。书中他说出了如下的话:"用法律来强制劳动,会引起过多的麻烦、暴力和叫嚣,而饥饿不仅是和平的、无声的和持续不断的压力,而且是刺激勤勉和劳动的最自然的动力,会唤起最大的干劲。""穷人在一定程度上是轻率的,所以,总有一些人去担任社会上最卑微、最肮脏和最下贱的职务。于是,人类幸福基金大大增加,比较高雅的人们解除了烦劳,可以不受干扰地从事比较高尚的职业等等……济贫法有一种趋势,就是要破坏上帝和自然在世界上所创立的这个制度的和谐与优美、匀称与秩序。"①

例证二。1803 年,马尔萨斯出版了《人口原理》第二版。在这一版的序言中,他说出了在后来版本中都被删除的如下话语:"一人出生在早已被人占有的世界之上,如果他不能够从他享有正当要求的父母那里获得生活资料,而且假使这个社会不需要他的劳动的话,那末他就没有要求获得最小一份食料的权利,事实上,就没有他嗷饭之地的问题。在大自然的伟大宴会上,也就没有为他而设的席位。她(大自然)告诉他必须滚开,而且要马上执行她自己的命令,如果她不顾她的某些客人的同情心的话。"②

例证三。1850 年,实证主义哲学创始人之一斯宾塞出版了论文集《社会静力学》。书中有一篇名为《济贫法》的论文。文中说:"一个手艺笨拙的工匠,如果他作了一切努力也无上进,他就要挨饿,这似乎是残酷的。一个劳动者因疾病失去与他较强的伙伴竞争的能力,就必须忍受由此而带来的贫困,这似乎是残酷的。听任寡妇孤儿挣扎在死亡线上,这也似乎是残酷的。可是如果不是单独地来看,而是把它们与人类普遍的利益联系起来考虑,这些严酷的命中注定的事情,却可以看作充满利益的——正如使有病父母的子女早进坟墓,及挑选放纵或衰弱的人做瘟疫的牺牲者一样。"③

上述例证持续出现的时间是 64 年(1786—1850 年),恰好是英国工业革命经历的主要阶段。例证中的内容表现出来的是社会学和经济

---

① 马克思恩格斯文集:第 5 卷. 北京:人民出版社,2009:744,745.
② 埃德蒙·惠特克. 经济思想流派. 徐宗士,译. 上海:上海人民出版社,1974:171-172.
③ 赫伯特·斯宾塞. 社会静力学. 张雄武,译. 北京:商务印书馆,1996:144.

学，内在灵魂是迎合资本家需要的意识形态。这样的意识形态依傍资产阶级政治、经济和文化强势肆意妄为，营造出一种不顾雇佣劳动者死活的舆论和文化氛围。类似马尔萨斯这种靠抄袭成名且言而无信的所谓经济学家，在这样的文化氛围中如鱼得水，获得声望，成为名人[1]，而被马尔萨斯之类学者踩在脚下的，则是雇佣劳动者的累累白骨。如上说法貌似言过其实，但看一看那些童工、女工和成年男性工人因工伤、疾病和饥饿而过早死亡甚至是意外死亡的统计材料[2]，就会深切地感受到，上述说法一点也没有冤枉马尔萨斯这类学者。

上述例证的共同特点是从经济学和社会学等具体性学科层面突然跃升到哲学高度为资本家和资本主义经济制度辩护，攻击官府和社会对雇佣劳动者中的弱势群体施以援手。其中，自然、自然规律、自然秩序、自然和谐等概念频繁出现，斯宾塞较为典型，直接用动物本能活动比附当时社会生活中强盗横行般的弱肉强食。当这类学者胡乱比附时，往往以"人类普遍利益"和"人类幸福"等为说辞。问题在于，不顾及雇佣劳动者的生存性利益，何来"人类普遍利益"？没有雇佣劳动者的幸福，谈何"人类幸福"？雇佣劳动者不属于人类？这类学者违背学术先辈亚当·斯密关于"同情心"是人之本性的教诲，任意挥洒自己的聪明才智，无所不用其极地通过诬蔑和诅咒雇佣劳动者而为资本家效劳。

当然，上述例证之间也有区别，不过只是停留于表述风格上。唐森说话直白露骨，阴森刻毒的内心世界跃然纸上；马尔萨斯是美文学笔调，对雇佣劳动者而言是如此生死攸关的内容，在他笔下变成了散文诗般的轻松自如；斯宾塞文笔老到，严谨逻辑中表现出雄辩。各不相同的表述风格服务于共同性目的，对雇佣劳动者说重话，说狠话，让雇佣劳动者接受"命该如此"的现状，诱使雇佣劳动者相信，资本家的任意妄为甚至胡作非为是天然权利使然，因而天经地义，合情合理。这是稍后不久（1859年）被达尔文在生物学领域实证化的进化论，即生存竞争和适者生存的丛林法则。

哲学的外在形式是逻辑，内在灵魂是激情。如上社会与学术背景指涉的严酷现实和资产阶级学术对雇佣劳动者的诬蔑和诅咒是无声命令，激发马克思在《资本论》中运用让当事人出场说话的方法，从不同角度

---

[1] 马克思恩格斯文集：第5卷. 北京：人民出版社，2009：745，711.
[2] 同[1]576.

第十三章　马克思经济哲学语境中让当事人出场说话的方法

回击资产阶级学术对雇佣劳动者的诬蔑、攻击和诅咒。资本主义生产方式中经济行为当事人的悉数出场说话，特别是各类雇佣劳动者的出场说话，产生了事实胜于雄辩的论证效果。资本主义生产方式中的经济事实得到准确全面因而是科学的反映，资产阶级经济学作为"资本的政治经济学"的本质被暴露于光天化日之下[①]。

四、运用让当事人出场说话的例证

马克思不是学院化学者，也不像上述例证中的学者那样，总想以讨好资本家的形式出人头地。马克思的学术研究目的只有一个："减轻人类的痛苦。"为了达到这一目的，就是牺牲自己的"健康、幸福和家庭"也在所不惜[②]。在《资本论》中，马克思用政治经济学理论"给劳动提供一切"，以实事求是的科学态度让各不相同的资本主义经济行为当事人悉数出场说话。不同经济行为当事人出场说话指涉的事实表明，资本家是多么蛮不讲理，雇佣劳动者又是生活和劳动于多么悲惨险恶的境遇，而"粗野时期"的资本主义经济制度是多么"敌视人"[③]。

资本家出场说话。从刚一登上社会历史舞台起，资本家就是舆论风口浪尖上的人物。雇佣劳动者痛恨他残酷刻薄的压迫与剥削，不得不一次又一次地罢工和起义，反抗资本家的不义行为。贵族嫉恨他，因为昔日的"泥腿子"、下等人，突然之间暴富起来，对贵族的态度由谦恭变成了骄横。官府警惕他，因为他贪得无厌和得寸进尺地要求政治权力。舆论谴责他，因为他无止境的贪欲导致一次又一次诸如矿难、女工累病而死的恶性事件发生。面对这样的精神和舆论氛围，资本家起而为自己辩白，因而说出了如下的话："难道工人光用一双手就能凭空创造产品，生产商品吗？难道不是他（指资本家。——引者注）给工人材料，工人才能用这些材料并在这些材料之中来体现自己的劳动吗？社会上大多数人一贫如洗，他不是用自己的生产资料，棉花和纱锭，对社会和对由他供给生产资料的工人本身进行了莫大的服务吗？难道他的服务不应该得

[①] 马克思恩格斯文集：第5卷. 北京：人民出版社，2009：17.
[②] 马克思恩格斯文集：第10卷. 北京：人民出版社，2009：253.
[③] 马克思恩格斯文集：第1卷. 北京：人民出版社，2009：179.

到报酬吗？"① 资本家用四个反问句表达自己的想法，实际内容可以用带有强烈倾向性的三个陈述句说明。其一，工人一无所有，赤手空拳不能创造产品。其二，自己以提供生产资料的形式为工人生产提供了服务。其三，基于上述服务得到报酬即剩余价值合情、合理和合法。三个陈述句表达出来的想法发自资本家的内心，资产阶级经济学以学理化形式表达这种想法，人们见到的是一个又一个所谓著名经济学家炮制出来的花样翻新的理论体系。直到现在，资产阶级经济学的内在本质仍然如此，差别只是在于表达形式的精致化、数学化和不同经济学家侧重点的各不相同。貌似有理有力的内在逻辑无法抵抗如下追问。第一，工人一无所有的原因何在？"羊吃人"是对这一问题的回答。残酷的资本原始积累运动是源头，资本家靠暴力夺得生产资料，而靠自己的生产资料过活的劳动者变成了一无所有的"自由工人"即雇佣劳动者，不出卖自己的劳动力给资本家便无法活命。第二，"羊吃人"只是生产资料的一种获得途径，《资本论》第一卷第二十四章"所谓原始积累"还以历史事实为根据揭示了其他获得途径，如贿赂、暗杀、侵略和征服等。不管哪种获得途径，用马克思的话说，在性质上都是"最下流、最龌龊、最卑鄙和最无耻的"②。第三，剩余价值的源头是什么？当然是劳动。问题在于资本家不劳动，不劳动凭什么要强取豪夺地获得劳动成果？资本家无法回答这样的问题。

　　成年工人出场说话。铁路运输出现于工业革命时期。这种运输工具带来了高效率，与高效率相伴而行的是事故频发，结果是"横祸"和"惨剧"。原因何在？技术不成熟和无法预知的偶然事件等或许是原因，更根本的原因是资本家的贪婪，表现之一是强逼铁路工人劳动过长的时间。针对这一点，一个铁路工人说了如下的话："谁都知道，司机和司炉稍一失神，就会造成严重的后果。天气这么冷，还要拼命延长劳动时间，不让有片刻休息，那又怎能不造成这样的后果呢？我们可以举一个每天都在发生的例子：上星期一，有一个司炉一清早就上工，干了14小时50分钟才下工。他还没有来得及喝口茶，就又被叫去做工了。就这样他一连做工29小时15分钟。这一周的其余几天，他的工作情形是

---

① 马克思恩格斯文集：第5卷. 北京：人民出版社，2009：224.
② 同①873.

第十三章　马克思经济哲学语境中让当事人出场说话的方法

这样：星期三 15 小时，星期四 15 小时 35 分，星期五 $14\frac{1}{2}$ 小时，星期六 14 小时 10 分，一周共工作 88 小时 30 分。"① 工人说话以事实为根据。这样的根据建立在几个因素的相互关系之上，具有强劲有力的内在逻辑。首先是劳动者的劳动时间；其次是劳动者体力和精力的自然界限；最后是劳动者逾越自然界限的过度劳动与铁路运输事故频发之间的直接联系。结论不言自明，雇佣劳动者的过度劳动是铁路运输事故频发直接和根本的原因。顺着这一结论继续思考，资本家的贪婪本性就会显露原形。雇佣劳动者为什么要过度劳动？是他自觉自愿吗？非也，资本家的贪婪和强制是罪魁祸首。基于此，马克思愤怒地揭露资本的贪婪本性，它"像狼一般地贪求剩余劳动，不仅突破了工作日的道德极限，而且突破了工作日的纯粹身体的极限。它侵占人体的成长、发育和维持健康所需要的时间。它掠夺工人呼吸新鲜空气和接触阳光所需要的时间。它克扣吃饭时间，尽量把吃饭时间并入生产过程本身，因此对待工人就像对待单纯的生产资料那样，给他饭吃，就如同给锅炉加煤、给机器上油一样"②。

12 岁童工出场说话。在现代人的意识中，儿童是受教育和游戏的年龄，此为国家法律规定的强制性要求。在"曼彻斯特资本主义"即工业革命时期，儿童像成年人一样参加劳动是再自然不过的事情。在有的行业，"竟雇佣 2 岁到 2 岁半的儿童干活"③。一位名叫约·默里的 12 岁童工说：

> 我干的是运模子和转辘轳。我早晨 6 点钟上工，有时 4 点钟上工。昨天，我干了一整夜，一直干到今天早晨 6 点钟。我从前天夜里起就没有上过床。除我以外，还有八九个孩子昨天都干了一整夜。除了一个没有来，其余的孩子今天早晨又都上工了。我一个星期挣 3 先令 6 便士。我整整干了一夜，也没有多得到一个钱。上星期我就整整干了两夜。④

从童工叙述中可以得到三个方面的信息。一是一个 12 岁的孩子劳动时

---

① 马克思恩格斯文集：第 5 卷. 北京：人民出版社，2009：293-294.
② 同①306.
③ 同①539.
④ 同①283.

间之长令人震惊；二是童工竟然夜间劳动，还要整夜整夜地劳动；三是整夜劳动"没有多得到一个钱"。不管资本家及其学舌者——资产阶级经济学家用什么花言巧语粉饰儿童劳动现象，这种现象都能证明"曼彻斯特资本主义"带有"原罪"性质。放大视野地看，儿童劳动的后果更为有害和严重。马克思说："把未成年人变成单纯制造剩余价值的机器，就人为地造成了智力荒废。"① 不管对于个人还是对于国家，儿童智力荒废都会造成极为严重和有害的后果。对于个人，儿童智力荒废是一道无法逾越的坎，此后再无智力发展，命运的改变更是毫无可能。对于国家，大量儿童智力荒废会造成整体人口素质下降，国家发展的后劲会被消耗殆尽。由此可以看出，资本家一时的贪欲得到满足，雇佣劳动者和国家所付出的代价是多么昂贵。

7岁童工的父亲出场说话。用现代人的眼光看，让7岁孩子进入工厂劳动的父母是不近人情甚至是残酷的。在工业革命时期，成年工人的劳动时间和劳动强度虽然让现代人无法忍受，可劳动收入还是微薄到无法达到养家糊口的数额。为了活命，儿童进入工厂劳动成为不得不如此的强制性"命令"。儿童的劳动时间和劳动状况如何？一位童工的父亲说：

> 我这个孩子7岁的时候，我就常常背着他在雪地里上下工，他常常要做16个钟头的工！……当他在机器旁干活的时候，我往往得跪下来喂他饭，因为他不能离开机器，也不能把机器停下来。②

童工父亲的叙述细节让人心酸。7岁孩子一天劳动16小时和父亲跪下来喂饭的行为表明，这个孩子发育不良，个子太矮；吃饭时机器不能停转的事实则告诉我们，是机器使用童工而不是相反。这样的场景是无声的控诉，资本家的贪婪，"曼彻斯特资本主义"的残酷，已达到泯灭人性的程度。在资产阶级经济学家和社会学家如马尔萨斯和斯宾塞等的文献中我们见不到这样的场景，只有马克思才让这样的场景在政治经济学理论中重见天日。经由这样的场景，现代人看到了资本主义经济制度"理性"到不顾及人类良知的一面。

医院的主任医生出场说话。职业病与劳动的专业化相伴而行，此为

---

① 马克思恩格斯文集：第5卷. 北京：人民出版社，2009：460.
② 同①286.

第十三章　马克思经济哲学语境中让当事人出场说话的方法

效率追逐带来的必然后果。为了避免这种后果的出现,一是需要有效的预防性措施,二是职业病一旦出现就立即尽最大努力地救治。在英国工业革命时期,出现的是截然相反的情况。资本家为节约成本,既不采取预防职业病的措施,也不把钱用在职业病救治上,而是"顺其自然"地让劳动者自生自灭。一位主任医生说的是陶工的职业病情况。"陶工作为一个阶级,不分男女……代表着身体上和道德上退化的人口。他们一般都是身材矮小,发育不良,而且胸部往往是畸形的。他们未老先衰,寿命不长,迟钝而又贫血;他们常患消化不良症、肝脏病、肾脏病和风湿症,表明体质极为虚弱。但他们最常患的是胸腔病:肺炎、肺结核、支气管炎和哮喘病。有一种哮喘病是陶工特有的,通称陶工哮喘病或陶工肺结核。还有侵及腺、骨骼和身体其他部分的瘰疬病,患这种病的陶工占 $\frac{2}{3}$ 以上。"[1] 严格的职业训练和特殊职业的内在要求使然,医生一般不会说假话。这位医生对陶工职业病的叙说是典型例证,说明英国工业革命时期的雇佣劳动者,除受到经济剥削和政治压迫之外还受到多么严重的职业病的折磨。

工厂视察员出场说话。英国在工业革命高歌猛进之际率先施行工厂视察员制度,目的是框束资本家的不法行为,执行这一职能的是工厂视察员,职责是检查和纠正工厂主对工厂法的执行和违犯情况。他们履行职责过程中看到了什么?一些麻纺厂的工厂主强迫一些成年工人接受一份反对《工厂法》的请愿书,欺骗性地说缩短劳动时间,孩子们就会变得懒惰且道德败坏。鉴于此,工厂视察员愤而指出:

> 在这些敦厚善良的父母们的子女做工的麻纺厂里,空气中充满着原料的尘埃和纤维碎屑,即使只在纺纱车间待上10分钟,也会感到非常难受,因为眼睛、耳朵、鼻孔、嘴巴里会立刻塞满亚麻的碎屑,根本无法躲避,这不能不使你感到极度的痛苦。同时,由于机器飞速地转动,这种劳动本身需要全神贯注,需要一刻不停地运用技巧和动作,这些儿童在这样的空气里除了吃饭时间外整整劳动10小时,现在还要他们的父母说自己的子女"懒惰",这未免太残酷了……这种无情的胡说必须斥之为十足的假仁假义和最无耻的伪善。[2]

---

[1] 马克思恩格斯文集:第5卷.北京:人民出版社,2009:284.
[2] 同[1]263.

被引证材料中的事实十分简单,童工的劳动时间过长,劳动环境极其恶劣,但涉及的行为当事人众多。第一,以工厂法形式出场的国家。第二,劳动过程中受到残害的童工。第三,被逼迫为工厂主说违心话的父母。第四,对抗工厂法和逼迫童工父母说违心话的工厂主。第五,负有国家法律责任的工厂视察员。这是一个五方参与的博弈局面。在这个局面中,工厂主是主要当事方,童工的父母只是被工厂主逼迫不得不如此的挡箭牌;工厂视察员是另一主要当事方,他的背后是国家和法律。马克思在注释中再现这一博弈格局要说明什么问题?首先,资本家贪婪和残酷,如童工的劳动环境之恶劣和劳动时间之长可为证据;外加阴险狡诈和阳奉阴违,如强逼童工的父母违背意愿地为资本家说话。其次,工厂视察员的专业、公正和仗义执言,如对资本家"假仁假义"的指斥。最后,童工的劳动时间过长和劳动环境极为恶劣是客观存在的经验性事实。围绕这一事实而展开的另一种斗争,即不同于劳动者与资本家之间斗争的工厂视察员与资本家之间的斗争,同样是客观存在的经验性事实。这样的事实向我们表明,马克思表述出来的经济哲学和政治经济学内容具有多么强劲有力又细致入微的经验基础。

治安法官出场说话。孤立地看,工厂在厂区内运行且自成体系,与厂区外的社会没有多少直接性联系。实则不然,工厂里的人首先是社会人,工厂的运行与社会之间具有必然和广泛的联系。这样的联系中包括与社会治安直接相关的各种事件。社会治安事件要求治安法官到场,他会根据需要进入工厂,在处理社会治安问题的同时一窥工厂内部的真实状况。

> 1860年1月14日,郡治安法官布罗顿先生在诺丁汉市议会主持的一次集会上说,从事花边生产的那部分城市居民,过着极其贫穷痛苦的生活,其困苦程度是文明世界的其他地方所没有见过的……9岁到10岁的孩子,在大清早2、3、4点钟就从肮脏的床上被拉起来,为了勉强糊口,不得不一直干到夜里10、11、12点钟。他们四肢瘦弱,身躯萎缩,神态呆痴,麻木得像石头人一样,使人看一眼都感到不寒而栗。①

童工劳动时间、劳动环境和身体发育等方面的糟糕状况前已述及。马克思让治安法官出场说话的要害在于,法官不是诗人,也不是小说家,他

---

① 马克思恩格斯文集:第5卷.北京:人民出版社,2009:282.

第十三章 马克思经济哲学语境中让当事人出场说话的方法

说话以事实为根据是起码的要求。治安法官出场说话的地点耐人寻味，他是在诺丁汉市的议会大厅控诉性地讲出如上事实。这样的职业身份和场所表明，如上事实只有一个性质，那就是客观存在。客观存在的事实会说话，它向人们表明，无良的工厂主，进而资本主义经济制度，对童工剥削和压迫的残酷程度可见一斑。在这里，资本的权力统治一切，资本的贪欲高于一切，至于作为人的童工的生存需要、发育需要、受到关爱和呵护的需要，则在资本权力碾轧下烟消云散。

媒体出场说话。媒体是富有特点的社会组织，职责是把社会生活中的特定事实报道出来。这一职责的正常履行使社会受益，人们由此了解社会生活的脉动情势，事实中的善恶美丑让人一目了然。不能排除媒体报道中有出于商业或其他目的的猎奇炒作和哗众取宠成分，但是，如果大部分媒体或所有媒体都报道一件事实，那么，这个事实便具有了社会生活脉动典型的意义。典型是社会生活整体的结晶体，它所反映的是社会生活的真实状况。

> 1863年6月下旬，伦敦所有的日报都用《活活累死》这一"耸人听闻"的标题登载了一条消息，报道20岁的女时装工玛丽·安·沃克利是怎样死的。她在一家很有名的宫廷时装店里做工，受一位芳名爱利莎的老板娘的剥削。这里又碰到我们常常讲的那一类老故事了。店里的少女平均每天劳动 $16\frac{1}{2}$ 小时，在忙季，他们往往要一连劳动30小时……当时正是忙季的最高潮。为了迎贺刚从国外进口的威尔士亲王夫人，少女们要为高贵的夫人小姐在转眼之间就变出参加舞会的华丽服装来。玛丽·安·沃克利同其他60个少女一起连干了 $26\frac{1}{2}$ 小时，每30个人挤在一间屋里，空气少到还不及需要量的 $\frac{1}{3}$ ……玛丽·安·沃克利星期五得病，星期日就死了，而使老板娘爱利莎大为吃惊的是，她竟没有来得及把最后一件礼服做好。①

如花似玉的年轻姑娘因劳累过度而死，现在已有专有名词表征这一事

---

① 马克思恩格斯文集：第5卷. 北京：人民出版社，2009：294-295.

实——过劳死。死亡的原因有两个，直接者是赶制一夜之间就会由小姐变为夫人的用于参加舞会的礼服，深层原因是礼服带来的丰厚利润。在这一事件中，让人震惊的是老板娘的"吃惊"，这位姑娘竟然没有等到最后一件礼服制成后再死去。这样的"吃惊"表明，在老板娘的精神世界中，年轻女工的过劳死远不如亲王夫人用于参加舞会的一件礼服重要，实质是远不如一件礼服带来的利润重要。同为人，同为女人，老板娘的心肠之硬让人长见识。按照资产阶级经济学效率第一主义的逻辑思路想问题[1]，老板娘"吃惊"中表现出来的真实态度没有错，年轻姑娘作为雇佣劳动者只不过是像布料和裁剪布料的工具一样的生产资料，问题的关键是如何获得最高限度的利润。老板娘"吃惊"具有象征意义，它告诉世人，作为资产阶级经济学逻辑前提的"经济人"，一旦在现实的经济生活中显露真容，是多么地重视"经济"而无视"人"，甚至敌视"人"。感谢马克思，他运用让当事人出场说话方法揭示出资本主义经济制度的内在本质，让我们真实地看到资本主义经济制度的"粗野时期"是多么地要钱不要命。当然，这里的钱是资本家的钱，而命则是雇佣劳动者的，年轻女工玛丽·安·沃克利的遭遇和生命结局就是例证。

如上八种出场说话者是资本主义生产方式中经济行为直接或间接的当事人。他们的话语是资本主义经济事实最直观和最权威的表述。从科学认识论角度看，只有让当事人出场说话，这样的经济事实才能真实和直观地出现于人们面前。这样的认识论情势表明，让当事人出场说话具有无可替代的方法论价值。基于此，做出如下结论不能被认为是唐突之举。相对于揭示资本主义经济制度的内在本质而言，作为方法的让当事人出场说话具有必不可少的性质。它如实逼真地让资本主义经济生活世界出现于他人和后人面前，以无可辩驳的事实证明，资产阶级经济学家构筑的资本主义经济生活世界具有片面性和虚伪性，不管用什么样的科学标签，如自然科学意义的"硬科学""社会物理学""社会数学"等，也无法掩饰起来。尤为重要者，让当事人出场说话方法捍卫了雇佣劳动者出场说话的正当权利，这与资产阶级经济学粗暴剥夺雇佣劳动者出场说话权利的做法适成鲜明对照。这样的对照使事实不证自明地确立起来，只有让所有经济行为当事人都出场说话的政治经济学才具有科学性

---

[1] 宫敬才. 经济个人主义的哲学研究. 北京：中国社会科学出版社，2004：171-184.

第十三章 马克思经济哲学语境中让当事人出场说话的方法

质。敢于这样做者是马克思,能够做到这一点的只有马克思,因为他不是资产阶级"豢养的文丐"[①]。

五、结论

如上诸多角度的论证旨在确立基本事实,《资本论》中确实存在并运用让当事人出场说话方法。这样的事实使我们明确认识到,独具特色的经验主义哲学方法是马克思政治经济学方法论体系的有机组成部分。不给让当事人出场说话方法表示存在的机会,这一方法论体系便具有不完整性质。

马克思运用让当事人出场说话方法的结果之一是大量让现代人难以置信的残酷事实出现于我们面前,但它们是资本主义生产方式"粗野时期"的客观存在。被马克思运用让当事人出场说话方法记录下来的残酷事实具有巨大的历史价值,现代人借此明了,被资产阶级学术打扮得光鲜亮丽的资本主义生产方式,确实具有刻薄残酷因而污浊的"原罪"时期。换一个角度看问题,如果马克思没有且不运用让当事人出场说话方法,那么,资本主义生产方式的"原罪"时期就会永远遁失于人们的视野黑洞之中。

让当事人出场说话方法绝非仅是论证技巧问题。被叙说者如雇佣劳动者享有与政治经济学家平等的表达诉求的经济、政治和法律权利。需要特别强调的是,被政治经济学家叙说的经济事实与被叙说者是生命攸关的关系。二者皆表明,在政治经济学领域,让当事人出场说话是正确反映客观事实的科学性要求问题,同时也是重要的政治、法律和哲学问题。马克思在《资本论》中的作为是典范,也是表率,后继者只有像马克思那样认识问题和处理问题,才是真正的马克思主义者。

作为方法的让当事人出场说话是试金石,资产阶级经济学和社会学在它面前原形毕露。文中的例证只是例证,但它们典型地表征出资产阶级学术的阶级本质。这样的例证可以使我们了解与资本主义生产方式"粗野时期"相伴而行的资产阶级学术"粗野时期"的历史真相,更能使我们具体感悟马克思政治经济学的科学本质和价值情怀。

---

① 马克思恩格斯文集:第5卷.北京:人民出版社,2009:17.

第十四章　恩格斯与马克思经济哲学体系

一、问题的提出及其说明

我们的教科书名之曰《马克思主义哲学原理》，读者会因书名而形成印象，此为以马克思哲学思想为主的哲学。检视文献后情势大变，名称与指称对象错位，它以恩格斯哲学思想为主，辅以列宁哲学思想。马克思经济哲学思想呢？可惜，大部分没有得到表示存在的机会。如下对比可为例证。第一，恩格斯认为，哲学的本体是物质，基于此形成的哲学本体论是物质哲学本体论①。马克思的哲学本体是劳动，基于此形成的哲学本体论是劳动哲学本体论②。第二，恩格斯认为主观辩证法是对客观辩证法的反映，典型例证是自然辩证法③。在马克思语境中，真正的辩证法是人化自然辩证法④。第三，恩格斯认为历史唯物主义是社会

---

① 马克思恩格斯文集：第9卷. 北京：人民出版社，2009：47.
② 对这一哲学本体论的详细论证，请见宫敬才. 谫论马克思的劳动哲学本体论. 河北学刊，2012（5，6）。
③ 同①470，463.
④ 到目前为止，马克思对自然界独到深刻且极具理论与现实张力的看法，仍未受到人们的重视并进行专题性研究，这是令人遗憾的事。在《1844年经济学哲学手稿》中，马克思提到"人化的自然界""社会中的自然界"，基本观点是"与人分离开来的自然界，对人说来也是无"，

第十四章　恩格斯与马克思经济哲学体系

历史物质生产决定论①。在马克思语境中，历史唯物主义是劳动历史唯物主义，除方法论性质的社会历史物质生产决定论外，还包括劳动哲学本体论、人学历史唯物主义和工艺学历史唯物主义②。第四，恩格斯认为，哲学的基本问题是思维和存在的关系问题③，此为哲学分析框架。在马克思语境中，哲学分析框架是主体与客体之间的辩证关系④。第五，恩格斯认为，黑格尔辩证法的伟大之处是"巨大的历史感"⑤，代表性著作是《逻辑学》⑥。在马克思语境中，黑格尔辩证法的精华是劳动辩证法，《精神现象学》才是"黑格尔哲学的真正诞生地和秘密"⑦。

如上例证只不过是例证，但基于此得出结论并不为过。其一，马克思经济哲学体系与恩格斯哲学之间并非完全一致的关系，二者之间存在诸多和重大区别是客观事实。其二，马克思诸多经济哲学思想在以马克思命名的哲学教科书中没有得到表示存在机会同样是客观事实。

上述结论同时是问题，且是理解马克思经济哲学体系时不得不回答

因为"非对象性的存在物是非存在物"（马克思恩格斯文集：第1卷. 北京：人民出版社，2009：191，187，220，210）。在《资本论》第一卷中，马克思在工业革命的社会历史背景中看待自然界问题，在讲到自然条件时说："产业越进步，这一自然界限就越退缩。"在《资本论》第三卷中，马克思视作劳动对象的自然界为"自然必然性"，并说："这个自然必然性的王国会随着人的发展而扩大，因为需要会扩大。"（马克思恩格斯文集：第5卷. 北京：人民出版社，2009：589；马克思恩格斯文集：第7卷. 北京：人民出版社，2009：928）把马克思的相关论述集中到一起并加以梳理，我们会惊奇地发现，马克思思想体系中存在一个与恩格斯自然辩证法理论判然有别的人化自然辩证法理论。不管从哪种意义上都可以说，马克思的人化自然辩证法理论是科学发展观的哲学基础，同时是马克思主义生态哲学的理论基础。对马克思人化自然辩证法思想的详细论证，请见宫敬才. 诌论马克思的人化自然辩证法. 河北学刊，2014（1）。

① 马克思恩格斯文集：第9卷. 北京：人民出版社，2009：283-284.

② 对工艺学历史唯物主义的情况说明，请见宫敬才. 对马克思工艺学思想的误解应予纠正. 马克思主义与现实，2013（5）。对劳动历史唯物主义理论全面和翔实的论证，请见宫敬才. 论马克思的劳动历史唯物主义理论. 北京师范大学学报，2018（3）。

③ 马克思恩格斯文集：第4卷. 北京：人民出版社，2009：277.

④ 对马克思哲学分析框架的说明，请见宫敬才. 论马克思政治经济学的人学前提. 学术研究，2015（9）；论马克思《政治经济学批判大纲》中的哲学分析框架. 河北大学学报，2016（4/5）。

⑤ 马克思恩格斯文集：第2卷. 北京：人民出版社，2009：602；马克思恩格斯文集：第3卷. 北京：人民出版社，2009：542；马克思恩格斯文集：第4卷. 北京：人民出版社，2009：272，298；马克思恩格斯文集：第9卷. 北京：人民出版社，2009：13，26.

⑥ 同①463；马克思恩格斯文集：第10卷. 北京：人民出版社，2009：226-227，622.

⑦ 马克思恩格斯文集：第1卷. 北京：人民出版社，2009：205，201，203，204. 在标志马克思主义哲学形成的文献《德意志意识形态》中，马克思称《精神现象学》是"黑格尔的圣经"（马克思恩格斯全集：第3卷. 北京：人民出版社，1965：163）。

的问题：恩格斯与马克思经济哲学体系之间是什么关系？实际情况不容乐观，青年恩格斯是马克思经济哲学思想的启蒙者和领路人，中年之后则是忽略者。预先公布的结论令人诧异，不幸的是此为客观事实的揭示。

二、何谓马克思经济哲学体系

讨论恩格斯与马克思经济哲学体系之间的关系问题，首先遇到且是必须回答的问题是：什么是马克思经济哲学体系？在我国，"马克思主义经济哲学"和"马克思经济哲学"的提法出现于20世纪80年代和90年代①，此后以马克思经济哲学为研究对象的成果大量涌现，甚至出版了《马克思经济哲学研究》的专著②。这种研究开阔了人们的哲学视野，推动了马克思主义哲学研究事业的创新，新研究领域被开拓出来。问题在于，马克思主义经济哲学以马克思的名字命名，思想的主体应是马克思经济哲学。这就产生了前提性问题，什么是马克思经济哲学？对这一问题的诸家理解各不相同，彼此间区别很大③，达成共识仍需时日。这样的事实表明，我国的马克思经济哲学研究尚处于初始阶段。

---

① "马克思主义经济哲学"的提法最早出现于1985年，见朱川. 开展经济哲学的研究. 财经问题研究，1985（3）；"马克思经济哲学"的提法最早出现于1999年，见俞吾金. 经济哲学的三个概念. 中国社会科学，1999（2）。

② 宫敬才. 马克思经济哲学研究. 北京：人民出版社，2015.

③ 举出如下五个例证足以说明问题。1. "马克思经济哲学的要义是经济学批判。而'批判'意味着澄清前提和划定界限。"吴晓明. 马克思经济哲学之要义及其当代意义. 湖南师范大学（社会科学）学报，2002（1）. 2. "经济哲学奠基于马克思开创的经济现象学传统，它从理论范式的高度完成了对传统哲学和经济学的双重超越，将社会经济存在理解为人的根本存在方式，将一切事物规定为服务于人的发展需要的社会经济存在物。"王善平. 经济哲学：传统哲学和经济学的解毒剂——试论作为经济现象学的经济哲学. 广东社会科学，2004（6）. 3. 马克思经济哲学是"哲学对经济学的批判和经济学对哲学的改造"。彭学农. 论马克思《1844年经济学哲学手稿》中的经济哲学思想. 上海大学学报（社会科学版），2005（1）. 4. "马克思经济哲学，既是一门研究'财富'的学问，更是一门研究'人'的学问。"陈宇宙. 财富异化及其扬弃. 马克思主义研究，2011（7）. 5. "理论探索的唯一正确的进路是把马克思哲学理解为经济哲学。""作为经济哲学，马克思哲学的核心概念系列是：生产—商品—价值—时间—自由。"俞吾金. 作为经济哲学的马克思哲学：兼论马克思哲学革命的实质和命运//中国社会科学院哲学研究所《中国哲学年鉴》编辑部. 中国哲学年鉴，2011.

第十四章　恩格斯与马克思经济哲学体系

马克思经济哲学是存在于马克思政治经济学中且是内生变量的哲学。其一，马克思经济哲学在性质上是哲学，像历史哲学、政治哲学和法哲学一样是哲学。其二，马克思经济哲学存在于马克思政治经济学之中且是其有机组成部分，抛离它的所谓马克思政治经济学已不是原生态马克思政治经济学。从外延层面看，马克思经济哲学以四种形式表示存在：对资产阶级经济学哲学基础的批判、政治经济学范畴中的哲学、政治经济学命题中的哲学和政治经济学理论中的哲学。四种存在形式有机统一，使马克思经济哲学秉有体系性质。

第一，对资产阶级经济学哲学基础的批判。

马克思在资产阶级经济学语境中开始自己的政治经济学研究，实际是在资产阶级经济哲学语境中的"突围"，这一经济学的核心范畴、基本问题和背后起支配作用的哲学思想是他必须面对的对象。马克思要使自己的政治经济学确立起来，任务之一是批判资产阶级经济学，其中包括对资产阶级经济学哲学基础的批判。这一批判包括四个方面的内容：制度前提批判、人学前提批判、阶级立场批判和方法论批判。四种批判客观地存在于马克思文献特别是政治经济学文献中，是我们批判资产阶级经济学极为宝贵且是取之不尽的思想资源。在很长的历史时期内，它们并未被研究者关注，更未成为自觉意识层面的研究对象。现在，这种状况稍有改变[①]。

第二，政治经济学范畴中的哲学。

马克思政治经济学中范畴众多，其程度只能用"范畴森林"表征。作为这一理论体系"建筑材料"的范畴中有否哲学性内容？只有对问题做出肯定性回答才符合实际，如下四组范畴可为例证：商品，货币，资本；劳动，雇佣劳动，自由劳动；生产力，生产关系，生产方式；公有制，私有制，资本主义私有制。类似范畴还有很多，要说它们中只具有政治经济学内容而与哲学无缘，确实需要勇气。回到马克思原生态语境会很容易地发现，范畴中的哲学性内容和政治经济学内容同样丰富，同等重要，相互交织和支撑，抽离哲学性内容后会发生质变，由马克思政治经济学范畴蜕变为资产阶级经济学范畴。范畴的展开是判断，判断的连接是推理，推理的逻辑交汇是理论。由此看，政

[①] 批判内容的展开和论证情况，请见宫敬才. 马克思对资产阶级经济学哲学基础的批判. 马克思主义与现实，2018（1）。

治经济学范畴的哲学性内容是马克思经济哲学体系的有机组成部分，且处于基础位置。

第三，政治经济学命题中的哲学。

政治经济学命题中存在哲学性内容是客观事实，也是政治经济学范畴中存在哲学性内容论断的必然性结论。既然政治经济学范畴中存在哲学性内容，那么，范畴展开所形成的判断中怎么能不存在哲学性内容呢？判断就是命题。在马克思文献中，包含丰富哲学性内容的政治经济学命题多到无法计数的程度，如下从马克思三种代表性文献中选取的命题可为例证："国民经济学不考察不劳动时的工人，不把工人作为人来考察。""国民经济学从私有财产的事实出发。它没有给我们说明这个事实。""私有财产的主体本质是劳动。"① "一切节约归根到底都归结为时间的节约。""劳动本身越是客体化，作为他人的世界，——作为他人的财产——而同劳动相对立的客观的价值世界就越是增大。"所有权规律的第一个"是劳动和所有权的同一性"② "工业较发达的国家向工业较不发达的国家所显示的，只是后者未来的景象。""劳动资料扼杀工人。""资本主义生产的唯一祸害就是资本本身。"③ 九个例证出自马克思政治经济学研究不同时期的文献，据此做出结论名正言顺，马克思政治经济学命题中确实存在哲学性内容。

第四，政治经济学理论中的哲学。

此处的"理论"一词意在表明，学科层面的政治经济学与哲学密不可分，内在地包括哲学性内容是政治经济学必然的命运。"命运"的涉及对象有两者，一是马克思政治经济学，二是包括资产阶级经济学在内的其他经济学。

资产阶级经济学从马克思在《资本论》中设置专节批判的西尼尔开始，极力主张政治经济学中绝对不能包括像价值立场这样的哲学性内容，因为经济学是科学④。随后，这一偏执性看法成为资产阶级经济学的主导性立场，以至于现在最流行的经济学教科书——美国经济学家曼昆的《经济学原理》说，经济学像物理学和生物学一样研究和说明自己

---

① 马克思恩格斯文集：第1卷. 北京：人民出版社，2009：124，155，178.
② 马克思恩格斯全集：第30卷. 北京：人民出版社，1995：123，447，463.
③ 马克思恩格斯文集：第5卷. 北京：人民出版社，2009：8，497，649.
④ 西尼尔. 政治经济学大纲. 蔡受百，译. 北京：商务印书馆，1977：12.

第十四章　恩格斯与马克思经济哲学体系

的对象,因而它是如物理学和生物学一样的硬科学①。资产阶级经济学的学科性立场与经济学中存在哲学性内容的客观事实相冲突,以其人性自私论的逻辑前提为例证足以证明这一点。在资产阶级经济学中,人性自私论是全称判断②。既为全称判断,其指称对象包括资产阶级经济学家是情理之中的事。一旦确立资产阶级经济学家同样具有自私本性的事实,资产阶级经济学的逻辑困境就会出现在人们面前。如果承认资产阶级经济学家是人,那么,他的自私本性就会出现于自己创立的经济学理论中,因为人之行为只不过是人之本性的外在表现。这说明,资产阶级经济学不是像物理学和生物学一样的硬科学,而是带有人之本性的社会科学。如果承认资产阶级经济学家不是人,那么,他的自私本性就不会在自己创立的经济学理论中表现出来,这种情况下的经济学理论确实是像自然科学一样的硬科学。问题在于,资产阶级经济学家敢于承认自己不是人吗?在创立经济学理论时,自己的自私本性能不存在因而不发挥作用吗?资产阶级经济学家面临二难择一的逻辑困境,根本原因是政治经济学学科性质的主张荒谬。

马克思从不讳言政治经济学理论中包括哲学性内容。这些内容是内生变量,无视这些内容的政治经济学理论就会发生蜕变,由马克思原生态的政治经济学理论蜕变为他人以为的马克思政治经济学理论。马克思政治经济学理论中的哲学性内容由五部分组成。

第一,人学理论。马克思政治经济学理论中的人学理论既内容丰富又极具特点。可以把它概括为四个观点:人学前提论、人学价值论、人学目的论和人学历史论。基于文献特别是政治经济学文献又顾涉社会历史和学术背景来梳理马克思政治经济学理论中的人学理论,相对完整的体系性内容就会出现于我们面前。

第二,经济哲学本体论。马克思政治经济学的研究对象是资本主义生产方式。按照亚里士多德对第一哲学的理解和界定③,马克思经济哲学本体论中的本体应是资本主义生产方式④,实则不然。资本主义生产

---

① 曼昆. 经济学原理:上册. 梁小民,译. 北京:三联书店,北京大学出版社,1999:19.
② 从亚当·斯密开始到现在,情况始终如此。其中的变化表现在称谓上,由人性自私论变为经济人,由经济人变为理性经济人,最后是有限理性经济人,实质没有发生任何变化。
③ 亚里士多德. 形而上学. 吴寿彭,译. 北京:商务印书馆,1959:56.
④ 马克思恩格斯文集:第5卷. 北京:人民出版社,2009:8.

方式产生、存在和运行的前提是资本，而资本产生、存在和发挥作用的前提是雇佣劳动。按照马克思的说法，雇佣劳动是资本和土地所有权等的基础①。基于此说马克思经济哲学本体论的本体是雇佣劳动或劳动，既有文献根据，又有社会历史事实根据。

第三，经济哲学认识论。作为理论体系的马克思政治经济学独树一帜，其中存在特点显明的经济哲学认识论内容是自然而然的事情。这一认识论由如下观点组成：充分占有材料、关注历史演化、探寻内在联系和不放过细节②。马克思带有经验主义哲学倾向的经济哲学认识论往往被研究者忽略，殊不知，没有这种独具特色的经济哲学认识论，马克思能否提出自己的政治经济学理论会大成问题；同理，研究者不关注和研究马克思的经济哲学认识论，能否准确理解其政治经济学和经济哲学，同样会大成问题。

第四，经济哲学方法论。马克思是经济哲学方法论的集大成者，其内容的丰富程度让人惊叹不已。概括地说，这一方法论体系由两部分内容组成。第一部分是研究方法，马克思对这一研究方法的命名是"解剖典型"③，其具体内容除上已述及的四个认识论观点外还包括让当事人出场说话和理解④。第二部分是叙述方法。马克思的叙述方法有三种称谓，教科书是逻辑与历史有机统一，恩格斯是"历史从哪里开始，思想进程也应当从哪里开始"⑤，马克思自己则是"从抽象上升到具体"⑥。虽然"从抽象上升到具体"的叙述方法由于受到维柯和黑格尔的启发才提出和运用，但马克思把这一方法运用到炉火纯青的地步是维柯和黑格尔所望尘莫及的⑦。

---

① 马克思恩格斯《资本论》书信集. 北京：人民出版社，1976：131.
② 马克思恩格斯文集：第5卷. 北京：人民出版社，2009：21-22；马克思恩格斯文集：第8卷. 北京：人民出版社，2009：318. 对马克思经济哲学认识论思想的系统梳理和说明，请见宫敬才. 论马克思独具特色的经验哲学方法. 河北学刊，2018（3）.
③ 马克思恩格斯文集：第5卷. 北京：人民出版社，2009：8. 关于马克思"解剖典型"方法的形成及具体内容，请见宫敬才. 马克思解剖典型方法的形成. 河北大学学报，2018（1）.
④ 对马克思让当事人出场说话方法的详细说明，请见宫敬才. 论马克思《资本论》中让当事人出场说话的方法. 人文杂志，2018（4）；对马克思理解方法的详细说明，请见宫敬才. 论马克思政治经济学的理解方法及其性质. 北京行政学院学报，2018（2）.
⑤ 马克思恩格斯文集：第2卷. 北京：人民出版社，2009：603.
⑥ 马克思恩格斯全集：第30卷. 北京：人民出版社，1995：42.
⑦ 在马克思的叙述方法问题上，国内外学者的理解有些混乱，至于提法则更加混乱。关于这方面的情况及其如何拨乱反正，请见宫敬才. 马克思逻辑与历史有机统一方法真相还原. 现代哲学，2018（4）.

第十四章　恩格斯与马克思经济哲学体系

第五，经济哲学历史论。人们对马克思经济哲学历史论既熟悉，又陌生。就熟悉说，教科书历史唯物主义谁人不知呢？就陌生说，人们对经济哲学历史论与政治经济学的内在联系又知道多少呢？尤应指出者，经济哲学历史论在马克思政治经济学理论体系中的地位和作用是人们很少关注和研究的问题。马克思经济哲学历史论在政治经济学理论体系中负有两项使命。其一，宏观的社会历史方法论，旨在解决如何看待社会历史的问题，以便确定政治经济学研究对象如资本主义生产方式的历史坐标方位。马克思在这一层面的核心观点是社会历史物质生产决定论。其二，微观的历史演化论。在这一层面，马克思三种三段论的强大理论穿透力让人拍案叫绝：人学三段论[①]、生产方式三段论[②]和以生产资料所有制为基础的社会历史制度三段论。类似的历史演进论还有很多，此处提到的三者只能作为例证看待。

三、青年恩格斯是马克思经济哲学思想的启蒙者和领路人

马克思1843年10月开始研究政治经济学。研究的直接目的是真正解决任《莱茵报》主编时遇到的难题：工作职责需要对物质利益问题发表看法，由于缺乏政治经济学知识而无法做到[③]。从整体思想状态说，此时马克思正处于世界观、学术视野和知识结构等发生根本性转变的关键时期。如下情况也不应被忽略。英国是政治经济学的故乡，是工业革命的发源地，以英国为典型的资本主义生产方式是马克思政治经济学的研究对象，而此时马克思不能阅读英文文献，对英国工业革命了解甚少。恰好在这时，恩格斯《国民经济学批判大纲》一文出现在马克思面前。该文写于1843年9月底或10月初至1844年1月，发表于1844年2月出版的《德法年鉴》。该刊由马克思和卢格任主编，因卢格生病使得具体的编辑工作由马克思一人承担。这说明，马克思是《国民经济学

[①] 马克思恩格斯文集：第1卷. 北京：人民出版社，2009：185-186；马克思恩格斯文集：第8卷. 北京：人民出版社，2009：52.
[②] 马克思恩格斯文集：第8卷. 北京：人民出版社，2009：546-547.
[③] 马克思恩格斯文集：第2卷. 北京：人民出版社，2009：588.

批判大纲》除作者外的第一个读者。考虑到如下情况后结论会自然而然地出现在我们面前。第一，此时马克思正急于找到使思想整体发生根本性变化的知识突破口。第二，这篇论文为马克思带来了以英国经济学家为主的政治经济学学科性知识。第三，这篇论文连同同样由恩格斯写作且几乎同时出现的《十八世纪》一文①，为马克思打开了了解英国工业革命高潮时期社会状况的窗口。第四，这篇论文中一系列的经济哲学观点对马克思而言是久旱逢甘霖。基于如上情况我们说，《国民经济学批判大纲》对马克思经济哲学思想的形成产生了决定性影响，青年恩格斯是马克思经济哲学的启蒙者和领路人。

为了实证性地确立已经做出的结论，我们必须解决两个问题。其一，恩格斯在该文中提出了哪些经济哲学观点？这些观点进入马克思随后写作的文献如《1844年经济学哲学手稿》了吗？实证性地回答问题，就可充分证明上述结论符合实际。其二，马克思自己如何看待这篇文献？实证性地回答问题同样能证明上述结论符合实际。

稍作梳理就可发现，《国民经济学批判大纲》中的如下八个论点直接出现于马克思1844年4月至8月写作的《1844年经济学哲学手稿》中。

(1) 恩格斯："经济学没有想去过问私有制的合理性的问题。" 马克

---

① 恩格斯的《十八世纪》一文大约写于1844年1月初至2月初，是《英国状况》系列论文中的一篇，其对马克思经济哲学思想形成的重大影响至今还没有受到应有重视。这篇论文在英、法、德比较视域中系统介绍和分析英国工业革命的典型意义（马克思恩格斯文集：第1卷. 北京：人民出版社，2009：87，92，105），这对刚刚步入政治经济学领域的马克思而言是全新的知识视域和思维路径。对于恩格斯的英国典型论，马克思在《1844年经济学哲学手稿》中已有所反应（马克思恩格斯文集：第1卷. 北京：人民出版社，2009：153-154），马克思自己的英国典型论在《德意志意识形态》中基本成形（马克思恩格斯文集：第1卷. 北京：人民出版社，2009：565-566），而在《资本论》第一卷中，马克思则明确表示，对资本主义生产方式的研究以解剖英国这一资本主义生产方式的典型国度为根本性方法（马克思恩格斯文集：第5卷. 北京：人民出版社，2009：8）。同样应受到关注的是恩格斯提出哲学观点的知识依据特点，这种特点几乎与恩格斯相伴终生。他在这篇论文中提出如下命题："科学和哲学结合的结果就是唯物主义"。用以支撑这一命题的是众多自然科学学科知识，恩格斯在此处提到的是九门自然科学知识（马克思恩格斯文集：第1卷. 北京：人民出版社，2009：97，88）。他后来的代表性哲学文献，如《自然辩证法》《反杜林论》《路德维希·费尔巴哈和德国古典哲学的终结》，其做法依然如此。由此，我们可以领悟到恩格斯与马克思之间对哲学的理解有重大区别的部分原因，同时也能领悟到，马克思经济哲学体系为什么会在中年以后的恩格斯哲学视域中消失不见。

第十四章 恩格斯与马克思经济哲学体系

思："国民经济学从私有财产的事实出发。它没有给我们说明这个事实。"

（2）恩格斯：资产阶级经济学"伪善""不道德"。马克思：资产阶级经济学"否定人""敌视人"。

（3）恩格斯：资产阶级经济学为私有制而存在。马克思：国民经济学"没有给劳动提供任何东西，而是给私有财产提供了一切"。

（4）恩格斯：未来社会能够实现"人类与自然的和解以及人类本身的和解"。马克思：共产主义社会"是人和自然之间、人和人之间的矛盾的真正解决"。

（5）恩格斯：私有制造成阶级对立，解决矛盾的唯一途径是消灭私有制。马克思："自由的劳动和自由的享受"依赖于"扬弃整个土地私有制"。

（6）恩格斯：政治经济学的出发点是"自由的人性"。马克思：政治经济学的人学前提是"完整的人"。

（7）恩格斯："资本是劳动的结果。"马克思："私有财产的主体本质""是劳动"。

（8）恩格斯：劳动"是人的自由活动"。马克思："自由的有意识的活动""是人的类特性"[①]。

文献梳理的事实表明，青年恩格斯的上述论点直接出现于稍后由马克思写作的《1844年经济学哲学手稿》中。对比恩格斯论点，观照《1844年经济学哲学手稿》的核心思想：质疑私有财产制度，批判这一制度的社会历史性后果即劳动异化，质疑和批判的武器是自由劳动为人之本质的思想，我们就会切实地感悟到，马克思直接且根本性地受到了《国民经济学批判大纲》的影响。虽然《1844年经济学哲学手稿》是马克思在政治经济学领域中的初试身手之作，但其中的经济哲学思想对后续的政治经济学文献，如《政治经济学批判大纲》《资本论》等，具有根本性影响，后者是前者的继续、深化和系统化，当是不争的事实。这样的事实进一步证明，青年恩格斯的经济哲学思想对马克思具有持续一生的影响。

我们还应注意到，青年恩格斯的如下论点虽然没有直接出现于《1844年经济学哲学手稿》中，但它们出现于马克思后续的政治经济学

[①] 如上八个观点的文献出现顺序依次是：马克思恩格斯文集：第1卷. 北京：人民出版社，2009：57，155；58，179；60，166；63，185-186；65，152；58，189；70，178；72，162。

文献中且是占主导地位的经济哲学思想。论点一，科学技术是生产力；论点二，科学技术的资本主义使用有助于资本家压迫和剥削劳动者；论点三，科学技术的人性化使用为人类造福；论点四，经济危机导致社会革命；论点五，摆脱经济危机的根本途径是计划经济；论点六，英国是资本主义生产方式的典型国家即英国典型论①。如上六个论点在马克思经济哲学体系中的重要地位毋庸置疑，但最先提出且进行力所能及的论证者是青年恩格斯。

综合上述两种情况，青年恩格斯提出的经济哲学论点是14个。从马克思经济哲学史角度看，如上14个经济哲学论点出现在前，马克思受其影响并把它们深化、系统化最终是体系化在后。如果我们顾及恩格斯仅是中学肄业生，还未满24周岁，到写作《国民经济学批判大纲》时在英国生活还不满一年等情况，马上就能感悟到，他具有多么强大敏锐的感悟能力，实在是经济哲学思想史上的奇迹。

从更直接的角度看同样能证明青年恩格斯对马克思经济哲学思想的形成产生了决定性影响，这就是马克思自己的态度。马克思从《国民经济学批判大纲》刚一发表一直到晚年，态度始终如一，高度赞扬这篇文献，在《资本论》中不断地引用它借以论证自己的学术观点。为了确证这一点，我们按照时间先后顺序举出四个例证。

例证一。马克思在《1844年经济学哲学手稿》的序言中称这篇文献"内容丰富而有独创性"。

例证二。1859年，马克思为正式出版的《政治经济学批判》（第一分册）写序言，其中称这篇文献是"批判经济学范畴的天才大纲"。

例证三。1867年，马克思最有代表性的著作《资本论》第一卷正式出版。这部著作四次直接引证这篇文献。

例证四。1880年，晚年的马克思为恩格斯《社会主义从空想到科学的发展》法文版写序言，其中说"《大纲》中已经表述了科学社会主义的某些一般原则"②。

---

① 如上六个观点的文献出现顺序依次是：马克思恩格斯文集：第1卷. 北京：人民出版社，2009：67, 85, 77, 75, 75, 87。

② 如上例证在马克思文献中出现的先后顺序依次是：马克思恩格斯文集：第1卷. 北京：人民出版社，2009：112；马克思恩格斯文集：第2卷. 北京：人民出版社，2009：592；马克思恩格斯文集：第5卷. 北京：人民出版社，2009：92, 177, 191, 731；马克思恩格斯文集：第3卷. 北京：人民出版社，2009：491。

四个例证持续出现的时间是 36 年，评价和引用的事实再明白不过地告诉世人，马克思发自内心地称赞《国民经济学批判大纲》，承认青年恩格斯是自己经济哲学研究的启蒙者和领路人。称赞的事实是有力证据，马克思经济哲学思想确实受到了青年恩格斯经济哲学思想的决定性影响。

四、中年及以后的恩格斯是马克思经济哲学体系的忽略者

1859 年 6 月，马克思《政治经济学批判》（第一分册）正式出版。同年 7 月 19 日，马克思致信恩格斯，让其写书评，要点是方法问题和内容上的新东西①。恩格斯 7 月 25 日致信马克思："保证下星期内一定写好这篇文章。"② 到 8 月初，恩格斯一口气写了三篇文章，谈论方法和哲学问题的前两篇发表出来，谈论政治经济学的第三篇没有发表，手稿也没有找到。

这两篇文章的主要内容如下。

第一，确立马克思在德国政治经济学思想史中的地位。在恩格斯看来，《政治经济学批判》（第一分册）正式出版以前，德国没有自己的政治经济学，原因是经济和社会发展落后。伴随德国经济和社会的发展，出现了无产阶级政党，此为《政治经济学批判》（第一分册）出版的经济、社会和政党背景。该书一出版，"科学的、独立的、德国的经济学也就产生了"③。

第二，《政治经济学批判》（第一分册）的理论贡献之一是方法，最具原创性的是叙述方法。恩格斯对这一方法的概括是"历史从哪里开始，思想进程也应当从哪里开始"④。马克思称自己的方法是"从抽象上升到具体"⑤。虽然这一概括遭到西方学者的无端攻击⑥，我们还是要

---

① 马克思恩格斯全集：第 29 卷. 北京：人民出版社，1972：442.
② 同①446.
③ 马克思恩格斯文集：第 2 卷. 北京：人民出版社，2009：597.
④ 同③603.
⑤ 马克思恩格斯全集：第 30 卷. 北京：人民出版社，1995：42.
⑥ 马塞罗·默斯托，主编. 马克思的《大纲》：《政治经济学批判大纲》150 周年. 闫月梅，等译. 闫月梅，校. 北京：中国人民大学出版社，2011：66-67.

赞佩恩格斯的天才感悟能力，因为他没读到马克思稍早具体谈论这一方法的《政治经济学批判大纲》，而是仅凭《政治经济学批判》（第一分册）就能做出这样的概括。

第三，对黑格尔哲学做出基调性评价。谈论马克思方法必然会涉及黑格尔，在马克思方法论语境中，黑格尔是无法躲避的话题。恩格斯认为，黑格尔方法是马克思政治经济学方法"直接的理论前提"，优点是"有巨大的历史感做基础"，缺点是"头脚倒置"，具有唯心主义性质。马克思改造黑格尔方法为我所用，把辩证法内核剥离出来，使其成为政治经济学批判的方法论基础①。恩格斯此处的看法后来系统化地出现于《自然辩证法》《反杜林论》《路德维希·费尔巴哈和德国古典哲学的终结》等文献中，为后人对马克思主义中马克思与黑格尔思想关系的理解定下了基调。

第四，知识分类思想。这里的知识分类思想并不清晰明确，也没有展开论证，恩格斯只是后来才把自己的知识分类思想体系化。此处恩格斯的知识分类情况如下。其一是哲学，包括世界观和方法论，世界观就是方法论。其二是实证科学，这一科学包括自然科学和历史科学，"凡不是自然科学的科学都是历史科学"②。

第五，提出构建一般性唯物主义世界观的设想。恩格斯把马克思《政治经济学批判》（第一分册）"序言"中对历史唯物主义理论的经典表述命名为"唯物主义历史观"，此为马克思主义发展史上的第一次。此时的恩格斯极为重视唯物主义世界观问题，在批判庸俗性质的自然科学唯物主义和黑格尔方法的唯心主义性质之后说："在这里必须解决与政治经济学本身无关的另外一个问题。应该用什么方法对待科学？"恩格斯对问题的回答是："这里要求发展一种比从前的所有世界观都更加唯物的世界观"③。恩格斯称这种唯物主义为"新的世界观""新的科学的世界观""新的唯物主义世界观"④。对唯物主义世界观的几个限定表明，在恩格斯的精神世界中，唯物主义世界观问题占有无法取代的重要地位，虽然他认为这样的问题"与政治经济学本身无关"。

---

① 马克思恩格斯文集：第2卷. 北京：人民出版社，2009：602-603.
② 同①597.
③ 同①601.
④ 同①598，599，602.

第十四章　恩格斯与马克思经济哲学体系

在理解和评估恩格斯两篇文章的如上内容时，我们应该切记这是为马克思《政治经济学批判》（第一分册）写书评，谈论的对象是马克思政治经济学文献中的哲学性内容。用马克思政治经济学中成体系的哲学性内容作为标准衡量，其中的问题就会显现出来，恩格斯对哲学即唯物主义世界观的理解与马克思政治经济学中真实存在的哲学性内容之间是错位关系。

首先，在德国政治经济学史语境中评价马克思政治经济学，显然是大大低估了这一政治经济学的理论贡献。就人类政治经济学思想史的意义说，马克思政治经济学独树一帜，前无古人，后无来者，其理论贡献仅用德国政治经济学史为标准衡量不符合实际。当然，此时的恩格斯不应受到责备，原因是他仅读到《政治经济学批判》（第一分册），写于1857—1858年的《政治经济学批判大纲》没有读到，而《资本论》则是此时正准备写作。

其次，关于马克思与黑格尔的思想关系。恩格斯此处的观点是一种基调，后来的文献如《自然辩证法》《反杜林论》《路德维希·费尔巴哈和德国古典哲学的终结》等把这一基调系统化，但并没有超越这一基调。问题在于，马克思在关注黑格尔方法并对其进行唯物主义改造的同时[1]，更关注黑格尔的劳动辩证法，在文献方面则不是《逻辑学》而是《精神现象学》，他称其为"黑格尔哲学的真正诞生地和秘密"[2]。我们应该注意到，恩格斯的基调形成了传统，这种传统对黑格尔劳动辩证法及其对马克思经济哲学思想的影响发挥了掩蔽作用[3]。

再次，知识分类思想是构筑马克思经济哲学语境的前提，遗憾的是恩格斯的知识分类没有给经济哲学留出理论逻辑空间，堵塞了马克思政治经济学中哲学性内容显现出来的逻辑进路，方法与"政治经济学本身无关"一语就可证明这一点。按照恩格斯"凡不是自然科学的科学都是历史科学"的说法，政治经济学属于历史科学，它与哲学分立而存在，是两类不同的知识，因此，作为哲学的方法与"政治经济学本身无关"。恩格斯知识分类思想出现问题的原因是，看到了哲学与政治经济学的区别，忽略了哲学与政治经济学的内在联系。

---

[1] 马克思恩格斯全集：第30卷. 北京：人民出版社，1995：42；马克思恩格斯文集：第5卷. 北京：人民出版社，2009：22.

[2] 马克思恩格斯文集：第1卷. 北京：人民出版社，2009：205，201.

[3] 关于黑格尔的劳动辩证法及其对马克思经济哲学的影响，请见宫敬才. 论黑格尔的经济哲学及其对马克思经济哲学的影响. 马克思主义与现实，2016（3）.

最后,恩格斯让一般哲学意义的唯物主义世界观高调出场,是青年时期写作的《十八世纪》一文中基于自然科学知识而来的唯物主义立场的延续,同时是扩展因为从马克思《政治经济学批判》(第一分册)"序言"中的"唯物主义历史观"到一般哲学意义的唯物主义世界观之间,有巨大的逻辑空档要跨越。问题在于,限于篇幅和理论逻辑空间的约束,或许还有知识积累不够的约束,恩格斯既没有展开也没有系统论证自己提到的"比从前所有世界观都更加唯物的世界观",只是提出了得到这种世界观的基本原则:"必须从最过硬的事实出发。"① 从另一个角度看,我们的脑海中同样会产生疑问:这种一般性哲学唯物主义世界观与马克思政治经济学中的哲学性内容是什么关系?它是马克思哲学还是恩格斯自己的哲学?这样的问题客观地存在于马克思与恩格斯哲学思想关系之中,是进入 20 世纪后相关学术争论的理论源头,也是恩格斯后来继续阐释马克思哲学时无法躲避的问题。

19 世纪 60 年代是恩格斯哲学性写作的沉寂期,进入 70 年代后则是相反的情势,他加快了哲学性写作的速度,留给后人的是三部一再被称为经典的哲学性著作:《自然辩证法》《反杜林论》《路德维希·费尔巴哈和德国古典哲学的终结》。综合地看待这三部著作就可发现,恩格斯 1859 年写书评时提出的"发展一种比从前所有世界观都更加唯物的世界观"的主张,现在变成了被他人命名为辩证唯物主义的哲学体系②。这种哲学体系给我们以熟悉和亲切之感,但与马克思经济哲学体系相联系地看,不免让人心情沉重,倒吸一口冷气。这个哲学体系没有马克思经济哲学体系出场和表示存在的理论逻辑空间,后者被忽略了。

1. 哲学本体。恩格斯批判杜林"世界统一于存在"的观点时说,"世界的真正统一性在于它的物质性。"这个物质世界具有独立自在性

---

① 马克思恩格斯文集:第 2 卷. 北京:人民出版社,2009:601.
② 最早使用"辩证唯物主义"提法的是德国工人哲学家狄慈根,正式命名马克思主义哲学为"辩证唯物主义"的是俄国最早的马克思主义哲学家之一普列汉诺夫,他称马克思是"辩证唯物主义之父"(普列汉诺夫哲学著作选集:第 2 卷. 北京:三联书店,1962:155-156)。让这种意义的用法流行开来的是列宁(列宁专题文集 论辩证唯物主义和历史唯物主义. 北京:人民出版社,2009:334)。他把"辩证唯物主义"与历史唯物主义并列使用,说这是"由一块整钢铸成的马克思主义哲学"(列宁专题文集 论辩证唯物主义和历史唯物主义. 北京:人民出版社,2009:112)。接受这样的提法且使其教材化者是 20 世纪 20—30 年代的苏联哲学家。他们先后写作和出版了《辩证唯物主义导论》《历史唯物主义理论》的教科书。更详尽的历史演化情况梳理,请见杨耕. 论辩证唯物主义、历史唯物主义、实践唯物主义的内涵:基于概念史的考察与审视. 南京大学学报(哲学·人文科学·社会科学),2016 (2).

第十四章　恩格斯与马克思经济哲学体系

质,是我们生活于其中的"现实世界",由自然界和历史构成①。如上界定表明,恩格斯认为哲学的本体是物质或现实世界。后来,作为哲学本体的物质范畴借助列宁的界定②,成了辩证唯物主义原理的理论基石。

2. 基于哲学本体而来的世界观及其具体化。物质性的现实世界既然分为自然界和历史,那么,便会有相应的自然观和历史观。自然界是一个体系,"即各种物体相联系的总体",而自然观则是"按照自然界的本来面目质朴地理解自然界,不添加任何外来的东西"③。与自然观相对应的是历史观。历史观的出现具有必然性,"因为,我们不仅生活在自然界中,而且生活在人类社会中,人类社会同自然界一样也有自己的发展史和自己的科学"④。有关历史的科学是唯物主义历史观。恩格斯认为:"唯物主义历史观从下述原理出发:生产以及随生产而来的产品交换是一切社会制度的基础;在每个历史地出现的社会中,产品分配以及和它相伴随的社会之划分为阶级或等级,是由生产什么,怎样生产以及怎样交换产品来决定的。所以,一切社会变迁和政治变革的终极原因,不应当到人们的头脑中,到人们对永恒的真理和正义的日益增进的认识中去寻找,而应当到生产方式和交换方式的变更中去寻找;不应当到有关时代的哲学中去寻找,而应当到有关时代的经济中去寻找。"⑤可以把恩格斯表述的唯物主义历史观概括为经济决定论或物质生产决定论,其文献依据是马克思《政治经济学批判》(第一分册)的"序言"。

3. 两种具体化世界观之间的关系。在恩格斯看来,自然界和社会历史中都客观地存在辩证运动规律。对两种辩证运动规律的正确认识便是唯物主义自然观和历史观。两种认识之间是什么关系?恩格斯认为:"适用于自然界的,同样适用于社会历史的一切部门和研究人类的(和神的)事物的一切科学。"⑥恩格斯的话语意在表明,人类对自然界的

---

① 马克思恩格斯文集:第9卷.北京:人民出版社,2009:47;马克思恩格斯文集:第4卷.北京:人民出版社,2009:275,297.
② 列宁专题文集　论辩证唯物主义和历史唯物主义.北京:人民出版社,2009:35.
③ 同①13,514,458.
④ 马克思恩格斯文集:第4卷.北京:人民出版社,2009:284.
⑤ 同①283-284.
⑥ 同④301.

认识是主要方向，一旦获得对自然界的认识，那么，把这种认识推广应用于对社会历史的认识，走得通，也符合实际。其中的原因不难理解，自然界和人类社会历史中存在同样的辩证运动规律。

4. 世界整体的辩证运动规律。包括自然界和历史的"现实世界"是一个整体。这一整体具有辩证性质，性质的概括提炼是辩证运动规律。恩格斯对这种规律的论述极为典型，值得全部引证出来："辩证法的规律是从自然界的历史和人类社会的历史中抽象出来的。辩证法的规律无非是历史发展的这两个方面和思维本身的最一般的规律。它们实质上可归结为下面三个规律：量转化为质和质转化量的规律；对立的相互渗透的规律；否定的否定的规律。"[①]

5. 认识世界整体的哲学分析框架。如上四项内容是对世界整体的辩证唯物主义认识，认识依赖于特定的哲学分析框架。在恩格斯看来，主观辩证法是对客观辩证法的反映[②]，把这种反映过程加以概括，哲学分析框架就会显现出来：主观与客观的关系。恩格斯用稍为不同的概念表述这种哲学分析框架："全部哲学，特别是近代哲学的重大的基本问题，是思维和存在的关系问题。"在另一个地方他又说，这是"全部哲学的最高问题"[③]。

6. 政治经济学在知识分类体系中的位置。从1859年为马克思《政治经济学批判》（第一分册）写书评到逝世，恩格斯的知识分类思想始终未变，变化的只是前期不明确清晰，后期则与此相反。在论及自然观和历史观的演进情况时，恩格斯清楚地表达出知识分类体系的思想："在这两种情况下，现代唯物主义本质上都是辩证的，而且不再需要任何凌驾于其他科学之上的哲学了。一旦对每一门科学都提出要求，要它们弄清楚它们自己在事物以及关于事物的知识的总联系中的地位，关于总联系的任何特殊科学就是多余的了。于是，在以往的全部哲学中仍然独立存在的，就只有关于思维及其规律的学说——形式逻辑和辩证法。其他一切都归到关于自然和历史的实证科学中去了。"[④] 这个知识分类体系的思路很清晰，知识由两部分组成。第一部分是哲学，即形式逻辑

---

① 马克思恩格斯文集：第9卷．北京：人民出版社，2009：463.
② 同①470.
③ 马克思恩格斯文集：第4卷．北京：人民出版社，2009：277，278.
④ 同①28.

第十四章 恩格斯与马克思经济哲学体系

和辩证法。第二部分是实证科学即自然科学和历史科学。政治经济学处于这一知识分类体系的什么位置？恩格斯对问题的回答是,"政治经济学是历史科学""政治经济学是经验科学""政治经济学是经济科学"。"经济科学"的任务是发现和证明经济规律,在这一科学中诉诸道德和法律的做法,"在科学上丝毫不能把我们推向前进"①。

恩格斯基于19世纪50年代末的哲学主张发展出来的哲学体系,其架构性观点已如上述。六个方面的内容向我们证明了如下事实。第一,19世纪70年代及其以后,恩格斯把50年代末的哲学主张具体化进而体系化了。第二,在恩格斯哲学体系中,没有马克思经济哲学体系表示存在的理论逻辑空间。第三,恩格斯哲学体系成为马克思主义史中的哲学正统以至于教科书化,马克思经济哲学体系被彻底忽略。第四,恩格斯哲学体系中存在逻辑难题：当恩格斯说对自然界的认识同样适用于认识人类社会历史时,对自然界的认识如何过渡到对社会历史的认识？进而在逻辑上,辩证唯物主义与历史唯物主义是什么关

---

① 马克思恩格斯文集：第9卷. 北京：人民出版社,2009：153,441,156. 恩格斯基于自己知识分类体系而来的对马克思政治经济学的学科性质认知存在严重问题。第一,恩格斯的观点无意识地契合了资产阶级经济学的立场。这种经济学从马克思痛加批判的西尼尔开始到现在始终极力主张,政治经济学是像自然科学一样的硬科学,坚决反对在政治经济学中诉诸道德因素。(西尼尔. 政治经济学大纲. 蔡受百,译. 北京：商务印书馆,1977：12；曼昆. 经济学原理：上册. 梁小民,译,北京：三联书店,北京大学出版社,1999：19) 第二,道德因素是马克思创立政治经济学理论的精神动力之一。用他自己的话说,创作《资本论》的过程是"一直在坟墓的边缘徘徊"的过程,在这一过程中牺牲了自己的"健康、幸福和家庭"。如此行为简单直接的目的是减轻直至消除"人类的痛苦"(马克思恩格斯文集：第10卷. 北京：人民出版社,2009：253)。第三,马克思在政治经济学理论中直接诉诸道德性批判,请看如下例证："资本来到世间,从头到脚,每个毛孔都滴着血和肮脏的东西。"资本"对直接生产者的剥夺,是用最残酷无情的野蛮手段,在最下流、最龌龊、最卑鄙和最可恶的贪欲的驱使下完成的"(马克思恩格斯文集：第5卷. 北京：人民出版社,2009：871,873)。第四,马克思政治经济学研究的过程,同时是质疑和批判以私有制为核心的资产阶级法律制度的过程。《1844年经济学哲学手稿》是起点（马克思恩格斯文集：第1卷. 北京：人民出版社,2009：155,166)。到《政治经济学批判大纲》中,马克思直接说私有财产制度"是法律上的合理存在,而不是经济上的合理存在"（马克思恩格斯全集：第30卷. 北京：人民出版社,1995：292)。在《资本论》中,马克思把法律意义的私有财产制度的政治经济学本质揭示出来："以商品生产和商品流通为基础的占有规律或私有权规律,通过它本身的、内在的、不可避免的辩证法转变为自己的直接对立面……所有权对于资本家来说,表现为占有他人无酬劳动或它的产品的权利,而对于工人来说,则表现为不能占有自己的产品。"（马克思恩格斯文集：第5卷. 北京：人民出版社,2009：673-674) 四个方面的情况表明,恩格斯对马克思政治经济学的学科性质认知不符合马克思政治经济学理论的客观实际。

系？是并列关系，还是从属关系？直到现在，这一逻辑难题并未真正得到解决。

顾涉马克思经济哲学体系存在的客观事实，更具挑战性的是如下问题：恩格斯如何看待自己提出的哲学体系与马克思的关系？马克思逝世后，恩格斯多次且不同角度地回答这一问题，综合起来是如下情况。第一，自己的观点与马克思的"意见完全一致"。第二，在与马克思一道创立共产主义世界观的过程中，"绝大部分基本指导思想（特别是在经济和历史领域内），尤其是对这些指导思想的最后的明确的表述，都是属于马克思的"。第三，共产主义世界观中的唯物史观可以这样表述，"历史过程中的决定性因素归根到底是现实生活的生产和再生产。无论马克思或我都从来没有肯定过比这更多的东西"。第四，自己在《反杜林论》《路德维希·费尔巴哈和德国古典哲学的终结》"两部书里对历史唯物主义作了就我所知是目前最为详尽的阐述"①。

四种情况的客观存在把我们逼入二难择一的窘境。如果相信恩格斯的一系列说法符合实际，承认其哲学体系的"基本指导思想"是马克思的，那么，马克思成体系的经济哲学就无存在的理论逻辑空间，也无存在理由，因此说不应该存在。如果承认马克思经济哲学体系的存在是客观事实，那么，恩格斯的一系列说法就不符合马克思思想的实际，他提出且主要归功于马克思的哲学体系实际是他自己的哲学体系，只能以恩格斯的名字命名即恩格斯哲学，不能命名为马克思哲学。窘境出现的原因不难发现，马克思经济哲学体系与恩格斯的哲学体系不相容。

五、结论

理论事实明证可鉴，马克思政治经济学中客观地存在经济哲学且成体系。看不到这一点，不承认这一点，无法做到准确全面地理解马克思思想。与此相伴随，无视马克思经济哲学体系来理解其政治经济学，结

---

① 如上情况出现的文献顺序依次是：马克思恩格斯文集：第4卷.北京：人民出版社，2009：232，296-297；马克思恩格斯文集：第10卷.北京：人民出版社，2009：591，593。

第十四章 恩格斯与马克思经济哲学体系

果不会是马克思原生态的政治经济学,而是他人以为的马克思政治经济学。

在马克思经济哲学体系形成过程中,青年恩格斯经济哲学思想的影响具有决定性,说青年恩格斯是马克思经济哲学思想的启蒙者和领路人,并无过分之处。在马克思经济哲学领域,研究者没有意识到这一事实的重要意义且给予相应评价,是需要纠正的现象。

让人难以理解但确为客观事实的是,中年以后的恩格斯主观愿望是捍卫、阐释和宣传马克思经济哲学,实际结果是逐步发展出自己的哲学体系。这一体系用区别很大一语不能表征与马克思经济哲学体系的关系。在以恩格斯和列宁哲学思想为主的马克思主义哲学语境中成长起来的我们,如何面对和认知这一事实?情感和理智两个方面都是挑战,但实事求是的态度才是关键。

为什么会出现或许连恩格斯自己都不愿意见到的结果?如下几个方面的原因发挥了根本性作用。首先是知识背景。恩格斯持续一生地关注自然科学研究进展,研究自然科学知识,从中提炼哲学思想。其次是知识分类思想。恩格斯认为知识只有两类:哲学和实证科学,政治经济学是严格意义的实证科学。再次是刚性的哲学观。恩格斯认为哲学是形式逻辑和辩证法,而这里的辩证法源自黑格尔的《逻辑学》,论证的知识素材是自然科学。最后是哲学分析框架。恩格斯的哲学分析框架是主、客观之间反映与被反映的关系,这样的哲学分析框架中没有主体及主体性的容留之地。四个方面的原因注定了马克思经济哲学体系的被忽略。

我们如何研究和对待马克思主义哲学史?从以恩格斯和列宁哲学思想为主的马克思主义哲学原理出发,用线性地寻章摘句方式论证这一原理以便使其历史化,还是从历史性存在的文献中梳理、抽象和概括出真正意义的马克思主义哲学史?现行马克思主义哲学史是马克思主义哲学原理的历史化,因而不是真正意义的马克思主义哲学史,马克思经济哲学体系无法表示存在就是证据。回归包括政治经济学文献在内的马克思文献,用回到原生态方法检视以马克思文献为主的文献[①],恢复马克思经济哲学体系表示存在的天然权利,才会有名实相符因而名正言顺的马克思主义哲学史。

[①] 对回到原生态方法的详细说明,请见宫敬才. 是"以西解马"还是"回到原生态"?:与仰海峰教授商榷如何解读马克思哲学. 南国学术,2017(2).

第十五章　比较视域中的恩格斯哲学分析框架与马克思哲学分析框架

一、问题的提出及其说明

　　学过马克思主义哲学的人耳熟能详，哲学基本问题是思维与存在之间的关系问题。当人们接受这一哲学立场时往往忽略追问如下问题：哲学基本问题提法中的"基本"何谓？这一哲学立场由恩格斯提出并成为马克思主义哲学教学体系的立论前提，但它是马克思哲学立场吗？马克思哲学立场是什么？研究和回答这几个问题，我们才能深化一步地理解马克思主义哲学，马克思对哲学基本问题的理解就会出现在我们面前。

　　哲学基本问题是哲学的根本问题或核心问题，按照恩格斯的说法是哲学的"最高问题"。"基本"、"根本"、"核心"和"最高"的判断基于关系性质而来。第一，同一哲学体系内部不同组成部分之间的关系。就哲学基本问题自身说，其他哲学问题基于它而来，围绕它而展开，为回答它服务，是回答其他哲学问题的工具和根据。第二，不同哲学之间的比较关系。任何一种哲学的存在基于有特点地回答哲学基本问题；分析一种哲学与其他哲学之间的联系和区别，判断标准是对哲学基本问题的回答。第三，哲学基本问题与人类基本问题的关系。哲学基本问题源自人类基本问题，是人类基本问题的哲学化表达，离开人类基本问题的哲学基本问题不是真正意义的哲学基本问题。哲学基本问题的提出和回答

第十五章　比较视域中的恩格斯哲学分析框架与马克思哲学分析框架

基于、服务于解决人类基本问题的客观需要。

按照恩格斯的理解,哲学基本问题包含两个问题,思维与存在何者是本原,何者由本原派生?本原能否被认识?如何认识?对这两个问题的回答以对另外两个问题的回答为前提:什么是思维?什么是存在?把四个问题连接在一起并回答它们,秉有特点的哲学逻辑就会显现出来并且具有体系性质。如上说明告诉我们,哲学基本问题的展开就是哲学分析框架,概括地说哲学基本问题就是哲学分析框架。

基于文献实证性地回答问题,思维与存在之间的关系问题是恩格斯提出并运用的哲学分析框架,但不是马克思的哲学分析框架,主、客体之间的辩证关系才是马克思提出和运用的哲学分析框架。这是需要研究的问题,马克思主义哲学冠以马克思之名,其中作为立论前提的哲学分析框架又不是马克思的,无论从哪个角度看都是应予重视和研究的现象。如何研究?首先要做的工作是用文献实证方式再现马克思的哲学分析框架。比较的客观需要使然,再现马克思哲学分析框架的前提条件是文献实证地再现恩格斯的哲学分析框架,此为理论逻辑的内在要求。

二、恩格斯的哲学分析框架及其特点

恩格斯具体提出哲学分析框架的文献是《路德维希·费尔巴哈和德国古典哲学的终结》,其中第二章开篇便说,"全部哲学,特别是近代哲学的重大的基本问题,是思维和存在的关系问题。""思维对存在、精神对自然界的关系问题"是"全部哲学的最高问题"①。在界说这一哲学分析框架过程中恩格斯的概念运用有些随意,如与存在概念具有同等意义的概念还有物质、物体、自然界和现实世界等,与思维概念具有同等意义的提法还有精神、思想、表象和概念等,但基本观点明确坚定,存在是本原,思维是派生物;思维能够认识现实世界,对不可知论"最令人信服的驳斥是实践,即实验和工业"②。

思维如何认识存在?恩格斯的立场同样明确坚定:"人们决心在理解现实世界(自然界和历史)时按照它本身在每一个不以先入为主的唯心主义

---

① 马克思恩格斯文集:第4卷.北京:人民出版社,2009:277,278.
② 同①279.

怪想来对待它的人面前所呈现的那样来理解；他们决心毫不怜惜地抛弃一切同事实（从事实本身的联系而不是从幻想的联系来把握的事实）不相符合的唯心主义怪想。"[1] 恩格斯论述要点有二，思维认识现实世界的方式是理解，实际是反映；认识的结果是客观真理，其中不能存在以主观意识形式表现出来的主体性成分。恩格斯认为这种主体性成分是"唯心主义怪想"。

　　细加思量便能发现，恩格斯的哲学分析框架具有如下特点。第一，空间特点。存在（物质、自然或现实世界）独立于人和外在于人，人是与存在分立的认知者。第二，时间特点。存在先于人，先有存在，后有作为存在认知者的人，理论逻辑和演化历史两个层面皆然。第三，存在的自身特点。作为独立于人和先在于人的存在具有无限性质，人的认知则具有有限性质[2]。第四，关系特点。存在决定思维，相反的观点是错误的。第五，认知对象特点。存在或现实世界有两种显现形式即自然界和社会历史。对自然界的认识也适用于对社会历史的认识，前者具有普适性和优先性[3]。第六，认识论特点。思维对存在认知的结果是客观真理，其中不能存在任何主体性成分。第七，哲学形态特点。基于如上认知而来的哲学形态以存在（物质或自然）为中心，人则处于从属者和被动认知者的地位。第八，理论诉求特点。依据自然科学事实描绘出自然联系的清晰图画并揭示出其内在的辩证性质[4]。第九，外在形式特点。对思维与存在之间关系问题的回答形成唯物主义哲学或唯心主义哲学。其中的唯物主义哲学经历了三种历史形态前后相继的演化：古代的朴素唯物主义哲学、近代的机械唯物主义哲学和现代的具有辩证性质的唯物主义哲学。现代唯物主义哲学以形式逻辑和辩证法表示自己的存在，传统哲学被扬弃[5]。第十，知识依据特点。正确回答思维与存在之间关系问题的知识依据是自然科学研究进展及其成果，人文社会科学知识发挥辅助作用[6]。第十一，哲学视野特点。恩格斯在回答思维与存在之间的

---

[1] 马克思恩格斯文集：第4卷. 北京：人民出版社，2009：297；马克思恩格斯文集：第9卷. 北京：人民出版社，2009：458.
[2] 马克思恩格斯文集：第9卷. 北京：人民出版社，2009：463，470.
[3] 马克思恩格斯文集：第4卷. 北京：人民出版社，2009：301.
[4] 同[3]300-301.
[5] 同[3]312；马克思恩格斯文集：第9卷. 北京：人民出版社，2009：146.
[6] 同[3]281-282；马克思恩格斯文集：第9卷. 北京：人民出版社，2009：39-40.

第十五章　比较视域中的恩格斯哲学分析框架与马克思哲学分析框架

关系问题时聚焦于西欧近代以来唯物主义哲学与唯心主义哲学之间的论争，在提法层面则直接沿袭黑格尔哲学和费尔巴哈哲学[①]。

恩格斯哲学分析框架的基本内容及其特点已如上述。这种哲学分析框架存在理论缺陷。其一，哲学分析框架与人类基本问题不一致。任何哲学都是由人类提出和思考的哲学，它们具有玄之又玄、众妙之门、逻辑严谨和雄辩滔滔的特点，由此形成哲学的自身世界。当人们仅从哲学自身世界理解哲学时往往忘记追问更深层面的问题：哲学分析框架的客观指向何谓？实际是提出和思考哲学问题的人类，在生存和发展过程中遇到的基本或根本问题。在讲到人类基本问题时马克思指出：

> 像野蛮人为了满足自己的需要，为了维持和再生产自己的生命，必须与自然搏斗一样，文明人也必须这样做；而且在一切社会形式中，在一切可能的生产方式中，他都必须这样做。[②]

人类无法摆脱人与自然之间的关系问题，生存和发展两个层面的事实都是如此，思考它进而解决它是唯一出路。思考方式多种多样，其中最有效且最有启发意义的方式是哲学。人类生存和发展过程中遇到的基本问题包括四个方面的内容：对自然的认知、预设、改造及其对认知和改造的评价。认知、预设、改造和评价的人是主体，作为对象的自然是客体。由这里的分析可以看出，恩格斯的哲学分析框架只涉及人与自然或主体与客体之间关系四个方面内容中的一个方面即认知关系，改造和评价两个方面的内容被忽略。用主、客体之间关系四个方面的内容作为标准衡量，思维与存在之间的关系问题不是真正的哲学基本问题，因为它不是与人类基本问题协调一致的哲学分析框架。

人与自然之间关系中的"自然"需要专门解释。从准确严格的哲学逻辑意义说，自然有两种，一种是人化自然，另一种是非人化自然。非人化自然与人无涉，相对于人而言是无可言说的无[③]，所以人与自然之间关系中的自然只能是人化自然[④]。按照马克思的理解，人化自然是社

[①] 马克思恩格斯文集：第4卷. 北京：人民出版社，2009：280-282；黑格尔. 哲学史讲演录：第3卷. 贺麟，王太庆，译. 北京：商务印书馆，1959：292；路德维希·费尔巴哈. 费尔巴哈哲学著作选集：上卷. 北京：商务印书馆，1984：115.
[②] 马克思恩格斯文集：第7卷. 北京：人民出版社，2009：928.
[③] 马克思恩格斯文集：第1卷. 北京：人民出版社，2009：220.
[④] 同③191.

会历史有机组成部分的自然，是劳动过程中生成的自然①。人化自然的客观基础是劳动②，劳动比恩格斯哲学分析框架中作为哲学本体的自然更"基础"因而更重要。由此可以看出，不在理论逻辑层面区分人化自然与非人化自然是恩格斯哲学分析框架的第二个理论缺陷。

不在理论逻辑层面区分人化自然与非人化自然导致恩格斯哲学分析框架必然会存在第三个理论缺陷，即其中存在无法摆脱的客观性陷阱。在恩格斯哲学分析框架中，存在、物质或自然是同等意义的概念。与这些概念相对应的是思维、精神或意识。按照马克思的思路，存在、物质或自然必须区分为两种：人化存在、人化物质或人化自然；非人化存在、非人化物质或非人化自然。恩格斯的哲学分析框架并没有区分人化存在、人化物质或人化自然与非人化存在、非人化物质或非人化自然。与思维、精神或意识相对应的人化存在、人化物质或人化自然确实客观存在，因为它经过恩格斯意义的"理解"即反映证明了其客观存在。但是，存在、物质或自然概念中包括的非人化存在、非人化物质或非人化自然呢？由于没有经过恩格斯意义的"理解"即反映过程便与人无涉。既然与人无涉，人怎么能证明它客观存在？理论逻辑分析表明，恩格斯哲学分析框架中假定其客观存在的存在、物质或自然中，没有意识到且无法摆脱地存在既不能说明其客观存在又无法说明其不客观存在的成分，这就是客观性陷阱。

理论逻辑分析的结果告诉我们，恩格斯哲学分析框架中确实存在理论缺陷。由于这一哲学分析框架是马克思主义哲学教学体系的立论前提，说明马克思主义哲学教学体系中存在同样的理论缺陷。如何弥补这些理论缺陷，使马克思主义哲学教学体系中既不存在已指出的理论缺陷又名副其实？唯一合理有效的办法是回到马克思哲学分析框架，用马克思哲学分析框架替换恩格斯哲学分析框架。原因很简单，马克思哲学分析框架中不存在上已指出的理论缺陷，与人类基本问题协调一致。马克思主义哲学教学体系以马克思哲学分析框架为立论前提，名正言顺。

---

① 马克思恩格斯文集：第1卷．北京：人民出版社，2009：187，196．
② 同①528．

第十五章　比较视域中的恩格斯哲学分析框架与马克思哲学分析框架

三、马克思的哲学分析框架及其特点

马克思在不少文献中直接论述哲学分析框架问题，主要有《1844年经济学哲学手稿》《神圣家族》《德意志意识形态》《政治经济学批判大纲》《资本论》等。为了说明自己的哲学分析框架，马克思运用两组概念。第一组是自然界、人化的自然界、自然物质、感性世界、对象性存在物和非对象性存在物等；第二组是劳动、实践、活动、工业、物质生活资料生产、历史、社会历史和世界历史等。马克思对哲学分析框架的典型表述是"非对象性的存在物是非存在物"，最大胆且最具创造性的理论行为是区分"人化的自然界"和非人化的自然界[①]。

基于马克思文献实证性地理解和分析，如上对哲学分析框架的经典表述中极为丰富的含义就能显现出来。我们以命题的形式揭示这些内容。命题一，只有对象性存在物才是真正的存在物。命题二，把存在物范畴具体化，存在物与非存在物相对应。命题三，存在物与非存在物的区分标准是对象性。命题四，对象性是对象的性质，只有对象才具有对象性。命题五，对象是主、客体之间关系中的客体，只有在主、客体之间的关系中才有实际意义，才能成为对象。命题六，存在与不存在以及存在的性质和特点，只有在主、客体之间的关系中才有实际意义，才能弄明白和说清楚。命题七，所有种类的主、客体之间的关系中，最基础和最根本的主、客体之间的关系由劳动构成，劳动是主、客体之间关系的母体。命题八，劳动中的对象是客体，作为客体的自然是人化自然，不是作为客体的自然是非人化自然。命题九，在哲学本体意义上说，劳动连同劳动中作为客体的存在是真正的存在，否则便是非存在。命题十，劳动及其对象化过程创造了人生活于其中的感性世界，劳动是感性世界的客观基础[②]。命题十一，把劳动与感性世界的真实关系弄明白和

[①] 马克思恩格斯文集：第1卷.北京：人民出版社，2009：210，191.
[②] 这是马克思哲学与其他哲学区别开来的根本性标志。其他哲学以感性世界为前提和基础来看待劳动，这种劳动具有从属性质。与此相反，马克思从劳动出发看待感性世界，由此发现我们生活于其中的感性世界是劳动的结果。这样的结果表明，劳动者创造世界因而应该拥有世界的政治哲学主张具有哲学本体论根据。

说清楚，便是劳动哲学本体论①。命题十二，劳动是社会中的劳动，是不断演化进步的劳动，因而具有历史性质。命题十三，劳动及其历史是社会历史的骨架和客观基础。命题十四，劳动是劳动者的劳动，在资本主义社会是雇佣劳动者的劳动。劳动创造世界的主体化理解是劳动者创造世界，在资本主义社会是雇佣劳动者创造世界。命题十五，创造世界的雇佣劳动者不拥有世界而是被世界剥削和异化。命题十六，改变雇佣劳动者被剥削和异化的世界天经地义，因此说造反有理。在马克思集哲学、政治经济学和历史学等学科性内容于一身的语境中，基于马克思哲学分析框架而来的十六个命题或许仍然没有穷尽其中的所有含义，但已能证事实的客观存在。这一哲学分析框架中的含义极其丰富，顺势延伸是马克思的整个思想体系。

与恩格斯哲学分析框架相比，甚至与哲学史上的其他哲学分析框架相比，马克思哲学分析框架不仅含义丰富而且特点显明。在比较意义上观照这些特点，结合马克思文献实证性地理解这些特点，我们便能深化一步地理解马克思哲学分析框架。

第一，哲学视野特点。马克思在展开和论说哲学分析框架问题的过程中像恩格斯一样，批判历史上和当时的唯物主义哲学与唯心主义哲学，被点名批判者有笛卡尔、霍布斯、黑格尔和费尔巴哈等人，但哲学视野的聚焦点已发生根本变化，概念运用情况可为例证。自然界、存在物和感性世界等已不再是哲学意义的本体性存在本身，而是哲学性本体存在的有机组织部分，比它们更基础因而更根本的哲学本体性存在是劳动。概念运用的根本性变化是哲学视野根本性变化的外在表现，两种变化导致哲学分析框架内容的根本性变化是自然而然的事情。

第二，指称范围特点。恩格斯哲学分析框架的指称范围相对固定，与马克思哲学分析框架相比，这样的指称范围既过小又过大。小者，作为认知能力的思维只不过是主体的一种能力，主体除此外还有实践和评价能力，况且主体的属性多种多样，仅顾涉反映属性难以表征主体属性的全貌。大者，存在的属性在恩格斯哲学分析框架中是大全和无限，由于主体的认知和实践能力有限而使客观性陷阱必然产生出来。马克思哲学分析框架的指称范围可以从三个层面理解。首先是社会历史意

---

① 对马克思劳动哲学本体论的展开性说明和论证，请见宫敬才. 诹论马克思的劳动哲学本体论. 河北学刊，2012（5/6）。

第十五章 比较视域中的恩格斯哲学分析框架与马克思哲学分析框架

义的人及其活动;其次是人化自然的演进过程及其结果,特别是近代以来人化自然的演进过程及其结果;最后是人化自然的演进过程及其结果,包括四个方面的内容:认知、预设、改造和评价。三个层面的理解基于一个核心而来,这就是主、客体之间的辩证关系。

第三,研究对象特点。恩格斯哲学分析框架的研究对象有二,其一是存在的客观性质、无限性质和辩证性质,其二是认知结果与认知对象之间的认知性关系。马克思哲学分析框架的研究对象是有限性存在即主体、客体及二者之间的辩证关系。有限性存在由主体的认知和实践能力所框定,具有属人性质,同时也是对主体需要的满足和主体能力的确证。

第四,关系特点。在恩格斯哲学分析框架中,存在决定思维,思维被存在决定。这是严格意义的存在决定思维论。在马克思哲学分析框架中,确实具有社会存在决定意识的内容,但不仅仅是这种内容。马克思还为我们揭示出与此相反的内容,概括地说是意识决定存在,即先有意识,后有基于意识而来的客观性活动及其结果。马克思对这种情况的经典论述如下:

> 蜘蛛的活动与织工的活动相似,蜜蜂建筑蜂房的本领使人间的许多建筑师感到惭愧。但是,最蹩脚的建筑师从一开始就比最灵巧的蜜蜂高明的地方,是他在用蜂蜡建筑蜂房以前,已经在自己的头脑中把它建成了。劳动过程结束时得到的结果,在这个过程开始时就已经在劳动者的表象中存在着,即已经观念地存在着。他不仅使自然物发生形式变化,同时他还在自然物中实现自己的目的,这个目的是他所知道的,是作为规律决定着他的活动的方式和方法的,他必须使他的意志服从这个目的。[①]

表面看,马克思观点与社会存在决定意识的观点相冲突,似乎是自相矛盾。就事实说,这不是自相矛盾,而是主、客体之间辩证关系性质的另一种表现。这种表现源自主、客体之间关系的母胎即劳动过程中,这种过程不是纯客观的劳动者体力的使用、劳动对象和劳动资料三者的互动过程,而是由劳动者的目的意识发动和掌控的过程,活动及其结果即产品由目的性主观意识决定。总之,在恩格斯哲学分析框架中,

---

[①] 马克思恩格斯文集:第5卷.北京:人民出版社,2009:208.

思维与存在之间的关系是单一向度的决定论,在马克思哲学分析框架中,主、客体之间的关系是相互决定论,劳动中的客观事实能够证明这一点。

第五,空间特点。在恩格斯哲学分析框架中,存在是思维的认知对象,存在于思维之外,与思维相对立,空间意义的二者之间是分立关系。这种空间意义的分立关系为理论逻辑成立所必需,不能被改变。在马克思哲学分析框架中,存在是对象性存在,是主体设定的结果,离开对象性便不是真正的存在。空间意义的主、客体之间是密不可分的关系,主体相对于客体而言,客体相对于主体而言,脱离对方,自身就会变为他者。这说明,空间意义的主、客体之间密不可分为理论逻辑所必需,是主、客体之间关系的题中应有之义。

第六,时间特点。在恩格斯哲学分析框架中,存在具有绝对的先在性,先有存在,后有秉持思维能力和认知意愿的人。当恩格斯运用自然范畴论说问题时这一点能够更明显地表现出来。在他看来,人类是自然的产物,此为客观存在的经验事实①。在马克思哲学分析框架中,时间性质与此有别。自然是人化自然,被人化的自然首先以客体或对象的形式出现,这种形式是主体设定的结果。时间意义的主体先在于客体,先有主体对客体的设定,后有被设定的客体。表面看,马克思哲学分析框架中的时间逻辑悖谬科学理论,因为科学研究的结论表明早在人类出现以前自然就存在了。事实确实如此,但更能说明问题的是如下事实。科学性研究的结论是科学研究活动的结果。在科学研究活动中,先有科学研究的主体,后有科学研究的对象,这一对象由主体预先设定,然后才能进行研究,有关对象的性质和特点的说明即科学理论最后才出现。由此看来,马克思哲学分析框架中的时间逻辑更符合客观实际。

第七,认识论特点。恩格斯哲学分析框架中的认识论内容相对固定和简单,主要有三项内容构成:拒斥不可知论,坚持可知论;认识形式是反映或理解;坚持认识至上性和非至上性的辩证统一②。与恩格斯哲学分析框架中的认识论内容相比,马克思哲学分析框架中的认识论内容更丰富也更具体,如下内容能充分地证明这一点。其一,充分地占有材料;其二,分析事物的各种发展形式;其三,探寻各种发展形式之间的

---

① 马克思恩格斯文集:第4卷. 北京:人民出版社,2009:275.
② 同①279,278;马克思恩格斯文集:第9卷. 北京:人民出版社,2009:92.

第十五章 比较视域中的恩格斯哲学分析框架与马克思哲学分析框架

内在联系;其四,关注细节[1]。马克思出自政治经济学文献的哲学认识论内容被马克思主义哲学研究者忽略,无意间丢掉了极为宝贵又无可替代的思想资源。马克思哲学分析框架中的认识论内容与恩格斯哲学分析框架中的认识论内容之间最根本性的区别是对"理解"的理解。在恩格斯看来,应当按照现实世界本来的样子理解现实世界,其中不能存在任何主体性成分[2]。马克思对"理解"的理解正好与此相反,主体性是理解的必备前提,发挥决定性作用。请看马克思的论述:

> 辩证法在对现存事物的肯定的理解中同时包含对现存事物的否定的理解,即对现存事物的必然灭亡的理解;辩证法对每一种既成的形式都是从不断的运动中,因而也是从它的暂时性方面去理解;辩证法不崇拜任何东西,按其本质来说,它是批判的和革命的。[3]

仅从概念运用情况就可判断出马克思对"理解"的理解中主体性占有多么重要的地位。主体性因素绝对不是恩格斯所意谓的"唯心主义怪想",而是无法逐除的必然性存在,如"肯定"、"否定"、"批判"和"革命"便是证据。客体不具有这些能力和意愿,但它们恰好是主体本质属性的体现。

第八,论证特点。恩格斯论证哲学分析框架时始终以自然科学的研究进展及其成果为依据,体现于不同的层面。其一,在总体层面,作为哲学本体的物质范畴得以确立需要论证,论证的依据是哲学和自然科学。其二,要不夹杂主体性成分地认识自然并清晰地揭示出自然联系的图画,只能靠自然科学。其三,个别性辩证法内容如否定之否定得以确立的主要依据是自然科学研究进展及其成果[4]。三个层面的内容表明,恩格斯论证哲学分析框架的特点确实是以自然科学的研究进展及其成果为依据。与恩格斯论证相比,马克思论证哲学分析框架的特点极其显明。马克思注意到了自然科学研究的巨大进展以及取得的伟大成就,但

---

[1] 马克思恩格斯文集:第5卷.北京:人民出版社,2009:21-22;马克思恩格斯文集:第8卷.北京:人民出版社,2009:318.
[2] 马克思恩格斯文集:第4卷.北京:人民出版社,2009:297.
[3] 马克思恩格斯文集:第5卷.北京:人民出版社,2009:22.
[4] 马克思恩格斯文集:第9卷.北京:人民出版社,2009:47;马克思恩格斯文集:第4卷.北京:人民出版社,2009:300;马克思恩格斯文集:第9卷.北京:人民出版社,2009:143-144.

他强调指出自然科学不是独立自在地发挥社会历史性作用，而是只有通过工业实践才能把作用发挥出来①。马克思运用多学科知识交叉融合的方法论证自己的哲学分析框架，稍作梳理便能见到如下五个方面的内容。其一是哲学逻辑；其二是哲学史；其三是经济史；其四是经济地理史；其五是政治经济学②。这里只举看似与哲学分析框架无关的政治经济学论证作为例证。马克思在《政治经济学批判大纲》中说：

> 单纯的自然物质，只要没有人类劳动对象化在其中，也就是说，只要它是不依赖于人类劳动而存在的单纯物质，它就没有价值，因为价值只不过是对象化劳动；它就像一般元素一样没有价值。③

马克思论证的聚焦点是劳动与价值的关系问题，属于典型的政治经济学语境，但细加分析就能发现政治经济学语境的背后是哲学语境。在哲学语境中，"单纯的自然物质"是客体，劳动者是主体，劳动者的劳动是中介，作为劳动结果的产品是价值的物质载体。这里的价值包含三种含义：使用价值、交换价值和一般意义的价值。不管哪种价值都以主、客体之间关系的展开即劳动为前提，离开劳动的"单纯的自然物质"无价值。比较结果明证可鉴，马克思、恩格斯对哲学分析框架的论证各有特点。

第九，哲学形态特点。恩格斯哲学分析框架展开和论证的结果是辩证唯物主义哲学体系④。这一哲学体系作为哲学形态具有如下特点。其一，以物为中心而非以人为中心。其二，以物为中心的哲学形态导致的理论后果是自然与历史二元分立，其中对自然的哲学认知形成唯物主义自然观，理论表现形式是引起世纪性争论的自然辩证法；其中的历史观是唯物主义历史观，即马克思的方法论历史唯物主义⑤。其三，这种哲

---

① 马克思恩格斯文集：第1卷．北京：人民出版社，2009：193．
② 同①211，499，330-331，528，529．
③ 马克思恩格斯全集：第30卷．北京：人民出版社，1995：334．
④ 对恩格斯辩证唯物主义哲学体系的形成过程、基本内容和本质性特点等的展开性说明，请见宫敬才．恩格斯辩证唯物主义哲学体系论纲．现代哲学，2020（1）。
⑤ 这里的方法论历史唯物主义指马克思主义哲学教科书中的历史唯物主义，文献依据是马克思1859年写作的《政治经济学批判》（第一分册）"序言"。马克思原生态的历史唯物主义是劳动历史唯物主义，方法论历史唯物主义是劳动历史唯物主义的有机组成部分。对马克思劳动历史唯物主义的展开性论述，请见宫敬才．论马克思的劳动历史唯物主义理论．北京师范大学学报，2018（3）。

第十五章 比较视域中的恩格斯哲学分析框架与马克思哲学分析框架

学形态的追求目标是找到和揭示自然与历史的发展规律①。其四，这种哲学形态侧重科学性质的世界观方法论，价值论内容没有表示存在的理论逻辑空间。其五，这种哲学形态的外在表现是形式逻辑和辩证法②。与恩格斯基于哲学分析框架而来的哲学形态相比，马克思基于哲学分析框架而来的哲学形态具有自己的特点。其一，以主体即以人为中心，此为与恩格斯哲学分析框架及其哲学形态的最根本性区别。其二，马克思哲学形态中不存在自然与历史的二元分立，自然是人化的自然，人化自然过程既是作为主体的人与自然的物质变换过程，又是社会历史的生成和发展过程。其三，马克思哲学形态中存在价值论内容，人学理论是典型例证，这种内容是该哲学形态的内在灵魂。其四，马克思基于哲学分析框架而来的哲学形态的外在表现形式是领域性哲学，如历史哲学、经济哲学、政治哲学、法哲学、伦理哲学、工艺哲学和空间哲学等。在我国的马克思主义哲学研究领域，近几十年来人们总在探讨马克思发动的哲学革命问题，被忽略的地方是马克思发动的哲学革命既包括内容方面，也包括形式方面。由一般意义的纯哲学变为与具体性学科内容融为一体的领域性哲学，是马克思哲学革命中哲学形式革命的典型表现。

第十，理论诉求特点。恩格斯哲学分析框架的理论诉求相对明确也比较简单，"发现"、"说明"和"描绘"自然与社会历史的内在联系，最终揭示出内在的辩证运动规律。这样的理论诉求让人一目了然，仅停留于认知层面是客观事实。与恩格斯哲学分析框架的理论诉求相比，马克思哲学分析框架的理论诉求内容要丰满得多。马克思哲学分析框架的理论诉求之一是理论与实践的有机统一，认识世界的目的是改造世界。马克思论述这一内容的名言是，"哲学家们只是用不同的方式解释世界，问题在于改变世界"。或者说，"世界的哲学化同时也就是哲学的世界化"③。马克思哲学分析框架的理论诉求之二是揭示出主、客体之间关系的辩证性质即主体的客体化和客体的主体化。这种辩证性质的内在灵魂是"人以一种全面的方式，就是说，作为一个完整的人，占有自己的全面的本质"④。马克思哲学分析框架的理论诉求之三是揭示个人自由

---

① 马克思恩格斯文集：第9卷．北京：人民出版社，2009：463．
② 同①28；马克思恩格斯文集：第4卷．北京：人民出版社，2009：312．
③ 马克思恩格斯全集：第1卷．北京：人民出版社，1995：76．
④ 马克思恩格斯文集：第1卷．北京：人民出版社，2009：189．

全面发展的社会历史必然性[①]。三个理论诉求的指向围绕主、客体之间的辩证关系展开,涉及认识,也涉及实践,顾涉主体,也顾涉客体,最终的落脚点是个人自由和全面的发展。

比较视域中马克思哲学分析框架的基本内容及其特点已如上述。基于此做出如下结论不能被认为是唐突之举。第一,马克思哲学分析框架克服了内在于恩格斯哲学分析框架的客观性陷阱。第二,马克思哲学分析框架真正做到了哲学基本问题与人类基本问题理论逻辑的协调一致。第三,马克思哲学分析框架的基本内容及其特点真正做到了理论与实践的有机统一,相对于恩格斯哲学分析框架仅停留于理论认知层面来说是根本性超越。第四,马克思哲学分析框架与马克思理论体系中的其他学科性内容如政治经济学和科学社会主义理论之间是有机统一关系,其哲学基础和内在灵魂的地位显现出来。第五,从哲学史意义说,马克思发动并完成了哲学革命,使哲学的客观基础发生根本性变化,哲学基本问题与人类基本问题有机统一地研究哲学成为唯一正确的选择。

四、两种哲学分析框架之间的理论逻辑关系

如上的概念界定、关系分析和特点指陈表明,主、客体之间的关系和思维与存在之间的关系这两种哲学分析框架确实不一样。不一样的事实带来了需要研究和回答的问题:它们二者之间存在什么样的理论逻辑关系?如果把二者之间的理论逻辑关系理解为同一逻辑层面的并列分立关系,会产生严重的理论后果,同一马克思主义哲学称谓下同时并存两种哲学分析框架,马克思主义哲学自身包藏内在的理论逻辑不一致。

两种哲学分析框架之间真实的理论逻辑关系是主、从关系,主、客体之间的关系为主,思维与存在之间的关系从属于主、客体之间的关系;主、客体之间的关系包容思维与存在之间的关系,思维与存在之间的关系包容于主、客体之间的关系中。这样的理论逻辑关系促使我们得出如下结论。主、客体之间的关系是一般意义的哲学分析框架,思维与存在之间的关系只涉及主、客体之间关系的特定层面,具有部分性质,

---

[①] 马克思恩格斯文集:第2卷.北京:人民出版社,2009:52-53;马克思恩格斯全集:第30卷.北京:人民出版社,1995:107-108.

第十五章 比较视域中的恩格斯哲学分析框架与马克思哲学分析框架

因而是具体性哲学分析框架。稍作展开,这一点就能表现出来。前已述及,主、客体之间的关系包括四个层面的内容:认知、预设、实践和评价。思维与存在之间关系的哲学分析框架是认识论意义的哲学分析框架,与主、客体之间关系的第一个层面相重合,其他三个层面未得涉及,说这样的哲学分析框架具有一般哲学性质难以服人。当然,我们不应忽略问题的另一面,没有思维与存在之间的关系,主、客体之间的关系具有不完整性质。

更能证明主、客体之间的关系和思维与存在之间的关系这两种哲学分析框架理论逻辑关系的做法是找到它们的区别之处,具体表现如下。第一,理论逻辑层面的区别是一般与特殊的关系,即主、客体之间的关系是哲学一般,思维与存在之间的关系是哲学特殊。第二,内容涉及范围的区别是四对一的关系,即主、客体之间的关系内容是认知、预设、实践和评价,而思维与存在之间的关系则只涉及认知一个层面。第三,适用范围的区别。主、客体之间关系的哲学分析框架适用于哲学研究的所有领域,思维与存在之间关系的哲学分析框架主要适用于自然科学研究。第四,哲学分析框架内部关系的区别。主、客体之间关系的哲学分析框架中,主、客体之间相互包含,不可分离,分离后的主、客体皆会变为他者;思维与存在之间关系的哲学分析框架中,思维与存在必须分离,以分离为前提。第五,范畴指称对象之间的区别。主、客体之间关系的哲学分析框架中,主体是整体,它除思维能力外还具有预设、实践和评价能力,与此相对应,思维与存在之间关系的哲学分析框架中,思维只是主体的一种能力,因而具有部分性质;主、客体之间关系的哲学分析框架中,客体具有限性质,以主体的认知、预设、实践和评价能力为限度,与此相对应,思维与存在之间关系的哲学分析框架中存在具有无限性质,不仅包括主体能力所及的部分,还包括主体能力涉及范围之外的部分,这一部分恰好是客观性陷阱产生的源头。

五、结论

我们的教科书冠以马克思之名即马克思主义哲学,但其中作为立论前提的哲学分析框架由恩格斯提出和论证,马克思哲学分析框架没有得到表示存在的机会。这是文献实证确定下来的理论事实，承认这一点才是实事求是的科学态度。造成这种结果的原因何在？此为需要专门研究才能回答的问题，如上内容是尝试性回答的结果。

马克思有不同于恩格斯的哲学分析框架，《1844年经济学哲学手稿》中的经典表述是"非对象性的存在物是非存在物"，容易理解的提法是主、客体之间的辩证关系。在马克思语境中，这一关系包括四个层面的内容：认知、预设、实践和评价，而非像恩格斯哲学分析框架那样只涉及认知一个层面的内容。

两种哲学分析框架的内容指涉区别明显，文中列出的表现是五个方面。五个方面的表现使基于哲学分析框架而来的哲学气质不一样。马克思哲学分析框架以人为中心，主体性的展现和确证是追求目标；恩格斯哲学分析框架以物为中心，获得不存在主体性成分的客观真理是追求目标。

两种哲学分析框架具有各不相同的哲学性质。马克思哲学分析框架是一般意义的哲学分析框架，具有一般哲学性质；恩格斯哲学分析框架具有特殊哲学性质，是特殊意义的哲学分析框架。两种哲学分析框架不是同一逻辑层面的分立并列关系，而是不同逻辑层面之间的主从关系。前者包括后者，后者存在于、从属于和服务于前者。

马克思哲学分析框架哲学史意义的重大发现和贡献是"人化的自然界"概念的提出和展开性论证，从而形成伟大的人化自然辩证法思想[①]。这一发现和贡献从根本上解决了自培根和维柯以降西方哲学史中无法解决的理论难题，即自然与社会和自然科学与人文社会科学难以统一的困局被破解，统一二者的科学即人的科学或历史科学的出现成为客观事实[②]，这就是马克思的人化自然理论。

---

① 对马克思人化自然辩证法思想的展开说明和论证，请见宫敬才. 谳论马克思的人化自然辩证法. 河北学刊，2014（1）.

② 马克思恩格斯文集：第1卷. 北京：人民出版社，2009：193，516.

参考文献

一、经典著作

[1] 马克思恩格斯文集：第1卷. 北京：人民出版社，2009.
[2] 马克思恩格斯文集：第2卷. 北京：人民出版社，2009.
[3] 马克思恩格斯文集：第3卷. 北京：人民出版社，2009.
[4] 马克思恩格斯文集：第4卷. 北京：人民出版社，2009.
[5] 马克思恩格斯文集：第5卷. 北京：人民出版社，2009.
[6] 马克思恩格斯文集：第7卷. 北京：人民出版社，2009.
[7] 马克思恩格斯文集：第8卷. 北京：人民出版社，2009.
[8] 马克思恩格斯文集：第9卷. 北京：人民出版社，2009.
[9] 马克思恩格斯文集：第10卷. 北京：人民出版社，2009.
[10] 马克思恩格斯全集：第1卷. 北京：人民出版社，1995.
[11] 马克思恩格斯全集：第30卷. 北京：人民出版社，1995.
[12] 马克思恩格斯全集：第31卷. 北京：人民出版社，1998.
[13] 马克思恩格斯全集：第32卷. 北京：人民出版社，2002.
[14] 马克思恩格斯全集：第18卷. 北京：人民出版社，1964.
[15] 马克思恩格斯全集：第29卷. 北京：人民出版社，1972.
[16] 马克思恩格斯全集：第42卷. 北京：人民出版社，1979.
[17] 马克思恩格斯《资本论》书信集. 北京：人民出版社，1976.
[18] 马克思. 剩余价值理论：第2册. 中央编译局，译. 北京：人民出版社，1975.
[19] 马克思. 剩余价值理论：第3册. 中央编译局，译. 北京：

人民出版社，1975.

[20] 列宁选集：第1卷. 北京：人民出版社，1995.

[21] 列宁选集：第2卷. 北京：人民出版社，1995.

[22] 列宁专题文集　论辩证唯物主义和历史唯物主义. 北京：人民出版社，2009.

[23] 斯大林选集：下卷. 北京：人民出版社，1979.

二、经济学著作

[24]《马克思主义政治经济学概论》编写组. 马克思主义政治经济学概论. 北京：人民出版社，高等教育出版社，2011.

[25] 陈岱孙. 从古典经济学派到马克思. 北京：商务印书馆，1981.

[26][苏] 阿·伊·马雷什. 马克思主义政治经济学的形成. 刘品大，等译. 成都：四川人民出版社，1984.

[27][英] 亚当·斯密. 国民财富的性质和原因的研究：上卷. 郭大力，王亚南，译. 北京：商务印书馆，1972.

[28][英] 亚当·斯密. 国民财富的性质和原因的研究：下卷. 郭大力，王亚南，译. 北京：商务印书馆，1974.

[29][英] 坎南，编. 亚当·斯密关于法律、警察、岁入及军备的演讲. 陈福生，陈振骅，译. 北京：商务印书馆，1962.

[30][法] 萨伊. 政治经济学概论. 陈福生，陈振骅，译. 北京：商务印书馆，1963.

[31] 彼德·斯拉法，主编. 李嘉图著作和通信集：第1卷. 郭大力，王亚南，译. 北京：商务印书馆，1962.

[32][英] 西尼尔. 政治经济学大纲. 蔡受百，译. 北京：商务印书馆，1977.

[33][德] 弗里德里希·李斯特. 政治经济学的国民体系. 陈万煦，译. 蔡受百，校. 北京：商务印书馆，1961.

[34] 季陶达，主编. 资产阶级庸俗政治经济学选辑. 北京：商务印书馆，1963.

[35][英] 马歇尔. 经济学原理：上卷. 朱志泰，译. 北京：商务印书馆，1964.

[36]［英］约翰·梅纳德·凯恩斯. 就业、利息和货币通论. 高鸿业，译. 北京：商务印书馆，1999.

[37]［美］约瑟夫·熊彼特. 经济发展理论. 何畏，等译. 张培刚，等校. 北京：商务印书馆，1990.

[38]［美］约瑟夫·熊彼特. 经济分析史：第2卷. 杨敬年，译. 朱泱，校. 北京：商务印书馆，1992.

[39]［美］小罗伯特·B. 埃克伦德，罗伯特·F. 赫伯特. 经济理论和方法史. 构玉生，张凤林，等译. 张凤林，校. 北京：中国人民大学出版社，2001.

[40]［美］米尔顿·弗里德曼. 弗里德曼文萃：上册. 胡雪峰，武玉宁，译. 胡雪峰，校. 北京：首都经济贸易大学出版社，2001.

[41]［美］曼昆. 经济学原理：上册. 梁小民，译，北京：三联书店，北京大学出版社，1999.

[42]［美］兹维·博迪，罗伯特·C. 莫顿. 金融学. 伊志宏，金李译，校. 欧阳颖，等译. 北京：中国人民大学出版社，2000.

[43]［美］弗里德里克·S. 米什金. 货币金融学. 刘毅，等译. 北京：中国人民大学出版社，2005.

[44]［英］埃德蒙·惠特克. 经济思想流派. 徐宗士，译. 上海：上海人民出版社，1974.

[45]［英］琼·罗宾逊. 经济哲学. 安佳，译. 北京：商务印书馆，2011.

[46]［法］皮埃尔·罗桑瓦隆. 乌托邦资本主义——市场观念史. 杨祖功，等译. 北京：社会科学文献出版社，2004.

三、其他类著作

[47]［古希腊］亚里士多德. 形而上学. 吴寿彭，译. 北京：商务印书馆，1956.

[48]［法］孔多塞. 人类精神进步史表纲要. 何兆武，何冰，译. 北京：三联书店，1998.

[49]［意］维柯. 新科学. 朱光潜，译. 北京：商务印书馆，1989.

[50]［英］亚当·斯密. 道德情操论. 蒋自强，等译. 胡企林，

校. 北京：商务印书馆，1997.

[51] [德] 黑格尔. 精神现象：下卷. 贺麟，王玖兴，译. 北京：商务印书馆，1979.

[52] [德] 黑格尔. 哲学史讲演录：第1卷. 贺麟，王太庆，译. 北京：商务印书馆，1959.

[53] [德] 黑格尔. 哲学史讲演录：第3卷. 贺麟，王太庆，译. 北京：商务印书馆，1959.

[54] [德] 黑格尔. 小逻辑. 贺麟，译. 北京：商务印书馆，1980.

[55] [德] 黑格尔. 法哲学原理. 范扬，张企泰，译. 北京：商务印书馆，1961.

[56] [德] 黑格尔. 历史哲学. 王造时，译. 上海：上海书店出版社，1999.

[57] 贺麟. 黑格尔哲学讲演集. 上海：上海人民出版社，2011.

[58] 费尔巴哈哲学著作选集：上卷. 荣震华，李金山，等译. 北京：商务印书馆，1984.

[59] [英] 赫伯特·斯宾塞. 社会静力学. 张雄武，译. 北京：商务印书馆，1996.

[60] [比利时] 亨利·皮雷纳. 中世纪的城市. 陈国樑，译. 北京：商务印书馆，1985.

[61] [法] 雷吉娜·佩尔努. 法国资产阶级史：上册. 康新文，等译. 上海：上海译文出版社，1991.

[62] 郑锦，主编. 马克思主义研究资料：第7卷. 北京：中央编译出版社，2014.

[63] 俞吾金. 问题域的转换. 北京：人民出版社，2007.

[64] [美] 特雷尔·卡弗. 马克思与恩格斯：学术思想关系. 姜海波，等译. 北京：中国人民大学出版社，2008.

[65] 林进平，主编. 马克思主义研究资料：第1卷. 北京：中央编译出版社，2014.

[66] 韩立新，主编，姜海波，副主编. 新版《德意志意识形态》研究. 北京：中国人民大学出版社，2008.

[67] [日] 岩佐茂，小林一穗，渡边宪政，编著.《德意志意识形态》的世界. 梁海峰，王广，译. 北京：北京师范大学出版社，2014.

[68] [日] 广松涉. 文献学语境中的《德意志意识形态》. 彭曦, 译. 张一兵, 审订. 南京: 南京大学出版社, 2005.

[69] 聂锦芳. 批判与建构:《德意志意识形态》文本学研究. 北京: 人民出版社, 2012.

[70] 复旦大学哲学系现代西方哲学研究室, 编译. 西方学者论《一八四四年经济学—哲学手稿》. 上海: 复旦大学出版社, 1983.

[71] 陆梅林, 程代熙, 编选. 异化问题: 上. 北京: 文化艺术出版社, 1986.

[72] 靳辉明. 谈谈异化和人道主义问题. 北京: 北京出版社, 1984.

[73] [英] 埃里克·霍布斯鲍姆. 如何改变世界: 马克思和马克思主义传奇. 吕增奎, 译. 北京: 中央编译出版社, 2014.

[74] [法] 路易·阿尔都塞. 保卫马克思. 顾良, 译. 杜章智, 校. 北京: 商务印书馆, 1984.

[75] [日] 见田石介. 资本论的方法研究. 张小金, 等译. 北京: 中国书籍出版社, 2013.

[76] 张一兵. 回到马克思: 经济学语境中的哲学话语. 南京: 江苏人民出版社, 1999.

[77] 肖前, 主编. 马克思主义哲学原理: 合订本. 北京: 中国人民大学出版社, 1998.

[78] 本书编写组. 马克思主义基本原理概论. 北京: 高等教育出版社, 2015.

[79] [意] 马塞罗·默斯托, 主编. 马克思的《大纲》:《政治经济学批判大纲》150年. 闫月梅, 等译. 闫月梅, 校. 北京: 中国人民大学出版社, 2011.

[80] 宫敬才. 经济个人主义的哲学研究. 北京: 人民出版社, 2016.

[81] 宫敬才. 马克思经济哲学研究. 北京: 人民出版社, 2014.

[82] 宫敬才. 重建马克思经济哲学传统. 北京: 人民出版社, 2018.

[83] 宫敬才. 马克思经济哲学微观研究. 北京: 人民出版社, 2021.

[84] [英] 约翰·伯瑞. 进步的观念. 范祥涛, 译. 上海: 上海三

联书店，2005.

[85] 泰格，利维. 法律与资本主义的兴起. 纪琨，译. 刘锋，校. 上海：学林出版社，1996.

[86]［英］F. A. 哈耶克，编. 资本主义与历史学家. 秋风，译. 长春：吉林人民出版社，2003.

[87]［德］卡尔·洛维特. 从黑格尔到尼采. 李秋零，译. 北京：三联书店，2014.

[88] 殷叙彝，编. 伯恩施坦文选. 北京：人民出版社，2008.

[89]［英］珍妮弗·皮茨. 转向帝国：英法帝国自由主义的兴起. 金毅，许鸿艳，译. 南京：江苏人民出版社，2012.

[90]［美］戴维·罗特科普夫. 权利组织：大公司与政府间历史悠久的博弈及前景思考. 梁卿，译. 北京：商务印书馆，2014.

图书在版编目（CIP）数据

回到原生态：马克思经济哲学的当代阐释/宫敬才著.--北京：中国人民大学出版社，2023.9
（当代马克思主义哲学研究文库）
ISBN 978-7-300-32018-2

Ⅰ.①回… Ⅱ.①宫… Ⅲ.①马克思主义政治经济学—研究 Ⅳ.①F0-0

中国国家版本馆 CIP 数据核字（2023）第 146566 号

当代马克思主义哲学研究文库
主编 杨 耕
回到原生态
——马克思经济哲学的当代阐释
宫敬才 著
HUIDAO YUANSHENGTAI

出版发行	中国人民大学出版社		
社　　址	北京中关村大街 31 号	邮政编码	100080
电　　话	010－62511242（总编室）	010－62511770（质管部）	
	010－82501766（邮购部）	010－62514148（门市部）	
	010－62515195（发行公司）	010－62515275（盗版举报）	
网　　址	http://www.crup.com.cn		
经　　销	新华书店		
印　　刷	北京联兴盛业印刷股份有限公司		
开　　本	720 mm×1000 mm　1/16	版　次	2023 年 9 月第 1 版
印　　张	21 插页 3	印　次	2023 年 9 月第 1 次印刷
字　　数	328 000	定　价	89.00 元

版权所有　侵权必究　　印装差错　负责调换